Hans-Günter Rolff · Elisabeth Rhinow · Theresa Röhrich (Hrsg.)
Unterrichtsentwicklung – Eine Kernaufgabe der Schule

Praxishilfen Schule

Hans-Günter Rolff · Elisabeth Rhinow · Theresa Röhrich (Hrsg.)
Unterrichtsentwicklung – Eine Kernaufgabe der Schule

Die Rolle der Schulleitung für besseres Lernen

Eine Veröffentlichung der
Dortmunder Akademie für Pädagogische Führungskräfte (DAPF)
der Technischen Universität Dortmund

2. unveränderte Auflage 2011

Bibliografische Information der Deutschen Nationalbibliothek
Die Deutsche Nationalbibliothek verzeichnet diese Publikation in der Deutschen
Nationalbibliografie; detaillierte bibliografische Daten sind im Internet über
http://dnb.d-nb.de abrufbar.

ISBN 978-3-472-08055-8

www.wolterskluwer.de
www.schulleitung.de

Alle Rechte vorbehalten
© 2011 Wolters Kluwer Deutschland GmbH, Köln
Carl Link – eine Marke von Wolters Kluwer Deutschland.
Das Werk einschließlich aller seiner Teile ist urheberrechtlich geschützt.
Jede Verwertung außerhalb der engen Grenzen des Urheberrechtsgesetzes
ist ohne Zustimmung des Verlegers unzulässig und strafbar.
Das gilt insbesondere für Vervielfältigungen, Übersetzungen,
Mikroverfilmungen und die Einspeicherung und Verarbeitung
in elektronischen Systemen.
Umschlag: Martina Busch, Grafikdesign, Fürstenfeldbruck
Titelfoto: © iStockphoto
Satz: RPS Satzstudio, Düsseldorf
Druck: SDK Systemdruck Köln GmbH
∞ Gedruckt auf säurefreiem, alterungsbeständigem und chlorfreiem Papier

Inhalt

Vorwort XIII

I Grundsätzliches 1

HEINZ SCHIRP
Wie »lernt« unser Gehirn? Neurodidaktische Zugänge zur Unterrichtsentwicklung 3

1.	Zwei Überlegungen zur Einführung	3
1.1	Output- oder Inputorientierung?	3
1.2	Empirische Lehr- und Lernforschung oder Neurowissenschaften?	5
2.	Neurodidaktische Modellvorstellungen zum Lernen: Arbeitsweisen des Gehirns	6
2.1	Neuronale Selbstorganisation: Unser Gehirn ist ein sich selbst organisierendes System!	6
2.2	Neuronale Plastizität: Unser Gehirn ist plastisch; seine Entwicklung ist nutzungsabhängig!	7
2.3	Muster und Bedeutung: Lernen und Behalten sind auf Musterentwicklung und Sinnstiftung angewiesen!	8
2.4	Emotion und Kognition: An allen Lernprozessen sind Emotionen und Gefühle beteiligt!	9
2.5	Soziale Interaktion: Unser Gehirn ist ein »soziales« Gehirn	10
2.6	Bewegung: Kognitive und emotive Entwicklungsprozesse sind auf Bewegung angewiesen!	12
3.	Lernprobleme und Lernblockaden aus neurobiologischer Sicht ..	13
3.1	Fehlende Anschlussfähigkeit	13
3.2	Fehlende Nutzungsfähigkeit	14
3.3	Fehlende Kontextualisierung	15
3.4	Stress	15
4.	Strategien zur Lern- und Unterrichtsentwicklung	16
4.1	Elaborationsstrategien: Verstehen und Enkodieren unterstützen	17
4.2	Erhaltungsstrategien: Kenntnis- und Wissensbestände regelmäßig nutzen	18
4.3	Abrufstrategien: Zugriffe auf bereits Gelerntes verbessern	20
4.4	Nutzungsstrategien: Wissen und Kompetenzen anwenden und ausbauen	21
4.5	Selbstregulations- und Konzentrationsstrategien: das eigene Selbstkonzept und die eigene Selbstwirksamkeit verbessern ..	23
4.6	Kontrollstrategien/metakognitive Strategien: Wahrnehmung und Bewertung der eigenen Lernprozesse und -ergebnisse fördern	24
5.	Zum Abschluss: Lernstrategien und Kompetenzentwicklung	25

KATRIN HILLE & ANDREAS MÜLLER
Menschen sind lernfähig – aber unbelehrbar: Lernpädagogische Zugänge zur Unterrichtsentwicklung 29
    1. Megatrends 29
    2. Autagogik – eigenverantwortliches Lernen unterstützen 34
    2.1 Lernen ist Selbstgestaltung 35
    2.2 Autagogik 35
    2.3 Erfolg 36
    2.4 Das Panini-Prinzip 37
    2.5 Lernen lässt sich beeinflussen: Lernrelevante Faktoren 37
    2.6 Jede Veränderung ist Selbstveränderung: Rahmenfaktoren .. 41

MARTIN BONSEN
Schulleitung, Schuleffektivität und Unterrichtsentwicklung – Was wissen wir über diesen Zusammenhang? 44
    1. Anspruch und Ziel von Unterrichtsentwicklung 44
    2. Warum es so schwer ist, Unterricht zu verändern 46
    2.1 Stabilität des Unterrichtshandelns im »lose gekoppelten System« 46
    2.2 Bedingungen Professionellen Lernens 47
    3. Schulleitung und Unterrichtsentwicklung 49
    3.1 Die Bedeutung der Schulleitung aus empirischer Perspektive 49
    3.2 Zentrale Führungsdimensionen – Befunde aus der Schulqualitätsforschung 50
    4. Anforderungen an eine unterrichtswirksame Schulleitung 53
    4.1 Fragwürdige Gewichtung schulischer Leitungszeit 53
    4.2 Delegation und verteilte Führung sind notwendig 55
    5. Ausblick 56

II Konzepte 59

GÜNTER PÄTZOLD
Selbstgesteuertes Lernen in Berufskollegs 61
    1. Schulleitung und Unterrichtsentwicklung 61
    2. Selbstgesteuertes Lernen und Lehrerprofessionalität 62
    3. Selbstgesteuertes Lernen – Begründungen 63
    4. Modell des selbstgesteuerten Lernens und Selbstwirksamkeit 64
    5. Selbststeuerung im Rahmen von Fremdsteuerung 65
    6. Förderung selbstgesteuerten Lernens 66
    7. Lehrerselbstwirksamkeit und pädagogische Schulentwicklung 67
    8. Statt einer Zusammenfassung 69

MARLISE HÜBNER
Systematische Unterrichtsentwicklung nach dem Konzept »Lehren und Lernen für die Zukunft« – Erfahrungen aus dem Modellprojekt »Selbstständige Schule« 71
    1. Quantitativer und qualitativer Erfahrungshintergrund 71

2.	Gesellschaftliche Herausforderungen und pädagogische Antworten des Konzeptes	72
3.	Maßnahmen und Erfahrungen in den Projekten »Schule & Co.« und »Selbstständige Schule	73
3.1	Die Verbesserung der Qualität der Lehr-Lernprozesse ist der zentrale Ansatzpunkt für Schulentwicklung	74
3.2	Unterrichtsentwicklung muss professionell gesteuert werden	75
3.3	Unterrichtsentwicklung muss mit Organisationsentwicklung und Personalentwicklung verknüpft werden	76
3.4	Unterrichtsentwicklung muss überfachlich ansetzen, im Unterricht aller Fächer und damit bei allen Schülerinnen und Schülern ankommen	78
3.5	Unterrichtsentwicklung braucht Unterstützung durch Fortbildung, Beratung, Lernzeit	80
4.	Gelingensbedingungen und Empfehlungen für Schulleitungshandeln	82

HEINRICH BIERMANN
Effektiver lehren und lernen – ein ganzheitliches Konzept zur Unterrichtsentwicklung nach Diethelm Wahl 86

1.	Das Konzept von Diethelm Wahl	86
1.1	Erster Lernschritt	87
1.2	Zweiter Lernschritt	88
1.3	Dritter Lernschritt	89
1.4	Menschenbild-Annahmen	89
2.	Erfahrungen mit dem Wahl-Konzept in Unterricht und Fortbildung	90
3.	Die Rolle der Schulleitung	92

ANDREAS PALLACK, RUDOLF VOM HOFE, ALEXANDER JORDAN & GEORG TRENDEL
SINUS.NRW – Impulse für die Fachgruppenarbeit und die Rolle der Schulleitung 94

1.	Die drei Phasen des SINUS-Projekts	94
2.	Bedingungen wirksamer Professionalisierung	95
3.	Die fachlichen Schwerpunkte von SINUS.NRW	96
4.	Ein Beispiel für die Fachgruppenarbeit in SINUS.NRW	97
5.	Kooperation: Ein Ansatz zur langfristigen Entwicklung und Qualitätssicherung von Unterricht – die Rolle der Schulleitung	101
6.	Ausblick	103

JAN VON DER GATHEN
Entwicklung von Unterrichtskonzepten initiieren: Sprach- und Lesekompetenz fördern 104

1.	Vorbemerkung	104
2.	Vom fachdidaktischen Konzept zur Umsetzung im Unterricht	106

2.1	Schriftspracherwerb in der Schuleingangsphase	107
2.2	Konsequente Erweiterung der mündlichen Sprachkompetenz	107
2.3	Funktionen von Sprache erfahrbar machen	108
2.4	Eigene Texte verfassen = Schriftelemente selbstständig aneignen	109
2.5	Sprachliche Strukturen systematisch entdecken	110
2.6	Normorientierungen entdecken	110
2.7	Lesen(lernen) mit Kinderliteratur: Ein Buch für alle Kinder	112
3.	Fazit	113

Peter Blomert
Kooperatives Lernen – ein Grundstein nachhaltiger Unterrichts- und Schulentwicklung ... 114

1.	»Kooperatives Lernen« – Der Kooperative Ansatz in Deutschland	114
2.	Die historischen Grundlagen des Kooperativen Lernen	115
3.	Das Kooperative Lernen	115
4.	Kooperatives Lernen und nachhaltige Schulentwicklung	120

Rolf Werning
Beobachten und fördern ... 123

1.	Einleitung	123
2.	Was kennzeichnet »pädagogische Beobachtung«?	125
3.	Perspektiven der Förderung	127
4.	Perspektiven für die zirkuläre Verknüpfung von Beobachtung und Förderung	128
4.1	Pädagogische Beobachtung erfolgt im Kontext einer Selbstbeobachtung des Beobachters	128
4.2	Pädagogische Beobachtung und Förderung erfolgen hypothesengeleitet	128
4.3	Pädagogische Beobachtung und Förderung setzt an den Stärken und Ressourcen an	129
4.4	Pädagogische Beobachtungen und Förderperspektiven sollten im Team entwickelt werden	129
4.5	Pädagogische Beobachtung und pädagogische Förderung werden ständig eng aufeinander bezogen	130
5.	Pädagogische Beobachtung im schulischen Kontext	130
5.1	Ermittlung von Lernausgangslagen	131
5.2	Lernbegleitung	132
5.3	Bearbeitung von spezifischen Problemsituationen	132
6.	Schluss	133

Reinhold Miller
Erfolgreiche Erziehung braucht stabile Beziehungen und förderlichen Dialog ... 135

1.	Vorbemerkung	135
2.	Beziehung als Begegnung	136

3.	Erziehung als Begleitung	138
4.	Erziehungsmittel: Lob und Tadel	140
5.	Erziehung: Freiräume und Grenzen	143
6.	Umgang mit Beschimpfungen	145

ROLF ARNOLD
Leadership durch Selbstveränderung: Neu erleben, um Neues zu gestalten! ... 149

KERSTIN TSCHEKAN
Mit Heterogenität umgehen – die Heterogenität im Unterricht nutzen ... 153

1.	Unterschiede als der Ausgangspunkt des Unterrichts	153
2.	Lernen ermöglichen	153
3.	Sicherheit und Verbindlichkeit	155
4.	Unterrichtsstruktur	156
5.	Nutzung von Heterogenität – Lernen, um komplexe Zusammenhänge zu verstehen	157
5.1	Komplexe Lernsituationen für das gemeinsame Lernen in heterogenen Gruppen	157
5.2	Komplexe Lernsituationen planen	158
5.3	Nutzung von Heterogenität – Lernen zur Aneignung von Fähigkeiten	163
5.4	Die Differenzierung von Aufgaben	164

ANDREAS MÜLLER
Was nicht in die Wurzeln geht, geht nicht in die Krone ... 166

1.	Einführung	166
2.	Orientierung – zum Beispiel mit Kompetenzrastern	167
3.	Auseinandersetzung: eigene Ziele als Ausgangspunkt	169
4.	Smarte Ziele selber formulieren	170
5.	Selbstmanagement mit Hilfe des Layouts	171
6.	Neue Lernkultur – anderer Umgang mit Leistungen	172
7.	Zusammenspiel	173
8.	LernCoaching – neue Professionalität in neuer Lernkultur	173
9.	Arbeit am System	174
10.	Selbstgestaltungfähigkeit	175

CLAUS BUHREN
Unterrichtsentwicklung durch Kollegiale Hospitation ... 176

1.	Verfahren der Kollegialen Hospitation	176
1.1	Unterrichtshospitation mit offenem Beobachtungsfokus	177
1.2	Unterrichtshospitation mit einem geschlossenen Beobachtungsbogen	182
2.	Nachhaltigkeit und Verbindlichkeit	185

THOMAS KRALL
Fachkonferenzen, Unterrichtsentwicklung und die Rolle der Schulleitung 187
1. Welche Funktion hat die Fachkonferenz im System Schule, wie wird das Amt des/der Fachkonferenzvorsitzenden definiert, wie kommt er/sie in dieses Amt? 188
2. Welche Kompetenzen und Fähigkeiten braucht eine Fachkonferenzvorsitzende/ein Fachkonferenzvorsitzender und welcher Qualifizierungen bedarf es dazu? 189
2.1 Rolle und Funktion 189
2.2 Umgang mit schwierigen Gesprächssituationen 190
2.3 Leiten und moderieren 190
2.4 Ergebnisse sichern 190
2.5 Die Rolle der Schulleitung bei der Installierung oder Effektivierung von Fachkonferenzen 190
3. Fazit 191

KATHRIN MÜTHING, NILS BERKEMEYER & NILS VAN HOLT
Fachbezogene Unterrichtsentwicklung in Netzwerken – Wie Netzwerke entstehen 194
1. Einleitung 194
2. Kooperation in Netzwerken 194
3. Grundsätze der Netzwerkbildung 195
3.1 Die Netzwerkpartner 196
3.2 Gemeinsame Ziele 197
3.3 Arbeiten im Netzwerk 198
4. Erfahrungen aus der Praxis 199
4.1 »Schulen im Team« – Unterricht gemeinsam entwickeln 199
4.2 Ergebnisse der wissenschaftlichen Begleitforschung 200
5. Zusammenfassung und Ausblick 201

DETLEV STEIN & KATRIN WEISKER
Stadtweite Unterrichtsentwicklung in der Bildungsregion Krefeld 204
1. Rückblick: Was bisher geschah... 204
1.1 Das Projekt »Selbstständige Schule« 204
1.2 Strukturelle und organisatorische Voraussetzungen 204
1.3 Unterstützungsmaßnahmen für die Schulen im Bereich der Organisations- und Personalentwicklung 204
1.4 Unterstützungsmaßnahmen für die Schulen im Bereich der Unterrichtsentwicklung 205
1.5 Ergebnisse 207
2. ... und was wir jetzt daraus machen: Das Projekt »Stadtweite Unterrichtsentwicklung« 209
2.1 Regionales Bildungsnetzwerk Krefeld – strukturelle Voraussetzungen 209
2.2 Herausforderungen im Arbeitsfeld Unterrichtsentwicklung 210

2.3	Stadtweite Unterrichtsentwicklung	211
2.4	Kooperation mit dem Kompetenzteam	213
2.5	Ergänzende Fortbildungsmaßnahmen	213
3.	Anmerkungen – Ausblicke: Vom Broadening zum Deepening mit Hilfe von Prozessbegleitern	213

CHRISTOPH HÖFER
Unterrichtsentwicklung und Bildungsnetzwerke in Nordrhein-Westfalen ... 216

1.	Entstehungsgeschichte	216
1.1	»Schule & Co.«	216
1.2	»Selbstständige Schule«	217
2.	Bildungsnetzwerke	219
2.1	Eigenverantwortliche Schulen	219
2.2	Steuerung der regionalen Bildungsnetzwerke	219
2.3	Bildungsbüro	220
2.4	Inhalte des Kooperationsvertrags	221
2.5	Entwicklungsaussichten	226
3.	Unterrichtsentwicklung als Arbeitsfeld	227
4.	Empfehlungen für Schulleitungshandeln	228

WULF HOMEIER
Unterrichtsentwicklung durch Qualitätsanalyse ... 231

1.	Wie kommt die Qualitätsanalyse zu ihren Bewertungen?	232
2.	Welche Daten liefert die Qualitätsanalyse?	233
3.	Ein Beispiel	236
4.	Wie kann die Schule mit diesen Daten arbeiten?	240

III Zusammenfassung ... 243

HANS-GÜNTER ROLFF
Fazit: Change Management praktizieren – zur Rolle der Schulleitung bei der Unterrichtsentwicklung ... 245

1.	Bestandsanalyse und Prioritätensetzung	245
2.	Gesamttendenz	247
3.	Change Management	247
3.1	Z-Strategie	247
3.2	Change Management über die Jahre	249
4.	Unterrichtsentwicklung als situiertes Change Management	250

Autorenverzeichnis ... 253

Über die Dortmunder Akademie für Pädagogische Führungskräfte (DAPF) ... 256

Vorwort

Kaum ein Thema ist so aktuell und so bedeutsam wie die Rolle der Schulleitung bei der Unterrichtsentwicklung (UE). Fraglos ist UE der Kern von Schulentwicklung: Ohne besseren Unterricht sind bessere Schülerleistungen nicht zu erwarten! Leider ist Unterrichtsentwicklung bisher alles andere als eine Erfolgsgeschichte. Sie findet immer noch zu selten statt. Auch wenn in etlichen Schulen UE erfolgreich praktiziert wird, lassen sich insgesamt Veränderungen des Unterrichts ebenso wenig nachweisen wie verbesserte Schülerleistungen.

Deshalb hat die Dortmunder Akademie für Pädagogische Führungskräfte (DAPF) einen Kongress durchgeführt, der möglichst alle Erfolg versprechenden Ansätze zur UE präsentiert. Das Themenspektrum reichte von Methodentraining über weiterentwickelten Fachunterricht bis zu Ansätzen, an Verhalten und Haltungen der Lehrenden wie Lernenden zu arbeiten. Der Kongress sollte Orientierung geben und Schulleitungen helfen, die passenden Konzepte zu identifizieren und in ihrer Schule umzusetzen.

Der Kongress begann mit einer Darlegung des einschlägigen Wissensstandes im Plenum. Dann folgten Seminare zu den wichtigsten Ansätzen der UE, die am Nachmittag wiederholt wurden, so dass die Teilnehmenden zwei unterschiedliche Seminare besuchen konnten.

Der Kongress wurde von über 500 Schulleiterinnen und Schulleitern aus nahezu allen Bundesländern besucht und bei der Evaluierung durchweg gelobt. Die Nachfrage nach den Beiträgen der Referenten und Seminarleitern war entsprechend groß.

Wir freuen uns deshalb, mit diesem Band fast alle Beiträge des Kongresses vorlegen zu können. Wir präsentieren zudem ein komplexes, aber praktikables Modell der Unterrichtsentwicklung, das aus der Zusammenfassung der Kongressbeiträge erwachsen ist. Schließlich enthalten alle Beiträge wichtige Literaturhinweise.

Wir hoffen, dass der Kongress einen Auftakt schafft zu einer 2. Phase oder Runde der Unterrichtsentwicklung, die das Verhalten der Lehrperson erreicht und die Schülerleistungen verbessert.

Ganz besonders danken wir der Schulleitungsvereinigung NRW, dem Zentrum für Fernstudien und universitäre Weiterbildung der TU Kaiserslautern, der Unfallkasse NRW, der Stiftung »Partner für Schule NRW« und dem Bildungsnetzwerk Dortmund als Sponsoren des Kongresses.

Dr. Jörg Teichert

Dortmunder Akademie für Pädagogische Führungskräfte (DAPF), im Juli 2009

I Grundsätzliches

Wie »lernt« unser Gehirn? Neurodidaktische Zugänge zur Unterrichtsentwicklung

Heinz Schirp

1. Zwei Überlegungen zur Einführung

Gehirnbiologische und neurodidaktische Modelle zum Lernen und Lehren erfreuen sich zurzeit einer wachsenden Aufmerksamkeit. In der Rezeption neurowissenschaftlicher Ergebnisse wird dabei zunehmend deutlich, dass es zu den professionsbezogenen Kompetenzen von Lehrerinnen und Lehrern gehört zu wissen und zu verstehen, wie unser Gehirn »lernt«, wie es Verarbeitungsprozesse organisiert, wo Lernblockaden entstehen können und – vor allem – wie man Lernprozesse und Unterrichtsarrangements »gehirnfreundlich« gestalten kann. Andererseits ist es wiederum erstaunlich, dass solche Ansätze nur einen relativ geringen Stellenwert in der Lehreraus- und -fortbildung gefunden haben. Es sind engagierte Kollegien, die sich um die Nutzung neurowissenschaftlich begründeter Lernkonzepte kümmern und eigene Fortbildungsinitiativen gestartet haben.

Nachfolgend sollen in aller Kürze zwei Begründungszusammenhänge aufgezeigt werden, die verdeutlichen helfen, dass und warum neurowissenschaftliche Konzepte eine wichtige Rolle bei der Entwicklung und Gestaltung von unterrichtlichen und schulischen Entwicklungsprozessen leisten können.

1.1 Output- oder Inputorientierung?

Seit einigen Jahren favorisieren bildungspolitische Steuerungsebenen eine Schulentwicklungsstrategie, die als »Outputorientierung« ausgewiesen ist. Dabei geht es im Prinzip darum, die Leistungen der Schüler/-innen regelmäßig zu messen und zu vergleichen, um daraus Anhaltspunkte für die Qualität von Schulen und des gesamten Bildungssystems herleiten zu können. Woher kommt nun diese starke Fixierung auf messbare Leistungsergebnisse? Wir verdanken dies einer neuen Steuerungsphilosophie, die von mindestens drei miteinander verbundenen Leitideen geprägt wird.

Erstens lässt sich eine deutliche Ökonomisierung der Bildungssysteme beobachten. Unter Stichworten wie »accountability« und Rechenschaftslegung sollen Schulen daran gemessen und danach bewertet werden, was sie wirklich leisten; es wird daher versucht, die Ergebnisse schulischer Arbeit, also z.B. die Lernergebnisse der Schülerinnen und Schüler, quantitativ zu definieren und zu messen.

Zum zweiten – und in Konsequenz aus einer solchen ökonomischen Betrachtung – ergibt sich die Notwendigkeit von Vergleichen. Im Mittelpunkt stehen dabei auf komplizierten methodischen Verfahren beruhende empirische Untersuchungen. Erst durch Vergleich »objektivierbarer« Leistungsergebnisse der Schülerinnen und Schüler wird es möglich – so glaubt man – Stärken und Schwächen einzelner Bildungssysteme zu erkennen und – orientiert an den Vorbildern offensichtlich leistungsfähigerer Systeme – ggf. umzusteuern, wenn die eigenen Ergebnisse sich als suboptimal erweisen. Zentrale Prüfungen und Testergebnisse sind so zu einer neuen Art von »pädagogischer Währung« (LUDGER WÖSSMANN) geworden, die Auskunft gibt über die Leistungsfähigkeit einer Schule oder – bei internationalen Vergleichsstudien – über die Leistungsfähigkeit eines nationalen Schulsystems.

Drittens schließlich wird damit das Leitbild einer selbstständigen Schule entworfen, die als lernende Institution ihren Freiraum nutzt, um die eigene Schul- und Unterrichtsqualität weiterzuentwickeln. Solche selbstständigen Schulen benötigen – so die neue Steuerungsphilosophie – nur noch ein Mindestmaß an Vorgaben. Sie müssen sich allerdings permanent messen lassen, z.B. an den Ergebnissen, die sie bei zentralen Tests und Lernstandserhebungen erzielen. Im Zuge der entstehenden Konkurrenz werden die Schulen dann je nach Ergebnissen besser oder schlechter dastehen, mehr oder weniger attraktiv sein für Eltern, die sich überlegen, auf welche Schule sie ihr Kind schicken sollen. Eine solche Konkurrenz – so das neoliberale Credo – hebt das pädagogische Geschäft und sorgt dafür, dass die Schulen selbst an ihrer qualitativen Weiterentwicklung arbeiten.

Nun hat jeder dieser drei neuen Steuerungsstrategien ja durchaus etwas für sich und niemand wird ernsthaft etwas dagegen haben können, wenn es etwa darum geht, die Selbstständigkeit der Schulen und ihr pädagogisches Profil zu verbessern, ihre Leistungsfähigkeit zu überprüfen und ggf. durch Vergleiche mit erfolgreichen Schulen und Bildungssystemen die eigene Bildungslandschaft zu verbessern und damit letztlich zu verdeutlichen, dass auch hohe Bildungsinvestitionen sinnvoll und wirksam eingesetzt worden sind.

Ein Blick über den Zaun in die USA zeigt allerdings, dass Outputorientierung, zentrale Tests und die Ausrichtung der Curricula auf eben diese Testinstrumente nicht zu einer Verbesserung der Schul- und Unterrichtsqualität führen, vor allem dann nicht, wenn die Testergebnisse öffentlich gemacht werden und Eltern sich die Schulen nach den erbrachten Ergebnissen aussuchen. Entsprechend lassen sich in den USA eher gegenteilige Effekte beobachten: Der Unterricht wird auf die Testanforderungen ausgerichtet (»Teaching to the test«), schulische Curricula werden entsprechend fachlich ausgedünnt, Fächer und Lernbereiche, zu denen keine Tests erfolgen, werden oftmals aus dem Bildungsangebot der Schule genommen (»Narrowing the curriculum«), Lehrer/-innen fühlen sich »entprofessionalisiert«, weil sie sich nur noch als Testvorbereiter eingesetzt sehen. Und schließlich fördert die permanente Fixierung auf Testergebnisse die Bereitschaft der Lehrerinnen und Lehrer bei den Tests zu mogeln, um die Leistung der Schule so zu »verbessern« (vgl. SCHIRP, 2006, S. 422 ff.).

Auch wenn wir bei uns noch weit von US-amerikanischen Testverfahren und Testkonzepten entfernt sind, ist eine kritische Sicht auf outputorientierte Steuerungsmodelle doch ganz hilfreich. Es muss vor diesem Hintergrund nämlich gefragt werden, ob es vielleicht auch eine andere Strategie zur Lern- und Schulentwicklung gibt.

Nicht zuletzt aufgrund der Erfahrungen in anderen Ländern wird deutlich, dass outputorientierte Verfahren allein noch keine innovativen Verfahren zur qualitativen Verbesserung von Schule und Unterricht initiieren. Lernstandserhebungen, nationale und internationale Vergleichsstudien können im besten Fall Hinweise auf erkennbare Defizite unseres Schulsystems geben. Die Verkürzung von Lernzeiten, die Zentralisierung von Anforderungen und Prüfungsleistungen sind organisatorische Reaktionen; sie verändern noch nicht die Qualität des Lernens und Lehrens in der Organisation Schule. Vom Wiegen allein wird die Kuh eben doch nicht fett!

Deswegen ist aus Sicht der Kognitions- und Neurowissenschaften ein Perspektivwechsel notwendig!

Statt Outputorientierung werden eine verbesserte Kultur der schulinternen Kooperation und begründete Investitionen in neue Lernzugänge und Förderkonzepte benötigt. Insofern muss »Outputorientierung« durch eine begleitende »Inputorientierung« unterstützt werden. Dazu muss es z.B. gehören, das professionelle Wissen der Lehrerinnen und Lehrer über die Arbeitsweise unseres Gehirns zu verbessern. Unsere Gedanken, Gefühle, Motivationen, Erfahrungen, Erinnerungen, Wissensbestände und Überzeugungen haben allesamt jeweils ein spezifisches neuronales Korrelat. Folgerichtig hat sich aus den Neurowissenschaften eine Fülle neuer Impulse für andere Wissenschaftsbereiche ergeben. Neuropsychologie, Neurotheologie, Neurophilosophie, Neuroethik, Neuromanagement sind nur einige Beispiele dafür, dass und wie die Neurowissenschaften neue wissenschaftliche Zugänge und damit auch neue Verstehensebenen eröffnet haben.

Ähnliches wäre auch für den Bereich der Pädagogik, der Didaktik und der Unterrichtsentwicklung zu wünschen. Es stellt sich als höchst hilfreich heraus, wenn alle, die Verantwortung für Lernen, Lehren, Erziehung und Bildung übernehmen, über tragfähige Modellvorstellungen von der Arbeitsweise unseres Gehirns verfügen und diese auch für ihr professionsbezogenes Handeln nutzen können. Neurodidaktik versteht sich in diesem Sinne als ein Konzept, das Hinweise und Anregungen für gehirnfreundliches Lernen und Lehren aufzeigt.

1.2 Empirische Lehr- und Lernforschung oder Neurowissenschaften?

Häufig wird allerdings skeptisch angemerkt, dass die Kognitions- und Neurowissenschaften noch längst nicht in der Lage seien, neue Konzepte von Lernen zu begründen. Es wird vielmehr darauf verwiesen, dass die traditionelle empirische Lehr- und Lernforschung eigentlich völlig ausreiche, um Hinweise darauf zu liefern, wie sich Unterricht und Schule qualitativ weiterentwickeln können. Häufig wird der Streit zwischen traditionellen Schulforschern und Neurodidaktikern recht heftig ausgetragen und nimmt manchmal den Charakter eines Glaubensstreites an. Das verunsichert viele Lehrer/-innen und Schulleitungen, weil sie nach Entwicklungsstrategien suchen, die eben nicht umstritten sind, sondern vielmehr verlässliche und tragfähige Entwicklungsperspektiven anbieten. Wie also stellt sich das Verhältnis zwischen Neurowissenschaften und traditioneller Unterrichtsforschung dar?

Beide Wissenschaftsbereiche bieten den an Schulentwicklung interessierten Experten wichtige und notwendige Klärungsmodelle an. Dabei kann die Schulforschung durch empirische Untersuchungen, Vergleiche und Analysen herausfinden und darstellen, welche Unterrichtsverfahren, Lernmodelle und methodische Gestaltungsrepertoires sich als hilfreich erweisen. Es geht dabei im Kern um die Frage »What works?«, was erweist sich als erfolgreich und was führt nachweislich zu positiven Effekten?

Neurowissenschaftliche Studien gehen dabei stärker der Frage nach »Why does it work?«, warum sind bestimmte Lernmodelle und -verfahren effektiver als andere und wie lassen sich aus den neurobiologischen Forschungsergebnissen begründete Hinweise auf »gehirnfreundliche« Lernformen entwickeln? Gerade solche neurobiologischen Zusammenhänge und die daraus ableitbaren neurodidaktischen Anregungen sind aber für Lehrer/-innen wichtig, weil sie angesichts konkurrierender Angebote zur Lerngestaltung nach tragfähigen Begründungen für innovative Lernmodelle fragen. Sie wollen zu Recht wissen, auf welchen lernwissenschaftlichen Grundlagen die jeweiligen Anregungen zur Lern-, Unterrichts- und Schulentwicklung stehen.

Genau dazu können die Neurowissenschaften einen elementaren Beitrag leisten. Die Ergebnisse der neurowissenschaftlichen Forschung haben in der Tat unser Verständnis von Lernen, von Verarbeitungsprozessen, von Behalten, von Vergessen, von der Bedeutung unserer Emotionen, sozialer Interaktionen und Bewegung etc. deutlich erweitert. Darüber hinaus verstehen wir mit Hilfe und auf der Grundlage neurobiologischer Befunde auch besser, warum und wie Lernblockaden Verarbeitungsprozesse negativ beeinflussen und welche Verfahren geeignet sind, solchen Lernblockaden entgegenzuwirken. Solche »gehirnfreundlichen« Entwicklungsverfahren müssen sich dann aber auch wieder den kritischen Zugängen empirischer Schulforschung stellen. Nur so kann etwa herausgefunden werden, ob neurodidaktisch begründete Gestaltungsformen wirklich effektiv und praktikabel sind. Neurobiologie und empirische Schul- und Unterrichtsforschung sollten also nicht als rivalisierende Ansätze gesehen werden, sondern als komplementäre Zugänge zur Lern- und Schulentwicklung.

2. Neurodidaktische Modellvorstellungen zum Lernen: Arbeitsweisen des Gehirns

2.1 Neuronale Selbstorganisation: Unser Gehirn ist ein sich selbst organisierendes System!

Unser Gehirn kann als ein weitgehend sich selbst steuerndes, mit sich selbst neuronal kommunizierendes und interagierendes System verstanden werden. Dabei ist es sozusagen zweigeteilt. Grundstrukturen und -verbindungen sind zwar genetisch weitgehend festgelegt, ihre Entwicklung und volle Funktionsfähigkeit aber sind abhängig von Umwelt- und Sinnesreizen. Die häufige Nutzung der bestehenden Verbindungen und deren Aktivierung durch Sinnesreize führen nämlich erst dazu, dass immer mehr und immer stabilere Verknüpfungen entstehen.

Das Gehirn ist das zentrale Organ, mit dem wir uns mit unserer Umwelt auseinandersetzen, mit dem wir lernen, das unsere Verhaltensweisen, Haltungen, Entscheidungen, Gedanken und Gefühle steuert und letztlich nur eine Aufgabe hat, nämlich unsere Überlebensfähigkeit zu sichern.

Viele Menschen stellen sich das Gehirn als eine Art »Super-Computer« vor. Aber diese Annahme ist in einem ganz fundamentalen Sinn falsch. In einen Computer kann man über die Tastatur stundenlang Informationen eingeben, die intelligentesten Texte, die kompliziertesten Daten, aber auch den größten Unsinn. Wenn man dann auf das Symbol für »SPEICHERN« drückt, kann man sicher sein, dass man die eingegebenen Informationen nach zwei Minuten oder zu jedem x-beliebigen Zeitpunkt genauso wieder abrufen kann, wie man sie eingegeben hat. So aber funktioniert das Gehirn nicht! Es folgt vielmehr eigenen Gesetzmäßigkeiten, die man kennen sollte, wenn man Lernprozesse erfolgreich gestalten will. Im Gegensatz zu einem Computer speichert es eben keine Informationen, sondern es verarbeitet sie auf der Grundlage bereits vorhandener Kenntnis- und Wissensbestände. Es verändert dabei die eingehenden Informationen und passt sie entweder bereits vorhandenen Strukturen an oder passt vorhandene Strukturen den neu erkannten Sachverhalten an. Wo also angebotene neue Informationen nicht anschlussfähig sind, wird nur wenig – oder eben auch gar nichts – von diesen neuen Informationen verarbeitet. Es können sich also keine Verstehensstrukturen und damit auch keine Gedächtnisleistungen entwickeln.

Darüber hinaus sind für unsere neuronalen Verarbeitungsprozesse Emotionen, Musterentwicklungsprozesse und das Erkennen von Sinn und Relevanz wichtig und lernbedeutsam. Auch diese Aspekte verweisen auf zentrale Unterschiede zur Arbeitsweise eines Computers.

2.2 Neuronale Plastizität: Unser Gehirn ist plastisch; seine Entwicklung ist nutzungsabhängig!

Unter neuronaler Plastizität versteht man die Fähigkeit des zentralen Nervensystems, sich durch interne Veränderungsprozesse und auf Grund externer Bedingungen strukturell und funktionell auf veränderte Anforderungen einzustellen. Unsere Wahrnehmungsfähigkeit, unsere Aufnahmefähigkeit, unsere kognitiven, emotiven, sprachlichen und motorischen Fähigkeiten und Fertigkeiten werden im Laufe der Entwicklung immer differenzierter. Lernprozesse können dabei in ganz unterschiedlicher Weise zu neuroplastischen Veränderungen im Gehirn führen.

Zum einen können sich die Potenziale unserer neuronalen Netze, Gedächtnisstrukturen und Vernetzungen vergrößern (»expanding«). Neue Eindrücke und Wahrnehmungen führen dann zu einer Erweiterung unserer Kenntnis- und Wissensbestände. Die neuronale Repräsentanz eines bestimmten Sachbereichs im Gehirn wird stärker.

Eine ganz besondere Form der Plastizität zeigt sich, wenn wir etwa durch neue Inputs von außen oder durch intensives Nachdenken plötzlich zu ganz neuen Einsichten gelangen. Mit Einsicht bezeichnen wir ein Wahrnehmungsergebnis, das nicht einfach nur durch die Addition bereits vorhandener Kenntnisse zustande kommt, sondern in dem eine ganz neue Qualität entsteht und eine Sache plötzlich in einem ganz neuen Licht erscheinen lässt. Wie, warum und unter welchen Bedingungen unser Gehirn plötzlich zur Konstruktion neuer und einsichtsvoller Zusammenhänge, also zur Emergenz fähig ist, das ist für die Neurowissenschaftler immer noch weitgehend ein Rätsel. Deutlich wird dabei, dass unser Gehirn plötzlich etwas anders wahrnimmt als vorher, dass es ganz neue, vorher nicht vorhandene Wahrnehmungsmuster entwickelt und ausgeschärft hat (»tuning«).

Plastizität im Gehirn kann drittens aber auch dadurch entstehen, dass Um-Lernen stattfindet. Alte Verhaltensweisen, Routinen, Denkmuster werden aufgrund neuer Lebensbedingungen und neuer Herausforderungen radikal umgestellt. Umlernprozesse sind häufig mühsam und langwierig; schließlich müssen ja alte, »liebgewordene« Muster verändert, »überschrieben« und beseitigt werden (»re-constructing«).

Und schließlich zeigt sich die Plastizität unseres Gehirns auch darin, dass neuronale Potenziale und Leitungsbahnen, die durch Lernen entstanden sind, allmählich wieder verkümmern, verblassen, letztlich unbrauchbar werden (»pruning«). Auch in solchen Prozessen verändern sich neuronale Strukturen.

Die Entwicklung neuronaler Plastizität geschieht dabei nicht linear und gleichmäßig, sondern in ganz spezifischen Schüben und Entwicklungsphasen (»neuronale Periodizität«). Unter Periodizität wird die Abfolge von Phasen verstanden, die für gehirninterne Entwicklungsprozesse bedeutsam sind. Im Kontext von Lernen wird z.B. erkennbar, dass es »neuronale Fenster«, also lernsensible Phasen gibt, in denen Kinder besonders schnell und nachhaltig etwas lernen, weil bestimmte Hirnareale durch Reifungs- und Differenzierungsprozesse ausgebaut werden. Ein spezifischer Botenstoff, Myelin, sorgt etwa dafür, dass neuronale Leitungsbahnen den Informationsfluss schneller bewältigen. In solchen lernsensiblen Phasen entstehen neue Verbindungen besonders rasch. Werden diese »neuronalen Fenster« aber nicht genutzt, verkümmern sie (siehe »pruning«). Da sich solche »windows of opportunity« entwicklungsbedingt auch wieder schließen können, ist es wichtig, bestehende Entwicklungschancen zu kennen und zu nutzen.

Zu den besonders wichtigen und auch besonders schwierigen Entwicklungsabschnitten gehört etwa die Pubertät. In dieser Phase ist das Gehirn der Heranwachsenden eine einzige »neuronale Baustelle«, auf der ganz massive Umbrüche und Veränderungen einsetzen, die massive Folgen für schulische Lernprozesse haben und deswegen auch bei der Gestaltung von Unterricht und Schulleben Berücksichtigung finden sollten. In der Pubertät verändern sich aber nicht nur kognitive Verarbeitungsprozesse, vor allem emotionale und soziale Wahrnehmungen unterliegen besonders starken Veränderungen. Eltern und Erzieher können ein Lied davon singen, wie »heftig« Jugendliche sich in dieser Lebensphase verändern.

2.3 Muster und Bedeutung: Lernen und Behalten sind auf Musterentwicklung und Sinnstiftung angewiesen!

Mit jedem Verarbeitungsvorgang entstehen in den jeweils beteiligten neuronalen Strukturen des Gehirns Ladungsprozesse. Gleiche Inputs und Verarbeitungsprozesse führen dazu, dass auch gleiche Zellverbände angesprochen und entwickelt werden. Die Nervenzellen stellen sich sozusagen immer besser auf bestimmte Inputsignale ein – sie »lernen«. Unser Gehirn wäre nun aber völlig überfordert, wenn es alles verarbeiten und speichern würde, was über die Sinne an »Inputs« entsteht. Um nicht

»im Chaos der Sinne« unterzugehen, hat sich das Gehirn im Laufe der Evolution so organisiert, dass alles, was wahrgenommen wird, nach Bedeutungsgehalt und Neuigkeitswert gefiltert und mit den jeweils schon bestehenden, bearbeiteten und gespeicherten Wahrnehmungen abgeglichen wird. Das führt dazu, dass dort eher etwas verarbeitet wird, wo es schon ähnliche Strukturen gibt. Auf diese Weise entstehen allmählich immer stabilere Muster und Verbindungen. Häufige und ähnliche Inputs werden darüber hinaus auch auf einer größeren Fläche im Gehirn repräsentiert als etwa seltene Inputs (vgl. SPITZER, 2000, S. 95 ff.). Je größer die Zahl der Repräsentanzstellen bestimmter Muster und je stärker ausgeprägt ihr neuronales Potenzial, desto größer ist die Wahrscheinlichkeit, dass diese Muster auch wieder aktualisiert, erinnert und für weitere Verarbeitungsprozesse genutzt werden können. Die Leistungsfähigkeit unserer neuronalen Potenziale und Verbindungen hängt also u.a. davon ab, wie nachhaltig die Muster sind, die im Gehirn organisiert werden, wie häufig wir diese benutzen und wie positiv die damit verbundenen Nutzungserfahrungen sind.

Unser Gehirn benötigt letztlich die Wahrnehmung, dass das, was gelernt werden soll, sinnvoll ist, »Sinn macht«, eine Bedeutung für uns hat. Sinnkonstruktion ist damit eine wesentliche Voraussetzung für Lernen, Verstehen und Behalten. Einem Computer ist es völlig egal, was wir ihm an Daten, Bildern oder Tabellen eingeben – egal wie sinnvoll oder sinnlos sie auch sein mögen. Bei allen Wahrnehmungsprozessen sucht unser Gehirn dagegen selbstorganisiert nach Sinn und konstruiert häufig sogar auch ganz eigene, individuelle »Sinn- und Verstehensmuster«. Beispiele aus dem Bereich des »Verhörens« zeigen, dass gerade Kinder eigene Sinnkonstruktionen vornehmen, weil sie z.B. ein Wort, einen Begriff, einen Zusammenhang noch nicht »richtig« verstanden haben. Das Gehirn unternimmt dann selbstorganisierend einen eigenen Deutungsversuch und konstruiert einen eigenen Sinn- und Verstehenskontext.

2.4 Emotion und Kognition: An allen Lernprozessen sind Emotionen und Gefühle beteiligt!

Unser Gehirn verarbeitet Eindrücke, neue Erfahrungen und Lerninhalte mit starker emotionaler Beteiligung. Emotionen sind psychisch-physische Reaktionen auf bestimmte Situationen; sie werden im Gehirn (z.B. im limbischen System) ausgelöst und führen zur Veränderung körperlicher Zustände. Gefühle repräsentieren dagegen eher unsere individuellen Bewertungen der jeweiligen Emotion. Wie bewerten wir etwa eine neue, unübersichtliche Situation, löst sie bei uns eher Angst und Abwehr oder Neugier und Interesse aus? Stress- und Prüfungssituationen sind klassische Beispiele dafür, wie Menschen – entsprechend den Erfahrungen, die sie gemacht haben – solche besonderen Herausforderungen unterschiedlich wahrnehmen.

Einige werden dabei vom Gefühl der Versagensangst beherrscht, geraten in Panik und sind völlig blockiert; andere haben vielleicht gelernt, mit solchen Situationen umzugehen und sich zu regelrechten »Prüfungstypen« entwickelt. Solche unterschiedlichen Bewertungen, die sich in unseren Gefühlen niederschlagen, sind als »somatische Marker« in unserem Gehirn tief gespeichert. Es gibt also so etwas wie eine erlernte Erfolglosigkeit in Prüfungssituationen – und natürlich auch das Gegenteil davon.

Emotionen sind – wie neurowissenschaftliche Studien zeigen – ganz entscheidend an Effizienz und Nachhaltigkeit von Lernprozessen beteiligt. Emotionale Zugänge, an denen vor allem das limbische System beteiligt ist, sind um Bruchteile von Millisekunden schneller als solche, die in unserem Großhirn Entscheidungen treffen. Unter dem Einfluss emotionaler Wahrnehmungen fällen wir im Bruchteil einer Sekunde mehr oder weniger bewusste Entscheidungen; wir finden jemand sympathisch, interessieren uns für ein Detail an einem Gegenstand, den wir betrachten, bleiben an einer gut gemachten Werbeanzeige hängen ...; das alles geschieht in Form blitzschneller Wahrnehmungsprozesse (»snap decisions«), die sehr stark durch unser limbisches System und die dort organisierten emotionalen Kontexte beeinflusst werden. Die allermeisten unserer (Vor-)Urteile entstehen genau durch diese schnellen Wahrnehmungs- und Beurteilungsprozesse.

Emotionale Potenziale beeinflussen darüber hinaus ganz entscheidend unsere Leistungsfähigkeit. Diese ist bei jedem Menschen zwar durchaus unterschiedlich, aber sie hängt ganz offensichtlich von der Höhe der emotionalen Aktiviertheit ab. Bei emotionaler Unterforderung bleibt der Mensch deutlich hinter seinen Möglichkeiten zurück; dagegen kann durch ein gesundes Maß an emotionaler Aktiviertheit ein Leistungsmaximum erreicht werden. Wird das Erregungsniveau allerdings etwa durch Stress und Leistungsdruck über das erforderliche Maß hinaus gesteigert, ist das für die Leistungsfähigkeit kontraproduktiv; die Leistungsergebnisse werden dann wieder schlechter (Yerkes-Dodson-Gesetz).

2.5 Soziale Interaktion: Unser Gehirn ist ein »soziales« Gehirn

Soziale Interaktion und Kooperation gehören zu den effektivsten Bestandteilen »gehirnfreundlicher« Lernarrangements. Sie unterstützen die eigene Wahrnehmungsfähigkeit, die Auseinandersetzung mit dem Lerngegenstand und den gesamten Prozess des Verstehens und Erinnerns. Für solche Interaktions- und Kooperationsprozesse ist dabei die Gruppe der Gleichaltrigen von besonderer Bedeutung. Ob es sich um emotionale oder kognitive Muster handelt, immer ist die Gruppe der Gleichaltrigen deswegen so wichtig, weil von ihr sozial besonders relevante und direkte Rückmeldungen kommen. Schließlich erhalten wir von unseren Mitschülern/-innen, Freunden und Freundinnen wichtige soziale Signale als Resonanz auf unser eigenes Verhalten; diese sind für unsere Beziehungen, Einstellungs- und Verhaltensmuster von nachhaltiger Bedeutung.

Aber auch auf einer kognitiven Ebene spielen die Mitglieder einer Lerngruppe eine wichtige Rolle. Es macht eben einen Unterschied, ob ein Lehrer etwas erklärt oder ein Mitschüler. Der Mitschüler, der vielleicht gerade ein unterrichtliches Problem gelöst und verstanden hat, kann das Problem seines Mitschülers vielleicht besser verstehen, sieht vielleicht die Schwierigkeiten viel schneller, weil er sich ja selbst gerade noch damit herumgeschlagen hat. Wenn Schüler ihren Mitschülern etwas erklären können, dann hat das einen doppelt positiven Effekt: Die einen können etwas erklären und wiederholen und festigen dabei ihre Wissensbestände; die anderen profitieren davon, dass diese Erklärungen auf einer sprachlichen und gedanklichen Ebene stattfinden, die ihnen oftmals näher liegt als die Erklärungen ihrer Lehrer/-innen. Lernen durch Lehren, wechselseitiges Erklären, tutorielle Lernsituationen, »peer mediation« sind für effektives Lernen regelrechte »win-win-Situationen«.

Unsere neuronalen Netzwerke, unsere kognitiven und emotiven Vernetzungen werden besonders aktiv, wenn sie mit Entscheidungssituationen konfrontiert werden, zu denen es unterschiedliche Meinungen, Beobachtungen, Begründungen und Erfahrungen gibt. In der Auseinandersetzung mit neuen, ggf. auch kontroversen Wahrnehmungen werden wir gezwungen, unsere eigenen Vorstellungen zu reaktivieren, sie zu begründen, zu verteidigen, ggf. aber auch – etwa im Lichte neuer, besserer Erkenntnisse – zu revidieren, also umzulernen, ein besonders schwieriger und anstrengender Prozess. In dem Maße, in dem wir etwa in Lernsituationen, in Interaktions- und Kooperationsprozesse mit unseren Mitschülern einbezogen werden und aktiv daran teilnehmen, fördern wir nicht nur soziale, sondern gleichzeitig auch neuronale Interaktions- und Vernetzungsprozesse in unserem Gehirn. Besonders wichtig dabei ist, dass wir mit Hilfe unserer Sprache uns und anderen über unsere Gedanken Klarheit verschaffen können. Gleichzeitig geht es aber auch darum, die Gedanken und Wahrnehmungsmuster anderer zu verstehen.

Soziale Interaktion und soziale Modelle sind darüber hinaus wichtig für die Entwicklung kognitiver und emotiver Orientierungsmuster.

Vieles, was wir lernen, lernen wir ganz bewusst, vieles aber lernen wir auch eher unbewusst im Laufe unserer sozialen Entwicklung. Verhaltensweisen, Gewohnheiten, unsere Einstellungen etc. haben wir überwiegend nicht explizit gelernt, sondern implizit, unbewusst durch Imitation oder durch Orientierung an Modellen, die wir in Familie, Schule und Umfeld vorfinden. Solche impliziten Lernergebnisse sind gerade deswegen häufig so stabil, weil sie sich über längere Zeiträume ganz allmählich durch viele ähnliche Inputs entwickelt haben und somit eine extrem starke neuronale Repräsentanz aufweisen. Die jüngsten Forschungen zum Phänomen der »Spiegelneuronen« zeigen, dass z.B. in sozialen Situationen beim Betrachter häufig die gleichen neuronalen Cluster und Verbindungen aktiviert werden wie bei der Person, deren Verhalten gerade beobachtet wird. Wahrnehmungen wie Mitgefühl oder Mitleid lassen sich z.B. als Ergebnisse der Wirkung »sozialer« Spiegelneuronen verstehen. Das aber gilt nicht nur für soziale Prozesse, sondern auch für kognitive Kontexte.

Das didaktische Modell des Lernens durch Beobachtung, Imitation und ggf. Übernahme etwa im Sinne eines »Experte-Novize«-Schemas findet sich im Konzept »Cognitive Apprenticeship« wieder. Dabei geht es etwa darum, Experten zu beobachten, wie diese ihre Arbeit organisieren und Probleme lösen. Auf diese Weise kann man seine eigenen Lernverfahren verbessern. Besonders wichtig ist es dabei, die eigenen Wahrnehmungen zu reflektieren und sich bewusst zu machen, welche neuen Zugänge und Arbeitsmuster man selbst durch die Beobachtung von Expertenarbeit erworben hat. Es geht dabei letztlich um die Verknüpfung von impliziten und expliziten Wissensbeständen.

2.6 Bewegung: Kognitive und emotive Entwicklungsprozesse sind auf Bewegung angewiesen!

Aus neurobiologischer Sicht ist jede Bewegung ein höchst komplizierter und komplexer Prozess, an dem ganz unterschiedliche Gehirnregionen beteiligt sind. Wenn wir also Bewegungen unbewusst ausführen oder sie bewusst planen, wenn wir sie steuern oder korrigieren, aktivieren wir unser Gehirn und tragen so dazu bei, dass eine intensive Zusammenarbeit von Körper und Gehirn entsteht.

Sport, Bewegungsspiele und motorische Aktivitäten führen zu einer Ausschüttung von Neurotransmittern und Nervenwachstumsstoffen (BDNF) im Gehirn, die nicht nur das Wohlbefinden verbessern. Eine Steigerung der Dopamin-Konzentration sorgt darüber hinaus auch für mehr körperliche Motivation; Noradrenalin etwa bewirkt eine physische und mentale Aktivierung, und Serotonin erhöht das Selbstvertrauen und reduziert Angstzustände. Außerdem verbessert Bewegung die Sauerstoffversorgung des Gehirns und damit das Konzentrations- und Reaktionsvermögen. Entsprechende Forschungsstudien zeigen: Eine 30-minütige Ausdauerbelastung verbessert deutlich die Lenkung und Fokussierung von Aufmerksamkeit – zwei Faktoren, die für konzentriertes Arbeiten von entscheidender Bedeutung sind.

Ausdauer, Intensität und Variation von Bewegungsangeboten sind dabei Voraussetzungen dafür, dass solche positiven Effekte eintreten. Zu kurze Bewegungsphasen zeigen auch nur geringe Effekte. Zu monotone Übungsformen führen eher zu Unlust. Optimal sind Bewegungsanforderungen und Anreize, in denen die Kinder eine Balance von Anforderungen und Widerständen erleben können.

Gerade in schulischen Lernkontexten entstehen durch Leistungsdruck, Versagensängste, Übermotivation und überhöhte Leistungserwartungen regelrechte Stresssituationen für Kinder und Jugendliche. Stress untergräbt und blockiert aber unsere Leistungsfähigkeit. Plötzlich kann man das alles nicht mehr erinnern, was man doch so sorgfältig gelernt und geübt hat; wir können in Stresssituationen nicht die Leistung erbringen, zu der wir eigentlich fähig wären.

Bewegung ist darüber hinaus eine zentrale Voraussetzung auch für die Entwicklung kognitiver Leistungen. Unser Gehirn baut im Verlaufe seiner Entwicklung ein räumliches Bezugssystem auf, das uns hilft, uns in dieser Welt zurechtzufinden. Ein solch räumliches Bezugssystem gehört zu den wichtigsten Voraussetzungen für motorisches Lernen, für koordinierte Bewegungsabläufe und deren räumliche Anpassung an unsere Umgebung. Ein solches Bezugssystem ist aber gleichermaßen bedeutsam für die kognitive Verarbeitung und Modellierung unserer Umwelt. Mentale Verarbeitungsformen benötigen dreidimensionale Raumvorstellungen, damit sich z.B. Vorstellungen, Bilder und abstrakte Zuordnungen entwickeln können. Die meisten unserer Bezeichnungen für Lernprozesse haben etwas mit Motorik und Bewegung zu tun: be-*greifen*, ver-*stehen*, über-*tragen*, ver-*arbeiten*, zusammen-*fassen* etc. Ohne Bewegung, ohne Zunahme differenzierter Bewegungsformen entwickeln wir auch keine differenzierten räumlichen Bezugssysteme.

Unsere Raumerfahrungen machen wir primär dadurch, dass wir unseren eigenen Körper mit den verschiedenen Ebenen, die wir wahrnehmen, in Beziehung bringen.

Die drei Körperebenen (Transversal-, Sagittal- und Frontalebene) spielen dabei eine ganz entscheidende Rolle. Eine funktionsfähige Orientierung im Raum ist dann vorhanden, wenn Kinder Richtungen einordnen und sich in ihnen orientieren können.

Was ist vorne und hinten, oben und unten, rechts und links? Kinder, die das nicht können, haben später Probleme beim Rechnen, häufig auch beim Lesen und Schreiben. Deswegen wächst bei Lehrerinnen und Lehrern auch das Verständnis für bewegungsorientierte Lern- und Unterrichtskonzepte. Nicht nur in Grundschulen ist es hilfreich, die Entwicklung und die mentale Repräsentanz von Mengen, Zahlen und Messgrößen, von Satzmustern, von Wort- und Sprachbilder etc. durch entsprechende Bewegungsformen zu unterstützen. Die damit erzielten positiven Behaltenseffekte bestätigen die Wirksamkeit solcher Bewegungskonzepte.

Darüber hinaus gehören in vielen Schulen Bewegungskonzepte wie »bewegungsfreundlicher Schulhof«, »Bewegte Pause« und »Sport und Spielangebote« inzwischen zu festen Bestandteilen des Schulprogramms. Es wird dabei zunehmend deutlich, wie wichtig es ist, Bewegung einmal zur Stabilisierung körperlicher und seelischer Gesundheit, zur Entwicklung sozialer Kompetenzen, zur Verbesserung der Konzentrationsfähigkeit und insgesamt der mentalen Leistungsfähigkeit zu intensivieren. Kanadische Neuro-Wissenschaftler haben jüngst eine Studie veröffentlicht, aus der hervorgeht, dass Kinder mit differenzierten Bewegungserfahrungen, also z.B. solche, die balancieren und jonglieren können, einen Notendurchschnitt aufweisen, der um 0,7 über dem der Kinder liegt, die über deutlich weniger differenzierte Bewegungsformen verfügen.

3. Lernprobleme und Lernblockaden aus neurobiologischer Sicht

Mit den skizzierten Überlegungen zu Arbeitsweisen unseres Gehirns sollte verdeutlicht werden, dass unser Gehirn ein System ist, das nach dem Prinzip der Selbstorganisation arbeitet. Wer gehirnfreundliche Lern- und Lehrarrangements herstellen will, der sollte um diese Verarbeitungsstrategien unseres Gehirns wissen und sie bei der Unterrichtsplanung entsprechend berücksichtigen. Schließlich wissen wir alle, dass »viel unterrichtet« nicht immer auch schon »viel gelernt« bedeutet, dass wir nicht alles behalten, was wir hören, sehen, lesen oder sonst wie erfahren.

Aus Sicht der Neurowissenschaften lassen sich vier elementare Problemkonstellationen identifizieren, die Lernprozesse negativ beeinflussen und nachhaltiges Lernen stören oder gar verhindern können.

3.1 Fehlende Anschlussfähigkeit

Fehlende Anschlussfähigkeit entsteht immer dann, wenn Informationen zwar in das Arbeitsgedächtnis (ABG) aber nicht in das Langzeitgedächtnis (LZG) gelangen.

Zwei Aspekte vor allem sind für dieses Lernproblem wichtig: zum einen Aufmerksamkeit als basale Voraussetzung dafür, dass unsere Verarbeitungs- und Enkodierprozesse überhaupt »gestartet« werden können und zum zweiten die Aktivierung unseres Vorwissens, unserer Präkonzepte. Beide Aspekte hängen eng zusammen.

Unsere basalen neuronalen Strukturen, die unser Lernen in Gang setzen (z.B. Hippocampus und Cortex), sind zuallererst einmal darauf angewiesen, dass wir auf etwas aufmerksam werden und etwas überhaupt in den Fokus unserer Wahrnehmung rückt. Häufig genug werden geplante Lernsituationen schon zu Beginn dadurch schwierig, weil es eine Fülle konkurrierender Wahrnehmungsreize gibt. Das gilt für Unterrichtsstunden genauso wie für die Bearbeitung von Hausaufgaben. Wir lassen uns nur allzu leicht und nur allzu gerne ablenken, wenn es darum geht, einer von außen gesetzten Lernanforderung nachzukommen. Dort, wo wir dagegen für uns selber ein spannendes Betätigungsfeld finden, das uns reizt und uns Spaß macht, sind Aufmerksamkeit und emotionale Beteiligung von vornherein gegeben. Das ist mit intrinsischer Motivation gemeint. In Schule und Unterricht sind allerdings überwiegend extrinsische Lernmotivationen im Spiel. Für solche bedarf es daher einer ganz bewussten Herstellung von Aufmerksamkeit, damit unsere Wahrnehmungs- und Verarbeitungszentren aktiviert werden.

Aber selbst wenn ein genügend hohes Maß an Aufmerksamkeit hergestellt wird, ist damit noch nicht gewährleistet, dass wir nachhaltig etwas verstehen. Aufmerksamkeit ist eine notwendige, aber eben noch nicht hinreichende Bedingung. Häufig genug gelangen Informationen zwar in das Arbeitsgedächtnis (ABG), werden auch dort be- und verarbeitet, gelangen aber nicht in das Langzeitgedächtnis (LZG). Wir bearbeiten einen Lerngegenstand, setzen uns intensiv mit ihm auseinander, verstehen ihn aber nicht wirklich. Wenn wir etwa einen schwierigen Sachtext zu einem für uns sperrigen Thema lesen, dann wird es uns vielleicht gelingen, wichtige Aussagen des Textes zu markieren, wiederzugeben und zu referieren, aber richtig verstanden haben wir ihn damit noch nicht unbedingt. Es fehlt uns sozusagen ein »Anschlussstück« zwischen dem, was wir zu diesem Sachverhalt schon wissen und dem, was der Text an neuen differenzierten Details darstellt. Dieses »missing link«, diese Lücke in unserem Verstehenskonzept sorgt dafür, dass unser Gehirn die neuen Informationen nicht nachhaltig verarbeiten und vernetzen kann. Das neue potentielle Wissen, das der Text repräsentiert, ist eben (noch) nicht anschlussfähig. Wir brauchen also weitere Informationseinheiten und vielleicht auch ganz neue Lernzugänge, um diese Lücke zu schließen.

3.2 Fehlende Nutzungsfähigkeit

Bei dieser Problemkonstellation gelangen Informationen zwar ins LZG, »zerfallen« und »verblassen« dort aber allmählich wieder.

Häufig haben wir uns mit einem Lerngegenstand intensiv beschäftigt, haben ihn in altes Wissen eingebaut, unsere Kenntnisse erweitert, unser Verständnis von einem Sachverhalt vertieft und dennoch können wir das, was wir gelernt haben, nicht reaktivieren. Lernstudien zeigen z.B., dass viele Schüler Aufgaben, die sie einmal in Klassenarbeiten bravourös bewältigt haben, ein, zwei Schuljahre später nicht mehr lösen können. Der Grund dafür liegt in dem bereits skizzierten neuronalen Phänomen des »pruning«; Informationen gelangen ins Langzeitgedächtnis, »verkümmern«

dort aber wieder. Erst wenn wir von gelernten Zusammenhängen intensiven und regelmäßigen Gebrauch machen, verbessern sich unsere Behaltensleistungen und unsere Lösungskompetenzen. Dabei helfen allerdings nicht »stupide« und monotone Wiederholungen und formalisierte Übungsphasen! Es bedarf schon intelligenter Übungsformen, um diesen Erhaltungseffekt zu erzielen. Erst varianten- und abwechslungsreiches Üben in neuen Kontexten sorgt dafür, dass vorhandenes Wissen (re-)aktiviert, genutzt und aktualisiert wird. Ein solches Vorgehen sichert nicht nur vorhandene Kenntnisse und Fähigkeiten, sondern führt auch dazu, dass neue und differenziertere Vernetzungen entstehen, die selbst wieder vertiefte Möglichkeiten für Verstehen, Behalten, Erinnern und Nutzen anbieten. Und je häufiger wir wahrnehmen, dass wir unsere Wissensbestände tatsächlich erfolgreich nutzen können, desto stärker werden Wissensstrukturen im Gehirn neuronal repräsentiert, gespeichert und gefestigt.

3.3 Fehlende Kontextualisierung

Fehlende kontextuelle Beziehungen zwischen alten und neuen Wissenselementen sind dafür verantwortlich, dass Informationen zwar erfolgreich ins LZG enkodiert, allerdings nicht wieder abgerufen werden können.

Es gibt also noch einen zweiten, etwas anders gelagerten Grund dafür, dass wir manchmal Informationen nicht wieder abrufen können, obwohl wir sie erfolgreich ins LZG enkodiert haben. Wir kennen eben manchmal die Zusammenhänge nicht mehr, in denen wir das Wissen erworben haben. Man könnte dieses Phänomen des fehlenden Erinnerungsvermögens so beschreiben, dass man ein sehr eng begrenztes Wissen erworben, die darin enthaltenen Zusammenhänge auch durchaus verstanden hat, dass dieser Bereich aber noch nicht mit anderen Wissensbereichen, Kontexten, Lebensbereichen vernetzt ist. Man könnte sozusagen von »Inselwissen« sprechen. Besonders bei sehr speziellen Lerninhalten, die wenig mit anderen Lernkontexten zu tun haben, bei Detailwissen, bei abstrakten und stark formalisierten Erinnerungsanteilen (Formeln, Daten, Theoreme, Definitionen, ...) können wir die erworbenen Kenntnisse häufig nur mühsam oder gar nicht reaktivieren, weil wir die fachlichen Kontexte, in denen wir sie bearbeitet haben, nicht mehr rekonstruieren können. Bei mathematischen Formeln oder Grammatikregeln etwa versuchen wir häufig, das Problem der fehlenden Kontextualisierung durch Auswendiglernen oder durch Eselsbrücken (mnemotechnische Hilfen) zu kompensieren. Recht häufig führt das dazu, dass wir z.B. eine mathematische Formel zwar noch auswendig können, aber nicht mehr so recht wissen, wie man sie anwenden und nutzen kann.

3.4 Stress

In Stresssituation können Informationen, die ins LZG enkodiert und von dort auch normalerweise wieder abgerufen werden konnten, nicht aktiviert und genutzt werden.

Die Studien zu den Effekten von Stress (hier ist Disstress, also die negative Variante gemeint) zeigen, dass in emotional stark aufgeladenen Situationen Stress und Prüfungsängste zu Misserfolgen führen können. Unser Gehirn wird dann durch

Stresshormone in seiner Arbeit stark beeinträchtigt. Es bekommt dabei eine Art »Tunnelblick« und ist emotional so auf die Schwierigkeit der Aufgabe fixiert, dass wir keine Zugänge zu den gerade benötigten Erinnerungsbeständen finden. Bei Prüfungen etwa, also in Situationen, in denen wir eigentlich alle unsere Wahrnehmungs- und Erinnerungspotenziale, unsere Kreativität, divergentes Denken und Problemlösekompetenzen benötigen, werden genau diese durch Stressfaktoren geblockt. Und je häufiger wir die Erfahrung machen, in solchen Situationen zu versagen, desto stärker etablieren sich neuronal die somatischen Marker, die als Ergebnisse unserer emotionalen Reaktionen und Gefühle unser Verhalten stark mit beeinflussen. Häufig reicht dann schon die bloße Vorstellung von einer Prüfungssituation aus, um uns zu beunruhigen, uns zu verunsichern und uns schlecht zu fühlen.

4. Strategien zur Lern- und Unterrichtsentwicklung

Die nachfolgend skizzierten Lernstrategien sind aus neurodidaktischer Sicht für individuelle Förderkonzepte ebenso bedeutsam wie für die innovative Gestaltung von Unterricht und die Entwicklung einer entsprechenden schulischen Lernkultur (vgl. dazu MANDL & FRIEDRICH, 2006).

Lernstrategien, die sich aus neurowissenschaftlichen Überlegungen herleiten und die man in neurodidaktische Anregungen übersetzen kann, sind zum einen geeignet, individuelle Lernprobleme zu erkennen. Damit besteht die Möglichkeit, tutorielle Lernprozesse ganz gezielt anzugehen und sich auf zentrale Lernschwierigkeiten zu konzentrieren. Häufig führen schlechte Schulleistungen dazu, dass etwa in Nachhilfestunden der Unterrichtsstoff schlicht wiederholt und »gebüffelt« wird; damit werden aber die den Lernschwierigkeiten elementar zugrunde liegenden Probleme des Verstehens, des Behaltens, des Erinnerns möglicherweise gar nicht erkannt und bearbeitet. Schließlich geht es in tutoriellen Lerngruppen – innerhalb und außerhalb der Schule – doch darum, den Lerner wieder zu befähigen, selbstständig zu arbeiten und seine Lernprozesse wieder aus eigener Kraft erfolgreich zu organisieren. Die nachfolgend aufgeführten Lernstrategien machen aber auch deutlich, dass sie nicht nur auf individuelle Förderung abzielen, sie verweisen auch darauf, an welchen Stellen und – vor allem – warum Lernarrangements und unterrichtliche Gestaltungsformen verändert werden müssen, um gehirnfreundliches und nachhaltiges Lernen zu organisieren; es geht darum,

- Verstehenskontexte herzustellen,
- Lernergebnisse anschlussfähig werden zu lassen,
- durch regelmäßiges »intelligentes« Üben vorhandene Wissensbestände immer wieder zu reaktivieren und sie so neuronal zu stabilisieren,
- Transfersituationen und Lernaufgaben in den Mittelpunkt zu stellen, in denen Wissensbestände und Kompetenzen immer wieder erprobt und gefestigt werden können,
- Emotionen und Gefühle der Schüler/-innen bewusst in den Unterricht einzubeziehen.

Solche Lernstrategien und die damit verbundenen unterrichtlichen Innovationen haben Bedeutung für die gesamte schulische Lernkultur. Wer mit Schülerinnen und Schülern nachhaltige Lernergebnisse, methodische Verfahren, wissenschaftspropädeutische Arbeitsweisen, sozialinteraktiv gestützte Lernprozesse und kompetenzorientierte Aufgaben in den Mittelpunkt stellt, der ist darauf angewiesen, dass schulorganisatorische Maßnahmen diese Prozesse unterstützen, sie mindestens nicht be- oder gar verhindern. Unterstützende Maßnahmen sind dabei

- regelmäßige Absprachen mit Kollegen/-innen über Ziele, Inhalte und Methoden,
- die Entwicklung gemeinsamer Schwerpunkte für die Nutzung von Lernstrategien,
- variable Lernzeiten und Lernorte, in denen man Wissensbestände intelligent anwenden und nutzen kann,
- die Kooperation mit außerschulischen Lernpartnern, um neue Alltagssituationen und Anwendungsbereiche kennen zu lernen, die für die eigene Kompetenzentwicklung und die eigene Lernmotivation bedeutsam sind,
- gemeinsames Überprüfen von Zielen und Ergebnissen im Sinne einer Selbstevaluation.

Wenn nachfolgend einige Lernstrategien skizziert werden, die geeignet sind, Lernprozesse gehirnfreundlicher zu organisieren, dann muss darauf hingewiesen werden, dass viele dieser Anregungen nicht neu sind, dass sie von vielen Lehrern/-innen bereits praktiziert werden und insofern auch bereits praxisbewährt sind. Es ist allerdings wichtig, diese Strategien immer wieder ins Bewusstsein von Lehrenden zu bringen, weil Unterricht und Schule doch häufig darunter leiden, dass Stoff-, Zeit- und Organisationszwänge den Blick auf nachhaltiges, schülergerechtes, gehirnfreundliches Lernen versperren und häufig genug sogar verhindern. Die schnelle Abfolge von Unterrichtsstunden mit wechselnden Fachinhalten, der Druck, den vom Lehrplan vorgegebenen Stoff durchzunehmen, die zahlreichen visuellen und akustischen Reizangebote der Medien, die nach Ende des Schultages am Nachmittag häufig vieles überlagern, was am Morgen in der Schule bearbeitet wurde, all dies sind keine optimalen Lernbedingungen für unser Gehirn.

4.1 Elaborationsstrategien: Verstehen und Enkodieren unterstützen

Elaborationsstrategien und Enkodierprozesse beginnen mit dem Herstellen von Aufmerksamkeit. Ohne Aufmerksamkeit werden die neuronalen Prozesse, die für das Verarbeiten von Informationen, für das Verstehen und das Vernetzen von Zusammenhängen benötigt werden, nicht in Gang gesetzt. Aufmerksamkeit herzustellen und Verfahren der Regulation von Aufmerksamkeit einzuüben, gehören zu den wichtigsten Startvoraussetzungen für Lernen.

Zur allgemeinen Aufmerksamkeit gehört ein Mindestmaß an Konzentration und Ruhe. Starke visuelle Einstiege helfen z.B. dabei, unsere Wahrnehmungszentren auf ein Thema, ein Problem, einen Zusammenhang zu lenken. Neurowissenschaftliche Studien zeigen, dass unser Hippocampus als Detektor von Neuigkeiten und »Trainer unseres Großhirns« besonders bei interessanten Bildern aktiv wird und neuronale Verarbeitungsprozesse in Gang setzt, selbst dann, wenn die gezeigten Bilder nichts mit dem eigentlichen Unterrichtsgegenstand zu tun haben.

Aufmerksamkeit lässt sich aber ganz offensichtlich auch dadurch erzeugen, dass gezielt die Vorerfahrungen der Lernenden (re-)aktiviert werden. Die entstehenden Beziehungen zwischen eigenen deklarativen Wissensbeständen, biographisch-episodischen Erfahrungen, eigenen Vorstellungen, Denkmustern und individuellen Präkonzepten sorgen dafür, dass – neuronal selbstorganisiert – eine Fokussierung auf unterrichtsrelevante Fragestellungen hergestellt werden kann.

Ein hoher Aufmerksamkeitseffekt lässt sich auch dadurch erzielen, dass versucht wird, eine Einstiegssituation, ein Ausgangsproblem, eine Fragestellung gemeinsam zu klären. Durch die Artikulation – und damit die Aktivierung – eigener Vorerfahrungen und Kenntnisse und durch den Austausch der eigenen Erfahrungsmuster mit denen der Mitschüler/-innen entsteht in unserem Gehirn ein Verarbeitungsprozess, an dem neben den aktivierten Wissenselementen auch soziale und emotionale Elemente eine Aufmerksamkeit stiftende Rolle spielen. Es gibt dabei zahlreiche Methoden, einen solchen Prozess methodisch zu organisieren. Lernspiralen, der schriftliche Austausch von Stichwörtern, placemats, Stichwort-Poster etc. helfen dabei, Aufmerksamkeit plus Vorwissen zu aktivieren.

Immer dann, wenn es gelingt, die Ergebnisse von Verarbeitungsprozessen zu verdeutlichen, entsteht im Gehirn eine neue Ebene der bewussten Auseinandersetzung mit einem Lernproblem. Deswegen sind Skizzen, Schaubilder, Visualisierungen und andere mnemotechnische Angebote von hoher Bedeutung. Sie stellen sozusagen »Superzeichen« dar, an die man sich erinnert und die man nutzen kann, um Zusammenhänge immer wieder zu rekonstruieren.

4.2 Erhaltungsstrategien: Kenntnis- und Wissensbestände regelmäßig nutzen

Wie bereits aufgezeigt, ist die Leistungsfähigkeit unseres Gehirns nutzungsabhängig: »Use it or lose it«. Was an neuronalen Bahnungen und Potenzialen nicht regelmäßig genutzt und benötigt wird, wird schwächer, verblasst allmählich und fällt schließlich schlicht weg und muss dann auch nicht mehr mit Nährstoffen versorgt werden.

Wenn also Lernergebnisse nachhaltig angelegt werden sollen, dann müssen sie auch immer wieder in Gebrauch genommen werden. Dabei geht es allerdings nicht um mechanisches Üben – das löst meistens nur Unlust und Langeweile aus. Es geht vielmehr um intelligentes Üben, um Anwendungen in variierenden Kontexten und in neuen Handlungssituationen, in denen das Gelernte sich als nützlich und problemlösend erweisen kann. Unser Gehirn registriert solche nützlichen und Erfolg versprechenden Wissensbestände und Kompetenzen und greift in ähnlichen Situationen auch häufiger darauf zurück; es setzt damit einen sich selbst stützenden, auf Erfolg programmierten Prozess in Gang.

Viel unterrichten oder nachhaltig lernen – das ist für viele Lehrerinnen und Lehrer ein alltägliches Dilemma. Einerseits verlangen Lehrpläne, schulinterne Vereinbarungen, Schulprogramme, Schulbücher, Kerncurricula, verbindliche Themen für zentrale Prüfungen etc. die Abarbeitung des vorgegebenen Pensums; andererseits registrieren die Unterrichtenden natürlich auch, dass einige Schüler/-innen noch nicht alles verstanden haben. Eigentlich müsste für diese Lerner nun ein Prozess des Wiederholens, des Nacharbeitens und der individuellen Förderung einsetzen. Solche individuellen Lernhilfen bleiben aber häufig auf der Strecke, weil die Zeit dafür nicht zur Verfügung steht. Kinder und Jugendliche, die langsamer lernen, leiden besonders unter dem Zeitdruck, der durch externe Vorgaben erzeugt wird. Und so müssen Lehrer leider häufig registrieren, dass viele Schüler/-innen Aufgaben nicht mehr lösen können, die sie im vergangenen Schuljahr in Klassenarbeiten oder Tests noch erfolgreich bewältigen konnten. Sie haben eben für die nächste Arbeit oder den nächsten Test gelernt, aber den Stoff nicht wirklich tief und dauerhaft verstanden. Wenn Didaktik die Ökonomie der Vermittlung ist, wie THEODOR WILHELM das formuliert hat, dann sind Unterrichtsverfahren und -arrangements, die nicht verhindern können (oder vielleicht sogar dazu beitragen), dass das Gelernte schnell wieder vergessen wird, letztlich nicht ökonomisch. Als erfolgreich haben sich dagegen so genannte »verteilte Übungsformen« erwiesen.

»Auch wenn der Inhalt einer Übung derselbe bleibt, kann durch Verteilung der Übungseinheiten (Portionierung) die Lerneffizienz gesteigert werden, indem die betreffenden Übungseinheiten nicht auf einmal, also im Block ausgeführt (blocked practice), sondern immer wieder in kleineren inhaltlichen und dadurch auch zeitlichen Einheiten über einen größeren Zeitraum hinweg verteilt, wiederholt werden.« (STEINER, 2006, S. 109). Hinter diesem Effekt steckt das neurobiologisch belegbare Phänomen, dass nicht die Länge eines Übungsvorgangs für die effektive Stimulierung von Neuronen und Synapsen bedeutsam ist, sondern vielmehr die Häufigkeit, mit der ähnliche Impulse die neuronalen Potenziale aktivieren.

Die Intervalle und Beziehungen zwischen dem, was man gelernt hat und was es an neuen Inhaltsangeboten gibt, dürfen offensichtlich nicht zu groß werden. Häufig reichen schon kleine, dafür aber regelmäßige Wiederholungen mit Variationen aus, um bereits gelernte Zusammenhänge wieder zu rekonstruieren und bewusst zu machen.

Nicht die Länge eines Lernprozesses ist bei der Rekonstruktion überschaubarer Lerneinheiten (Vokabeln, Erklärungsbestände, Begründungen, Übersichts- und Orientierungswissen etwa zu Landkarten ...) wichtig, sondern die Häufigkeit ihrer Reaktivierung. Dazu eignen sich z.B. unterschiedliche visuelle Darstellungsformen, Schaubilder mit Lücken, Analogien, Assoziationsformen, Transfersituationen etc.

Die Wiedererkennung von bereits bekannten Mustern hat – neurodidaktisch gesehen – besonders positive und lernstimulierende Effekte. Schließlich sehen wir nur das, was wir kennen. Jedes Mal, wenn wir in neuen Situationen alte Muster wieder erkennen, entstehen positive cerebrale (kognitive) und limbische (emotionale) Verstärkungen. Deswegen sind Transfersituationen und entsprechende Lernaufgaben besonders wichtige Zugänge zu intelligenten Übungsformen und damit zur Erhaltung neuronaler Repräsentationen von Lernergebnissen.

Das geschieht etwa dann, wenn Schüler/-innen etwas erklären und anderen ihre Unterrichtsergebnisse präsentieren. Das wird umso interessanter, wenn das z.B.

19

zwischen Parallelklassen geschieht oder wenn Schüler/-innen aus höheren Jahrgängen ihre Unterrichtergebnisse Schülern/-innen niedrigerer Jahrgänge vorstellen und dabei gleichzeitig überprüfen können, ob sie selbst etwas verständlich erklären können und ob andere das dann auch wirklich verstehen. Solche regelmäßig genutzten Präsentations- und Reaktivierungsformen festigen bereits bestehende Kenntnisse, schaffen immer wieder neue Kontexte und führen so auch zu besseren Behaltensleistungen. Gerade die mit unterschiedlichen Kontexten verbundenen episodischen und biographischen Aspekte optimieren die Fähigkeit, sich an bestimmte Sachverhalte wieder erinnern zu können.

Häufig gibt es beim Lernen Verwechselungen mit und Überlagerungen von ähnlichen Informationen. Das führt etwa dazu, dass konkurrierende Lernmuster entstehen und deshalb nicht eindeutig oder nicht richtig gelernt werden. Beim Erlernen von Sprachen, aber auch in naturwissenschaftlichen Kontexten gibt es solche »false friends«, also Verarbeitungsprozesse, die dazu führen, dass falsche Assoziationen, Konnotationen und Muster gespeichert werden. Es entwickeln sich »Interferenzen«. So wie sich etwa im Radio mehrere Sender oder im Fernsehen bei Störungen unterschiedliche Kanäle mit ihren unterschiedlichen Programmen überlagern, so können auch im Gehirn interferente Verarbeitungsprozesse entstehen. Interferenzen sind Lernstörungen, die dadurch auftreten, dass z.B. alte und neue Informationen nicht miteinander in Einklang gebracht werden können. Das alte »Modell-Verständnis« etwa oder die Muster eines alten Zusammenhangs behindern das Verstehen und Speichern eines neuen Verstehensmuster (proaktive Interferenz). Oftmals überlagert und löscht das neue »Verstehens-Modell« aber auch die Erinnerung an schon gespeicherte Verstehensaspekte (retroaktive Interferenz).

Da solche sich überlagernden Muster gehirnintern ablaufen, werden sie häufig auch nicht bemerkt oder eben nur dann, wenn etwa in einem Unterrichtsgespräch festgestellt wird, dass jemand etwas nicht oder falsch verstanden hat. Deswegen ist es so wichtig, dass im Unterricht auch immer wieder alte und neue Zusammenhänge dargestellt, erläutert und ausführlich verbalisiert werden.

4.3 Abrufstrategien: Zugriffe auf bereits Gelerntes verbessern

Wissens- und Kenntnisbestände werden letztlich nur dann zu wirklich sicheren Beständen, wenn wir sie auch abrufen können – und zwar »on demand«, also bei Bedarf und genau in den Situationen, in denen wir sie benötigen, um fachliche Zusammenhänge zu klären, Probleme zu lösen, tragfähige Begründungen zu formulieren oder die eigene Urteilfähigkeit argumentativ abzusichern, z.B. um andere zu überzeugen. Wie bei den Nutzungsstrategien kommt es dabei darauf an, Abrufstrategien häufig in Gebrauch zu nehmen; das hilft einmal dabei, die Kenntnisbestände selbst zu stabilisieren, es führt aber auch dazu, dass die Fähigkeit, Wissensbestände wieder möglichst schnell zu reaktivieren, verbessert werden kann. Es geht also darum, ein entsprechendes methodisches Repertoire aufzubauen und dann die einzelnen Methoden häufig in unterschiedlichen Lernsituationen zu nutzen.

Die wohl bekannteste Methode dazu ist das Brainstorming. Dies ist zunächst einmal eine kreative Methode der Ideenfindung. Ch. H. Clark, einer der Mit-Erfinder und Weiterentwickler dieser Methode, benannte sie nach der Idee dieser Methode »using the brain to storm a problem«, also etwa »Das Gehirn zum Sturm auf ein Problem zu nutzen«. Aber das ist nur *eine* Funktion dieser Methode. Sie lässt sich ebenso als Teil einer Abrufstrategie verwenden und entwickeln. Dabei geht es dann zunächst darum, selbst und ohne Interaktion in oder mit einer Gruppe die eigenen Ideen, Erinnerungen und Einfälle zu notieren. Das kann schlicht dadurch geschehen, dass man seine Einfälle hintereinander aufschreibt. Etwas strukturierter lässt sich ein solches Verfahren durch den Einsatz vorgeplanter Schemata – etwa konzentrische Kreise – organisieren. Dabei werden die Ideen und Erinnerungen, die man für zentral hält, in den Mittelpunkt der Skizze gesetzt, Einfälle, die als eher weiter weg liegende Assoziationen wahrgenommen werden, werden in die äußeren Kreissegmente geschrieben.

Erst nach einem solchen eigenen Brainstorming werden Ideen und Erinnerungen zunächst mit einem Partner und dann mit allen anderen Mitgliedern der Lerngruppe ausgetauscht. So wird in zwei Schritten das eigene Schema erweitert und ergänzt. Durch die Reflexion, wie und woher die Bezüge und Assoziationen der anderen Gruppenmitglieder kommen, erweitert sich dabei auch allmählich das eigene Erinnerungs- und Ideenpotenzial. Ein weiterer Schritt könnte dann darin bestehen, aus den Ergebnissen der gemeinsamen Ideenproduktion eine eigene Mindmap zu generieren. Mindmaps sind Assoziogramme, Gedankenkarten, grafische Darstellungen von erinnerten Zusammenhängen, mit deren Hilfe wir Erinnerungen, Ideen und Zusammenhänge rekonstruieren und reaktivieren können. Brainstorming und ähnliche »Think-Pair-Share«-Modelle verbessern dabei zum einen die assoziative Leistungsfähigkeit unseres Gehirns, sie stellen aber auch ganz praktische methodische Verfahren dar, wenn es etwa in Stress- und Prüfungssituationen darum geht, Erinnerungs- und Ideenblockaden zu überwinden. Je häufiger solche Verfahren genutzt und als Erfolg versprechend wahrgenommen werden können, umso eher werden sie zu »Standardwerkzeugen« für das Abrufen bereits vorhandener Wissensbestände.

4.4 Nutzungsstrategien: Wissen und Kompetenzen anwenden und ausbauen

Die bisher aufgeführten Lernstrategien zur Verbesserung von Verstehens-, Erhaltungs- und Abrufprozessen haben ein gemeinsames Ziel: gespeicherte Kenntnisse und Wissensbestände immer wieder in Gebrauch zu nehmen. Wissensbestände sind essentielle Bestandteile von Sach-, Urteils-, Entscheidungs- und Handlungskompetenzen. Wissensbestände, die dagegen keinerlei Bezüge zu solchen »Anwendungssituationen« haben, repräsentieren das, was »träges Wissen« genannt wird. Unter »trägem Wissen« (inert knowledge) wird z.B. passiv verfügbares Faktenwissen verstanden, das mechanisch oder oberflächlich auswendig gelernt, aber vielleicht nicht wirklich begriffen und verstanden wurde. Solch träges Wissen kann zwar auch durch häufiges Wiederholen und Memorieren gespeichert werden; da es aber überwiegend nur »für die Schule« gelernt worden ist, bleibt es weitgehend funktionslos. Franz Weinert plädiert deshalb für die Verstärkung »intelligenten Wissens«. Darunter wird ein Wissen verstanden,

- das genutzt und dadurch erweitert und ausgebaut werden kann,
- mit dem man selbst wieder neues Wissen generieren kann,
- das zu Einsichten sowie zu selbstständigen Denk- und Verstehensprozessen führt,
- das lebenspraktisch vernetzt, sinnhaft verknüpft und situiert geordnet ist.

Nutzungsstrategien zielen also auf die Entwicklung von Kompetenzen (vgl. auch Abschnitt 5). Entsprechend kommt es darauf an, in möglichst vielen Lernkontexten solche Nutzungsstrategien zu intensivieren, die zu situierten, handlungsbezogenen – und damit intelligenten – Wissensbeständen führen. Das ist nicht zuletzt deswegen wichtig, weil unser Gehirn solche Kontexte besser verarbeiten, vernetzen und nachhaltig behalten kann. Intelligentes Wissen wird damit zu einer entscheidenden Voraussetzung für die Entwicklung von Kompetenzen.

Wenn im Zusammenhang mit Nutzungsstrategien von Anwendungsorientierung gesprochen wird, dann sind damit operative Strategien gemeint, die sich auf durchaus unterschiedliche Ebenen von Anwendung beziehen können. Das Spektrum reicht dabei von der Nutzung in Alltagssituationen, über unterrichtliche Aufgabenstellungen und Lernaufgaben bis hin zum Transfer eines Lernzusammenhangs auf ganz andere fachliche Problemstellungen. Operative Strategien sind Teile von Kompetenzen; sie lassen sich aber auch als Methoden und Verfahren verstehen, die in einzelnen Fächern ganz spezifisch sein können, häufig aber eben auch übergreifende Qualität besitzen.

Sachverhalte strukturieren, Informationen zusammentragen, zentrale Aussagen herausarbeiten, Zusammenhänge analysieren und vergleichen, Erklärungsmuster entwickeln und modellieren sind z.B. solche Strategien, die in ganz unterschiedlichen Zusammenhängen eingesetzt werden können und durch häufige Nutzung differenzierter und stabiler werden. Dabei werden sowohl Gemeinsamkeiten als auch fachlich bedingte Unterschiede wichtig und erkennbar. Beides hilft Schülerinnen und Schülern, den Sinn solcher operativer Strategien zu verstehen.

Nutzungsstrategien können aber auch darin bestehen, das eigene Wissen dazu einzusetzen, anderen etwas zu erklären. Neben dem »sozialen Nutzen«, der etwa in tutoriellen Lernsituationen erkennbar wird, profitiert auch derjenige, der etwas erklärt, selbst von einem solchen Verfahren; er festigt dadurch sein eigenes Wissen. Das ist auch der konzeptuelle Hintergrund von Programmen wie »Lernen durch Lehren«; wenn ich anderen dabei helfe, etwas zu verstehen, wenn ich ihnen Zusammenhänge verdeutliche und erkläre, dann führt das zu gehirninternen Prozessen, durch die die eigenen Wissensbestände und das eigene Verstehen stabilisiert werden.

Und schließlich sind eigentlich alle medialen Formen von Ergebnispräsentationen geeignet, Wissensbestände durch Reaktivierung und Nutzung zu festigen. Ergebnisdarstellungen sind sozusagen externe Repräsentationen interner Verarbeitungsergebnisse. Bei solchen (Re-)Präsentationsformen arbeiten in unserem Gehirn unterschiedliche neuronale Verarbeitungsprozesse zusammen. Es werden deklarative Wissensbestände reaktiviert, visuelle Darstellungsformen entwickelt, ästhetische, organisatorische, mediale, pragmatische und soziale Kontexte in Betracht gezogen. All dies führt dazu, dass unser Gehirn eine Fülle vernetzter Zusammenhänge aktiviert und gleichzeitig damit gehirnintern festigt.

4.5 Selbstregulations- und Konzentrationsstrategien: das eigene Selbstkonzept und die eigene Selbstwirksamkeit verbessern

Es wurde bereits darauf verwiesen, dass Aufmerksamkeit eine der entscheidenden Startbedingungen für effektive und erfolgreiche Lernprozesse ist. Aufmerksamkeit kann aber eben durch viele unterschiedliche Einflüsse gestört und sogar verhindert werden. Das Ablenkungspotenzial reicht dabei von der eigenen Nervosität, der eigenen Verunsicherung durch eine Prüfungssituation bis hin zu Lärm, Unruhe, Störungen in der Klasse. Lehrerinnen und Lehrer wissen, dass es nach den Wochenenden, aber auch nach Pausen immer wieder Phasen gibt, in denen es eine ganze Zeit braucht, bis in einer Klasse ein Mindestmaß an Ruhe und gerichteter Aufmerksamkeit eintritt und unterrichtliche Lernprozesse sinnvoll gestartet werden können.

Solche Phasen lassen sich etwa gezielt durch Konzentration stiftende Verfahren gestalten. Akustische Zugänge wie etwa das Nachklopfen vorgegebener variierender Rhythmen, visuelle Zugänge durch Aufmerksamkeit stiftende Bilder (»eye catcher«), motorische und kinästhetische Übungen (»Brain Gym«), also kleine Bewegungsübungen, Anspannungs- und Dehnungsübungen können dabei helfen, die Unruhe in einer Lerngruppe deutlich zu senken und sogar Lernblockaden zu beseitigen, soweit diese durch ein zu hohes Ablenkungspotenzial verursacht werden. Für diese Entspannungs- und Konzentrationsübungen gibt es jeweils altersgerechte Übungsformen.

Darüber hinaus zeigen Studien zur Lernentwicklung auf, wie wichtig Bewegung für erfolgreiches Lernen ist. Bewegung bildet nicht nur in der Kindheit die Grundlage für motorische Koordination und die Differenzierung kognitiver Wahrnehmungsfähigkeit; sie erweist sich auch für alle Altersphasen als lernförderlich. Angesichts der Tatsache, dass die traditionelle Schule eine »Sitzschule« ist, müssten eigentlich die Erfahrungen mit der lernförderlichen Wirkung regelmäßiger in den Unterrichtsalltag eingebauter Bewegungseinheiten (bewegungsorientierte Konzentrationsübungen, Balancieren, Jonglieren, ...), Bewegungsangebote für die Pausen und den Schulhof, Entspannungsübungen und Sportstunden dazu führen, dass dieser Bewegungsbereich in den Schulen ganz gezielt ausgebaut wird.

Neben der Notwendigkeit, Aufmerksamkeit herzustellen und Bewegungselemente zur Lernförderung zu nutzen, spielen Formen der kognitiven und emotiven Selbstregulation eine wichtige Rolle für erfolgreiches Lernen. Kognitive Selbstregulation bezieht sich z.B. darauf, eigene Motivationen und Zielsetzungen definieren zu können und sich über ihre Bedeutung für das eigene Lernen klar zu werden:

- Was genau soll ich mit der vor mir liegenden Arbeit, Aufgabe, Problemstellung anfangen?
- Was traue ich mir zu und welches Ziel setze ich mir dabei?
- Welche Schritte auf dem Weg dahin will ich planen und realisieren?
- Was bin ich bereit, an Anstrengung, Zeit, Energie zu investieren?
- Welches Ergebnis würde mich zufrieden stellen?

Solche Selbstregulationsformen stellen aus lernpsychologischer Sicht »Kontrollüberzeugungen« dar, die individuelle Lernvorgänge strukturieren und zielgerichtet gestalten helfen. Verfahren der Selbstregulation sollen Schülerinnen und Schülern helfen, ihre Lernprozesse erfolgreich zu gestalten; sie sollen und können dabei erfahren, dass sie selber Einfluss auf die Qualität ihrer Lernergebnisse nehmen können. Wiederholte positive Erfahrungen bieten die Chance, dass solche Verfahren als erfolgreiche Arbeitsmuster routinisiert und zur Steuerung des eigenen Arbeitsverhaltens dauerhaft genutzt werden. Im Wissen und mit der Erfahrung, dass man inzwischen gelernt hat, Arbeitsaufgaben zu bewältigen, entstehen im Prozess der eigenen Arbeitsorganisation positive Einstellungen und Emotionen (»somatische Marker«), die selbst wieder die Grundlage für weitere erfolgreiche Lernerfahrungen sind. Häufig fördert Schule allerdings genau das Gegenteil.

»Ein stabiles misserfolgsorientiertes Leistungsmotiv führt auch zu entsprechend geringen Selbstwirksamkeitsüberzeugungen und anderen Selbstkonzepten und damit zu einer im Ernstfall oft fatalen Barriere für die weitere Nutzung und Optimierung von Selbstkontrollstrategien.« (SCHREBLOWSKI & HASSELHORN, 2006, S. 156). Auch solche misserfolgsorientierten Leistungsmotive tragen zu einer erlernten Erfolglosigkeit bei.

Besonders dann, wenn Schülerinnen und Schüler nach einer Phase eher frustrierender Lernerfahrungen durch ermutigende Verfahren wieder »Licht im Tunnel« sehen, erste positive Ergebnisse erkennen, wenn sich Erfolgserlebnisse einstellen und man das Gefühl hat, dass es jetzt allmählich wieder aufwärts geht, erhöht sich verständlicherweise auch wieder der Spaß am Lernen; die eigenen Lernanstrengungen zahlen sich sozusagen aus. Es kann sogar so etwas wie ein »Flow-Erleben« entstehen. »Flow« lässt sich definieren als eine Form des Glücksempfindens, auf die man selber Einfluss nehmen kann.

Erlernen und Einüben von Selbstregulationsstrategien sollten daher zu festen Bestandteilen individueller Förderkonzepte werden. Das lässt sich erfolgreich allerdings nur umsetzen, wenn

- in den verschiedenen Fächern und Lernbereichen Methoden und Strategien selbstständigen und eigenverantwortlichen Arbeitens systematisch und fachbezogen geübt werden,
- Lehrerinnen und Lehrer die Lernschwierigkeiten und -blockaden ihrer Schüler/-innen nicht nur registrieren, sondern auch die Zeit haben, sich mit deren Ursachen zu beschäftigen und nach Abhilfen zu suchen und dabei die Stärken und Schwächen ihrer Schüler/-innen berücksichtigen können,
- Lehrer/-innen über ein methodisches Repertoire verfügen, mit dem sie selbstständiges Lernen und die dazu gehörenden Selbstregulationsstrategien gestalten können.

4.6 Kontrollstrategien/metakognitive Strategien: Wahrnehmung und Bewertung der eigenen Lernprozesse und -ergebnisse fördern

Kontrollstrategien sind metakognitive Zugänge, die vieles von dem bündeln, was in den vorab skizzierten Strategien als lernbedeutsam dargestellt wurde. Sie beziehen sich auf alle Phasen des Lernens – von der eigenen Zielsetzung und der damit verbundenen Motiviertheit über die Stimmigkeit gewählter Arbeitsverfahren bis hin zur Beurteilung der Ergebnisse der eigenen Anstrengungen.

Metakognitive Kontrollstrategien sind nicht nur technisch-rational schwierig zu entwickeln, sie sind auch emotional nicht einfach; schließlich geht es ja darum, die eigenen Leistungen zu bewerten, ggf. auch kritisch zu bewerten und sich damit eben auch recht unangenehmen Einsichten zu stellen. Individuelle Kontrollstrategien setzen also auch eine gehörige Portion Distanz voraus. Das gelingt dann am besten, wenn mit der Bewertung und Kontrolle der eigenen Arbeitsweisen und -ergebnisse nicht auch gleichzeitig Zensuren oder sonstige leistungsrelevante Festlegungen verbunden sind. In unterrichtlichen Prozessen kann es etwa hilfreich sein, Zielstellungen, Arbeitsverfahren, Arbeitsschritte und Leistungserwartungen transparent zu machen, um den Lernenden aufzuzeigen, was konkret von ihnen erwartet wird. Die Schüler/-innen bekommen auf diese Weise Hilfen, um selbst überprüfen zu können, ob und inwieweit sie diesen Erwartungen durch die eigene Arbeitsorganisation gerecht geworden sind. Häufige Übungen dieser Art verbessern die selbstevaluativen Kontrollleistungen und helfen dabei, die eigenen Zugänge zu Lernaufgaben zunehmend besser zu strukturieren.

Kontrollstrategien können aber auch dadurch unterstützt werden, dass man externe Beobachter als »critical friends« einbezieht. Das können auch Mitschüler/-innen sein, mit denen man die Arbeitsergebnisse austauscht, kritisch-konstruktiv bewertet und dabei gleich zweierlei lernt. Zum einen erfährt man, wie andere eine Lernaufgabe bewältigt haben, wie sie spezifische Zugänge genutzt haben, auf die man selbst nicht gekommen ist und was sich bei anderen als erfolgreich oder auch als weniger hilfreich erwiesen hat. Man lernt sozusagen bei der Bewertung anderer Lernergebnisse häufig auch selbst methodisch und inhaltlich dazu. Zum zweiten lernt man aber auch, behutsam mit Kritik und Bewertungsformen umzugehen; schließlich möchte man auch selbst nicht nur negative Rückmeldungen zur eigenen Arbeit erhalten.

Und schließlich sollten Lehrerinnen und Lehrer selbst eine Art Modell dafür sein, wie man Kontrollstrategien fachlich-sachlich nutzen und sozialverträglich verdeutlichen kann. Sie sollten dazu an besonders markanten Beispielen aufzeigen, was sie selbst unternehmen, um die eigene Arbeit zu optimieren, und wie sie selbst sich etwa um kritisch-konstruktive Rückmeldungen bemühen.

5. Zum Abschluss: Lernstrategien und Kompetenzentwicklung

Häufig wird gegen das Konzept, neurobiologisch begründete Strategien zur Lernentwicklung einzusetzen, eingewendet, dass damit Lernen segmentiert und nicht mehr dazu beigetragen würde, bei den Schülerinnen und Schülern Kompetenzen zu entwickeln. Diese Einschätzung wäre sicherlich gerechtfertigt, wenn Lernstrategien isoliert von fachlichen und sozialen Kontexten geübt würden. Das aber entspricht eben nicht einem neurodidaktisch begründeten Konzept. Kompetenzen stehen vielmehr sogar im Mittelpunkt von Lernstrategien und Lernentwicklung. Sie lassen sich dadurch entwickeln und verstärken, dass systematisch und gezielt

- Verstehensprozesse unterstützt werden,
- Gelerntes häufiger und gezielter genutzt wird,
- lernbezogene Handlungskontexte situiert hergestellt werden,

- unterschiedliche Bearbeitungsebenen und Perspektiven aufgezeigt werden,
- das eigene Selbstkonzept und die eigene Selbstwirksamkeit gestärkt wird und
- die eigenen Lernverfahren bewusst wahrgenommen, selbst kontrolliert und verbessert werden können.

Ein Blick auf die charakteristischen Merkmale von Kompetenzen zeigt schnell auf, wie direkt und durchgängig neurobiologisch begründbare Lernstrategien und Kompetenzentwicklung zusammenhängen.

Im Rahmen der von der OECD angeregten internationalen Vergleichsstudien haben Kompetenzbegriff und Kompetenzentwicklungsmodelle einen zentralen Stellenwert bekommen. Kompetenzen werden dabei als Handlungsdispositionen verstanden, die Personen befähigen, Aufgaben erfolgreich zu lösen. Wie die verschiedenen Kompetenzen individuell entwickelt und verstärkt werden können, hängt u.a. davon ab, wie bestimmte Fähigkeiten, Wissensbestände, Verstehensprozesse, Können, Handeln, Erfahrungen, Motivationen beim Lernenden ausgeprägt sind.

Nachfolgend soll skizziert werden, welche Aspekte für die Entwicklung von Kompetenzen aus neurodidaktischer Sicht besonders bedeutsam sind:

- *Kompetenzen beziehen sich auf Handlungssituationen.* Sie zielen letztlich darauf ab, im alltäglichen Leben ebenso wie in schulischen Lernsituationen adäquat und erfolgreich handeln zu können. In Handlungssituationen treffen sich die Intentionen des Handelnden und die jeweiligen institutionellen und sozialen Rahmenbedingungen. Damit lassen sich auch Indikatoren, Kriterien und ggf. auch Standards und Kompetenzerwartungen formulieren, die klären helfen, ob bestimmte Kompetenzen bereits verfügbar sind.
- *Kompetenzen sind inhaltsbezogen.* Sie sind – mindestens implizit – an inhaltliche, fachliche Kenntnisse, Wissensbestände und Einsichten gebunden, ohne die sachgerechtes Verhalten, Entscheiden und Handeln letztlich nicht möglich sind. Lehrer/-innen müssen folglich im Sinne eines situierten Lernens entscheiden, welche Kompetenzanteile in einer bestimmten Lernsituation gefördert werden sollen und wie Kompetenzen und fachliche Inhalte miteinander in Beziehung stehen.
- *Kompetenzen sind komplex.* Sie stellen ein Ensemble kognitiver, emotiver, methodischer, prozeduraler, verhaltens- und handlungsbezogener Fähigkeiten und Bereitschaften dar. In spezifischen Handlungssituationen werden manchmal nur bestimmte Anteile davon bedeutsam; manchmal benötigt man allerdings auch das gesamte Kompetenzspektrum.
- *Kompetenzen sind reflexiv.* Da sie zu Handlungssituationen und Intentionen »passen« müssen, gehört es mit zum Kompetenzbegriff, dass man einschätzen lernt, welche Kompetenzen oder Anteile davon in einer bestimmten Situation sinnvoll genutzt werden können. Deswegen geht es nicht nur um allgemeine Kompetenzen, die sich etwa auf das Verarbeiten von Informationen, auf Analysieren oder Transferieren beziehen. Da die Bearbeitungsmethoden dem fachlichen Problem angemessen eingesetzt werden müssen, ist Reflexionsfähigkeit ein Bestandteil von Kompetenzen.
- *Kompetenzen sind entwicklungsabhängig* und dies in doppelter Hinsicht. Fähigkeiten und Bereitschaften sind einerseits von alters- und sozialisationsbedingten

Prozessen zunehmender Differenzierung abhängig (vgl. neuronale Plastizität). Andererseits sind vorhandene Fähigkeiten aber auch darauf angewiesen, in vielfältiger Weise gefördert zu werden, damit sie sich ausdifferenzieren können. Das bedeutet u.a., dass didaktische und methodische Arrangements die Progression von Kompetenzen im Auge behalten müssen.

- *Kompetenzen erweisen sich als selbstwirksam.* Die Erfahrung, dass man eine Handlungssituation sinnvoll gestalten, ein Problem erfolgreich bewältigen oder einen Konflikt verträglich lösen kann, steigert das Bewusstsein der eigenen Handlungsmächtigkeit und Selbstwirksamkeit. Insofern bestätigen erfolgreich eingesetzte Kompetenzen die Relevanz und die Bedeutung dieser Fähigkeiten und Bereitschaften.
- *Kompetenzen sind nutzungsabhängig.* Singuläre Erfahrungen der Wirksamkeit eigener Kompetenzen führen nur selten und nur unter sehr spezifischen Bedingungen zu nachhaltigen Handlungsmustern. Vielmehr sind durchgängige Erfahrungs- und Handlungsmuster von besonderer Bedeutung. Zur Ausbildung stabiler Kompetenzen ist es erforderlich, diese auch kontinuierlich in Gebrauch zu nehmen – wenn möglich in unterschiedlichen Kontexten. Je häufiger und intensiver Kompetenzen genutzt werden, desto stärker werden sie in unser Handlungsrepertoire eingebaut.
- *Kompetenzen sind operationalisierbar.* Weil sie sich auf Handlungssituationen beziehen und damit in unterschiedlichen Handlungs- und Sachkontexten stehen, lassen sich Kompetenzen entsprechend konkretisieren. Die dazu benutzten »Operatoren« geben Kriterien an, mit deren Hilfe Aufgaben so beschrieben werden können, dass am Verhalten der Schülerinnen und Schüler beobachtet werden kann, ob sie bei der Bewältigung einer konkreten Aufgabe bereits über bestimmte Kompetenzen verfügen.

Mit dieser knappen Skizzierung sollte verdeutlicht werden, dass neurodidaktisch begründete Lernstrategien elementare Voraussetzungen für die Entwicklung von Kompetenzen sind und damit auch bedeutsam werden für Lern-, Unterrichts- und Schulentwicklung.

Literatur

Caspary, R. (Hrsg.) (2006). Lernen und Gehirn. Der Weg zu einer neuen Pädagogik. Freiburg, Basel, Wien: Herder.
Herrmann, U. (Hrsg.) (2006). Neurodidaktik. Grundlagen und Vorschläge für gehirngerechtes Lehren und Lernen. Weinheim und Basel: Beltz.
Mandl, H. & Friedrich, H. F. (Hrsg.) (2006). Handbuch Lernstrategien. Göttingen: Hogrefe.
Roth, G. (2000). Das Gehirn und seine Wirklichkeit: Kognitive Neurobiologie und ihre philosophischen Konsequenzen. Frankfurt: Suhrkamp.
Schirp, H. (2006). Zentrale quantitative Leistungsmessungen und qualitative Schulentwicklung. Die Wirkungen von High Stakes Tests in den USA. In DDS, 4/2006, 422–435.
Schirp, H. (2007). Dem Lernen auf der Spur. Neurobiologische Modellvorstellungen und neurodidaktische Zugänge zur Lern- und Unterrichtsgestaltung. In Ministerium für Schule und Weiterbildung NRW (Hrsg.). Unterrichtsgestaltung in naturwissenschaftlichen Fächern. Stuttgart und Leipzig: Klett.

SCHREBLOWSKI, S. & HASSELHORN, M. (2006). Selbstkontrollstrategien: Planen, Überwachen, Bewerten. In MANDL, H. & FRIEDRICH, H. F. (Hrsg.). Handbuch Lernstrategien. Göttingen: Hogrefe.

SPITZER, M. (2000). Geist im Netz. Modelle für Lernen, Denken und Handeln. Heidelberg und Berlin: Spektrum.

STEINER, G. (2006). Wiederholungsstrategien. In MANDL, H. & FRIEDRICH, H. F. (Hrsg.). Handbuch Lernstrategien. Göttingen: Hogrefe.

Menschen sind lernfähig – aber unbelehrbar: Lernpädagogische Zugänge zur Unterrichtsentwicklung

KATRIN HILLE & ANDREAS MÜLLER

»Wir sind Schüler von heute, die durch Lehrer von gestern in einem System von vorgestern auf die Probleme von übermorgen vorbereitet werden.« Einfach ein Spruch eines frustrierten Sprayers? Oder eine treffliche Analyse des Schulsystems?

Die wichtigsten Strukturelemente der Schule stammen aus einer anderen Zeit. Aus einer anderen Welt. Es war die Zeit, in der Napoleon auf St. Helena verstorben ist. Es war die Welt, in der mehr als zwei Drittel der erwerbstätigen Bevölkerung ihren Lebensunterhalt in der Landwirtschaft verdienten. Es war die Zeit, in der die Fabrikarbeit von Kindern unter zwölf Jahren verboten wurde. In dieser Zeit (1829) hat Johann Caspar Hirzel die wichtigsten Merkmale der Volksschule des 19. Jahrhunderts formuliert:

1. Unterrichtsfächer
2. Lehrstoff und Lehrmitte
3. Jahrgangsklassen
4. Klassengrösse
5. Stundenplan
6. Lehrerausbildung
7. Jahresbesoldung
8. Prüfungen und Zensuren
9. Schulaufsicht

Zwar hat sich innerhalb dieser Strukturelemente einiges geändert. Aber eben: innerhalb. Die Strukturen an sich sind mehr oder weniger die gleichen geblieben. Immer noch werden die Lernenden fein säuberlich nach ihrem Alter sortiert. Immer noch grenzt der Stundenplan die Fächer streng voneinander ab. Immer noch sind es die Lehrkräfte, die das Wissen repräsentieren – und es in einheitliche Häppchen gliedern. Immer noch werden Lehrer vorrangig im Hinblick auf ihr Fach ausgebildet. Immer noch ist die Stundenzahl die Bemessungsgrundlage für alles und jedes – sogar für die Lohnberechnung der Lehrer. Und immer noch sollen Zensuren und Zeugnisse Auskunft über die Leistung der Lernenden geben.

Das heisst: Der Schule kommt die Aufgabe zu, die Lernenden auf das Leben im späten 21. Jahrhundert vorzubereiten – mit den strukturellen Denkmustern aus einer Zeit, in der Friedrich Wilhelm III. König von Preussen und Alexander I. Zar von Russland war, der erste Mensch die Zugspitze bestiegen hat und der letzte Mensch in England öffentlich geviertelt wurde.

1. Megatrends

Natürlich sind die verschiedenen Generationen von Lernenden dem jeweiligen Zeitgeist entsprechend mit verschiedenen Lerninhalten konfrontiert worden. Aber die Strukturen, in denen das geschehen ist, haben sich kaum verändert. Im Gegenteil: Die Schule hat sich zu einem sich selbst reproduzierenden System entwickelt.

Deshalb hat das Schulsystem – im Gegensatz zu fast allen anderen Bereichen der Gesellschaft – wenig Erfahrung im Umgang mit grundsätzlichen Veränderungen. Zum einen hat die Bildungsbürokratie das System fest im Griff. Und zum anderen sind alle Erwachsenen mal selbst zur Schule gegangen und können deshalb mitreden. Aber: Man schaut dabei meist auf das System, so wie man es von früher kennt und macht dieses frühere System zu seinem Bezugssystem für »richtige« Schule.

Klar standen immer irgendwelche »Reformen« ins Haus. Passiert ist zwar nicht wirklich etwas. Dafür hat sich eine veritable Aufregungskultur entwickelt. Denn die Schule ist zum politischen Schlüsselthema geworden. Kurzatmig, in hektischem Wahlkampf-Aktionismus werden Reformen auf populistische Schlagworte reduziert.

Dabei würde der Blick aus dem Schulhausfenster reichen um zu sehen: Da passiert etwas in der »richtigen« Welt. Vier Megatrends (Trend = Grundtendenz, Richtung, in die eine Entwicklung geht) sind zu erkennen, die das Bildungswesen heute und in Zukunft herausfordern:

Diversität: Geschlossene Marschkolonnen auflösen

»Oft beklagen sich die deutschen Fans darüber, dass Nationalspieler die Hymne vor den Partien nicht singen, nicht einmal summen – ja, meist sogar gänzlich schweigen. Und in diesen Tagen kommt es recht häufig vor, dass bei ›Einigkeit und Recht und Freiheit‹ die Münder der Spieler geschlossen bleiben. Denn im deutschen Kader, der gerade bei der U21-Europameisterschaft in Schweden um den Titel kämpft, befindet sich ein Dutzend Spieler, deren Vorfahren nicht aus Deutschland kommen.« (WeltKompakt vom 18.06.09). Das ist nur ein Beispiel von vielen, das zeigt: Die Sozialisierungshintergründe von Kindern und Jugendlichen weichen zunehmend voneinander ab. Das beschränkt sich keineswegs auf die offenkundigen kulturellen und ethnischen Unterschiede. Die Lebensgewohnheiten haben sich insgesamt grundlegend verändert. Das Stichwort »Heterogenität« prägt denn auch allerorts die schulischen Diskussionen – meist in Kombination mit dem Wort »Problem«. Und in der Tat: Die Schule ist herausgefordert, mit dieser Diversität gescheit umzugehen. Das heisst beispielsweise: Es geht nicht einfach darum zu akzeptieren, dass Lernende unterschiedliche Voraussetzungen mitbringen, unterschiedliche Vorstellungen, unterschiedliche Ziele. Es geht auch darum, diese Unterschiede als Chance und Ressource zu nutzen. Unterschiedliche Lernvoraussetzungen ernst nehmen heisst dabei: die geschlossenen Marschkolonnen auflösen, denn die tradierten Strukturen erweisen sich als immer weniger tauglich, mit der zunehmenden Vielfalt konstruktiv und Sinn stiftend umzugehen.

Menschen sind lernfähig – aber unbelehrbar

Abb. 1: Eine Art des Umgangs mit Diversität

Relativität: Informationsflut bändigen

Konstruktiv mit Vielfalt umgehen – das heisst in erster Linie mit einer Vielfalt von Menschen. Es heisst aber ebenso: mit einer Vielfalt von Dingen, mit einer allgemeinen und fast uneingeschränkten Verfügbarkeit. Das heisst: Immer mehr geht es auch darum, Mengen zu bewältigen. Dazu gehört unter anderem auch die Menge an Informationen.

Etwa 1940 umfassten die Reparaturanleitungen für ein Auto rund 170 Seiten. Fünfzig Jahre später waren dafür fast 14.000 Seiten erforderlich. In einem Wort: vierzehntausend!

1845, kurz nachdem Hirzel die Grundzüge der Volksschule definierte, hat Alexander von Humboldt alles Wissen über die physische Welt in einer mehrbändigen Enzyklopädie namens Kosmos zusammengetragen. Fast 1.000 Seiten umfasst die alle Bände vereinigende Neuausgabe mit allen Vor- und Nachworten. Die aktuellste Auflage der Brockhaus Enzyklopädie dagegen hat heute 30 Bände, 24.500 Seiten und 300.000 Artikel. Die deutsche Ausgabe der online Enzyklopädie Wikipedia hatte 2006 300.000 Artikel. Diese Zahl hat sich bis ins Jahr 2009 verdreifacht. Im Juli 2009 gab es über 930.000 Artikel. Humboldts Kosmos Seite für Seite zu lesen, ist dem eifrigen Leser sicher noch möglich. Bei Brockhaus oder Wikipedia ...

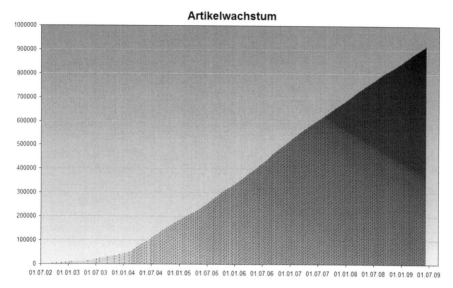

Abb. 2: Das Ansteigen verfügbarer Information: Artikelwachstum der deutschsprachigen Wikipedia

Die Schleusen der globalen Informationskanäle stehen sperrangelweit offen. Pausenlos dringen Datenfluten in die hintersten Winkel der Welt. Sich darin zurechtzufinden ist ähnlich einfach, wie aus einem voll geöffneten Feuerwehrschlauch Wasser zu trinken. Die Schule muss Lernende deshalb befähigen, dieses permanente Wildwasser der Information für sich zu bändigen. Dabei geht es nicht um die Frage von Aufnahmekapazitäten. Vielmehr geht es um einen aktiven und Bedeutung generierenden Umgang mit den – zumeist sprachlichen – Datenfluten. Die eigene Verbalisierungs- (und Visualisierungs-)fähigkeit ist dabei Motor und Treibstoff zugleich, um das Boot des eigenen Denkens geschickt durch die Hochwassergebiete der Informationen zu manövrieren und sichere Ankerstellen zu finden.

Personalität: Mehr Tugend für die Jugend

Verantwortungsbewusstsein, Zuverlässigkeit, Lernbereitschaft, Engagement, Teamfähigkeit, Selbstständigkeit – der Weg in ein »gutes Leben« ist gepflastert mit sozialen und personalen Kompetenzen. Die Kompetenzstudie von BildungsCent e.V. (2004) befragte ca. 1.200 Personal- und Ausbildungsverantwortliche, welche Kompetenzen sie bei Schulabgängern erwarten. Hier sind die Top Ten:

1. Deutsch in Wort und Schrift
2. Verantwortungsbewusstsein/Engagement
3. Zuverlässigkeit
4. Lernbereitschaft
5. Teamfähigkeit
6. Selbstständigkeit
7. Kommunikationsbereitschaft

8. Zielorientiertes Denken und Handeln
9. Flexibilität
10. E-Mail-Kommunikation

Unter den Top Ten befindet sich genau eine Fachkompetenz: Deutsch in Wort und Schrift. Alle anderen wünschenswerten Kompetenzen sind personale Kompetenzen (5), soziale Kompetenzen (2) neben einer Methoden- und einer Medienkompetenz.

Oder anders gesagt: Der Schlüssel zum Erfolg steckt innen. Mit Erfolg ist gemeint: Anschlussfähigkeit. Und das ist weit mehr als das Wissen, dass 97 die grösste zweistellige Primzahl ist. Anschlussfähigkeit, das sind vor allem soziale und personale Kompetenzen. Es ist der Umgang mit sich und mit anderen. Es sind Werthaltungen und Tugenden. Früher wuchsen Kinder meist mit mehreren erwachsenen Personen zusammen auf. Und sie hatten Geschwister. In diesem Geflecht von Auseinandersetzung und Rücksichtnahme wurden sie erzogen. Der Mehrpersonenhaushalt ist im Verlaufe der Jahre drastisch zusammengeschrumpft. Das sich daraus entwickelnde Leben in ungeteilter Aufmerksamkeit birgt die Gefahr, dass ganze elementare Tugenden verkümmern, Tugenden wie warten, zuhören, sich nützlich machen, bitte sagen. Und danke.

Auch wenn solchen Dingen der Geruch der Mottenkiste anhaftet: Die Schule – will sie zur Anschlussfähigkeit beitragen – muss sich ganz zentral um die Sozialisierung der Lernenden kümmern. Oder ein bisschen direkter: um die Erziehung. Sie muss ein Ort sein, wo Kinder lernen, mit sich und mit anderen konstruktiv umzugehen. Und sie muss ein Ort sein, wo Leistung einen Wert hat. Leistung verlangt auch immer wieder, sich selber zu überwinden. Und das Ergebnis: Stolz. Lernende sollen deshalb möglichst häufig die Erfahrung machen, dass es ein cooles Gefühl ist, sich überwunden und eine Leistung erbracht zu haben. Denn das Leben belohnt die Leistungen, nicht die Ausreden.

Virtualität: Erfahrungen aus erster Hand

Viele Kinder und Jugendliche erleben und erfahren die Welt nur noch aus zweiter oder dritter Hand. In jedem Haushalt, in dem Kinder aufwachsen, steht ein Fernsehgerät. 42 Prozent der Kinder haben in ihrem Zimmer einen eigenen Fernseher. Und 53 Prozent nennen Spielkonsolen ihr Eigen (vgl. FEIERABEND & RATHGEB, 2009). Die Jugendlichen sitzen täglich mehrere Stunden in Konsumhaltung vor den Bildschirmen. Das hat Auswirkungen. Für Hirnforscher Manfred Spitzer jedenfalls ist klar: »Fernsehen macht dick, dumm und gewalttätig.« (SPITZER, 2005). Und in der Tat: Wer vor dem Bildschirm sitzt (oder liegt oder etwas dazwischen), bewegt sich nicht. Bewegungsarmut, eine zunehmende Beziehungslosigkeit zum eigenen Körper ist eine Folge davon, eine abnehmende »Bodenhaftung« mit entsprechender Distanz zur realen Welt eine andere.

Schulen müssen deshalb zu Orten der Aktivierung werden. Des Tuns. Des Herstellens. Des Handelns. Dabei geht es nicht um die Frage einer zusätzlichen Turnstunde. Vielmehr geht es darum, sich als handelndes Wesen überhaupt wahrnehmen zu lernen und Aktivität und Bewegung als integrale Bestandteile des täglichen Schullebens Zeit und Raum zu geben. Zeigen, vergleichen, erklären, illustrieren, konstruieren, entwickeln, interpretieren, gestalten, verbinden, modellieren, organisieren, auswählen, herausfinden, sichten, beobachten, schneiden, messen, ... – Lernen ist ein Prozess von sich wechselseitig beeinflussenden Tätigkeiten. Ein Wie, nicht ein Was. Apropos Tätigkeiten: Sitzen und zuhören sind die am wenigsten geeigneten, wenn es um Lernen geht.

KIEFER (2008) bringt es aufgrund seiner eigenen neurowissenschaftlichen Studien auf den Punkt: »Wenn diese Koppelung mit konkreter Sinneswahrnehmung für einen Begriff nicht vorhanden ist, nie gelernt wurde, bleibt dessen Bedeutung vage«. Und er argumentiert weiter: »Begriffe sind verarmt, wenn während des Lernens nie die Möglichkeit bestand, die Gegenstände, auf die sie sich beziehen, auch zu hören, zu sehen, zu riechen und zu fühlen. Das Wissen bleibt dann blutleer, so dass sich Menschen nicht wirklich einen Begriff von ihrer Umwelt machen können«.

2. Autagogik – eigenverantwortliches Lernen unterstützen

Ein Schulkind, das in diesem Jahr – 2009 – eingeschult wird, kann etwa 2021 sein Abitur schaffen, startet seinen ersten Job nach einem Studium vielleicht 2026, geht etwa 2068 in Rente und lebt entsprechend seiner Lebenserwartung etwa bis 2083.

Was braucht ein solches Schulkind von seiner Schule? Die Schule sollte ihm helfen sein Leben von 2026 bis 2083 zu meistern. Was braucht es dazu?

Wer kreativ und konstruktiv sein Leben gestalten will, braucht Kompetenzen. Kompetenzen sind Fähigkeiten und Fertigkeiten, die von Lernenden entwickelt werden und sie befähigen, bestimmte Tätigkeiten in variablen Situationen auszuüben. Oder ein bisschen genauer: Kompetenzen sind die bei Individuen verfügbaren oder durch sie erlernbaren kognitiven Fähigkeiten und Fertigkeiten, um bestimmte Probleme zu lösen, sowie die damit verbundenen motivationalen, volitionalen und sozialen Bereitschaften und Fähigkeiten, um die Problemlösungen in variablen Situationen erfolgreich und verantwortungsvoll nutzen zu können.

Kompetenzen können fachlicher Natur sein. Je mehr Wissen ein Lernender hat und je besser es strukturiert ist, umso leichter kann er damit »spielen« und neue Informationen damit in Beziehung setzen. Aber Fachwissen ist nicht alles. Und sei es noch so lebendig und anwendungsbezogen.

Es braucht auch methodische Kompetenzen. »Eunuchenwissen« (wenn man weiß, wie etwas geht, ohne dass man es auch tun kann) nützt wenig. Es braucht ein vielfältiges Strategie- und Methodenrepertoire. Es braucht »learning skills«. Und die Werkzeuge dazu. Niemand weiß, was im Jahre 2050 gewusst und gekonnt werden muss. Deshalb sollten Lernenden, die dannzumal Erwachsene sein werden, methodische Kompetenzen mit auf den Weg gegeben werden, so dass sie sich das dann Zu Wissende und Zu Könnende eben selber erwerben können. Und wollen. Und es gerne tun.

Denn: Auch methodische Kompetenzen reichen noch nicht. Es braucht noch mehr. Es braucht Soziales und Emotionales. Es braucht bestimmte Haltungen und

Einstellungen. Dazu gehört der Umgang mit sich selber. Aber auch der Umgang mit anderen: Kommunikations-, Konflikt- und Integrationsfähigkeit. Und dazu gehört: beginnen, die Dinge nicht vor sich her zu schieben wie eine Wanderdüne. Und auch: sie zu Ende zu führen.

2.1 Lernen ist Selbstgestaltung

Kann die Schule das alles den Lernenden bieten? »In neun von zehn Schulen, an neun von zehn Tagen, in neun von zehn Stunden sind Lehrende damit beschäftigt, eine dünne Informationsschicht über den kindlichen Verstand zu legen und sie nach kurzer Verweildauer wieder abzusahnen, um selbstzufrieden feststellen zu können, dass die Informationsschicht vorschriftsgemäß aufgelegt wurde.« (SHUTE, 1998). Shute sieht vor allem fachliche Kompetenzen vermittelt, deren Wichtigkeit und Richtigkeit 2060 zumindest fragwürdig erscheint. Und es geht weiter: Wissenschaftler haben ermittelt, dass Schüler 85 Prozent ihrer Zeit damit verbringen Lehrern zuzuhören wie sie sprechen, oder zumindest so zu tun als würden sie zuhören (vgl. YAIR, 2000).

Dabei weiß man, dass es nicht so sehr darauf ankommt, was ein Lehrer im Unterricht tut, sondern vielmehr, was er seine Schüler tun lässt (vgl. HATTIE, 2009). Dieser Befund kann gar nicht überraschen, ist Lernen doch ein individueller Konstruktionsprozess. Wissen lässt sich nicht bequem von einem Kopf (jenem des Lehrers) in einen anderen (jenen des Schülers) übertragen. Gesagt ist noch nicht gehört und gehört ist noch nicht verstanden. Oder genauer: »Lernen wird verstanden als Folge von individueller Konstruktion von Wissen, Können und Wollen. (...) Wissen wird zirkulär gebildet: über Erfahrungslernen, Nachdenken über das Lernen und antizipatives Verhalten.« (FUCHS, 2005).

Lernen, das können Menschen nur selber tun. Doch trotzdem lässt sich Lernen auch gestalten, ermöglichen und behindern. Die Schule bedient sich dafür des Begriffs »Pädagogik«. Der Begriff stammt aus dem Altgriechischen: pais (-idós) = Kind, Knabe und ágein = führen. Der Paidagogós war der Kinderführer, ein Sklave, der die Kinder außer Haus begleitete. Diese bedeutungsgemäße Herkunft hat sich erfolgreich in die heutige Bildungslandschaft hinübergerettet. Zwar führt der Lehrer (der mehrheitlich durch die Lehrerin abgelöst worden ist) die Kinder kaum mehr außer Haus. Sie kommen zu ihm. Und er führt sie auf verschlungenen Wegen entlang von Prüfungen und Tests hin zu Prüfungen und Tests. Der Lehrer weiß, wie weiland der Sklave, wo es lang geht. Er kennt den Weg, er weiß, welches der richtige ist und welches der falsche.

2.2 Autagogik

Lernen sollte jedoch die Selbstgestaltungskompetenz fördern. Dann aber müssen die »Gebrauchsspuren« auch entsprechend gelegt werden. Dann müssen die Lernenden und ihr aktives, selbstbestimmtes Lernen ins Zentrum der schulischen Arbeit rücken. Und dann würde »Autagogik« besser passen.

Autagogik?! Was ist das? Der Begriff setzt sich zusammen aus autos = selbst, aus eigener Kraft und ágein = führen. Autagogik bezeichnet ein übergeordnetes Konzept für selbstkompetentes, selbstwirksames Lernen (vgl. MÜLLER, 2002 und 2004 sowie FUCHS, 2005). Es versteht sich als Bezeichnung für ein didaktisches Lehr-Lernarrangement mit dem Ziel einer selbstwirksamen Kompetenzerweiterung im schulischen Kontext.

In einem autagogischen Denken braucht es nicht mehr den »Knabenführer«. Vielmehr braucht es Menschen, die Lernende dabei unterstützen, sich auf eigenen Wegen die Welt zu erschließen, sie fassbar und lesbar zu machen, sich in dieser Welt zu erfahren und zu erproben.

Auf einer solchen Reise, so Renate Girmes, »wird er oder sie Fremdes kennen lernen und sich zu eigen machen können, wird neue Freunde und interessante Gesprächspartner finden, mehr wissen, Verständnisse überdenken und revidieren und neue Einsichten gewinnen. (...) In Wirklichkeit ist unterrichtliches Reisen selten so – weil Unterricht selten ›gut‹ ist? Weil man sich als lernbegieriger Unterrichtsreisender nicht selten wie ein Pauschaltourist in einer Reisegruppe von Busgröße mit einem festen gemeinsamen Besichtigungsprogramm und den dazu passenden Standarderläuterungen wiederfindet, immer zusammen als Gruppe, orientiert am jeweiligen Busparkplatz und den Hauptsehenswürdigkeiten?« (GIRMES, 2004). Kommt dazu: Reiseführer, die schon zum hundertsten Mal gelangweilten Gruppen von Pauschaltouristen die gleichen Geschichten und Jahrzahlen herunter gespult haben, laufen mit der Zeit Gefahr, die Inspiration zu verlieren. Davor sind auch die schulischen Reiseführer nicht gefeit.

2.3 Erfolg

Na ja, schön und gut. Aber was heißt Autagogik für das Klassenzimmer? Schulisches Lernen – ist es auf Nachhaltigkeit ausgerichtet – folgt dem Ziel zu verstehen. Verstehen meint: Informationen umwandeln in Bedeutung. Kapieren, nicht kopieren. Dazu müssen die Lernenden aktiv sein, etwas tun. Es geht darum, sich auseinander zu setzen – mit Dingen, mit anderen Menschen, mit sich selbst. Denn sich auseinandersetzen heißt: Widerstände meistern, nicht mit der erstbesten Lösung zufrieden sein. Und es heißt auch: Umwege gehen. Umwege erhöhen die Ortskenntnis.

Die Bereitschaft, aktiv zu werden, sich mit Dingen auseinander zu setzen, ist gekoppelt an die Wahrscheinlichkeit, damit erfolgreich zu sein. Und damit wären wir beim nächsten Punkt: Zum Erfolg gibt es keine Alternative. »Zum Lernen braucht man Erfolgserlebnisse, damit man motiviert ist.« (Schülerzitat)

Nun könnte man sagen: Bei meinen Schülern funktioniert das mit den Erfolgserlebnissen nicht! Die sind zu jung (oder zu aufsässig oder zu bildungsfern). Die wollen einfach nichts von Mathe wissen (oder Grammatik oder von Geschichte). Klar, nicht alle mögen Integralrechnungen, nicht alle können auf Anhieb den Sinn erkennen zu wissen, dass es ein Gerundium gibt und nicht allen liegt das Auswendiglernen von Geschichtszahlen oder Vokabellisten. Aber alle, buchstäblich alle, mögen Erfolgserlebnisse. Menschen (und dazu gehören auch Lernende) wollen sich kompetent fühlen. Wodurch dann diese Kompetenzerlebnisse erfahren werden, durch

Mathe oder PC-Spiele, durch Deutsch oder das Besprühen von Hauswänden, durch Geschichte oder das Einschüchtern von Kleineren, liegt nicht so sehr am »was«, sondern eben an den Selbstwirksamkeitserfahrungen in diesem Bereich. Alle wollen erfolgreich sein, und das sollte sich doch auch für Schulsituationen nutzen lassen.

2.4 Das Panini-Prinzip

Ein weiterer wichtiger Punkt autagogischen Handelns betrifft die Arten der Aufgaben, mit denen der Lerner konfrontiert wird. Das Leben ist gestaltbar. Das Lernen auch. Alles – jede noch so kleine Aufgabe – lässt sich verwandeln in etwas, das wirklich Sinn macht.

Ein Beispiel für Sinn und persönliche Relevanz: Vor der letzten Fußballweltmeisterschaft hat das Panini-Fieber die westliche Zivilisation erfasst. Unzählige Kinder landauf, landab haben die farbigen Bildchen gesammelt. Und wie! Mit Eifer. Mit Begeisterung. Mit Ausdauer und Beharrlichkeit. Sie kannten plötzlich Länder, von deren Existenz sie zuvor nicht den Dunst vom Schimmer einer Ahnung gehabt hatten. Und Kinder, die normalerweise keine zehn Französisch-Vokabeln auf die Reihe kriegten, kannten mit einem Mal Spieler, deren Namen wesentlich komplizierter klangen als irgendein unregelmäßiges Verb im Passé simple. Unselbstständige Schüler entwickelten Erfolgsstrategien, die ihnen kein Paidagogós beigebracht hatte. Die Kinder offenbarten all jene Fähigkeiten und Eigenschaften, die ihnen das Dasein in der Schule wesentlich erleichtern würden. Das heißt: Schüler können so etwas. Wenn es darauf ankommt. Wenn es für sie darauf ankommt. Oder wissenschaftlich ausgedrückt: »Selbstwirksam lernen bedeutet, dass Lernende sich ihre eigenen, ihnen sinnvoll erscheinenden Ziele setzen, die sie dann entsprechend ihren eigenen, ihnen bedeutsam erscheinenden Strategien gemäß verfolgen und umsetzen.« (FUCHS, 2005)

Eigenverantwortliches Lernen mit Inhalten von persönlicher Relevanz und die tiefe Auseinandersetzung mit der Aussicht auf Erfolg – das ist gutes Lernen. Das macht auch Spaß. Es bringt Freude an Leistung. An der eigenen! Etymologisch gesehen sind nämlich Lernen und Leistung gleichbedeutend. Lernen, Verstehen und die Freude daran sind das Resultat einer Leistung. Oder eben: das Ergebnis eines konstruktiven Umgangs mit Schwierigkeiten. Denn: Aha!, das beglückende Gefühl, etwas verstanden zu haben, ist ein hochgradig emotionales Erlebnis. Wenn der Groschen fällt, steigt das Dopamin. (Dopamin ist ein endogenes Opiat. Es wirkt selbstbelohnend und positiv stimulierend.) Das produziert Glücksgefühle.

2.5 Lernen lässt sich beeinflussen: Lernrelevante Faktoren

Ein *Faktor* ist – so erklärt das Herkunftswörterbuch – eine »Vervielfältigungszahl«, eine »mitbestimmende Ursache«. Und in der Tat: Lernrelevante Faktoren sind mitbestimmende Ursachen, denen es zielführend Rechnung zu tragen gilt, damit die Möglichkeiten erfolgreichen Lernens sich vervielfältigen. Im Wesentlichen lassen sich sechs lernrelevante Faktoren (LRF) unterscheiden:

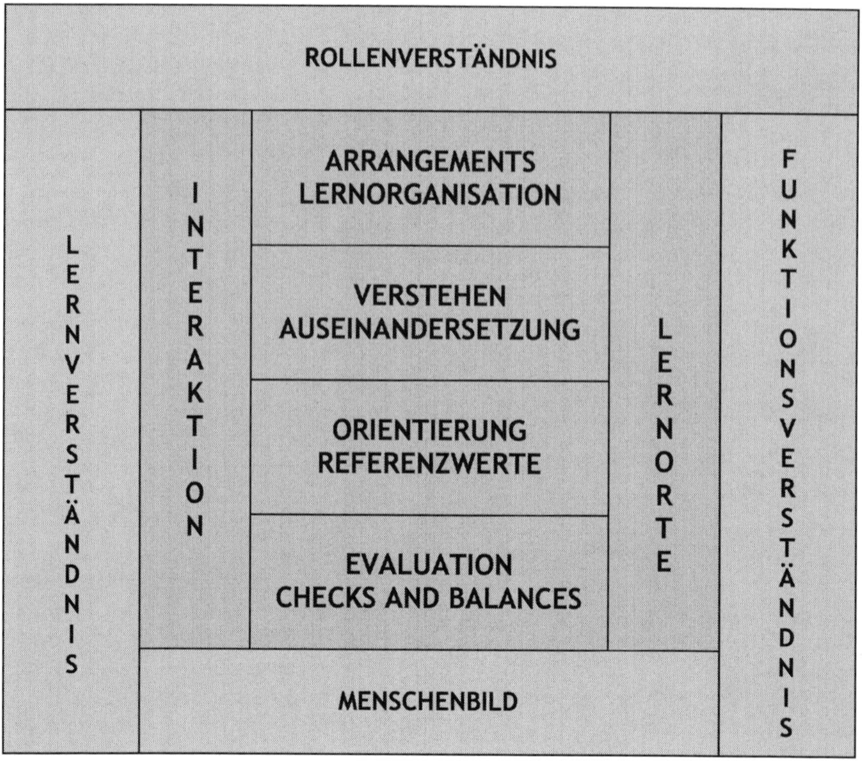

```
                    ROLLENVERSTÄNDNIS
         ┌─────┬──────────────────────────┬─────┐
         │     │   ARRANGEMENTS           │     │
         │  I  │   LERNORGANISATION       │     │
    L    │  N  ├──────────────────────────┤     │  F
    E    │  T  │                          │     │  U
    R    │  E  │   VERSTEHEN              │     │  N
    N    │  R  │   AUSEINANDERSETZUNG     │  L  │  K
    V    │  A  │                          │  E  │  T
    E    │  K  ├──────────────────────────┤  R  │  I
    R    │  T  │                          │  N  │  O
    S    │  I  │   ORIENTIERUNG           │  O  │  N
    T    │  O  │   REFERENZWERTE          │  R  │  S
    Ä    │  N  │                          │  T  │  V
    N    │     ├──────────────────────────┤  E  │  E
    D    │     │   EVALUATION             │     │  R
    N    │     │   CHECKS AND BALANCES    │     │  S
    I    │     │                          │     │  T
    S    │     │                          │     │  Ä
         ├─────┴──────────────────────────┴─────┤  N
         │                                      │  D
         │           MENSCHENBILD               │  N
         │                                      │  I
         └──────────────────────────────────────┘  S
```

Abb. 3: Lernrelevante Faktoren

LRF 1: Orientierung

Beim Lernen braucht es Orientierung. Man muss wissen wo man steht. Man muss wissen, wo man hin will. Man muss eine Vorstellung davon entwickeln, wie man dorthin kommt. Und man muss das sich selbst und anderen erklären können. John Hattie nennt dies »Self-Reporting« und beschreibt es als eine zentrale Voraussetzung für erfolgreiches Lernen (vgl. Hattie, 2009).

Doch: In einem klassischen Setting ist der Lehrer die Orientierung. Er sagt, wann was kommt, was gut und was schlecht ist. Wenn aber Lernen von Abhängigkeit in die Unabhängigkeit führen soll, braucht es andere Formen der Orientierung. Denn eben: Es geht darum, zu wissen, was man können könnte. Es geht darum, die Erwartungen abzustecken (Referenzwerte). Und es geht darum, ein Bewusstsein für die eigene Situation zu entwickeln. Ein Beispiel dafür sind Kompetenzraster.

LRF 2: Auseinandersetzung

Es ist nicht das Gleiche, ob die Geburtsjahre von Bismarck und Napoleon abgefragt werden, oder ob es darum geht, die Gemeinsamkeiten und Unterschiede zwischen diesen Beiden herauszufinden. Das Ziel von Lernaktivitäten initiiert eine bestimmte Verarbeitungstiefe. Und der Grad der Verarbeitung bestimmt das Verstehen und die Nachhaltigkeit. Und darum geht es eigentlich: Verstehen. Aus etwas Fremdem etwas Eigenes machen. Einer Spur folgen und konstruktiv mit Widerständen umgehen. Das setzt das Gefühl von Machbarkeit voraus. Und das wiederum wird gefördert durch Selbsterklärung, durch das eigene Formulieren von Zielen. Und von Gelingensbedingungen.

LRF 3: Arrangements

»Die Vorlesung über angewandte Bewegungslehre findet im Hörsaal 24 statt.« Jemand trägt vor, die anderen hören zu (oder tun zumindest so) – das ist das klassische Setting. Geht man jedoch davon aus, dass Wissen und Können nicht vom einen Kopf in die anderen Köpfe geklont werden können, braucht es mehrheitlich andere Arrangements, Arrangements, die zu einer Verlagerung des Aktivitätsschwerpunktes führen. Und Arrangements, die einen konstruktiven Umgang mit Vielfalt ermöglichen, beispielsweise auf der Grundlage einer Vereinbarungs- und Einforderungskultur. Wenn nicht alle das Gleiche tun, braucht es eine Organisation, in der individuelle Lernwege selbstverständlich sind.

Abb. 4: »One Size Fits All«

Der Prozesse selbstbestimmten Lernens geht einher mit der Selbstorganisation der entsprechenden Aktivitäten.

LRF 4: Evaluation

Test und Prüfungen durchziehen schulisches Lernen. Und sie bestimmen damit das Verhalten der Beteiligten. Schulisches Lernen schrumpft zusammen auf das Ziel, Prüfungen zu bewältigen und eine gute Note zu kriegen. Doch eine gute Note, das weiss man nicht nur aus der umfangreichen Forschung zu diesem Thema, das weiss man auch aus der eigenen Schulzeit, eine gute Note sagt wenig bis nichts aus über die Nachhaltigkeit des Lernens.

Abb. 5: *Einhaltung des Lehrplans*

Kompetenzorientiertes Lernen verlangt deshalb nach einem anderen Umgang mit Lernleistungen. Formative Bewertungsformen, referenzieren (zum Beispiel mittels Kompetenzraster), präsentieren, reflektieren, dokumentieren (zum Beispiel mittel Portfolio) dienen der Förderung statt der Selektion.

LRF 5: Lernorte

Ein Lehrer sagt zu einem Kollegen: »Du, ich habe gehört, du machst einen ganz anderen Unterricht. Kann ich mich mal eine Stunde hinten zu dir ins Klassenzimmer setzen und zuschauen?« »Klar«, sagt der andere, »du kannst jederzeit kommen. Aber du musst einfach selber herausfinden, wo ›hinten‹ ist.« Will sagen: Wo es kein »vorne« und kein »hinten« gibt, entwickelt sich ein ganz anderes Klima, eine andere Dynamik. Der Lernort wirkt als »dritter Pädagoge« determinierend auf das Verhalten (z.B. Aktivitätsschwerpunkt). Locations have emotions – Räume dienen also nicht nur der Funktionalität, sondern auch der Ästhetik und der Inspiration.

Und lernen ist ja nicht an Räume gebunden. Im Gegenteil: Außerschulische Lernorte sind systematisch einzubeziehen.

Menschen sind lernfähig – aber unbelehrbar

Abb. 6: Lernorte

LRF 6: Interaktion

Je eigenaktiver und selbstbestimmter das schulische Lernen sich gestaltet, desto mehr verändert sich die Interaktion. Unterschiedliche Kooperationsformen führen zu einer Kultur des voneinander und miteinander Lernens, in der aus Betroffenen Beteiligte werden. Das erfordert entsprechende Kompetenzen von den Lehrern. Sie führen Zielentwicklungsgespräche, initiieren in lösungsorientierter Art die Prozesse und geben Rückmeldungen. Solche professionellen Feedbacks sind Dreh- und Angelpunkte in einer lernfördernden Interaktionskultur.

2.6 Jede Veränderung ist Selbstveränderung: Rahmenfaktoren

Die sechs lernrelevanten Faktoren sind eingebettet in vier Rahmenfaktoren. Dabei geht es in erster Linie um Haltungen und Einstellungen – zu sich, zu anderen und zu den Dingen.

Menschenbild: Kein Kind steht am Morgen auf und sagt: »Heute bin ich ein schlechter Mensch.« Lernende wollen lernen. Sie wollen »gut« sein, anerkannter Teil der Gemeinschaft. Das verlangt nach Vertrauen und Wertschätzung.

Rollenverständnis: Menschen leben die Rollen, die sie sich geben oder die ihnen zugewiesen werden. Die Förderung von Selbstgestaltungskompetenz verlangt nach Hilfe zu Selbsthilfe. Weniger Schüler, mehr Lernunternehmer hier und mehr Coach und Berater da.

Lernverständnis: Lernende konstruieren sich die Welt. Sie lernen – vor ihrem biografischen Hintergrund – selbst und ständig. Das hat aber nichts mit einem Jahrmarkt der Beliebigkeiten zu tun. Schulisches Lernen soll als zielführend, erfolgreich und Sinn stiftend wahrgenommen werden.

Funktionsverständnis: Die Funktion bestimmt die Form. Eine individuelle Kompetenzentwicklung verlangt nach massgeschneiderten Programmen. Ziel ist der persönliche und schulische Erfolg aller Lernenden. Nicht abschluss- sondern anschlussfähig sollen sie sein, anschlussfähig an relevante Lebenssituationen.

Lernen und Lernkompetenz – dahinter verbirgt sich ein komplexes Geschehen. Lernen ist immer individuell und persönlich. Und es entzieht sich weitgehend der Fremdsteuerung: Menschen lernen selbst und ständig. Damit ist klar: Der Komplexität des Lernens ist mit einfachen Strickmustern nicht beizukommen. Jedenfalls nicht nachhaltig. Auch schulisches Lernen ist ja einfach die Reaktion auf Lehren. Es wird nicht gelernt, was gelehrt wird.

Aber: Schulisches Lernen wird sich mit höherer Wahrscheinlichkeit für alle Beteiligten erfolgreicher und Sinn stiftender gestalten, wenn es gelingt, die lernrelevanten Faktoren entsprechend bedürfnisgerecht zu beeinflussen. Nicht nur die einzelnen der lernrelevanten Faktoren, sondern auch und vor allem ihr Zusammenwirken.

Denn eben: Lernen ist ein komplexes Geschehen. Es lässt sich nicht in Einzelteile zerlegen. Die Faktoren, die erfolgreiches Lernen fördern, wirken integral durch die Dynamik ihrer Rückkoppelungsprozesse.

Literatur

BildungsCent e.V. (2004). Kompetenzstudie. Verfügbar unter http://www.bildungscent.de/fileadmin/www.bildungscent.de/Studien/Kompetenzstudie.PDF [16.07.2009].

Feierabend, S. & Rathgeb, T. (2009). KIM-Studie 2008. Kinder und Medien, Computer und Internet. Basisuntersuchung zum Medienumgang 6- bis 13-Jähriger in Deutschland. Verfügbar unter http://www.mpfs.de/fileadmin/KIM-pdf08/KIM08.pdf [16.07.2009].

Fuchs, C. (2005). Selbstwirksam Lernen im schulischen Kontext. Kennzeichen – Bedingungen – Umsetzungsbeispiele. Bad Heilbrunn: Klinkhardt Forschung.

Girmes, R. (2004). (Sich) Aufgaben stellen. Seelze: Kallmeyer.

Hattie, J. (2009). Visible learning: a synthesis of meta-analyses relating to achievement. New York: Routledge.

Kiefer, M. (2008). Hirnforscher machen Klang der Begriffe sichtbar. Pressemitteilung der Universität Ulm, 25. November 2008.

Müller, A. (2002). Wenn nicht ich, …? Und weitere unbequeme Fragen zum Lernen in Schule und Beruf. Bern: hep-Verlag.

Müller, A. (2003). Referenzieren. Ein Verfahren zur Förderung selbstwirksamen Lernens. In Die Deutsche Schule, 95 (1), 52–61.

Müller, A. (2004). Erfolg! Was sonst? Generierendes Lernen macht anschlussfähig. Bern: hep-Verlag.

Müller, A. & Noirjean, R. (2004). Lernen – und wie?! Gebrauchsanweisungen für den Lernerfolg. Bern: hep-Verlag.

Müller, A. (2006). Eigentlich wäre Lernen geil. Wie Schule (auch) sein kann: alles ausser gewöhnlich. Bern: hep-Verlag.

SHUTE, C. (1998). EDMOND HOLMES and ›The Tragedy of Education‹. Nottingham: The Educational Heretics Press.
SPITZER, M. (2005). Vorsicht Bildschirm! Elektronische Medien, Gehirnentwicklung, Gesundheit und Gesellschaft. Stuttgart: Ernst Klett Verlag.
YAIR, G. (2000). Educational battlefields in America: The tug-of-war over students' engagement with instruction. Sociology of Education, 73 (4), 247–269.

Schulleitung, Schuleffektivität und Unterrichtsentwicklung – Was wissen wir über diesen Zusammenhang?

MARTIN BONSEN

1. Anspruch und Ziel von Unterrichtsentwicklung

Unterrichtsentwicklung bedeutet Veränderung; Schulische Lehr-Lernprozesse sollen mit Blick auf eine optimale Förderung der Schülerinnen und Schüler hinterfragt und optimiert werden. Die geschieht in vielfältiger Art und Weise: Mal setzt sich die einzelne Lehrkraft, welche sich um den Einsatz neuer Materialien für den Unterricht bemüht, mal ein Lehrer-Fortbildner, welcher eine Gruppe von Lehrkräften aus unterschiedlichen Schulen in Methoden und Trainingsverfahren ausbildet für eine Veränderung des Unterrichts ein. Die große begriffliche Offenheit führt dazu, dass Unterrichtsentwicklung als Summe »mehr oder weniger systematischer Prozesse« zur Verbesserung der Lern- und Arbeitsbedingungen im Unterricht beschrieben wird, die sowohl auf individuellen, als auch auf gemeinsamen Anstrengungen von Lehrern und sogar Schülern fußen können (vgl. MEYER et al., 2007).

In den letzten Jahren hat sich jedoch in der Schulentwicklung ein Verständnis von Unterrichtsentwicklung etabliert, welches über die Formulierung von Ansprüchen eine genauere Definition des Begriffs ermöglicht. Demnach umfasst Unterrichtsentwicklung systematische und gemeinsame Anstrengungen zur Verbesserung des Lehrens und Lernens (vgl. BASTIAN, 2007, S. 29) mit dem klaren Ziel der Effektivierung des Lernens der Schülerinnen und Schüler in allen Dimensionen (vgl. HORSTER & ROLFF, 2001).

Die hierzu in der Literatur dokumentierten Strategien zur Unterrichtsentwicklung sind vielfältig. Sie adressieren unterschiedliche Personen bzw. Personengruppen und sind entweder fachlich oder überfachlich ausgerichtet. Zu den bekanntesten Strategien der Unterrichtsentwicklung zählen derzeit:

- die methodenorientierte Unterrichtsentwicklung (KLIPPERT, 2000)
- die »Reflexive Unterrichtsentwicklung« im Gesamtkollegium (HORSTER & ROLFF, 2006)
- Unterrichtsentwicklung durch Schülerrückmeldungen (COMBE, BASTIAN & LANGER, 2005)
- netzwerkbasierte Unterrichtsentwicklung (BOS, BERKEMEYER et al., 2008)
- fachbezogene Unterrichtsentwicklung in den Fachkonferenzen (SCHNACK, 2005; HORSTER & ROLFF, 2001) sowie
- fachbezogene Unterrichtsentwicklung in der Fläche durch bundesweite Projekte wie das zur »Steigerung der Effizienz des mathematisch-naturwissenschaftlichen Unterrichts« (SINUS) oder naturwissenschaftlich ausgerichtete Projekte wie »Chemie im Kontext« (ChiK), »Physik im Kontext« (PiK) oder »Biologie im Kontext« (BiK)

Betrachtet man diese verschiedenen Ansätze, so lassen sich unterschiedliche Aufmerksamkeitsrichtungen und Schwerpunktfragen identifizieren, welche sich über die

Begriffspaare *Organisation und Profession* sowie *Fachdidaktik* und *Allgemeine Didaktik* voneinander abgrenzen lassen (vgl. Abb. 1). Während beispielsweise die »Reflexive Unterrichtsentwicklung« im Gesamtkollegium eher im Quadranten rechts oben zwischen Organisation und Allgemeiner Didaktik verortet ist (Leitfrage: »Was sind Standards für Unterricht an unserer Schule und erreichen wir diese?«) lassen sich Projekte wie SINUS zunächst im Quadranten links unten ansiedeln, da sie an der Entwicklung von Fachwissen und fachdidaktischem Wissen und Können der Lehrkräfte ansetzen. Erreichen solche Projekte im günstigsten Fall das gesamte Kollegium, so wäre die gesamte Schule als Organisation angesprochen und eine kollegiumsweite fachbezogene Unterrichtsentwicklung würde gefördert.

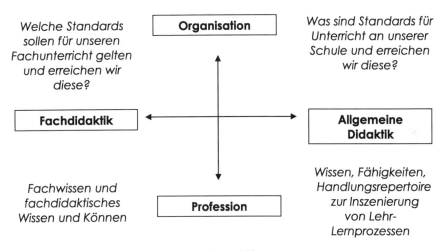

Abb. 1: *Aufmerksamkeitsrichtungen der Unterrichtsentwicklung*

HELMKE (2009) definiert Unterrichtsentwicklung über die Kategorien *professionelles Wissen* und *Können* der Lehrkräfte. Unterrichtsentwicklung zielt demnach auf

- »die Veränderung der Lehrmethoden und Lehr-Lern-Szenarien,
- die Effektivierung der Klassenführung,
- die Stärkung eigener (didaktischer, fachlicher, diagnostischer) Kompetenzen sowie
- die Optimierung des Lehrmaterials mit dem Ziel, die Wirksamkeit des eigenen Unterrichts zu steigern.« (ebd., S. 305).

Mit dieser klaren Ausrichtung deutet sich bereits die grundlegende Herausforderung erfolgreicher Unterrichtsentwicklung an: Im Kern geht es um die Veränderung von Unterricht über das Verhalten von Lehrerinnen und Lehrern. Unterrichtsentwicklung bleibt nicht bei mehr oder weniger formalisierten Aushandlungsprozessen zum Konsens über guten Unterricht im Kollegium stehen. Unterrichtsentwicklung erfolgt auch nicht über die Rezeption von Ergebnissen großer Schulleistungsstudien oder normativer Modelle für das Unterrichtshandeln. Wirkliche Unterrichtsentwicklung entsteht aus dem Zusammenwirken individueller und organisatorischer Bedingungsfaktoren, welche zu Veränderungen entlang der beiden zentralen didaktischen Grundfragen, der Inhaltsfrage (»Was soll gelernt werden?«) und der Vermittlungsfrage (»Wie soll gelernt werden?«) führen (vgl. GRUSCHKA, 2002, S. 9). Insbesondere die Frage nach dem *Wie* erfordert neben dem Wissen und Können auch das *Tun* als entscheidende Kategorie wirklicher Unterrichtsinnovation.

2. Warum es so schwer ist, Unterricht zu verändern

Die Erfahrung zeigt, dass Unterrichtsentwicklung schwierig ist. Häufig lassen sich gute und ambitionierte Initiativen zur Verbesserung von Unterricht in der Schulpraxis finden, jedoch genügen diese nur selten den zuvor formulierten Ansprüchen. Die Veränderung von Unterricht scheint tatsächlich ein schwieriges Unterfangen zu sein. Theoretische Erklärungen dazu, warum es so schwer ist Unterricht zu reformieren, lassen sich in der Bildungssoziologie und der Psychologie finden.

2.1 Stabilität des Unterrichtshandelns im »lose gekoppelten System«

Bildungssoziologische Ansätze betonen vor allem die besondere Organisation des »Arbeitsplatzes Schule«. Die Einzelschule selbst, also der Arbeitsplatz von Lehrerinnen und Lehrern, lässt sich demnach als nur »lose gekoppeltes System« verstehen: Die Lehrkräfte arbeiten den größten Teil ihrer Arbeitszeit unter der Bedingung pädagogischer Autonomie. Eine Kontrolle des Unterrichts ist kaum vorgesehen (und aufgrund unrealistisch hoher Kontrollkosten auch kaum möglich), Feedback und Kooperation finden, nicht zuletzt durch äußere organisatorische Vorgaben sowie das am Stundendeputat orientierte Arbeitszeitmodell, nur selten statt. Unterrichtet wird traditionell hinter verschlossenen Türen. Was tatsächlich im Unterricht geschieht, erfahren zwar die Schülerinnen und Schüler, professioneller Austausch zwischen Lehrkräften findet hingegen an den meisten Schulen kaum statt. Die Phasen des isolierten Arbeitens im Klassenzimmer sind nur durch kurze Pausen aufgebrochen, die kaum professionelle Kommunikation und kollegialen Austausch oder gar Reflexion des eigenen pädagogischen Unterrichtshandelns zulassen. Schon in den 60er-Jahren wurde diese Form der Arbeitsorganisation im Englischen unter dem Stichwort des »self-contained-classroom« problematisiert (vgl. in der Übersetzung erstmals LORTIE, 1972). Ausgangspunkt ist dabei ein durch Konvention gestützter Lehrer-Individualismus, der dazu führt, dass die Unterrichtsarbeit von Lehrkräften abgeschirmt und individualisiert stattfindet. Die vielfach falsch verstandene pädagogische Autonomie führt auch dazu, dass Lehrkräfte nur schwer einschätzen können, wie gut sie unterrichten beziehungsweise welche Möglichkeiten der Optimierung ihres Unterrichtshandelns sie hätten. Diese Situation, die wohl die meisten Lehrerinnen und Lehrer kennen dürften, wird um so unverständlicher, wenn man sich den hohen Stellenwert der Lehrerkooperation vor Augen führt, der als eines der stabilsten Ergebnisse der empirischen Forschung zur Qualität von Schulen beschrieben wird (vgl. TERHART, 1995, S. 240).

2.2 Bedingungen Professionellen Lernens

Während die Betrachtung der Schule als »lose gekoppeltes System« einer soziologischen Betrachtungsweise entspringt, stellt die psychologische Perspektive auf die Veränderung des Unterrichts vor allem den individuellen Lehrer ins Zentrum der Betrachtung.

Ein grundlegender Gedanke ist hier, dass Lehrkräfte sich im Unterricht von ihren persönlichen Unterrichtsskripts und Überzeugungen leiten lassen. Diese sogenannten *scripts* und *beliefs* sind recht stabil und lassen sich als »kulturelle Tradition des Unterrichtshandelns« (SEIDEL & PRENZEL, 2006) verstehen. Diese »Tradition« beeinflusst stark, ob bewusst oder unbewusst, die Art der Unterrichtsgestaltung einer Lehrkraft. Unterrichtsentwicklung erfordert in diesem Sinne eine Anpassung der Überzeugungen der Lehrkräfte an neue Rahmenbedingungen, was nach RICHARDSON und PLACIER (2002) nur langfristig in kooperativer und forschungsorientierter Auseinandersetzung mit der eigenen Unterrichtspraxis möglich ist. GRÄSEL und PARCHMANN (2004) verweisen in diesem Zusammenhang darauf, dass die Unterrichtsinnovationen eine Verbindung zu bestehenden Vorstellungen, Ideen, Skripts und Überzeugungen der Lehrkräfte zulassen müssen. Das Anknüpfen der Veränderung an bestehendes wird in diesem Zusammenhang als *Kohärenz* bezeichnet.

Diesen Gedanken folgend ließe sich mutmaßen, warum traditionelle Lehrerfortbildungsangebote häufig nur wenig und das klassische Lektürestudium noch weniger zu längerfristigen Veränderungen des Unterrichts führen. Ein erstes Problem dürfte darin bestehen, dass Lehrkräfte generell nur ein geringes Interesse an Forschungsergebnissen haben, die in anderen Kontexten gewonnen wurden, weil sie selten Antworten auf ihre Fragen und Probleme geben. Aus Sicht der Lehrkraft mag es eher so erscheinen, als gebe die Forschung regelmäßig Antworten auf Fragen, die zumindest sie nicht gestellt hat. Ein weiteres Problem liegt darin, dass Lehrkräfte durch Publikationen und traditionelle Fortbildung in der Regel als Einzelpersonen angesprochen werden. Daheim auf dem Sofa oder herausgelöst aus dem sozialen Kontext, fernab vom Kollegium im Fortbildungsseminar, bleiben Potenziale voneinander und miteinander zu lernen unausgeschöpft. Die Folgen sind bekannt: Weiterbildung und die Lektüre einschlägiger Zeitschriften und Bücher führen kaum zu Veränderungen in der Unterrichtspraxis (STAUB, 2001; MILLAR, LEACH & OSBORNE, 2000). Ein im Rahmen der Ausbildung, Fortbildung oder im Selbststudium angeeignetes Unterrichtswissen ist häufig bestenfalls »träges Wissen« (RENKL, 2001): Informationen werden zwar durchaus im Langzeitgedächtnis gespeichert, sind aber nicht in alltäglichen Situationen nutzbar. Die Umsetzung im Unterricht ist offenbar illusorisch, solange nicht in einer Art und Weise gelernt wird, in der die praktische Unterrichtssituation von Anfang an mit einbezogen wird. Die Chancen darauf, dass Neu-Gelerntes später in der Unterrichtspraxis anwendbar ist, steigt wenn mit Handlungsbezug gelernt wird. Praktisches Tun erhöht die Wahrscheinlichkeit, dass das zu erwerbende Wissen mit bisherigem Handlungswissen verknüpft wird (»learning by doing«). Findet das Lernen darüber hinaus im sozialen Kontext (z.B. in konkreten Unterrichtssituationen) statt, kann die Innovation mit höherer Wahrscheinlichkeit später im Unterricht angewendet werden (»situiertes Lernen«).

Zusammenfassend lassen sich vier zentrale Faktoren benennen, welche das Erlernen einer Unterrichtsinnovation positiv beeinflussen:

- Handlungsbezug (konkrete Probleme vor Ort)
- Situierung (authentische Situationen)
- Kohärenz (Anknüpfen an die eigene Praxis)
- Gemeinsames Lernen mit Kolleginnen und Kollegen

Als Beispiel für Strategien zur Professionalisierung im hier angesprochenen Sinn lassen sich die in jüngerer Zeit in der Literatur beschriebenen »Professionellen Lerngemeinschaften« von Lehrerinnen und Lehrern verstehen (vgl. HORD, 1997; BONSEN & ROLFF, 2006). Hierunter werden Gruppen von Lehrpersonen verstanden, welche sich fortlaufend um Möglichkeiten zur Steigerung der Effektivität ihres Unterrichts bemühen. Hierzu arbeiten sie kooperativ und tauschen neues Wissen und Methoden untereinander aus. Sie probieren Neuerungen im Unterricht aus und überprüfen systematisch deren Erfolg. Die beteiligten Lehrerinnen und Lehrer erhalten im Rahmen gemeinschaftlicher und kooperativer Unterrichtsarbeit dauerhaft neue professionelle Anregungen und haben Gelegenheiten, neue Unterrichtsmethoden und -praktiken sowie Unterrichtsmaterialien auszuprobieren.

Betrachtet man die Bedeutung der Kooperation zwischen Lehrkräften für derartige Prozesse, so erscheint die tatsächliche Praxis in den Schulen defizitär. Sozialisiert in einem System aus ganz überwiegend halbtägig organisierten Schulen mit einer Arbeitszeit, deren Hauptregulation über die Festlegung von Unterrichtsstunden zu funktionieren scheint, hat sich die bereits beschriebene Organisation als nur lose gekoppeltes System verfestigt. Zwar kann keinesfalls behauptet werden, dass in anderen Ländern die Forderung nach Intensivierung der unterrichtsbezogenen Lehrerkooperation bereits erfüllt sei, jedoch erscheint grade in Deutschland der Lehrerindividualismus besonders ausgeprägt zu sein (vgl. Abb. 2).

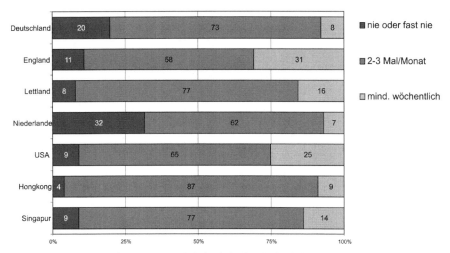

Abb. 2: Kooperationshäufigkeit von Grundschul-Lehrkräften (Lehrerbefragung, IEA TIMSS 2007)

Wenn die Verbesserung der Unterrichtsqualität als Aufgabe der Einzelschule ein systematisches und planmäßiges Vorgehen erfordert, gibt es keinen Anlass zu der Hoffnung, dass sich Unterrichtsentwicklung als ein natürlicher Prozess »von selbst« einstellen könnte, also als Evolution der Unterrichtskultur einer Schule verstanden werden kann. Unterrichtsentwicklung, soll sie nicht nur von einzelnen Lehrkräften getragen werden, sondern das gesamte Kollegium erfassen, muss als zielorientierter, komplexer Reformprozess verstanden werden, der initiiert und gesteuert werden muss. Zentraler Steuerungsakteur ist hier ohne Zweifel die Schulleitung.

3. Schulleitung und Unterrichtsentwicklung

Der Schulleitung wird, wie in eigentlich allen Fragen der inneren Schulentwicklung, auch hinsichtlich der Unterrichtsentwicklung eine besondere Bedeutung zugemessen: Sie ist primär dafür verantwortlich, Unterrichtsentwicklung anzuregen und zu unterstützen und muss darauf achten, dass Prozessbeteiligte nicht auf Abwege geraten oder Entwicklungsziele beliebig werden. Der Schulleitung fällt in der systematischen Unterrichtsentwicklung zum einen eine organisatorisch-ermöglichende Funktion (= *Management*), zum anderen eine strategisch-herausfordernde Funktion (= *Leadership*) zu.

3.1 Die Bedeutung der Schulleitung aus empirischer Perspektive

Zahlreiche Publikationen befassen sich mit der empirischen Erforschung von Schulleitung. So gibt es Arbeiten zum Zusammenhang zwischen der Schulleitung und Leitbildern und Zielen der Schule (BAMBURG & ANDREWS, 1990; DUKE, 1982), zwischen der Schulleitung und dem Schul- und Klassenklima (BROOKOVER & LEZOTTE, 1979; GRIFFITH, 2000), zwischen der Schulleitung und Einstellungen von

Lehrkräften (OAKES, 1989; PURKEY & SMITH, 1983; RUTTER et al., 1979), zwischen der Schulleitung und dem Handeln von Lehrerinnen und Lehrern im Unterricht (BROOKOVER & LEZOTTE, 1979), zwischen der Schulleitung und der Unterrichtsorganisation in einer Schule (BOSSERT et al., 1982; OAKES, 1989) sowie Forschungsarbeiten zum Zusammenhang zwischen der Schulleitung und schulinternen Lerngelegenheiten von Schülerinnen und Schülern (DUKE & CANADY, 1991; DWYER, 1986; MURPHY & HALLINGER, 1989).

Neben diesen thematisch fokussierten Beiträgen wird in der empirisch orientierten Literatur auch die Grundsatzdiskussion darüber geführt, ob die Schulleitung überhaupt einen Unterschied in der Wirksamkeit und Effektivität einer Schule hervorbringen kann. Die wissenschaftliche Diskussion um den Zusammenhang zwischen der Schulleitung und der Entwicklung von Schülerkompetenzen führt dabei zu unterschiedlichen Ergebnissen. Zu einer insgesamt pessimistischen Schätzung gelangen WITZIERS et al. (2003) in ihrer Meta-Analyse zum Zusammenhang von Schulleitung und Schuleffektivität. Sie finden mit einer über alle Studien hinweg berechneten Korrelation von $r=.02$ insgesamt keinen bedeutsamen Zusammenhang zwischen der Schulleitung und Schülerleistungen. Zu einem anderen Ergebnis gelangen LEITHWOOD et al. (2004) in ihrer Auswertung verschiedener Untersuchungen. Ihre Analysen zeigen einen mittlerer Effekt der Schulleitung auf die Kompetenzentwicklung von Schülerinnen und Schülern, der sich als Korrelation ausgedrückt in einer Höhe von $r=.17$ bis $r=.22$ befindet. MARZANO et al. (2005) gelangen in ihrer Meta-Analyse zu einem ganz ähnlichen Bild. Die von ihnen gefundene Korrelation von $r=.25$ interpretieren sie als bedeutsamen Effekt der Schulleitung auf die Lernleistungen der Schülerinnen und Schüler (*»profound effect on achievement«*). Obwohl in der empirischen Schulforschung also unterschiedliche Ergebnisse zur Bedeutung der Schulleitung für die Entwicklung von Schülerkompetenzen vorliegen, weist der Stand der empirischen Forschung insgesamt darauf hin, dass die Art und Weise, wie die Schulleitung ihr Amt ausfüllt, neben anderen Schulmerkmalen als bedeutsame Einflussgröße der Schuleffektivität anerkannt werden muss. Es dürfte sich also tatsächlich lohnen, einen genaueren Blick auf das Handeln von Schulleiterinnen und Schulleitern zu werfen.

3.2 Zentrale Führungsdimensionen – Befunde aus der Schulqualitätsforschung

Dass Schulleitung die Schulqualität und die Schuleffektivität beeinflusst, dürfte viele Praktiker vor dem Hintergrund ihrer subjektiven Alltagserfahrungen kaum überraschen. Aber was kennzeichnet denn nun erfolgreiche Schulleitungen? Was unterscheidet das Handeln von Schulleitungen an erfolgreichen Schulen vom Handeln ihrer Kolleginnen und Kollegen in weniger erfolgreichen Schulen?

BONSEN et al. (2002) haben zu diesen Fragen Lehrer-Einschätzungen zur Schulleitung an guten und verbesserungsbedürftigen Schulen verglichen. Ziel der Analysen war es, herauszufinden, welche Handlungsdimensionen von Schulleitung eine besondere Bedeutung bei der Unterscheidung erfolgreich und weniger erfolgreich arbeitender Schulen haben. Als erklärungsmächtigste Faktoren für hohe Schulqualität stellen sich die folgenden vier Handlungsdimensionen der Schulleitung dar:

- zielbezogene Führung
- Innovationsförderung
- Organisationskompetenz
- eine Praxis der angemessenen Mitbestimmung

Die Schulleiterinnen und Schulleiter an den in der zitierten Studie auf empirischem Wege identifizierten »guten« Schulen weisen auffallend hohe Werte in den aufgeführten vier Bereichen auf und unterscheiden sich hierin deutlich von den Schulleitungspersonen verbesserungsbedürftiger Schulen. Das in den Analysen von BONSEN et al. (2002) entwickelte Modell deutet *insgesamt* somit auf ein stark führungsbetontes Bild von Schulleitung an guten Schulen hin.

Allerdings erscheint der konkrete Zusammenhang zwischen Schulleitungshandeln und Unterrichtsentwicklung noch immer diffus. Insgesamt zeigt die Forschung international, dass Schulleiterinnen und Schulleiter die Effektivität der von ihnen geleiteten Schule in erster Linie vermittelt über Interaktionen mit Lehrkräften und über eine gezielte Steuerung der Schulorganisation, also auf indirektem Wege zu beeinflussen scheinen (vgl. HALLINGER & HECK, 1998).

Auch dieser Aspekt lässt sich anhand empirischer Ergebnisse verdeutlichen. Hierzu wurden die Daten der bereits angesprochenen Lehrerbefragung zu Merkmalen der Schulleitung und Merkmalen der Schule (BONSEN et al., 2002) in einer Pfadanalyse untersucht. Überprüft wurde ein Modell, das sowohl direkte als auch indirekte Effekte postuliert.

Abbildung 3 ist zunächst zu entnehmen, dass die beiden auf die Handlungsdimensionen des Schulleiters bezogenen Einschätzungen »Zielgerichtete Führung« und »Innovationsförderung« deutlich miteinander korrelieren (r=.82). Schulleiter, denen ein hohes Maß an zielgerichteter Führung zuerkannt wird, werden demnach als innovationsfreudiger wahrgenommen als Schulleiter mit einem geringen Wert im Bereich der zielgerichteten Führung und umgekehrt. Trotz der recht hohen Korrelation unterscheiden sich beide Dimensionen in ihrem Einfluss auf die anderen untersuchten Variablen.

Während die Bewertung der zielgerichteten Führung die Einschätzung der Lehrerkooperation direkt beeinflusst und ein direkter Effekt der Einschätzung der pädagogischen Innovation auf Schulebene nicht statistisch bedeutsam ist, lassen sich die von der Innovationsbereitschaft des Schulleiters ausgehenden Effekte genau umgekehrt beschreiben: Hier ist zwar ein direkter Einfluss auf die Einschätzung der pädagogischen Innovation auf Schulebene zu erkennen, jedoch kein bedeutsamer Einfluss auf die Lehrerkooperation im Kollegium festzustellen. Ein bedeutsamer *direkter* Effekt auf die unterrichtsbezogene Einschätzung »Differenzieren und Fördern im Unterricht« ist von beiden Handlungsdimensionen des Schulleiters nicht festzustellen. Es zeigen sich jedoch *vermittelte*, d.h. indirekte Einflussmöglichkeiten über die Kooperation im Kollegium. Ebenso kann der Effekt der zielgerichteten Führung auf die Einschätzung des Grades an Differenzierung und Förderung nur als indirekt angenommen werden.

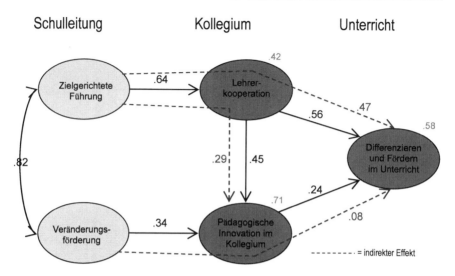

Abb. 3: *Zusammenhang zwischen den auf die Schulleitung bezogenen Einschätzungen der Lehrerinnen und Lehrer und der Bewertung ausgewählter Schulqualitätsmerkmal (vgl.* BONSEN, GATHEN & PFEIFFER 2002, *S. 316)*

Die hier dargestellten Ergebnisse einer sog. Pfadanalyse verdeutlichen das Prinzip des indirekten und vermittelten Einflusses der Schulleitung auf den Unterricht. Die Pfadkoeffizienten zeigen, dass die Dimension der zielgerichteten Führung nicht nur direkt auf die Kooperation wirkt, sondern in hohem Maße vermittelt zu wirken scheint. Insbesondere der indirekte Einfluss auf die kollegiumsweite unterrichtsbezogene Einschätzung der Bemühungen um Differenzierung und Förderung erscheint bedeutsam. Ein etwas geringerer und ebenfalls indirekter Effekt ist bezogen auf die Einschätzung der pädagogischen Innovation auf Schulebene festzustellen. Demnach ist ein positiver Einfluss auf die Kooperation zwischen Lehrerinnen und Lehrern ein geeignetes Mittel, um andere Faktoren wie die Innovationsbemühungen auf Schulebene, aber auch mögliche Unterrichtsmerkmale zu beeinflussen. Will ein Schulleiter oder eine Schulleiterin auf letzteren Bereich Einfluss nehmen, so scheint dies in erster Linie vermittelt, z.B. über die Förderung der Lehrerkooperation, möglich.

Diese Ergebnisse decken sich mit den Ergebnissen einer unlängst veröffentlichten niederländischen Studie. Unter dem Titel »Maken schoolleiders het verschil? Onderzoek naar de invloed van schoolleiders op de schoolresultate« hat TEN BRUGGENCATE (2009) im Rahmen ihrer Doktorarbeit untersucht, ob und wie Schulleitungen die Effektivität der von ihnen geleiteten Schulen beeinflussen können. Anhand einer für die Niederlande repräsentativen Stichprobe von 103 Sekundarschulen untersucht die Autorin den Einfluss der Schulleitung auf schulische Versetzungsquoten und Leistungsergebnisse eines nationalen Tests aus drei aufeinanderfolgenden Jahren (2003–2005). Nach Überprüfung verschiedener Modelle zur

Erklärung der Versetzungsquoten und der Testergebnisse, kommt die Autorin zu dem Schluss, dass eine aktive und herausfordernde Schulleitung einen statistisch signifikanten Einfluss auf die Schuleffektivität hat. Die aktive und herausfordernde Schulleitung zeichnet sich dabei durch die Arbeit an einer »entwicklungsorientierten Schulkultur« aus. Hierzu gehören

- die Herausarbeitung klarer Ziele (die aber dennoch Raum für individuelle Handlungswahl lassen),
- die Betonung von Kooperation,
- die Förderung der Professionalisierung,
- die Förderung von Innovationen.

Die Studie zeigt, dass die so akzentuierte »entwicklungsorientierte Schulkultur« zu besseren Lernumgebungen im Unterricht führt und hieraus schließlich bessere Schülerleistungen resultieren. Insgesamt zeigt sich, dass diese aktuelle Studie, konzipiert und ausgewertet unter dem Paradigma der Schuleffektivitätsforschung, zu sehr ähnlichen Ergebnissen kommt, wie die eher an einem empirisch-normativen Qualitätsverständnis guter Schulen ausgerichtete Studie von BONSEN et al. – beide Studien kommen mit unterschiedlichen Methoden, anhand unterschiedlicher Stichproben in zwei verschiedene Bildungssystemen zu sehr ähnlichen Ergebnissen, wodurch sich nicht zuletzt die praktische Bedeutsamkeit untermauern lässt.

4. Anforderungen an eine unterrichtswirksame Schulleitung

Mit Blick auf den Stand der internationalen Schulforschung fassen SCHEERENS, GLAS & THOMAS (2003) typische Merkmale von Schulleitungen zusammen, die einen positiven Einfluss auf die Unterrichtsqualität innerhalb der von ihnen geleiteten Schulen erkennen lassen. »Unterrichtswirksame« Schulleitungen

- *richten die Aufmerksamkeit in der Schule auf den Unterricht*: Die Schulleitung widmet administrativen Tätigkeiten auf keinen Fall mehr Zeit als direkt auf die Verbesserung des Fachunterrichts der Lehrkräfte bezogenen Tätigkeiten.
- *werden in Unterrichtsfragen anerkannt und mischen sich ein*: Die Schulleitung berät Lehrkräfte in Unterrichtsfragen und wird als Qualitätsaufsicht für den Unterricht anerkannt.
- *fördern unterrichtsbezogene Lehrerkooperation*: Die Schulleitung ermöglicht und unterstützt unterrichtsbezogene Team-Arbeit im Kollegium.
- *fördern die Professionalisierung der Lehrerinnen und Lehrer*: Die Schulleitung stimuliert und unterstützt die Professionalisierung der Lehrkräfte.

LEITHWOOD (1992, S. 2) betrachtet unterrichtsbezogene Führung in der Schule in erster Linie als »Monitoring der Unterrichtsarbeit«, welches vornehmlich auf methodische und didaktische Aspekte ausgerichtet ist.

4.1 Fragwürdige Gewichtung schulischer Leitungszeit

Misst man die Arbeitsrealität vieler Schulleiterinnen und Schulleiter an dieser Aufzählung von Merkmalen unterrichtswirksamer Schulleitung, erweist diese sich noch immer vielfach als defizitär. In vielen Schulen nimmt die Schulleitung noch immer vornehmlich administrative oder koordinierende Tätigkeiten wahr. Bezogen auf den Unterricht verstehen sich viele Schulleiterinnen und Schulleiter eher als »Unterrichtsverwalter« und nicht als »Unterrichtsentwickler«: Sie haben kaum Zeit für Unterrichtsbesuche und nutzen auch indirekt auf die Verbesserung von Unterricht abzielende Maßnahmen kaum. Bei der kritischen Feststellung dieser Tatsache sollte jedoch nicht außer Acht gelassen werden, dass die Rahmenbedingungen an vielen Schulen den Leitungspersonen nur wenig Zeit für strategische Entwicklungsarbeit lassen.

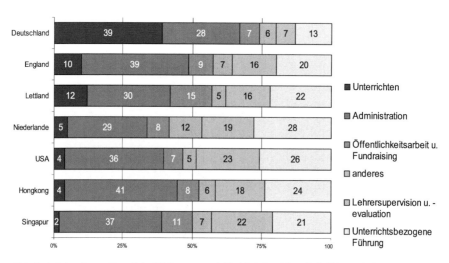

Abb. 4: Arbeitszeit von Grundschul-Leitungen nach Tätigkeitsbereichen (Schulleitungsbefragung, IEA TIMSS 2007)

Abbildung 4 zeigt, wie Schulleiterinnen und Schulleiter in verschiedenen Ländern ihre Arbeitszeit aufteilen. Es fällt auf, dass die deutschen Schulleitungen (im Primarschulbereich) eine Spitzenposition in Bezug auf die eigene Unterrichtsverpflichtung einnehmen. Hier könnte eine Neubewertung der Arbeitszeit von Schulleiterinnen und Schulleitern sinnvoll sein. Mit einem allzu hohen Unterrichtsdeputat ausgestattet dürften gerade viele Grundschulleitungen kaum mehr in der Lage sein, die an sie gerichteten hohen Erwartungen im Bereich der Schul- und Unterrichtsentwicklung tatsächlich zu erfüllen.

Dass aber auch die Arbeitszeit außerhalb der eigenen Unterrichtsverpflichtung nicht automatisch zur Führung und Entwicklung der Schule genutzt werden kann wird deutlich, wenn man administrative Aufgaben berücksichtigt, die in allen Staaten den Schwerpunkt der Arbeitszeit von Schulleitungen bilden. Da die moderne Schule neben der Unterrichtszeit und der Verwaltungszeit auch Zeit für Leitung bzw. strategisches Management erfordert, müssen Schulleiterinnen und Schulleiter grundsätzlich so viele Aufgaben wie möglich delegieren und sich von Routineaufgaben entlasten. Ein erster persönlicher Schritt in der Entwicklung hin zu einer »unterrichtswirksamen« Schulleitung dürfte demnach für viele Leitungspersonen die genaue Analyse der eigenen Tätigkeiten und eine darauf aufbauende Umverteilung der eigenen Arbeitszeiten sein. Weiter oben wurde bereits angeführt, dass zu den hervorstechenden Merkmalen einer unterrichtswirksamen Schulleitung ja gerade gehört, dass die Schulleitung primär administrativen Tätigkeiten auf keinen Fall mehr Arbeitszeit widmet, als direkt auf die Verbesserung des Fachunterrichts der Lehrkräfte bezogenen Tätigkeiten.

4.2 Delegation und verteilte Führung sind notwendig

Die in den letzten Jahren erweiterte Aufgabenfülle von Schulleitungen, insbesondere der Anspruch, Unterrichtsentwicklung in der Schule anzuregen und nachhaltig zu implementieren, lässt sich kaum mehr als Einzelperson realisieren. Die Leitung einer Schule erfordert daher die Aufteilung von Führung auf unterschiedliche Funktionsträger und Kernteams (vgl. ROLFF, 2007).

Diese Aufteilung wird im deutschsprachigen Raum vornehmlich unter dem Aspekt der Delegation von Aufgaben behandelt, wobei zwischen Führungs- und Handlungsverantwortung unterschieden wird (vgl. DUBS, 2006): Die Schulleitung delegiert einzelne (Führungs-)Aufgaben und bleibt für die richtige Führung der Delegation verantwortlich, während die Handlungsverantwortung auf den Delegationsnehmer übertragen wird. Die Lehrkraft, an welche eine Aufgabe delegiert wird, ist für die richtige Ausführung der Arbeit verantwortlich und muss die Schulleitung regelmäßig über den Fortlauf der Arbeit, insbesondere bei Unvorhergesehenem, informieren. Die Schulleitung ist bei dieser Form der Delegation nicht mehr direkt für die Handlung verantwortlich, sondern muss die Delegationsempfänger richtig ausbilden, auswählen und einsetzen. Sie muss die delegierte Arbeit koordinieren und ihren Fortgang angemessen kontrollieren – eine Führungsverantwortung, welche nicht delegierbar ist.

Eine erste empirische Untersuchung der Delegationspraxis von Schulleiterinnen und Schulleitern an Schulen in erweiterter Selbstständigkeit haben HARAZD, GIESKE und ROLFF (2008) vorgelegt. Sie zeigen, dass Schulleitungen mit der erhöhten Selbstständigkeit der Einzelschule zahlreiche und vielfältige zusätzliche Aufgaben übernehmen und sie darauf mit zunehmender Delegation reagieren. Die von ihnen befragten Schulleiterinnen und Schulleiter geben an, dass es ihnen schwer falle, »loszulassen« und den Fähigkeiten der Delegationsnehmer zu vertrauen. Die Ergebnisse zeigen, dass die Delegation von Führungsaufgaben zum einen ein vertrauensvolles Verhältnis zwischen Schulleitung und Lehrkräften, zum anderen Kompetenzen zur Erfüllung der delegierten Aufgaben auf Seiten der Delegationsnehmer voraussetzt. Die weiter oben angesprochene Professionalisierung bzw. Qualifizierung von Lehrkräften ist somit auch als Grundlage für ein System der Delegation zu betrachten.

In ihrer qualitativen Studie zur Schulentwicklung unter besonderen Herausforderungen (*challenging circumstances*) gelangen HARRIS und CHAPMAN (2002) zu dem Schluss, dass erfolgreiche Schulleitung besonders mitarbeiter- und gemeinschaftsorientiert vorgeht. Hierbei sind nach ihren Beobachtungen fünf Strategien zentral:

1. Die Schulleitung lebt demokratische Führung vor, stärkt und motiviert die Lehrkräfte sich für die gemeinsame Vision der Schule einzusetzen,
2. sie delegiert Verantwortung und Entscheidungsmacht an Mitglieder der erweiterten Schulleitung oder eines »mittleren Managements« (z.b. eine Steuergruppe) und beteiligt und stärkt die Lehrkräfte darin, ebenfalls Führungsfunktionen zu übernehmen,
3. sie betreibt systematische Personalentwicklung und sieht hierin eine sinnvolle Investition in die Entwicklungskapazität der gesamten Schule,
4. sie entwickelt und pflegt die sozialen Beziehungen im Kollegium und
5. sie versucht durch gemeinsamen Dialog und offene Diskussion das Kollegium zu einer schulweiten Lerngemeinschaft zu entwickeln.

Wie man an dieser Aufzählung erkennen kann, betrachten Harris und Chapman *distributed leadership* als eine Dimension eines umfassenden schulischen Führungsmodells, das neben einer demokratisch verteilten Führung auch die Kommunikation eindeutiger Werte, klarer Erwartungen und transparenter Standards umfasst.

5. Ausblick

Die empirische Schulforschung zeigt wiederholt, dass die Schulleitung als wichtiger Faktor für Schulqualität und Schuleffektivität betrachtet werden muss. Darüber, was eine unterrichtswirksame Schulleitung ausmacht, gibt die Schulforschung ebenfalls Auskunft, hier tut sich ein überaus anspruchvolles Arbeitsfeld für Schulleiterinnen und Schulleiter auf.

Die Aufgaben der Schulleitung in der Unterrichtsentwicklung lassen sich analog zu den Anforderungen eines modernen und ganzheitlichen Bildungsmanagements (vgl. GONSCHORREK, 2003) verstehen. Für die einzelne Lehrkraft besteht Unterrichtsentwicklung im Kern aus professionellem Lernen und Anwendung des Gelernten. Erfolgsfaktoren aus Sicht der Schulleitung sind hierzu Zielbezug, eine insgesamt stimmige Systematik und natürlich Dauerhaftigkeit. Unterstützt und organisatorisch abgesichert werden muss handlungsbezogenes, situiertes Lernen der Lehrkräfte im sozialen Kontext des Kollegiums.

Damit Schulleiterinnen und Schulleiter tatsächlich die von ihnen in verstärktem Maße erwartete Rolle der Führungsperson ausfüllen und Schul- und Unterrichtsentwicklung nachhaltig anregen können, bedarf es ihrer klaren Positionierung. Hierzu gehört neben einer Neuverteilung der inhaltlichen Bereiche der Arbeitszeit auch die Professionalisierung des neu entstehenden Berufsbildes der Schulleitung. Obwohl Forschungsergebnisse zeigen, dass effektive Schulleitungen ihre Führungsrolle annehmen und aktiv ausfüllen, sei vor »Alleingängen« in der Führung gewarnt. Zu den zentralen Herausforderungen der Schulleitung zählt heute mehr denn je die Delegation von Aufgaben und die Einbeziehung von Kolleginnen und Kollegen in schulweite Führungsprozesse. Konzepte, die Führung auf verschiedene Akteure und auf verschiedenen Ebenen verteilten zu suchen, scheinen geeignet zu sein, dem Ideal einer schulweiten und tatsächlich nachhaltigen Unterrichtsentwicklung näher zu kommen.

Literatur

Bamburg, J. & Andrews, R. (1990). School goals, principals and achievement. In School Effectiveness and School Improvement (2), 175–191.
Bastian, J. (2007). Einführung in die Unterrichtsentwicklung. Weinheim, Basel: Beltz.
Bastian, J., Combe, A. & Langer, R. (2005). Feedback-Methoden. Erprobte Konzepte, evaluierte Erfahrungen. Weinheim, Basel: Beltz.
Bonsen, M., von der Gathen, J. & Pfeiffer, H. (2002). Wie wirkt Schulleitung? Schulleitungshandeln als Faktor für Schulqualität. In Rolff, H.-G. et al. (Hrsg.). Jahrbuch der Schulentwicklung, Bd. 12. Weinheim, München: Juventa.
Bonsen, M. & Rolff, H.-G. (2006). Professionelle Lerngemeinschaften von Lehrerinnen und Lehrern. In Zeitschrift für Pädagogik, 52(2), 167–184.
Bos, W., Berkemeyer, N., Manitius, V. & Müthing, K. (2008). Unterrichtsentwicklung in Netzwerken: Konzeptionen, Befunde, Perspektiven. Münster: Waxmann.
Bossert, S., Dwyer, D., Rowan, B. & Lee, G. (1982). The Instructional Management Role of the Principal. In Educational administration quarterly, 18(3), 34–64.
Brookover, W.B. & Lezotte, L. W. (1979). Changes in School Characteristics Coincident With Changes in Student Achievement. Occasional Paper No. 17. East Lansing: Institute for research on Teaching, Michigan State University.
Dubs, R. (2006). Führung. In Buchen, H. & Rolff, H.-G. (Hrsg.). Professionswissen Schulleitung. Weinheim, Basel: Beltz.
Duke, D. L. D. (1982). What Can Principals Do? Leadership Functions and Instructional Effectiveness. In NASSP bulletin, 66(456), 1–12.
Duke, D. & Canady, L. (1991). School policy. New York: McGraw Hill.
Dwyer, D. (1986). Understanding the principal's contribution to instruction. In Peabody Journal of Education, 63, 3–18.
Gonschorrek, U. (2003). Bildungsmanagement. In Unternehmen, Verwaltungen und Non-Profit-Organisationen. Berlin: Berliner Wissenschafts-Verlag.
Gräsel, C. & Parchmann, I. (2004). Implementationsforschung – oder: der steinige Weg, Unterricht zu verändern. In Unterrichtswissenschaft, 32, 238–256.
Griffith, J. J. (2000). School Climate as Group Evaluation and Group Consensus: Student and Parent Perceptions of the Elementary School Environment. In The Elementary school journal, 101(1), 35–61.
Gruschka, A. (2002). Didaktik. Das Kreuz mit der Vermittlung. Wetzlar: Büchse der Pandora Verlags-GmbH.
Hallinger, P. & Heck, R. H. (1998). Exploring the principal's contribution to school effectiveness: 1980–1995. In School Effectiveness and School Improvement, 9(2), 157–191.
Harazd, B., Gieske, M. & Rolff, H.-G. (2008). Herausforderungen an Schulleitung. Verteilung von Verantwortung und Aufgaben. In Bos, W. et al. (Hrsg.). Jahrbuch der Schulentwicklung, Bd. 15. Weinheim, München: Juventa.
Harris, A. & Chapman, C. (2002). Democratic leadership for school improvement in challenging contexts, Paper presented at the International Congress on School Effectiveness and Improvement. Copenhagen.
Helmke, A. (2009). Unterrichtsqualität und Lehrerprofessionalität. Diagnose, Evaluation und Verbesserung des Unterrichts. Seelze: Klett/Kallmeyer.
Hord, S. M. (1997). Professional learning communities: Communities of continuous inquiry and improvement. Austin: Southwest Educational Development Laboratory.
Horster, L. & Rolff, H.-G. (2001). Unterrichtsentwicklung. Grundlagen, Praxis, Steuerungsprozesse. Weinheim, Basel: Beltz.
Horster, L. & Rolff, H.-G. (2006). Reflektorische Unterrichtsentwicklung. In Buchen, H. & Rolff, H.-G. (Hrsg.). Professionswissen Schulleitung. Weinheim, Basel: Beltz.
Klippert, H. (2000). Pädagogische Schulentwicklung. Planungs- und Arbeitshilfen zur Förderung einer neuen Lernkultur. Weinheim: Beltz.

Leithwood, K. (1992). The move toward transformational leadership. In Educational Leadership, 49(5), 8–12.
Leithwood, K., Louis, K.S., Anderson, S. & Wahlstrom, K. (2004). How Leadership Influences Student Learning. Review of Research. Minneapolis, MN: Center for Applied Research, University of Minniesota.
Lortie, D. (1972). Schoolteacher. A sociological Study. Chicago: University of Chicago Press.
Marzano, R.J., Waters, T. & McNulty, B.A. (2005). School Leadership that Works. Alexandria, VA: ASCD.
Meyer, H., Feindt, A. & Fichten, W. (2007). Was wissen wir über erfolgreiche Unterrichtsentwicklung? Wirksame Strategien und Maßnahmen. In Becker, G., Feindt, A., Meyer, H., Rothland, M., Stäudel, L. & Terhart, E. (Hrsg.). Guter Unterricht. Maßstäbe & Merkmale – Wege und Werkzeuge. Friedrich Jahresheft XXV. Seelze: Erhard Friedrich Verlag.
Millar, R., Leach, J., Osborne, J. & Ratcliffe, M. (2006). Improving subject teaching. Lessons from research in science education. London: Routledge.
Murphy, J. & Hallinger, P. (1989). Equity as Access to Learning: Curricular and Instructional Treatment Differences. In Journal of Curriculum Studies, 21(2), 129–149.
Oakes, J. (1989). Detracking schools: Early lessons from the field. In Phi Delta Kappan, 73, 448–454.
Purkey, S.C.S. (1983). Effective Schools: A Review. In The Elementary school journal, 83(4), 427–452.
Renkl, A. (2001). Träges Wissen. In Rost, D. H. (Hrsg.). Handwörterbuch Pädagogische Psychologie. Weinheim: Psychologie Verlags Union.
Richardson, V. & Placier, P. (2002). Teacher Change. In Richardson, V. (Hrsg.). Handbook of Research on Teaching. Washington, D.C.: American Educational Research Association.
Rolff, H.-G. (2007). Studien zu einer Theorie der Schulentwicklung. Weinheim, Basel: Beltz.
Rutter, M., Maughan, B., Mortimore, P. & Ouston, J. (1979). Fifteen thousand hours. London: Open Books.
Scheerens, J., Glas, C. & Thomas, S. M. (2003). Educational evaluation, assessment, and monitoring – a systematic approach. Lisse: Swets & Zeitlinger.
Schnack, J. (2005). Fachkonferenzen. In Themenheft der Zeitschrift Hamburg macht Schule 17(1).
Seidel, T. & Prenzel, M. (2006). Stability of teaching patterns. Findings from a video study. InLearning and Instruction, 16(3), 228–240.
Staub, F. C. (2001). Fachspezifisch-pädagogisches Coaching. Förderung von Unterrichtsexpertise durch Unterrichtsentwicklung. Beiträge zur Lehrerbildung 19(2), 175–198.
Ten Bruggencate, G. C. (2009). Maken schoolleiders het verschil?Onderzoek naar de invloed van schoolleiders op de schoolresultaten. Enschede: PrintPartners Ipskamp B.V.
Terhart, E. (1995). Lehrerprofessionalität. In Rolff, H.-G. (Hrsg.). Zukunftsfelder von Schulforschung. Weinheim: Deutscher Studien Verlag.
Witziers, B., Bosker, R. J. & Kruger, M. L. (2003). Educational Leadership and Student Achievement: The Elusive Search for an Association. In Educational Administration Quarterly, 39(3).

II Konzepte

Selbstgesteuertes Lernen in Berufskollegs

GÜNTER PÄTZOLD

1. Schulleitung und Unterrichtsentwicklung

Das Thema »selbstgesteuertes Lernen in Berufskollegs« auf einer Fachtagung für Schulleiterinnen und Schulleiter mit der Fokussierung auf Aspekte der Unterrichtsentwicklung zu entfalten, erfordert zwei Vorbemerkungen.

Erstens ist davon auszugehen, dass Schulleiter die Kompetenzentwicklung von Schülerinnen und Schülern durch ihr Handeln nicht direkt steuern und fördern können. Eine Schulleitung kann die Lernprozesse der Schülerinnen und Schüler vermittelt durch Interaktion mit Lehrkräften und über eine die Unterrichtsentwicklung fördernde Steuerung der Schulorganisation beeinflussen. Unter Unterrichtsentwicklung können dabei die Aktivitäten aller am Unterricht Beteiligten verstanden werden, die zur Verbesserung des Lehrens und Lernens und seiner schulinternen Bedingungen beitragen.

Die Schulleitung berät Lehrkräfte in Unterrichtsfragen, erwirbt sich als Qualitätsentwickler für den Unterricht Anerkennung, übernimmt die Verantwortung für den Diskurs über Unterrichtsentwicklung in der Schule und unterstützt unterrichtsbezogene Kooperation. Demnach muss unterrichtsbezogene Leitung einer Schule unter Distanzierung von starren Wiederholungen vertrauter Traditionalismen und naiver Antizipationen vager Futurismen bewährte Lösungen in sich Wandelndem aufheben und Voraussetzungen zur Gestaltung und Umsetzung des Profils der Schule schaffen, das in reflektierter Weise immer wieder den neuen Gegebenheiten und Voraussetzungen angepasst wird. Zudem gilt es, Routinen zu hinterfragen, Belastungen und Belastungsgrenzen zu bedenken sowie Entfaltungs- und persönliche Entwicklungsmöglichkeiten für alle Lehrkräfte mit Blick auf die Verbesserung der pädagogischen Arbeit zu ermöglichen. Bezogen auf das zu diskutierende Thema bedeutet dies eine gezielte und flexible Unterstützung der Selbststeuerung der Schülerinnen und Schüler.

Zweitens sind strukturelle Merkmale von Berufskollegs zu bedenken. So bündeln Berufskollegs unterschiedliche Bildungsgänge, wobei nicht davon auszugehen ist, dass alle Lehrkräfte Einblicke in die diversen Berufe der anderen Bildungsgänge haben. Zudem ist das Verhältnis von berufsbezogenen Lernfeldern und berufsübergreifenden Fächern lediglich formal geklärt und es unterrichten in Berufskollegs Lehrkräfte mit heterogenen beruflichen und akademischen Biographien. Dies kann zu einem professionellen Miteinander beitragen, es kann aber auch Kommunikation und gemeinsame Strategiebildungen erschweren sowie zur Fragmentierung bzw. Zerklüftung des schulischen Gesamtkontextes führen. Insofern können einzelne Bildungsgänge als eigenständige »Schule in einer Schule« angesehen werden mit der Konsequenz, dass Unterrichtsentwicklung als Basis einer gelingenden Schulentwicklung an Berufskollegs zeitlich unterschiedlich verläuft. Alle Aktivitäten zusammenzuführen bzw. aufzunehmen und kohärent zu halten, wäre Aufgabe der Schulleitung im Zusammenwirken mit den Bildungsgangsteams bzw. professionellen Praxisgemeinschaften als Reflexionsforum.

2. Selbstgesteuertes Lernen und Lehrerprofessionalität

Wenn dem selbstgesteuerten Lernen im Kontext von Unterrichtsentwicklung an Berufskollegs ein zentraler Stellenwert zukommen soll, ist es notwendig, es im Rahmen der institutionellen und curricularen Gegebenheiten von Fremdsteuerung zu bestimmen. Schulisches Lernen ist ja immer durch die Anwesenheit von Lehrkräften bestimmt. Insofern stellt selbstgesteuertes Lernen hohe Ansprüche an die Kompetenzen und das pädagogische Selbstverständnis der Lehrpersonen. Darüber hinaus kommt es darauf an, welchen Umgang die Lehrenden mit den Lernenden pflegen, ob sie das Vertrauen in die eigenen Kompetenzen der Lernenden stärken, ob die Lernenden ein Selbstwertgefühl entwickeln (können) und Verantwortung für ihren Lernprozess sowie dessen Erfolg übernehmen und ob das Lernen nachhaltig ist. Der Begriff des nachhaltigen Lernens betont das Dauerhafte, das Anschlussfähige, das Lebendige, das Produktive und die Sinnhaftigkeit des Lernprozesses.

Es geht um den Aufbau leistungsfähiger strategischer und metastrategischer Kognitionen, die lebenslanges Lernen ermöglichen. Zugleich geht es aber auch um den umfassenden Kontext, in den die jeweiligen Lehr-Lern-Prozesse eingebettet sind. Schließlich geht es insgesamt um die Qualität von Unterricht, der so gestaltet sein muss, dass alle Lernenden ihr Potenzial bestmöglich entfalten können. In Bezug auf die Prozessqualität des Unterrichts lassen sich verschiedene fachübergreifende bzw. fachunabhängige Merkmale der Unterrichtsqualität identifizieren. Es sind Faktoren, die eine vertiefte inhaltliche Auseinandersetzung mit dem Unterrichtsgegenstand mit Blick auf den Aufbau kognitiver und metakognitiver Kompetenzen sowie der Stärkung der Selbstwirksamkeit der Lernenden ermöglichen. Dabei ist das Profil von Faktoren entscheidend, das Wirkung erzielt. Allerdings ist zu beachten, dass »guter Unterricht« nicht allein empirisch bestimmbar ist, ergänzend muss eine normative Dimension hinzukommen, die aufnimmt, was mit dem jeweiligen Bildungsgang erreicht werden soll.

Zentrale unterrichtliche Komponenten sind die Präsentation kognitiv herausfordernder und komplexer Aufgabenstellungen, die Bearbeitung der Aufgaben in Kleingruppen, die Konfrontation der Schüler mit Widersprüchen und Konflikten, die aktive Rolle des Lehrers als Mediator sowie der konstruktive Vergleich von Lösungswegen. Dabei ist das reale Geschehen in jedem Unterricht hochkomplex. Die Interaktions- und Kommunikationsprozesse während des Unterrichts sind vielschichtig und nicht immer eindeutig zu entschlüsseln. Nicht selten entwickelt die Unterrichtspraxis eine Eigendynamik, die die Unvorhersehbarkeit des Geschehens erhöht und die Möglichkeit des Lehrenden verringert, die Situation zu steuern und die Lernerfolgsaussichten zu steigern. Weder ist die Berufsaufgabe normativ und operativ eindeutig vorgegeben, noch gibt es technische Regeln, die Erfolg garantieren.

Lehrende kommen nicht umhin, personen- und situationsspezifisch zu entscheiden und zu begründen, ob beispielsweise feste Lernmuster/Problemlösemuster mit klarer Ergebnisorientierung vorgegeben werden sollen oder ob diese von den Lernenden selbst in offenen und kreativen Lernkontexten erkundet werden können. Die Vermittlung von solchen grundlegenden Unvereinbarkeiten, der umsichtige Umgang mit den damit verbundenen Schwierigkeiten und Dilemmata bzw. ihr behutsames Ausbalancieren und die weitgehende Vermeidung einseitiger Lösungsalgorithmen ist wesentliches Merkmal professioneller pädagogischer Arbeit. Insofern benötigen Lehrende ein Bewusstsein des Paradoxienproblems, aber auch fundierte diagnostische Fähigkeiten, um die einzelnen Schülerinnen und Schüler bewusst wahrzunehmen sowie ihre individuellen Stärken und Schwächen bzw. ihre Lernvorstellungen zu erkennen.

3. Selbstgesteuertes Lernen – Begründungen

Das Konzept des selbstgesteuerten Lernens nimmt seit geraumer Zeit einen hohen Stellenwert in der pädagogischen Diskussion ein und erfreut sich in der beruflichen Bildung und Arbeit großer Beachtung. Mit der Einführung neuer Arbeitssysteme, die durch hohe Flexibilisierung, Dezentralisierung und Wissensbasierung gekennzeichnet sind, verbinden sich veränderte Anforderungen an die Fachkräfte. Die Wissensgesellschaft fordert andere Kompetenzprofile von den Menschen als die Industriegesellschaft. Während in einer hierarchisch organisierten industriellen Arbeitswelt das disziplinierte Funktionieren und die Erfüllung von Arbeitsroutinen im Vordergrund stand, stützt sich die Logik der Wissensgesellschaft auf Prinzipien wie Selbstständigkeit, Dialog und Verständigung. Zur erfolgreichen Gestaltung der eigenen Lebensführung sind daher in hohem Maße Fähigkeiten zur Selbstreflexivität und Selbstorganisation notwendig. Zudem praktizieren Jugendliche im außerschulischen Bereich aufgrund der modernen Informations- und Kommunikationstechnologie zunehmend informelle Formen des Lernens.

Aus pädagogisch-psychologischer Perspektive wird auf die vorhandene Unterschiedlichkeit der Lernvoraussetzungen, -fähigkeiten und -stile seitens der Lernenden verwiesen. Diese Heterogenität macht differenzierende und individualisierende Anregungen erforderlich, um die Lernenden in die Lage zu versetzen, ihr Lernen selbst in die Hand zu nehmen. Lernende sollen Lernkompetenz erwerben, die es ihnen ermöglicht, gemäß ihrem Lerntyp geeignete Lernstrategien sowie Lern- und Arbeitstechniken anzuwenden. Dabei wird auf eine kognitivistische und konstruktivistische Sichtweise des Lernens Bezug genommen. Um eine aktive Rolle im Lernprozess übernehmen zu können, müssen die Lernenden ihr Lernen selbst steuern können. Umfassende berufliche Handlungskompetenz wird nicht durch passives Ansammeln von Wissen erreicht, sondern durch eigenaktive Aneignung, wozu auch eine ausgeprägte Unterstützung des Lehrenden notwendig ist.

Darüber hinaus werden bildungstheoretische Begründungen für die Förderung selbstgesteuerten Lernens herangezogen, indem darauf verwiesen wird, dass zunehmende Selbststeuerung des eigenen Lernens dem pädagogischen Leitziel einer Förderung der Mündigkeit des Menschen entspricht. Nicht zuletzt wird Lernen über die gesamte Lebensspanne zu einer wichtigen Aufgabe jeder Person.

4. Modell des selbstgesteuerten Lernens und Selbstwirksamkeit

Selbstgesteuertes Lernen zeichnet sich analog zu den verschiedenen Teiltätigkeiten eines Lernprozesses als folgenreiche Beeinflussung und aktive Gestaltung der Lernorganisation, der Lernkoordination und des Lernens im engeren Sinne aus. Selbstgesteuertes Lernen ist demnach eine komplexe Gesamthandlung und kann sich sowohl auf Konstitutionsbedingungen als auch auf Prozessbedingungen und die Reflexion des Lernprozesses beziehen. Von diesem Verständnis selbstgesteuerten Lernens ausgehend, schließen sich lehrerzentrierte Lernarrangements sowie die Nutzung fremdgesteuerter Lernangebote Selbststeuerungsprozesse keineswegs aus.

Wichtige Hinweise auf die Frage, welche Komponenten für selbstgesteuertes Lernen von besonderer Bedeutung sind, liefert das Drei-Schichten-Modell von BOEKAERTS (1999). Die innere Schicht des Modells bezieht sich auf die Fähigkeit, geeignete kognitive Lernstrategien der Informationsaufnahme, -verarbeitung und -speicherung auszuwählen, zu kombinieren und zu koordinieren, um den eigenen Lernprozess erfolgreich zu gestalten. Es lassen sich drei Gruppen von kognitiven Lernstrategien unterscheiden: Wiederholungsstrategien umfassen jene Lerntechniken, die Aufmerksamkeitsprozesse lenken und der Enkodierung von Lerninhalten dienen. Organisationsstrategien unterstützen besonders die Selektions-, Konstruktions- und Integrationsphase, indem neue Informationen strukturiert und Beziehungen zwischen einzelnen Einheiten hergestellt bzw. verdeutlicht werden. Elaborationsstrategien dienen der Integration neuer Lerninhalte in bereits vorhandene kognitive Strukturen. Sie forcieren die Integration und Verbindung zwischen neuem Wissen und Vorwissen sowie eine Bewertung neuer Lerninhalte vor dem Hintergrund bisheriger Wissensbestände.

Die mittlere Schicht des Modells umfasst die Anwendung metakognitiven Wissens und metakognitiver Fähigkeiten zur Steuerung des Lernprozesses. Mit dem Begriff der Metakognition bezeichnet man Prozesse, die dem eigenen Denken, Lernen, Problemlösen sowie der Steuerung dienen. Handlungsleitende Metakognitionen forcieren und kontrollieren den Prozess der Selbststeuerung, indem Selbstkontrollstrategien sich auf die Ebenen der Planung, der Überwachung, der Regulierung, der Bewertung und der Verbesserung von Lernprozessen beziehen.

Die äußere Schicht des Modells nimmt die im Rahmen der Selbststeuerung bedeutsamen zielorientierten motivationalen und volitionalen Prozesse auf. Mit der äußeren Schicht ist das Konstrukt der Selbstwirksamkeit thematisiert. Es beschreibt die subjektive Überzeugung, Erwartung und Beurteilung, neue oder herausfordernde Anforderungssituationen aufgrund eigener Kompetenzen bewältigen zu können. Indem Selbstwirksamkeitseinschätzungen zielgerichtete Lernprozesse mental vorwegnehmen und dahingehend bewerten, ob diese aufgrund eigener Kompetenzen bewältigbar erscheinen, steuern Selbstwirksamkeitsüberzeugungen handlungsleitende motivationale und kognitive Prozesse. Als Überzeugung, unterschiedliche Fähigkeiten sinnvoll und zielgerichtet integrieren sowie entsprechende Kompetenzen aufbauen zu können, bildet Selbstwirksamkeit unabhängig vom tatsächlichen Fähigkeitsniveau eine zentrale Voraussetzung für die erfolgreiche Bewältigung komplexer Anforderungen. Indem neue oder schwierige Aufgaben angesichts positiver Selbstwirksamkeitseinschätzungen als Herausforderung und weniger als Bedrohung des eigenen Selbstwertes wahrgenommen werden, begünstigen positive Kompetenzeinschätzungen einen aufgabenorientierten und erfolgszuversichtlichen Umgang mit Leistungssituationen.

Positive Selbstwirksamkeitsüberzeugungen wirken sich sowohl förderlich auf den Einsatz metakognitiver und volitionaler Strategien zur Regulierung des Lernprozesses als auch auf die Zielbindung, Anstrengungsbereitschaft und Ausdauer angesichts komplexer Lernhandlungen aus. Hoch selbstwirksame Personen setzen metakognitive Strategien häufig und flexibel ein, indem sie ihr Zeitmanagement kontinuierlich überwachen, die Effektivität ihres Lernverhaltens realistisch einschätzen und gegebenenfalls modifizieren sowie konzeptionelle Probleme erfolgreich lösen. Unterschiedlich ausgeprägte Selbstwirksamkeitsüberzeugungen führen langfristig zu Fähigkeits- bzw. Leistungsunterschieden und verschärfen diese. Ein mit selbstgesteuerten Lernprozessen verbundenes Autonomie- und Kontrollierbarkeitserleben wirkt sich förderlich auf die Wahrnehmung von Handlungskompetenz, das Selbstvertrauen, die Lernmotivation und die Leistung von Schülern aus.

Dies belegen unter anderem Ergebnisse einer Untersuchung mit 117 Berufsschülern. Diese schätzen ihre Fähigkeiten in restriktiven Lernumwelten gering ein. Erhielten sie jedoch die Gelegenheit, sich aktiv zu engagieren und selbstgesteuert zu lernen, berichteten die befragten Schüler von einem höheren Kompetenzerleben und einem stärkeren Gefühl der Selbstbestimmtheit (vgl. WILD & KRAPP, 1996, S. 195 ff.). HELMKE und VAN ANKEN (1995) konnten die Wechselwirkung zwischen Selbstwirksamkeit und selbstgesteuerten Lernprozessen ebenfalls in längsschnitt-bedingungsanalytischen Untersuchungen nachweisen. Selbstwirksamkeitserwartungen und Leistungen verändern oder verstärken sich im Rahmen schulischer Sozialisationsprozesse aufgrund spiralförmiger Rückkoppelungs- bzw. langfristig reziproker Prozesse gegenseitig. Vor dem Hintergrund der sich in diesem Zusammenhang herausbildenden Entwicklungszyklen zwischen Selbstwirksamkeit, Motivationsprozessen und Leistung erweisen sich Kompetenzeinschätzungen als empirisch vergleichbar stärkster Einflussfaktor (vgl. SCHWARZER & JERUSALEM, 2002, S. 49 f.). Positive Selbstwirksamkeitsüberzeugungen lassen daher eine deutliche Beziehung zur effizienten Selbststeuerung erkennen.

5. Selbststeuerung im Rahmen von Fremdsteuerung

Für einen praxisbezogenen Zugang ist es sinnvoll, selbstgesteuertes Lernen in einem Kontinuum mit den Polen absoluter Autonomie und vollständiger Fremdsteuerung abzubilden, um verschiedene Grade der Selbststeuerung zu unterscheiden. Da jedes Lernen prinzipiell selbst- und fremdgesteuerte Aspekte umfasst, erscheint zudem ein polarisierendes Entweder-oder bzw. eine völlige Selbst- oder Fremdsteuerung praktisch nicht möglich.

Für die Entwicklung selbstgesteuerten Lernens im schulischen Kontext sind individuelle Lerninteressen einerseits und institutionelle Angebote andererseits miteinander zu verknüpfen. Die Rolle der Selbststeuerung ist im Rahmen von Fremdsteuerung zu bestimmen. Dabei beeinflussen die Lernvorstellungen der Schüler – aber auch die der Lehrer – die Bereitschaft und Fähigkeit zum selbstgesteuerten Lernen ebenso wie die speziellen Vorstellungen darüber, welche Rolle den Lernenden und welche den Lehrkräften im Unterricht zukommt. So bilden Schüler in den üblichen bzw. traditionellen Unterrichtsarrangements Rollenvorstellungen aus, in denen es Aufgabe der Lehrenden ist, die benötigten Ressourcen bereitzustellen, zu motivieren, den Lernprozess zu überwachen und die jeweilige Leistung zu beurteilen. Solchen Rollenvorstellungen werden negative Einflüsse auf die Entwicklung von Selbststeuerung zugeschrieben. In den Lernvorstellungen von Schülern können sechs Typen von Selbst- und Fremdsteuerung herausgearbeitet werden, die Auswirkungen auf Lernstrategien, Lernprozessüberwachung und Selbstaktivierung haben (vgl. MERZIGER, 2007, S. 325.). Es sind dies die Abhängigkeit und die flexible Anpassung an Fremdsteuerung, die Dominanz der Selbststeuerung unter Verweigerung der Fremdsteuerung, das ungeplante, das strukturierte und das reflexive Zusammenspiel von Selbststeuerung und Fremdsteuerung. Die Bildungsgangskonferenz ist der Ort, an dem die spezifischen Lernvorstellungen und die Anforderungen an selbstgesteuertes Lernen diskutiert und die entsprechenden Unterstützungsmaßnahmen bzw. curricularen Überlegungen entwickelt werden können. Dabei kommt es darauf an, dass alle in einem Bildungsgang unterrichtenden Lehrkräfte aus ihren unterschiedlichen individuellen Einstellungen und Selbstverständnissen heraus ein gemeinsames Grundverständnis zur Umsetzung von selbstgesteuertem Lernen entwickeln und mit der didaktischen Jahresplanung eine Konkretisierung der Zielsetzung selbstgesteuerten Lernens für den jeweiligen Bildungsgang bezogen auf das unterrichtliche Vorgehen thematisch und zeitlich verbindlich werden kann.

6. Förderung selbstgesteuerten Lernens

In Bezug auf die Förderung selbstgesteuerten Lernens lassen sich direkte Konzepte von indirekten Ansätzen unterscheiden. Diese haben unterschiedliche Auswirkungen auf die Gestaltung der Lernumgebung. Der direkte Förderansatz besteht darin, dem Lernenden im Sinne eines Lernstrategietrainings in stärker instruktionsorientierter Lernumgebung ein umfangreiches Repertoire von Strategien und Techniken des selbstgesteuerten Lernens zu vermitteln, das er bewusst und gezielt einsetzen kann, um erfolgreich selbstgesteuert zu lernen. Für die Umsetzung des direkten Förderansatzes im berufsschulischen Kontext sind unterschiedliche Vorgehensweisen denkbar. So kann der Aufbau oder Ausbau der eigenständigen Anwendung von Lernkompetenz sowohl inhaltsisoliert oder unterrichtsintegriert als auch in einer Kombination aus beidem erfolgen.

Da empirische Untersuchungen belegen, dass die Entwicklung und der Einsatz von Lernstrategien in hohem Maße von bereichsspezifischem Wissen abhängen, erscheint ein von fachlichen Inhalten abstrahiertes Lernstrategietraining wenig Erfolg versprechend. Im Gegensatz zur direkten Förderung ist der indirekte Förderansatz dadurch gekennzeichnet, dass Lehrende Lernumgebungen so gestalten, dass sie den Lernenden die Möglichkeit für selbstgesteuertes Lernen eröffnen, indem ihnen z.B. Freiheitsgrade bezüglich der Selbststeuerung eingeräumt werden oder Lernumgebungen selbstgesteuertes Lernen erfordern. Hierfür scheinen besonders Lernumgebungen geeignet, die nach den Prinzipien des gemäßigten Konstruktivismus gestaltet sind. In kombinierter Form kann Lernkompetenz bei den Lernenden angebahnt und über die Integration in den Fach- bzw. Lernfeldunterricht zur souveränen und eigenverantwortlichen Routine werden.

Entsprechend sollten Lernaufgaben dazu beitragen, Erfahrenes und Gelerntes zu verstehen, zu vernetzen, in die vorhandene Wissensstruktur einzubetten und für das Handeln verfügbar zu machen, relevantes Wissen systematisch aufzubauen, Motivation zum Gegenstand, zum Lernen und zum Lernfeld zu fördern und Kommunikation über das Gelernte oder offene Fragen zu ermöglichen. Das zentrale Anliegen derartiger Konzepte ist ein Lehr-Lernarrangement, das es den Lernenden ermöglicht, einen eigenständigen Lernweg und ein individuell angemessenes Lerntempo zu wählen sowie Entscheidungen bezüglich der eingesetzten Medien, Materialien und Methoden selbstständig zu treffen.

Da Schreiben als Tätigkeit Verstehensprozesse unterstützt, können Lerntagebücher einen Beitrag zum selbstgesteuerten Lernen leisten. So dokumentieren und verdeutlichen sie – wenn sie nach kriterienorientierter Vorgabe angelegt sind – Lernvorstellungen der Schüler, verändern Lernvorstellungen, entwickeln individuelle Lernprozessüberwachung und fördern domänenspezifischen Kompetenzerwerb. Um besonders lernschwache Schüler durch die Übertragung von Verantwortung nicht zu überfordern, empfiehlt sich eine behutsame Vorbereitung auf die neue Art der Herangehensweise an eine Aufgabenstellung. Während Lehrende selbstgesteuerte Lernprozesse zunächst durch eine gezielte Hilfestellung (Scaffolding) anleiten, erhalten Schüler mit zunehmender Sicherheit und dem Aufbau von Selbststeuerungsfähigkeiten größere Verantwortung für ihren Lernprozess. Damit eine Lernaktivität in Gang kommt, ist es bedeutsam, Lernsituationen so zu gestalten, dass intrinsische Lernmotivation und Interesse an strategischen Fragen des selbstgesteuerten Lernens angeregt und relativ dauerhaft aufrechterhalten werden können. Als zentrale Voraussetzung dafür, dass intrinsische Motivation und lernstrategisches Interesse entstehen und fortdauern, sollte die Lernsituation die grundlegenden Bedürfnisse der Lernenden nach Kompetenz, Autonomie und sozialer Einbindung befriedigen.

7. Lehrerselbstwirksamkeit und pädagogische Schulentwicklung

Seit geraumer Zeit findet das Konstrukt der Lehrerselbstwirksamkeit im deutschen Sprachraum größere Beachtung. Ergebnisse zur individuellen Lehrerselbstwirksamkeit zeigen, dass Lehrer mit einer geringen Selbstwirksamkeit einfache aber sichere Unterrichtskonzeptionen präferieren, sich durch innovative und komplexe Planungen eher überfordert fühlen und sich weniger intensiv um Schüler mit besonderem Förderbedarf kümmern. Hingegen gestalten Lehrer mit einer hohen Selbstwirksamkeit einen herausfordernden Unterricht, unterstützen Schüler beim Erzielen von Lernfortschritten, zeigen mehr Geduld und Zuwendung für lernschwache Schüler und weisen somit eine hohe Verantwortung für einen verstehens- und erkenntnisorientierten Unterricht auf. Zudem sind sie offen für neue Ideen, probieren öfter etwas Neues aus und nutzen Rückmeldungen ihrer Schüler eher für eine Weiterentwicklung ihres Unterrichts.

Ursprünglich als individuelles Konstrukt geltend, werden inzwischen auch kollektive Selbstwirksamkeitsüberzeugungen unterschieden. Diese beziehen sich auf die Einschätzung der Gruppen-Selbstwirksamkeit im Hinblick auf ein sich aus der Koordination und Kombination der verschiedenen individuellen Ressourcen ergebendes gemeinsames Wirkungspotenzial, welches entscheidende Ziel- und Handlungsprozesse eines Kollektivs steuert.»Ein Lehrerkollegium beispielsweise, das durch hohe kollektive Selbstwirksamkeit charakterisiert ist, wird sich eher zutrauen, anspruchsvolle Reformziele zu verwirklichen und wird sich auch leichter von Rückschlägen erholen können, sollten die gemeinsamen Bemühungen einmal scheitern.« (SCHWARZER & JERUSALEM, 2002, S. 41).

Der Schulleitung kommt dabei eine Schlüsselposition zu. Bezogen auf die Implementierung selbstgesteuerten Lernens bedeutet dies, dass sie von der Notwendigkeit und dem Erfolg des Konzepts zur Unterrichtsentwicklung mit dem Schwerpunkt Selbststeuerung überzeugt sein muss. Sie muss die Einführung des Konzepts unterstützen, fördern, anerkennen und Interesse daran zeigen, dieses Konzept umzusetzen. Dazu gehört auch, die entsprechenden strukturellen und kulturellen Maßnahmen zu ergreifen. Außerdem muss sie die Bildungsgangleiter für diese Aufgabe sensibilisieren und sie ermuntern, diese Herausforderungen anzunehmen und in ihren Bildungsgängen bestmöglich umzusetzen. Damit verbindet sich ein Verständnis von pädagogischer Schulentwicklung, das die sich gegenseitig bedingenden Dimensionen Unterrichtsentwicklung, Personalentwicklung und Organisationsentwicklung umfasst, wobei Personal- und Organisationsentwicklung kein Selbstzweck sind, sondern untrennbar mit der Unterrichtsentwicklung verbunden sind und damit der Abstützung und Verbreitung von pädagogisch-didaktischen Innovationen dienen. Leitend für eine auf die Förderung selbstgesteuerten Lernens ausgerichtete Schulentwicklung können folgende Grundsätze sein:

- Schulentwicklung muss dort ansetzen, wo die Lehrkräfte auf der Grundlage einer Vorstellung von gutem Unterricht für die individuelle Förderung ihrer Schülerinnen und Schüler Unterstützung erwarten und nachhaltigen Innovationsbedarf signalisieren.
- Sie muss Ergebnisse der empirisch fundierten Unterrichtsforschung reflektieren und einen überzeugenden Beitrag zur Effektivierung der beruflichen Bildungsarbeit leisten. Sie braucht dazu unterstützende Rahmenbedingungen, die Mut machen, sich darauf einzulassen, den eigenen Unterricht kritisch zu hinterfragen und wirksames innovatives Handeln bezogen auf die Initiierung bzw. Intensivierung der Selbststeuerung zu generieren, und
- sie muss so angelegt sein, dass sie zu greifbaren Erfolgserlebnissen auf Lehrer- wie auf Schülerseite führt, wozu die Kultur der Evaluation hilfreich sein kann.
- Sie setzt aber auch voraus, dass sich die schulischen Akteure in der Lage sehen, in bildungsgangbezogenen bzw. fachbezogenen Teams Neues zu versuchen. Und das verlangt bildungspolitische Unterstützung und einschlägige systematische Lehrerfortbildung.
- Entwicklungsprozesse müssen überschaubar sein und zudem Lehrkräften das Gefühl vermitteln »Das packen wir!«.

8. Statt einer Zusammenfassung

Lehr-Lernarrangements, die die Schülerinnen und Schüler mit komplexen Aufgabenstellungen bzw. Problemen konfrontieren und ihnen Handlungsräume gewähren, um diese eigenständig und eigenverantwortlich in Kooperation mit Anderen zu bearbeiten bzw. zu lösen, bieten eine gute Grundlage für den Erwerb einer umfassenden Handlungskompetenz. Erfahrungen aus dem BLK-Modellversuchsprogramm SKOLA (Selbstgesteuertes und kooperatives Lernen in der beruflichen Erstausbildung) zeigen, dass selbstgesteuertes Lernen dann Garant für die Nachhaltigkeit von Lernkompetenz sein kann, wenn eine darauf bezogene Auffassung vom Lehren und Lernen bei den Akteuren vorhanden ist, einschließlich eines veränderten didaktischen Zugriffs auf die Lerninhalte sowie veränderter curricularer Vorgaben und Prüfungen. Dabei stehen die einzelnen Aspekte in einem engen Wechselverhältnis. So kann das Ermöglichen weiterer Freiräume für selbstgesteuertes Lernen zunächst in einigen Fächern förderlich sein, in anderen kann es rasch zur Überforderung führen. Wichtig bleibt, dass nicht nur die Lernenden lernaktiver und eigenverantwortlicher, sondern auch die Lehrenden selbststeuerungsaktiver werden und dass das Konzept selbstgesteuerten Lernens stets in einem komplementären Verhältnis zu anderen Konzepten steht. Instruktionale Lehrstrategien sind mit Strategien zur Schaffung von Voraussetzungen für selbstgesteuertes Lernen zu verschränken, um einen fachlich anspruchsvollen Unterricht zu ermöglichen, der Lernende zum vertieften Nachdenken und zu einer substanzreichen Auseinandersetzung mit den Lerninhalten anregt.

Mit dem selbstgesteuerten Lernen ist eine Verschiebung vom Lehren auf das Lernen, eine Verlagerung von didaktischen Steuerungsentscheidungen in die Verfügbarkeit der Lernenden und die Notwendigkeit einer professionellen Unterstützung verbunden. Dies öffnet Potenziale. Es geht beim Lehren und Lernen in der beruflichen Bildung dann aber auch darum, um mit Kant zu sprechen: »Wie kultiviere ich die Freiheit bei dem Zwange!« Freiheit, in die das selbstgesteuerte Lernen Lernende setzen will, darf nicht mit der Exklusion derer erkauft werden, denen ihre Freiheit zu gebrauchen bisher biografisch vorenthalten worden ist (vgl. WRANA, 2008, S. 87). Insofern ist selbstgesteuertes Lernen kein Selbstläufer, die Umsetzung ist anspruchsvoll und erfordert hohe didaktische Professionalität. Selbst- und Fremdsteuerung bilden die Pole, zwischen denen Lehren und Lernen realisiert werden muss. Dabei sollte die Aufwertung und Stärkung der jeweils schwächer ausgeprägten Seite von Fremd- und Selbststeuerung bei den Lernenden bzw. die Zunahme der Integration beider Seiten leitend sein.

Literatur

BASTIAN, J. (2007). Einführung in die Unterrichtsentwicklung. Weinheim und Basel: Beltz.
BOEKAERTS, M. (1999). Self-regulated learning: where we are today. In International Journal of Educational Research, 31, 445–457.
DIESNER, I., EULER, D., PÄTZOLD, G., THOMAS, B. & VON DER BURG, J. (Hrsg.) (2008). Selbstgesteuertes und kooperatives Lernen. Good-Practice-Beispiele aus dem Modellversuchsprogramm SKOLA. Paderborn: Eusl.

EULER, D., LANG, M. & PÄTZOLD, G. (Hrsg.) (2006). Selbstgesteuertes Lernen in der beruflichen Bildung. Beiheft 20 der Zeitschrift für Berufs- und Wirtschaftspädagogik. Stuttgart: Steiner.
EULER, D., PÄTZOLD, G. & WALZIK, S. (Hrsg.) (2007). Kooperatives Lernen in der beruflichen Bildung. Beiheft 21 der Zeitschrift für Berufs- und Wirtschaftspädagogik. Stuttgart: Steiner.
HELMKE, A. & ANKEN, M. VAN (1995). The causal ordering of academic achievement and self-concept ability. In Journal of Educational Psychology, 87, 624–637.
LANG, M. & PÄTZOLD, G. (Hrsg.) (2006). Wege zur Förderung selbstgesteuerten Lernens in der beruflichen Bildung. Bochum und Freiburg: Projekt-Verlag.
MERZIGER, P. (2007). Entwicklung selbstregulierten Lernens im Fachunterricht. Opladen und Farmington Hills: Budrich.
PÄTZOLD, G. (2008). Lehrerprofessionalität und selbstgesteuertes Lernen. In Zeitschrift für Berufs- und Wirtschaftspädagogik, 104, H. 1, 122–132.
SCHWARZER, R. & JERUSALEM, M. (2002). Das Konzept der Selbstwirksamkeit. In Jerusalem, M. & HOPF, D. (Hrsg.). Selbstwirksamkeit und Motivationsprozesse in Bildungsinstitutionen (28–53). Weinheim: Beltz.
WILD, K. P. & KRAPP, A. (1996). Die Qualität subjektiven Erlebens in schulischen und betrieblichen Lernumwelten: Untersuchungen mit der Erlebens-Stichproben-Methode. In Unterrichtswissenschaft, 24, H. 3, 195–216.
WRANA, D. (2008). Autonomie und Struktur in Selbstlernprozessen. Gesellschaftliche, lerntheoretische und empirische Relationierungen. In MAIER REINHARD, CH. & WRANA, D. (Hrsg.). Autonomie und Struktur in Selbstlernarchitekturen. Empirische Untersuchungen zur Dynamik von Selbstlernprozessen. Opladen und Farmington Hills: Budrich, 31–101.

Systematische Unterrichtsentwicklung nach dem Konzept »Lehren und Lernen für die Zukunft« – Erfahrungen aus dem Modellprojekt »Selbstständige Schule«

MARLISE HÜBNER

1. Quantitativer und qualitativer Erfahrungshintergrund

Das Unterrichtsentwicklungskonzept »Lehren und Lernen für die Zukunft« fußt auf den Erfahrungen und Erkenntnissen aus den beiden Modellprojekten »Schule & Co.« und »Selbstständige Schule«, die zwischen 1997 und 2008 als gemeinsame Projekte des nordrhein-westfälischen Schulministeriums und der Bertelsmann Stiftung durchgeführt wurden. Im Projekt »Schule & Co.« wurden die wesentlichen Aspekte des Konzeptes erprobt und beschrieben und nach dessen Evaluation im Projekt »Selbstständige Schule« weiter entwickelt. Da Unterrichtsentwicklung als kontinuierlicher Verbesserungsprozess zu verstehen ist, wird das Konzept unter Federführung des »Zentrums für Unterrichtsentwicklung« in Herford beständig verfeinert und den schulischen Anforderungen entsprechend angepasst. Während der Projektlaufzeit haben die 52 Schulen im Projekt »Schule & Co.«, etwa die Hälfte der 278 Selbstständigen Schulen und einige hundert Korrespondenzschulen ihre Unterrichts- und Schulentwicklung nach diesem Konzept angelegt.

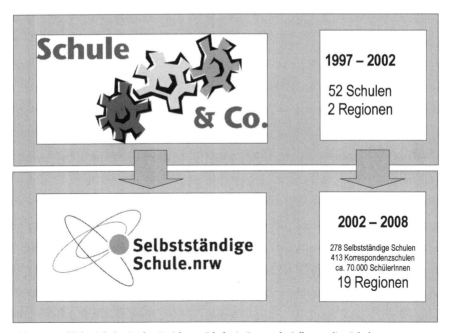

Abb. 1: Anzahl der Schulen in den Projekten »Schule & Co.« und »Selbstständige Schule«

Beide Projekte wurden wissenschaftlich evaluiert. Zwischen 2006 und 2008 wurden außerdem fast alle im Kreis Herford beteiligten Schulen durch die nordrhein-westfälische Qualitätsanalyse extern begutachtet. Die nachfolgend abgeleiteten und begründeten Aussagen zu den Gelingensbedingungen und den Empfehlungen für Schulleitungshandeln beruhen auf diesen Ergebnissen, eigenen Erfahrungen in der Schulleitung einer Korrespondenzschule sowie gemeinsamen Erfahrungen von Trainern/-innen bzw. Moderatoren/-innen für Unterrichtsentwicklung, die nach diesem Konzept arbeiten.

Im Rahmen der beiden Modellprojekte gab es umfangreiche Veröffentlichungen über das Unterrichtentwicklungskonzept »Lehren und Lernen für die Zukunft«, auf denen die folgenden Ausführungen und Grafiken basieren (kostenfrei abrufbar unter: www.bertelsmann-stiftung.de → Bildung/Schule/Weiterführende Themen und Projekte/Selbstständige Schule NRW).

2. Gesellschaftliche Herausforderungen und pädagogische Antworten des Konzeptes

Die Gesellschaft des beginnenden 21. Jahrhunderts wird als Wissensgesellschaft beschrieben, die durch drei wesentliche Kennzeichen charakterisiert wird:

- Die gegenwärtige Halbwertzeit des Wissens macht die Gewissheit zunichte, einmal Gelerntes sei über Jahrzehnte hinweg tragfähig. Zunehmend müssen Lehrkräfte alle Kinder und Jugendlichen auf eine Welt vorbereiten, die sie selbst noch nicht kennen.
- Gleichzeitig ändern sich die Anforderungen in der Arbeitswelt und die Zahl der Erwerbstätigen in Deutschland wird bei deutlich verschobenen Altersgewichten sinken. Die Lebensarbeitszeit wird sich wahrscheinlich verlängern und es gilt als gesichert, dass man sich während des Berufslebens mit verschiedenen beruflichen Aufgaben und Anforderungen auseinander setzen muss.
- Die deutsche Gesellschaft wird weiterhin dadurch gekennzeichnet sein, dass mehr als ein Viertel der Kinder und Jugendlichen bis 25 Jahre einen Migrationshintergrund aufweist (vgl. Konsortium Bildungsberichterstattung, 2006, S. 142).

In dieser Gesellschaft kommt der Schule die Aufgabe zu, den Kindern und Jugendlichen den Erwerb solcher Kompetenzen zu ermöglichen, »die in modernen demokratischen Gesellschaften für eine befriedigende und selbst verantwortete Lebensführung in persönlicher und wirtschaftlicher Hinsicht sowie für die aktive Teilhabe am gesellschaftlichen Leben notwendig sind« (Deutsches PISA-Konsortium, 2001, S. 16).

Im Hinblick auf diese Rahmenbedingungen zielt das Unterrichtsentwicklungskonzept »Lehren und Lernen für die Zukunft« auf die Entwicklung des Selbstständigen Lernens mit der Vision, dass alle Kinder und Jugendlichen einer Schule bzw. einer Bildungsregion die Chance haben müssen, sich zum Selbstständigen Lerner bzw. zur Selbstständigen Lernerin zu entwickeln, unabhängig von der konkreten Schule oder von der einzelnen Lehrkraft. Das Konzept geht daher davon aus, dass Unterrichtsentwicklung *systematisch* erfolgen, zu *Teambildung* im Kollegium führen und *die ganze Schule erfassen* muss. Nur so kann dieser Unterrichtsentwicklungsansatz lebendiger und integraler Bestandteil einer zielgerichteten Schulentwicklung sein.

Pädagogisch orientiert sich das Unterrichtsentwicklungskonzept an den von Weinert formulierten fachlichen und überfachlichen Bildungszielen für die Schule (vgl. WEINERT, 2000, S. 5 ff.). Die wichtigste Aufgabe des Unterrichts besteht demnach darin, dass die Kinder und Jugendlichen intelligentes Wissen erwerben. Eine wesentliche Voraussetzung dafür ist eine solide Wissensbasis. Aber es bedarf auch der Schlüsselqualifikationen und Lernkompetenzen, um dieses Wissen fruchtbar zu machen. So wurde in PISA 2000 im Zusammenhang mit der Lesekompetenz auch die Bedeutung der intentionalen und strategischen Steuerung des Lernens nachgewiesen (vgl. Deutsches PISA-Konsortium, 2001, S. 76).

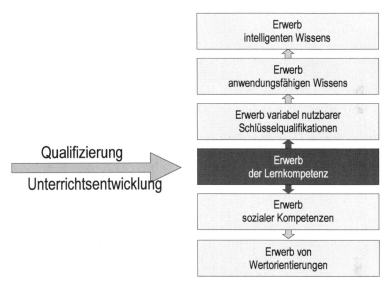

Abb. 2: Bildungsziele der Schule nach Weinert (vgl. HÖFER & MADELUNG, 2006, S. 22)

3. Maßnahmen und Erfahrungen in den Projekten »Schule & Co.« und »Selbstständige Schule«

Eine Unterrichtsentwicklung, die diese Ziele anstrebt, muss den nachfolgenden Qualitätsmerkmalen genügen, die Ausgangspunkte für die Konzeptentwicklung waren sowie bei der Gestaltung der Rahmenbedingungen in den beiden Projekten Berücksichtigung fanden:

- Die Verbesserung der Qualität der Lehr-Lernprozesse ist der zentrale Ansatzpunkt für Schulentwicklung.
- Unterrichtsentwicklung muss professionell gesteuert werden.

- Unterrichtsentwicklung muss mit Organisationsentwicklung und Personalentwicklung verknüpft werden.
- Unterrichtsentwicklung muss überfachlich ansetzen, im Unterricht aller Fächer und damit bei allen Schülerinnen und Schülern ankommen.
- Unterrichtsentwicklung braucht Unterstützung durch Fortbildung, Beratung, Lernzeit.

3.1 Die Verbesserung der Qualität der Lehr-Lernprozesse ist der zentrale Ansatzpunkt für Schulentwicklung

Will eine Einzelschule sinnvoll Unterrichtsentwicklung betreiben, so muss sie zuerst einen Verständigungsprozess aller Beteiligten innerhalb des Kollegiums und mit den weiteren Beteiligten innerhalb des Systems, also auch mit den Eltern herbeiführen. Für die Entscheidungsfindung sind fundierte Vorinformationen notwendig, denn mit der Entscheidung ist gegebenenfalls eine veränderte Prioritätensetzung verbunden. Die Verbesserung des Unterrichts als ein systematischer, kooperativer und zielorientierter Prozess aller Beteiligten bindet viele Kräfte. Er kann nur erfolgreich sein, wenn ein hohes Maß an Verbindlichkeit für alle an dieser Entwicklungsarbeit beteiligten Personen vereinbart wird. Eine Festschreibung im Schulprogramm kann Ausdruck dieser Vereinbarung und Verbindlichkeit sein.

Um die gemeinsame Zielrichtung schulischer Entwicklungsarbeit auf die Verbesserung der Unterrichtsqualität und die Verbindlichkeit herzustellen, wurde im Projekt »Schule & Co.« als Voraussetzung für die Teilnahme am Projekt die Formulierung eines Vorhabens zur Verbesserung der Unterrichtsqualität von der Schule gefordert, das die Mitbestimmungsgremien der Schule mit einer $^2/_3$-Mehrheit beschließen mussten. Im Projekt »Selbstständige Schule« wurde die Vorgabe der $^2/_3$-Mehrheit in eine »qualifizierte Mehrheit« umformuliert.

Nicht allen Schulen erschien das im Projekt angebotene Konzept als hilfreich und kompatibel bezogen auf ihren eigenen Entwicklungsstand. Sie entschieden sich trotz der vielfältigen Unterstützungsmaßnahmen gegen die Teilnahme am Projekt oder gegen das Konzept und suchten eine Verbesserung des Unterrichts auf anderen Wegen. Schulen, die ihre Unterrichtsentwicklung am Konzept »Lehren und Lernen für die Zukunft« ausgerichtet haben, hatten zum Ende der jeweiligen Projektlaufzeiten unterschiedliche Entwicklungsstände erreicht. Ursächlich dafür war auch, inwieweit es den Schulen gelungen war, der Unterrichtsentwicklung einen zentralen Platz in der Schulentwicklung zu geben (vgl. BASTIAN & ROLFF, 2002, S. 21). Bei Schulen, die sich nur mit knapper Mehrheit der Mitwirkungsgremien für eine Teilnahme bzw. für eine Entwicklungsarbeit nach dem Konzept entschieden hatten, wurde innerhalb des Fortbildungs- und Umsetzungsprozesses die inhaltliche Auseinandersetzung »nachgeholt«, die verbindlichen Absprachen wurden immer wieder diskutiert oder aber nicht eingehalten. Die gesamtschulische Umsetzung der eigentlich beschlossenen Maßnahmen sowie ihre konstruktive Adaption auf die eigene Schule wurden dadurch behindert, verzögert und verwässert (vgl. HERRMANN, 2002, S. 14 f.).

3.2 Unterrichtsentwicklung muss professionell gesteuert werden

»Der mit dem Konzept angestrebte umfassende Entwicklungsprozess in der Schule erfordert Steuerungsmechanismen, die bis heute nicht selbstverständlich vorhanden sind. Die Schule als lernende Organisation muss sich systematisch und professionell weiter entwickeln, wenn Unterrichtsentwicklung nachhaltig zum Eigentum aller Beteiligten in der Schule werden soll. Diese Verknüpfung von Unterrichtsentwicklung und Organisationsentwicklung unter Einbeziehung von Personalentwicklung ist inzwischen allgemein anerkannt, haben doch weder Organisationsentwicklung noch Unterrichtsentwicklung allein zum gewünschten Erfolg, nämlich zur nachhaltigen Verbesserung der Qualität schulischer Arbeit und insbesondere des Unterrichts in der ganzen Schule geführt. Für die Bewältigung einer solch komplexen Aufgabe hat sich die Einrichtung schulischer Steuergruppen bewährt, die die Entwicklungsarbeit der Schule systematisch planen, koordinieren und evaluieren. Schulische Steuergruppen sind Ausdruck veränderter Partizipation und Mitwirkung an der Schulentwicklung, sie sind jedoch keine neuen Mitwirkungsorgane im Sinne des Schulmitwirkungsgesetzes.« (Projektleitung, 2004, S. 13).

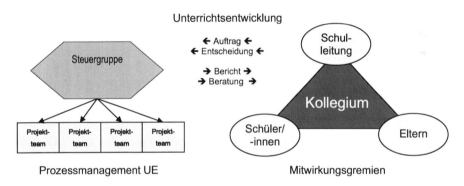

Abb. 3: Rolle und Aufgaben der Steuergruppe im Unterrichtsentwicklungsprozess

Aufgrund der positiven Erfahrungen mit Steuergruppen im Projekt »Schule & Co.« wurden ihre Einrichtung im Projekt »Selbstständige Schule« für alle Projektschulen als Teilnahmebedingung gesetzt und bezüglich ihrer Wirksamkeit durch die wissenschaftliche Begleitforschung mit folgenden Ergebnissen evaluiert: Die Rollenklarheit und Akzeptanz der Steuergruppen ist an den kleineren Schulsystemen ohne formelle erweiterte Schulleitung größer. Die Rollenklarheit und Akzeptanz ist auch dann größer, wenn die Steuergruppe von der Schulleitung aktiv unterstützt wird. Von der Höhe der Rollenklarheit und Akzeptanz hängt aber die Wirkung der Steuergruppe innerhalb der Schule ab. Allerdings hat die Tätigkeit der Steuergruppe nur einen indirekten Einfluss auf die Qualität des Unterrichts, indem sie nämlich die Teamarbeit und die Innovationsbereitschaft im Kollegium direkt positiv beeinflusst (vgl. HOLTAPPELS, KLEMM & ROLFF, 2008, S. 297).

3.3 Unterrichtsentwicklung muss mit Organisationsentwicklung und Personalentwicklung verknüpft werden

Es war ein zentrales Ergebnis des Projektes »Schule & Co.«, dass weder Organisationsentwicklung noch Unterrichtsentwicklung allein zur nachhaltigen Verbesserung der Qualität schulischer Arbeit und insbesondere des Unterrichts einer ganzen Schule führte. Die Verbesserung der Qualität schulischer Arbeit und insbesondere des Unterrichts ist die zentrale Aufgabe einer Schule und damit das wichtigste Ziel von Schulentwicklung, aber ohne eine integrative Verknüpfung mit der Organisationsentwicklung und Personalentwicklung an der Schule wird Unterrichtsentwicklung nicht nachhaltig zum »Eigentum« der Schule und aller darin Lehrenden und Lernenden. Die Steigerung der Unterrichtsqualität kann nicht allein die Aufgabe einer einzelnen Lehrerin oder eines einzelnen Lehrers sein, sondern eine Schule muss sich als ganzes System auf den Weg machen. Dabei reicht es nicht, alle Beteiligten aufwändig weiter zu qualifizieren und die persönliche Professionalität weiter zu entwickeln, wenn die organisatorischen Rahmenbedingungen konstant bleiben (vgl. HÖFER & MADELUNG, 2006, S. 71). Deshalb wurden mit der Teilhabe am Projekt »Selbstständige Schule« mehrere organisatorische Bedingungen verknüpft:

- Es wurde erwartet, dass die Lehrkräfte sich als Lernende in Teams verstehen und sich in Klassen-, Jahrgangsstufen-, Bildungsgang- und Fachteams organisieren, die sowohl gemeinsam an den Fortbildungen zur Unterrichtsentwicklung teilnehmen als auch in einem dauerhaften Arbeitszusammenhang stehen sollten. Ziel war die Entwicklung professioneller Lerngemeinschaften, in denen gemeinsam auch an der Weiterentwicklung der mentalen Modelle der Lehrkräfte gearbeitet werden konnte.
- Zur professionellen Steuerung des Unterrichtsentwicklungsprozesses musste eine Steuergruppe eingerichtet werden, in der die Schulleiterin oder der Schulleiter gesetztes Mitglied war. Alle Steuergruppenmitglieder mussten an den Qualifizierungsmaßnahmen teilnehmen (s.o.).
- Entwicklungsarbeit bedarf der regelmäßigen und systematischen Selbstreflexion hinsichtlich ihrer Qualität und Quantität sowie der Qualitätssicherung des Erreichten. Am Aufbau bzw. an der Weiterentwicklung der innerschulischen Evaluationskultur sollte im Projekt »Selbstständige Schule« mit dem Fokus auf Unterrichtsentwicklung gearbeitet werden. Einerseits sollten pro Schule Evaluationsberater/-innen qualifiziert werden. Andererseits wurde in den Qualifizierungsmaßnahmen für die schulische Steuergruppe und die Schulleitung durch die Thematisierung ihrer Rollen und Aufgaben im Rahmen der Qualitätsentwicklung und Qualitätssicherung die strategische Evaluationskompetenz in der Schule gestärkt.
- Für das Initiieren und Absichern von Unterrichtsentwicklungsprozessen spielt die Schulleiterin bzw. der Schulleiter eine zentrale Rolle. Schulleiterinnen und Schulleiter sind diejenigen, die die Umsetzung beschlossener Maßnahmen einfordern und für die enge Verknüpfung von Personalentwicklung mit den Zielen der Schulentwicklung sorgen können. Wenn sie als Person klar erkennbar hinter den gemeinsam vereinbarten Zielen stehen, aktiv für deren Verbindlichkeit eintreten, steigen die Aussichten für das Gelingen des Schulentwicklungsprozesses

(vgl. HÖFER & MADELUNG, 2006, S. 94). Deshalb wurde im Projekt die Schulleitung als Mitglied in der Steuergruppe gesetzt und zugleich verbindliche Maßnahmen zur Professionalisierung der Schulleitungen durchgeführt.
- Mit den organisatorischen Verbindlichkeiten wurden im Projekt »Selbstständige Schule« Angebote von Fortbildungsmodulen zur Personalentwicklung verknüpft, die in den entsprechenden Teams möglichst synchronisiert wahrgenommen werden sollten:
  - Fortbildung zur Unterrichtsentwicklung für die Lehrerteams,
  - Fortbildung zum Schulentwicklungsmanagement für die Steuergruppe,
  - Fortbildung zur Führung, Qualitätsentwicklung und Management für die Schulleitung,
  - Fortbildung zur Evaluation für die Evaluationsberater/-innen.

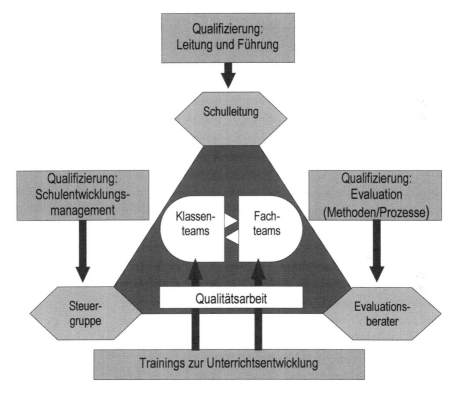

Abb. 4: Strukturen einzelschulischer Entwicklung (vgl. HÖFER & MADELUNG, 2006, S. 74)

Sowohl subjektive Einschätzungen der in den Schulen Beteiligten als auch die wissenschaftliche Begleitforschung zeigen eine hohe Wirksamkeit der Verknüpfung von Organisations- und Personalentwicklung im Hinblick auf die Qualität der Arbeit. Einige Aussagen sollen hier zitiert werden:

- »Die Teilnahme an den Fortbildungsmaßnahmen hat bei allen Schulen zu einer Verbesserung der Teamarbeit im Kollegium geführt.« (LOHRE u.a., 2008, S. 182)
- »Insgesamt hat sich die Kooperation zwischen den Lehrkräften in Richtung professionelle Lerngemeinschaften weiter entwickelt.« (HOLTAPPELS, KLEMM & ROLFF, 2008, S. 173)
- »Kurz nach dem Einstieg in das Projekt begann die Steuergruppenqualifizierung, die die Voraussetzung für die erfolgreiche Durchführung des Projektes bildete. Die Steuergruppenmitglieder profitieren noch heute von dieser außerordentlich kompetent durchgeführten Fortbildungsreihe.« (LOHRE u.a., 2008, S. 166)
- »Die Steuergruppenqualifizierung hat Einfluss auf deren Wirksamkeit aus Sicht der Lehrkräfte.« (HOLTAPPELS, KLEMM & ROLFF, 2008, S. 293)
- »Steuergruppen haben in den meisten Schulen des Modellvorhabens einen Beitrag zur Weiterentwicklung der schulischen Kapazität des organisationalen Lernens als Change Agent geleistet.« (HOLTAPPELS, KLEMM & ROLFF, 2008, S. 167)
- »Die Leitungskompetenz der Schulleitung hat indirekten Einfluss auf die Unterrichtsqualität durch direkte Beeinflussung der Innovationsbereitschaft und Teamentwicklung im Kollegium.« (vgl. HOLTAPPELS, KLEMM & ROLFF, 2008, S. 297)

3.4 Unterrichtsentwicklung muss überfachlich ansetzen, im Unterricht aller Fächer und damit bei allen Schülerinnen und Schülern ankommen

Das auf Projekterfahrungen basierende, d.h. in der schulischen Praxis erprobte Unterrichtsentwicklungskonzept erhebt nicht den Anspruch, das einzig mögliche Konzept zur Unterrichtsentwicklung zu sein, versteht sich aber als eine mögliche Antwort auf die Evaluationsergebnisse, die die Leistungsvergleichsstudien von TIMSS über PISA und IGLU bis zu DESI, von LAU über KESS bis zu VERA geliefert haben (vgl. HÖFER & MADELUNG, 2006, S. 34). Es orientiert sich an den fachübergreifenden Merkmalen des guten Unterrichts und stellt die Förderung von Lernkompetenz in den Mittelpunkt. Die fachbezogene Unterrichtsentwicklung allein hat bisher selten zu einer Schulentwicklung geführt, weil die »Fachbrille« den Blick auf die Gesamtentwicklung der Kompetenzen eines Kindes oder Jugendlichen verhindert und »Fächeregoismen« oft eine schulinterne Verständigung über alle Fächer hinweg geradezu behindern. Um diese Kompetenz-Ziele zu erreichen, muss aber gleichzeitig ein innerschulischer Perspektivwechsel vom Lehren zum Lernen erfolgen. Damit verbunden ist eine Veränderung der Lehrerrolle, eine schüleraktivierende Gestaltung der Lernumgebung, eine Selbstreflexion der Schülerinnen und Schüler, eine Prozessbeobachtung und -bewertung usw. Die Expertise zur Vermittlung von Lernkompetenz wird nach wie vor in der Lehrerausbildung nicht mit der gleichen Sicherheit und Systematik erworben wie die fachwissenschaftliche Kompetenz. Das Konzept zur Vermittlung, Förderung und Einforderung von Lernkompetenz wurde bezogen auf Schülerinnen und Schüler aller Schulformen und Schulstufen entwickelt und mit einem Fortbildungskonzept für Lehrerteams verknüpft, das folgende Kennzeichen aufweist: Es ist

- ausgerichtet am Leitbild des Selbstständigen Lernens,
- theoriegeleitet,
- systematisch mit dem Fachunterricht verknüpft,

- orientiert an komplexen Aufgaben und Lernarrangements,
- ausgerichtet auf Reflexion und Metakognition,
- verbunden mit kontinuierlicher Arbeit an der Lehrerrolle,
- anschlussfähig (vgl. HÖFER & MADELUNG, 2006, S. 41 f.).

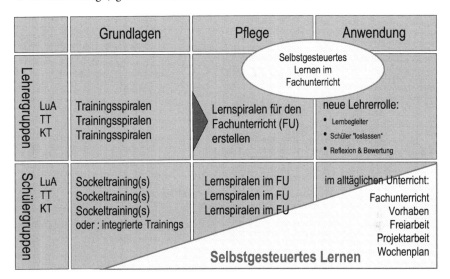

LuA = Lern- und Arbeitstechniken, TT = Teamtraining, KT = Kommunikationstraining

Abb. 5: Systematik der Lernkompetenzentwicklung bei Schülerinnen und Schülern und der damit verbundenen Fortbildungen zur Unterrichtsentwicklung für Lehrerteams (vgl. HÖFER & MADELUNG 2006, S. 89)

Die interne Evaluation der Unterrichtentwicklung im Projekt »Schule & Co.« hat ergeben, dass die Schülerinnen und Schüler mit dieser Form von Unterrichtsentwicklung Methodenwissen erwerben, gestärktes Selbstbewusstsein entwickeln und konstruktiv in Gruppen zusammen arbeiten. Ihre zunehmende Eigentätigkeit entlastet die Lehrkräfte im Unterricht (vgl. HERRMANN, 2002, S. 11). Die wissenschaftliche Begleitforschung des Projektes »Selbstständige Schule« belegt, dass sich insbesondere durch die intensive Teilnahme des Kollegiums an den Fortbildungsbausteinen Kommunikationstraining, Teamentwicklungstraining und dem Workshop »Pflege der Lernkompetenz im Fachunterricht« eine differenzierte Lernkultur im Sinne von binnendifferenzierender Förderung, ausgeprägter Schülerorientierung und Lebensweltbezug des Lernens entwickelt (vgl. HOLTAPPELS, KLEMM & ROLFF, 2008, S. 310). Dieses Evaluationsergebnis deckt sich mit den Beobachtungen der Fortbildner für Unterrichtsentwicklung. Es ist zu vermuten, dass erst im Laufe des längerfristigen Fortbildungs- und Implementierungsprozesses sowie der gemeinsamen Arbeit in professionellen Lerngemeinschaften die mentalen Modelle der Lehrkräfte grundlegend verändert bzw. weiter entwickelt werden können. Bemerkenswert an den Ergebnissen der wissenschaftlichen Begleitforschung ist dabei, »dass die Intensität der Teilnahme am Methodentraining und am Training zu kooperativem Lernen nach GREEN keine signifikanten Zusammenhänge zeigen.« (HOLTAPPELS, KLEMM & ROLFF, 2008, S. 310).

Schon die Evaluation des Projektes »Schule & Co.« hat gezeigt, dass eine Umsetzung des aufgezeigten Konzeptes nicht zwingend dazu führt, dass sich im Unterricht aller Lehrkräfte und/oder in allen Fächern Konsequenzen im Sinne von Änderungen oder Verbesserungen zeigen. Dieses Ergebnis wird sowohl durch die wissenschaftliche Begleitforschung des Projektes »Selbstständige Schule« als auch durch die Qualitätsanalyse der Projektschulen bestätigt. Auch konnte kein statistisch signifikanter Zusammenhang mit der Entwicklung von Fachkompetenz nachgewiesen werden. Gleichwohl gibt es Hinweise darauf, dass die selektierende Wirkung der sozialen Herkunft reduziert wird (vgl. HOLTAPPELS, KLEMM & ROLFF, 2008, S. 139).

3.5 Unterrichtsentwicklung braucht Unterstützung durch Fortbildung, Beratung, Lernzeit

Wie bei Modellprojekten üblich wurden während der Projektlaufzeiten den teilnehmenden Schulen und Regionen Unterstützungen in mehrfacher Form zur Verfügung gestellt.

Es wurden Qualifizierungsmaßnahmen entwickelt, die auf eine systematische, teamorientierte und die ganze Schule erfassende Unterrichtsentwicklung ausgerichtet und aufeinander abgestimmt waren. Allen Projektschulen wurde die Teilnahme an diesen Qualifizierungsmaßnahmen ermöglicht, teilweise war die Teilnahme verbindlich (z.B. Steuergruppenqualifizierung, Professionalisierung der Schulleitungen). Dem Anspruch einer systematischen und nachhaltigen Unterrichtsentwicklung entsprechend waren alle Qualifizierungsangebote im Rahmen der beiden Projekte auf die Bearbeitung der mentalen Modelle der Lehrkräfte und auf die Entwicklung von Handlungskompetenz der Beteiligten orientiert. Deshalb waren alle Fortbildungsprozesse mittelfristig auf ein bis drei Jahre und auf jährlich mehrtägige Fortbildungsveranstaltungen ausgelegt.

Regionale Bildungsbüros wurden als Ausdruck kommunal-staatlicher Bildungsverantwortung vor Ort eingerichtet, um als Projektbüro den Schulen ortsnah Dienstleitungen aus einer Hand anzubieten und sie bei ihrer Schul- und Unterrichtsentwicklung zu unterstützen. Die Leistungen wurden zum einen dadurch gesichert, dass dem Bildungsbüro kommunales und Landespersonal zur Verfügung gestellt wurde. Zum anderen konnten die regionalen und schulspezifischen Qualifizierungsmaßnahmen durch einen vertraglich vereinbarten regionalen Entwicklungsfond finanziert werden, der mit kommunalen und Landesmitteln gespeist wurde. Den teilnehmenden Schulen wurde eine halbe Lehrerstelle für die Entwicklungsarbeit zur Verfügung gestellt.

Die qualitativen und quantitativen Unterstützungsmaßnahmen wurden von den Schulen als positiv und hilfreich für ihren Schulentwicklungsprozess bewertet. Die wissenschaftliche Begleitforschung und auch die Qualitätsanalyse belegen jedoch, dass nur in wenigen Schulen die begonnene Unterrichtsentwicklung systematisch war oder gar die ganze Schule erfasst hatte. Ansätze oder Bruchstücke eines ganzheitlichen Prozesses waren jedoch häufig vorzufinden, ohne dass jedoch die mit dem Konzept intendierte Stringenz und Kontinuität erkennbar war. J. Herrmann belegt in seiner internen Evaluation der Unterrichtsentwicklung im Projekt »Schule & Co.«, dass die schulische Umsetzung der Unterrichtsentwicklung weniger von der Dauer des Prozesses als viel mehr von der innerschulischen Auseinandersetzung mit dem Thema Unterrichtsentwicklung sowie vom Teamentwicklungsprozess und der Rollenwahrnehmung der Lehrkräfte abhängt (vgl. HERRMANN, 2002, S. 14 f.):

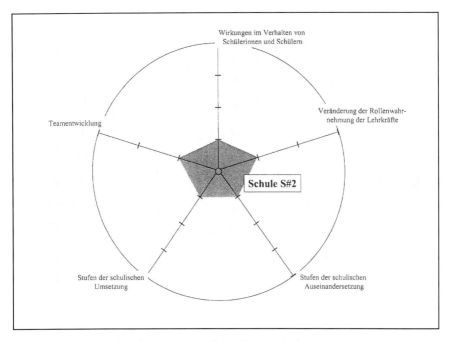

Abb. 6: *Schule S#2 befindet sich zum Zeitpunkt der Evaluation seit 3¹/₂ Jahren im Prozess der Unterrichtsentwicklung. An der Schule dominiert destruktiver Widerstand gegen die Umsetzung der Unterrichtsentwicklung.*

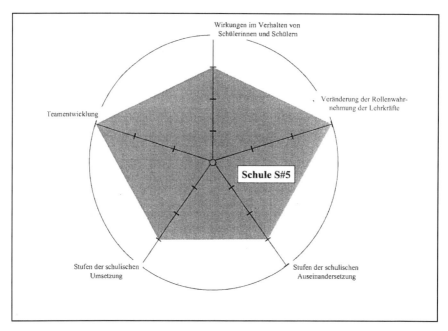

Abb. 7: *Die Schule S#5 befindet sich zum Zeitpunkt der Evaluation seit $1^1/_2$ Jahren im Prozess der Unterrichtsentwicklung. Insgesamt herrscht an dieser Schule Einigkeit über das gemeinsame Ziel.*

4. Gelingensbedingungen und Empfehlungen für Schulleitungshandeln

Wenn Unterrichtsentwicklung als gesamtschulischer Prozess erfolgreich sein soll, muss dies ein echtes Bedürfnis und Anliegen des größten Teils des Kollegiums und auch der Schulleitung sein. Da die Schulleitung für die pädagogische Entwicklung der Schule verantwortlich ist, muss sie durch ziel- und unterrichtsbezogene Führung zur Innovationskultur in ihrer Schule beitragen.

Unterstützendes Schulleitungshandeln:

- Verdeutlichen der eigenen Ziele und Visionen bezüglich der Unterrichts- und Schulentwicklung in Gesprächen und Konferenzen
- Anregen von pädagogischen Diskussionen auf Konferenzen und Dienstbesprechungen
- Aufbringen von Geduld und Zeit für eine intensive pädagogische Diskussion
- aktive Teilnahme an den Fortbildungen und pädagogischen Tagen
- Verändern der Konferenzkultur hin zu pädagogischen Konferenzen
- Fördern und Unterstützen von innovativen Teams

Wenn Unterrichtsentwicklung als gesamtschulischer Prozess gelingen soll, muss dieser professionell gesteuert werden. Diese Steuerung muss durch die Schulleitung sichergestellt und unterstützt werden.

Unterstützendes Schulleitungshandeln:

- Einrichtung einer Steuergruppe nach einem Verfahren, das der Schulkultur entspricht
- aktive Mitarbeit und Unterstützung für die Steuergruppe (Teilnahme an Qualifizierungsmaßnahmen und Schaffung positiver Arbeitsbedingungen)
- Entwickeln einer Kontraktkultur und Kultur der Verbindlichkeit im Kollegium

Die Entwicklung von Teamarbeit im Kollegium bzw. von professionellen Lerngemeinschaften ist eine wesentliche Voraussetzung für einen gelingenden Unterrichtsentwicklungsprozess. Die damit verbundene Organisations- und Personalentwicklung wird durch Schulleitungshandeln wesentlich beeinflusst.

Unterstützendes Schulleitungshandeln:

- Initiieren von Teambildung im Kollegium und ihre organisatorischen Rahmenbedingungen absichern
- Sicherstellen von mittel- bis langfristiger Teamzugehörigkeit
- Sicherstellen verlässlicher Arbeitszeiten für die Lehrerteams
- Sicherstellen von angemessenen Lernzeiten für die Lehrerteams
- Unterstützen von gegenseitiger Hospitation sowie ihre organisatorische Absicherung
- Unterstützen und positives Verstärken der Teambildung und Unterrichtsentwicklungsarbeit im Rahmen von Personalentwicklungs- und Zielgesprächen

Wenn ein überfachlicher Unterrichtsentwicklungsansatz gewählt wird, muss er mit der Entwicklung des Fachunterrichts verknüpft werden. Die professionellen Lerngemeinschaften auf der Horizontalen (Klassen-, Jahrgangsstufen- oder Bildungsgangteams) müssen mit den Lerngemeinschaften in der Vertikalen (Fachkonferenzen) sinnvoll und *arbeitsökonomisch* verknüpft werden. Die Fortbildungen für die Lerngemeinschaften müssen miteinander abgestimmt und aufeinander bezogen sein.

Unterstützendes Schulleitungshandeln:

- Entwickeln und Abstimmen eines schulischen Jahresplanes für Teamsitzungen
- Entwickeln und Abstimmen einer mittelfristigen Fortbildungsplanung

Nachhaltigen Unterrichtsentwicklungsprozessen muss Zeit gegeben werden. Veränderung von Lehrerhandeln ist nur möglich, wenn Lehrerinnen und Lehrern Zeit gewährt wird, um theoriegebunden, aber auch handlungs- und ergebnisorientiert gemeinsam zu lernen und zu arbeiten. Diese Lernzeit für Lehrerinnen und Lehrer wird in doppelter Hinsicht oftmals nicht zur Verfügung gestellt: Einerseits kann die Lernzeit nicht als permanentes Plus zur täglichen Unterrichtsarbeit im weitesten Sinne verstanden werden, womit eventuelle Kollisionen mit dem Thema Unterrichtsausfall oder Vertretungsunterricht verbunden sein können. Dieser Sachverhalt verlangt eine offene und offensive innerschulische Kommunikation, auch mit der Elternschaft. Andererseits dauert ein so komplexer Veränderungsprozess seine Zeit. Schulleitungen stehen zwar durch externe Evaluation, durch Vergleichsarbeiten und durch zentrale Abschlussprüfungen enorm unter Erfolgsdruck und wünschen sich schnelle Erfolge bei der Unterrichtsentwicklung. Jedoch muss eine Schulleitung auch sicherstellen, dass sich im Rahmen eines gemeinschaftlichen Entwicklungsprozesses der Unterricht jeder Lehrkraft kontinuierlich verbessert. Schnelle Änderungen gibt es kaum und wenn es sie gibt, dann sind sie nicht von Dauer.

Unterstützendes Schulleitungshandeln:

- Planen eines mittelfristigen Unterrichtsentwicklungsprozesses unter Berücksichtigen der Gesamtbelastung des Kollegiums (gemeinsam mit der Steuergruppe und mit dem schulischen Lehrerrat)
- Durchführen eines jährlichen pädagogischen Tages zur Unterrichtsentwicklung (Vorbereitung gemeinsam mit der Steuergruppe)
- Einbinden der schulischen Partner und insbesondere der Elternschaft in den Unterrichtsentwicklungsprozess
- Einfordern der notwendigen Unterstützung wie Fortbildung, Beratung und Lernzeit an den entsprechenden Stellen wie Bildungsbüro, Bezirksregierung, Ministerium oder über die Berufsverbände

Die von Prof. Bonsen in seinem Vortrag am 09.05.2009 für unterrichtswirksame Schulleitungen formulierten Erfolgsfaktoren (vgl. BONSEN, 2009)

- Zielbezug,
- Systematik,
- organisatorische Absicherung,
- Dauerhaftigkeit und
- Kooperation

haben sich also auch im Kontext der Unterrichtsentwicklungsarbeit in den beiden Projekten als wesentlich für die Steuerung nachhaltiger Schulentwicklung herausgestellt.

Literatur

BASTIAN, J. (2007). Einführung in die Unterrichtsentwicklung. Weinheim und Basel: Beltz.
BASTIAN, J. & ROLFF, H-G. (2002). Abschlussevaluation des Projektes »Schule & Co.«. Kurzfassung. Gütersloh: Bertelsmann-Stiftung.
BILDUNGSKOMMISSION NRW (Hrsg.) (1995). Zukunft der Bildung – Schule der Zukunft. Neuwied, Kriftel, Berlin: Luchterhand.
BONSEN, M. (2009). Schulleitung, Unterrichtsentwicklung und Schülerleistungen – Was wissen wir über diesen Zusammenhang?. Vortrag auf dem 3. Kongress der DAPF »Schulleitung und Unterrichtsentwicklung« am 09.05.2009 in Dortmund.
DEUTSCHES PISA-KONSORTIUM (Hrsg.) (2001). PISA 2000 – Basiskompetenzen von Schülerinnen und Schülern im internationalen Vergleich. Opladen: Leske + Budrich.
HERRMANN, J. (2002). Unterrichtsentwicklung im Projekt »Schule & Co.«. Interne Evaluation. Zusammenfassung. Gütersloh: Bertelsmann-Stiftung.
HÖFER, C. & MADELUNG, P. (Hrsg.) (2006). Lehren und Lernen für die Zukunft. Unterrichtsentwicklung in selbstständigen Schulen. Troisdorf: Bildungsverlag EINS.
HÖFER, C. & MADELUNG, P. (2008). Lehren und Lernen für die Zukunft: Systematische Unterrichtsentwicklung in regionalen Bildungslandschaften. Konzepte und Erfahrungen aus dem Projekt »Selbstständige Schule« in Nordrhein-Westfalen. In: BERKEMEYER, N. et al. (Hrsg.). Unterrichtsentwicklung in Netzwerken. Münster: Waxmann.

HOLTAPPELS, H. G., KLEMM, K. & ROLFF, H-G. (Hrsg.) (2008). Schulentwicklung durch Gestaltungsautonomie. Ergebnisse der Begleitforschung zum Modellvorhaben Selbstständige Schule« in Nordrhein-Westfalen. Münster: Waxmann.

KONSORTIUM BILDUNGSBERICHTERSTATTUNG (Hrsg.) (2006). Bildung in Deutschland. Ein indikatorengestützter Bericht mit einer Analyse zu Bildung und Migration. Bielefeld: Wbv.

LOHRE, W., BECKER, M., MADELUNG, P., SCHNOOR, D. & WEISKER, K. (2008). Selbstständige Schulen in Regionalen Bildungslandschaften. Eine Bilanz. Troisdorf: Bildungsverlag EINS.

WEINERT, F. E. (2000). Lehren und Lernen für die Zukunft – Ansprüche an das Lernen in der Schule. Vortrag am 29.03.2000 im Pädagogischen Zentrum in Bad Kreuznach. In Pädagogische Nachrichten Rheinland-Pfalz, 2/2000, 5 ff.

Effektiver lehren und lernen – ein ganzheitliches Konzept zur Unterrichtsentwicklung nach Diethelm Wahl

HEINRICH BIERMANN

1. Das Konzept von Diethelm Wahl

Die folgende Skizze basiert auf dem Buch von DIETHELM WAHL (2006): Lernumgebungen erfolgreich gestalten. Vom trägen Wissen zum kompetenten Handeln.
Was macht dieses Konzept für die Unterrichtsentwicklung so bedeutsam?

Jeder kennt das: Zu Neujahr werden viele gute Vorsätze gefasst, doch nur wenige werden auch in die Praxis umgesetzt. Ähnlich schließen viele Fortbildungsveranstaltungen mit den besten Absichten, aber nur wenige Teilnehmende ändern auch ihr berufliches Handeln. Gesprächsweise kann noch vieles von dem erinnert werden, was in der Fortbildung vermittelt wurde, doch die Handlungskompetenz scheint davon seltsam unberührt zu bleiben.

Wie ist das Auseinanderfallen von Theoriewissen und Handlungskompetenz zu erklären? Dieser Frage ist Diethelm Wahl nachgegangen. Auf den Ergebnissen aufbauend entwickelte er ein wissenschaftlich fundiertes und inzwischen evaluiertes Anwendungskonzept, mit dem Ziel Theoriewissen in Handlungskompetenz zu überführen, d.h. in Bezug auf die Unterrichtsentwicklung aufzuzeigen, wie neue Erkenntnisse in professionelles Lehrerhandeln umgesetzt werden können.

Es besteht heute ein Konsens darüber, dass Lernen ein individueller und aktiver Prozess ist. Aber wie funktioniert individuelles und aktives Lernen in einer Klasse mit 30 Schülerinnen und Schülern? Das empirisch überprüfte Konzept von Diethelm Wahl beantwortet auch diese Frage.

Ich möchte dieses Konzept anhand eines »*Advance Organizers*« skizzieren, der als Methode zugleich ein wichtiger Baustein des Konzepts selbst ist. Er erlaubt es, einen komplexen Sachverhalt im Überblick vorzustellen, ohne bereits auf alle Details einzugehen. Bei dem von mir vorgestellten »Advance Organizer« verläuft die Blickrichtung von links unten über die drei Lernschritte (Pfeile) bis zur Mitte (Menschenbild).

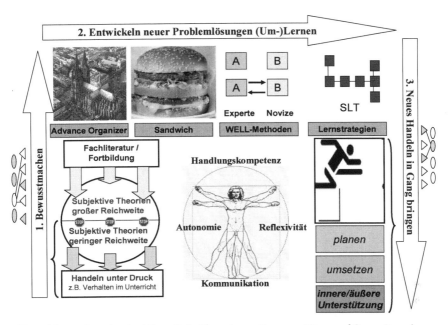

Abb. 1: Advance Organizer (enthält grafische Elemente von Diethelm Wahl *und* Susan Rosen*)*

1.1 Erster Lernschritt

Vorauszuschicken ist: Der gewünschte Lerntransfer stellt sich deshalb nicht so ohne weiteres ein, weil wir über zwei unterschiedliche Wissenssysteme verfügen: Theoriewissen, das durch Fachliteratur und Fortbildung durchaus bereichert werden kann, sowie innere Einstellungen und Überzeugungen, sog. »Subjektive Theorien geringer Reichweite«, die unser Alltagshandeln steuern. Diese Steuerung erfolgt in sehr schnell ablaufenden Sequenzen und weitgehend unbewusst.

Auch im Laufe unserer beruflichen Sozialisation haben sich spezifische Handlungsmuster herausgebildet, die uns in die Lage versetzen, Situationen schnell und erfolgreich zu bewältigen. Der Prozess verläuft in zwei Schritten, der Situationsorientierung, hier durch Ellipsen dargestellt, und der Aktionsplanung, dargestellt durch Dreiecke. Meist stehen uns für eine identifizierte Situation ein bis drei Handlungsmuster zur Verfügung, von denen wir dann eins auswählen.

Die in Sekundenschnelle und meist implizit ablaufenden Prozesse machen uns in den wiederkehrenden beruflichen Alltagssituationen handlungsfähig. Ein Problem entsteht erst, wenn wir ein bestimmtes Handlungsmuster für suboptimal halten und modifizieren wollen. Dann ist es unabdingbar, in einem ersten Lernschritt die mitgebrachten handlungssteuernden Strukturen bewusst und damit überhaupt bearbeitbar zu machen. Dies kann z.B. durch Selbstreflexion geschehen oder durch Selbst- und Fremdbeobachtung.

Angenommen wir wollen unsere Handlungskompetenz im Bereich des kooperativen Lernens optimieren. Dann sollten wir zunächst einmal unsere eigene Lerngeschichte in diesem Bereich hinterfragen. Wie haben wir selbst während unserer eigenen Schulzeit kooperative Lernformen erlebt? Welche Überzeugungen haben wir von daher gewonnen? Welche Erfahrungen haben wir selbst als Unterrichtende mit dem kooperativen Lernen gemacht? Was war eher belastend, was eher ermutigend?

1.2 Zweiter Lernschritt

Nachdem im ersten Lernschritt die biographisch erworbenen suboptimalen Handlungsstrukturen aufgeklärt sind, werden in einem zweiten Lernschritt neue Problemlösungen entwickelt und für den gewünschten (Um-)Lernprozess angeboten. Für den Vermittlungsvorgang sind vier ineinander greifende Elemente von besonderer Bedeutung: Advance Organizer, Sandwich-Strukturen, WELL-Methoden und Lernstrategien.

Der Advance Organizer gibt einen ganzheitlichen Überblick über das jeweilige Thema. Er ermöglicht eine erste Orientierung und implantiert damit grundlegende Strukturen, an die sich die nachfolgenden Lernprozesse kumulativ anschließen lassen.

Da Lernen individuell ist, sind kollektive Lernphasen alleine nicht ausreichend. Das Konzept sieht daher vor, dass auf jede kollektive Phase der Informationsvermittlung im gleichen Lerntempo für alle eine Phase des individuellen Verarbeitens, der individuellen Aneignung folgt. Auf diese Weise ergibt sich als Grundrhythmus des Lernens eine sandwichartige Struktur, d.h. Phasen der Instruktion durch die Lehrperson wechseln sich mit Phasen des eigenständigen Denkens und Handelns in der Erschließung und Anwendung ab.

Nachhaltiges Lernen setzt aktive mentale Prozesse voraus. Sowohl bei der Aufnahme wie bei der Verarbeitung von Informationen sind Methoden des wechselseitigen Lehrens und Lernens (WELL-Methoden) hilfreich. Die Lernenden erwerben zuerst in einem Teilbereich Expertenwissen, das sie in einer zweiten Phase den »Novizen« vermitteln. In einer dritten Phase wird das erworbene Wissen individuell vertieft oder bei der Lösung von Aufgaben angewandt. Wichtige WELL-Methoden sind das Partner- und Gruppenpuzzle, das Lerntempoduett sowie Partner-, Gruppen- und Multiinterview.

Im zweiten Lernschritt geht es darum, handlungssteuernde Strukturen durch das Entwickeln neuer Problemlösungen zu verändern. Dabei spielen aktivierende Lernmethoden (wie z.B. WELL) eine zentrale Rolle. Um Wissen aneignen, vermitteln und anwenden zu können, werden Lernstrategien benötigt. In diesem Bereich hat sich in den letzten Jahren viel getan, so dass kognitive Landkarten (wie z.B. das Mindmapping), Markierungstechniken und viele andere Lernmethoden allgemein bekannt sind. Neu entwickelt wurde von Diethelm Wahl die Strukturlegetechnik (SLT), bei der die zentralen Begriffe eines Themas auf Kärtchen geschrieben und so gelegt werden, dass sie eine sinnvolle Struktur ergeben. Diese Lernstrategie hat sich beim Wissenserwerb ebenso bewährt wie bei der Vermittlung und Wiederholung von Wissen.

Nimmt man das Beispiel »Erwerb von Handlungskompetenz zum kooperativen Lernen« wieder auf, so könnte der zweite Lernschritt bei einer Fortbildungsveranstaltung folgendermaßen aussehen: Nachdem im ersten Lernschritt geklärt wurde, welche subjektiven Theorien das Handeln in diesem Themenfeld prägen, werden nun zunächst die aktuellen Forschungsergebnisse zum kooperativen Lernen im Überblick präsentiert, z.B. in Form eines Advance Organizers oder eines Impulsreferats. Anschließend werden unterschiedliche Formen des kooperativen Lernens durchgespielt und mit den individuell mitgebrachten handlungssteuernden Strukturen abgeglichen. Im sandwichartigen Wechsel zwischen angebotenen neuen Problemlösungen und individueller Reflexion überlegen die Lernenden, welche Elemente sie neu in ihr Verhaltensrepertoire zum kooperativen Lernen aufnehmen wollen.

1.3 Dritter Lernschritt

Im dritten Lernschritt geht es darum, das neue Handeln in Gang zu bringen. Da die alten, zu modifizierenden Handlungsmuster zunächst außer Kraft gesetzt werden müssen, ist übergangsweise eine Phase der Verhaltensunsicherheit unvermeidbar. Bevor sich eine neue Handlungssicherheit ergibt, müssen die ausgewählten Prozesse und Strukturen sorgfältig geplant, geübt und dann schrittweise umgesetzt werden. Erfahrungsgemäß fällt dieser Vorgang dann leichter, wenn die Lernenden über Strategien der inneren Stabilisierung verfügen (z.B. innerer Dialog) und durch externe Hilfen unterstützt werden, z.B. durch einen Lernpartner oder eine kollegiale Kleingruppe.

Will man z.B. neue Formen des kooperativen Lernens in die Unterrichtspraxis aufnehmen, so muss man zunächst eine ganz klare Vorstellung von der ausgewählten Unterrichtsmethode haben. Diese gewinnt man durch eigenes Erleben bei einer Fortbildung, durch Videoaufnahmen oder durch Besuch im Unterricht von Kollegen, die die entsprechende Methode bereits praktizieren. Erst danach ist es sinnvoll, das gewählte Verfahren im eigenen Unterricht zu erproben. Dabei muss Lehrenden und Lernenden gleichermaßen klar sein, dass erst mehrfaches Wiederholen der Methode allen Beteiligten die gewünschte Handlungsroutine vermittelt.

1.4 Menschenbild-Annahmen

Der übergreifende dreischrittige Lernprozess und die Sandwichstruktur als Grundrhythmus des Lernens sind die beiden zentralen Elemente des Konzepts von Diethelm Wahl. Diesem Konzept liegt ein Menschenbild zugrunde, wonach Menschen angelegt sind auf Autonomie, Kommunikation, Reflexivität und Handlungskompetenz. Das gesamte Lernarrangement zielt demnach darauf ab, die Kompetenzen der Lernenden in diesen vier Bereichen zu steigern. Die Ausrichtung auf die genannten Menschenbildannahmen bzw. auf zentrale menschliche Grundbedürfnisse – die Motivationspsychologie (Deci/Ryan) spricht hier von Autonomie, Selbstwirksamkeit und sozialer Nähe – runden das Konzept ab und geben ihm eine klare Stringenz.

Diese Orientierung am Menschenbild macht zugleich deutlich, dass es in Schule und Unterricht nicht allein um die Erarbeitung inhaltsorientierter Curricula geht, sondern darüber hinaus um die Persönlichkeitsentwicklung der Schülerinnen und Schüler.

2. Erfahrungen mit dem Wahl-Konzept in Unterricht und Fortbildung

Ich habe das Konzept von Diethelm Wahl in den letzten fünf Jahren sowohl im eigenen Unterricht wie auch in zahlreichen Fortbildungsveranstaltungen erprobt. Rückmeldungen von Schülern und Seminarteilnehmern haben meine Einschätzung der Bedeutsamkeit des Konzeptes verstärkt.

Das Konzept der drei Lernschritte und des Sandwich-Prinzips ist geprägt durch eine große Klarheit, die Lehrenden und Lernenden eine optimale Orientierung erlaubt. Dies gilt auch für die in die Sandwichstruktur eingelassenen WELL-Methoden, die durchgehend dem Dreischritt von Aneignung (Expertenphase), Vermittlung (Informationsphase) und Vertiefung (Verarbeitungsphase) folgen. Diese wiederkehrenden Rahmenstrukturen werden von den Schülerinnen und Schülern schnell erfasst. Das selbstständige Lernen wird unterstützt durch Lernstrategien, wobei sich die Strukturlegetechnik als geradezu universal einsetzbar erweist, von der Grundschule bis zur Erwachsenenbildung und grundsätzlich auch in allen Fächern.

Ein besonderes Erfolgsmodell ist der Advance Organizer in der von Diethelm Wahl vorgeschlagenen Form, die ich oben versucht habe nachzuzeichnen. Die Lernenden nutzen einen solchen visualisierten und kommentierten Advance Organizer während der gesamten Lernsequenz, um sich die grundlegenden Zusammenhänge immer wieder vor Augen zu führen. Zunächst ist für viele Seminarteilnehmer der Gedanke gewöhnungsbedürftig, dass die Lehrperson den Schülerinnen und Schülern im Vorhinein einen Überblick über die gesamte Thematik gibt – an Stelle des gewohnten Frage-Antwort-Verfahrens. An dieser Stelle wird – auch emotional – der paradigmatische Wechsel des Unterrichtsskripts unmittelbar erfahren. Wenn dann aber die Bedeutung der Vorwissensorganisation für den gesamten Lernprozess nachvollzogen wurde, führen viele Kolleginnen und Kollegen gerade den Advance Organizer als eine der ersten Methoden neu in ihre Unterrichtspraxis ein und berichten geradezu begeistert von größeren Lernerfolgen und der positiven Resonanz bei den Schülerinnen und Schülern.

Der Advance Organizer bringt auch eine neue Klarheit in die Lehrerrolle. Es geht eben nicht nur darum, dass die Lehrenden den Lernprozess der Schülerinnen und Schüler organisieren und moderieren, wie dies allenthalben betont wird. Die Lehrperson ist in gleicher Weise auch für die professionelle Vermittlung des Expertenwissens verantwortlich, vor allem dann, wenn Schüler überfordert wären – wie z.B. bei einem Überblick über ein komplexes neues Stoffgebiet. Nur wenn es die Schülerkompetenzen zulassen, ist es sinnvoll, neues Wissen eigenständig erarbeiten zu lassen.

Auch wenn die Lehrperson in der Regel für die Informationsvermittlung in den kollektiven Plenumsphasen verantwortlich ist, so liegt der Schwerpunkt der Sandwichstruktur doch deutlich auf den Phasen der individuellen Auseinandersetzung.

Gelehrtes Wissen ist noch kein gelerntes Wissen. Daher ist es unabdingbar, dass auf jede – ca. 20-minütige – Plenumsphase eine – meist längere – Phase der individuellen Auseinandersetzung folgt, in der die Schülerinnen und Schüler Lernlücken schließen und die angebotenen Informationen in ihre einzigartigen gedanklichen Strukturen integrieren können. Dies geschieht in Einzel-, Partner- oder Kleingruppenarbeit. Die Konzentration des Sandwich-Prinzips auf den individuellen Lernprozess macht einen Lernerfolg sehr viel wahrscheinlicher als es bei dem immer noch vorherrschenden Verfahren des fragend-entwickelnden Unterrichts der Fall ist. Die von Diethelm Wahl zitierten empirischen Forschungsergebnisse seines Mitarbeiterteams unterstützen diese Vermutung.

Der Lernerfolg der Schülerinnen und Schüler wird auch dadurch verbessert, dass nicht nur das Sandwich-Prinzip, sondern auch die übergreifenden Strukturen der drei Lernschritte den Unterricht bestimmen. Wenn der dreischrittige Lernprozess oben für das Lernen von Erwachsenen expliziert wurde, so lässt sich diese Struktur ohne weiteres auch auf das Lernen von Schülerinnen und Schülern übertragen. Beim Thema Rechtschreibung z.B. müssen zunächst die mitgebrachten individuellen Schreibmuster diagnostiziert werden (1. Lernschritt). Anschließend werden Rechtschreibregeln, Umgang mit Wörterbüchern sowie unterschiedliche Strategien im Umgang mit Rechtschreibproblemen angeboten (2. Lernschritt), bevor abschließend gezielte individuelle Rechtschreibtrainings geplant und durchgeführt werden (3. Lernschritt).

Besonders positive Auswirkungen auf Motivation und Anstrengungsbereitschaft haben die Methoden des wechselseitigen Lehrens und Lernens (WELL-Methoden). Die Lernenden eignen sich Expertenwissen an, vermitteln dies an die »Novizen« und lösen gemeinsam mit ihren Lernpartnern Aufgaben und Probleme. Die Schülerinnen und Schüler erleben – deutlich sichtbar – auch emotional ihre Kompetenz, die durch Aneignung und Anwendung geeigneter Lernstrategien noch gesteigert wird. Sowohl durch das Sandwich-Prinzip wie auch durch die spezifischen Strukturen der WELL-Methoden werden die Schülerinnen und Schüler immer wieder gefordert, aber auch belohnt: Sie erleben den eigenen Lernzuwachs und genießen immer wieder ihren Expertenstatus. Da sich niemand gegenüber den Mitschülern blamieren will, wächst die Bereitschaft sich anzustrengen. Dies fördert zugleich die Verarbeitungstiefe und die Nachhaltigkeit des Lernens. Störungen, die oft durch Passivität und das Erleben von Langeweile ausgelöst werden, gehen deutlich zurück.

Die Struktur der drei Lernschritte und des Sandwich-Prinzips lässt sich sowohl für die Gestaltung von Fortbildungsveranstaltungen wie auch als neues Unterrichtsskript, als neue »Lernumgebung« nutzen. Aktivierende Lehr- und Lernmethoden, die von anderen Konzepten angeboten werden, lassen sich problemlos integrieren. Gleichwohl soll hier nicht der Eindruck erweckt werden, als seien gewünschte Änderungen leicht zu haben. Schließlich geht es um Verhaltensmuster und mentale Modelle, die meist nicht erst während der Berufsausbildung, sondern bereits während der eigenen Schulzeit geprägt wurden. Gerade weil die mitgebrachten handlungssteuernden Strukturen und Prozesse so stabil sind, ist eine nachhaltige Änderung ohne den skizzierten dreischrittigen Lernprozess kaum möglich. Dies wird nicht nur von Diethelm Wahl so gesehen, sondern z.b. auch von Andreas Helmke: »Ein Unterrichtsentwicklungsprogramm, das nicht den enorm starken Einfluss von impliziten Theorien und Verhaltensgewohnheiten ausdrücklich in die Planung mit einbezieht, muss zwangsläufig scheitern.« (HELMKE, 2007, S. 197).

Wer seine biographisch gewachsenen Vorstellungen von Lernen und Unterricht reflektiert und sich von der wissenschaftlichen Stimmigkeit des Wahl-Konzepts überzeugt hat, sollte sich meines Erachtens schrittweise der Sandwich-Struktur annähern. Die Phasen der individuellen Auseinandersetzung sollten zunächst nur wenige, einfache methodische Schritte enthalten – wie z.b. Vergewisserungsphase, Sortieraufgabe oder unterschiedliche Formen der Partnerarbeit (Partnerinterview, Partnerpuzzle etc.). Erst wenn sich die notwendige Handlungssicherheit mit einer methodischen Variante eingestellt hat, sollte die nächste erprobt werden. Durch die schrittweise Annäherung an ein neues Unterrichtsskript werden frühzeitiges Scheitern und Überforderung vermieden; stattdessen wird allen Beteiligten mehr Lehr- und Lernfreude und dadurch auch größerer Lehr- und Lernerfolg ermöglicht.

3. Die Rolle der Schulleitung

So wie beim Unterricht nach dem Sandwich-Prinzip der Schwerpunkt auf den Phasen der individuellen Informationsverarbeitung liegt, so liegt auch bei der Fortbildung der Schwerpunkt auf der Anwendung der gelernten Unterrichtsverfahren durch die teilnehmenden Lehrpersonen. Es genügt nicht, nur die Fortbildungsveranstaltungen zu evaluieren. Entscheidend ist, ob sich die Unterrichtspraxis verändert und die Lernprozesse der Schülerinnen und Schüler optimiert werden. Auch eine Fortbildungsveranstaltung, die von allen Teilnehmenden als sehr gewinnbringend erlebt und evaluiert wird, kann vollkommen wirkungslos bleiben, wenn die Seminarteilnehmer nicht über die notwendigen Umsetzungsstrategien verfügen und diese auch praktizieren. Hier setzt die Verantwortung der Schulleitung ein. Werden die Kolleginnen und Kollegen nach einer Fortbildungsveranstaltung alleine gelassen, so ist erfahrungsgemäß davon auszugehen, dass nur wenige neue Impulse bei den Schülerinnen und Schülern ankommen.

Entscheidend ist zunächst einmal, dass die Schulleitung der Unterrichtsentwicklung im Schulalltag Priorität einräumt. Vieles mag Tag für Tag dringender sein, aber es dürfte kaum etwas Wichtigeres geben als die Optimierung des Unterrichts. Eine dem entsprechende Grundhaltung der Schulleitung muss nicht nur für das Kollegium erkennbar sein, sondern auch für Schüler- und Elternschaft, auf deren Verständnis und Unterstützung die Unterrichtsentwicklung angewiesen ist.

Eine Verbesserung der schulischen Arbeit in nennenswertem Maße ist nur durch Lehrerfortbildung zu erreichen. Punktuelle Fortbildungen haben sich jedoch als wirkungslos erwiesen. Die Fortbildungsplanung einer Schule sollte daher einen langfristig angelegten, systematischen Wechsel von Präsenz- und Transferphasen vorsehen, im Konzept von Diethelm Wahl »Großes Sandwich« genannt. Während der Transferphasen wird die Arbeit der Lehrperson unterstützt durch Praxistandems, die sich etwa alle zwei Wochen treffen und gemeinsam Unterricht vorbereiten, und kollegiale Kleingruppen, die aus zwei oder drei Praxistandems bestehen und ca. alle vier Wochen Umsetzungsprobleme erörtern.

In die abschließende zusammenfassende Auflistung von »10 Aufgaben der Schulleitung« sind Forschungsergebnisse ebenso eingegangen wie meine persönlichen Erfahrungen in 20 Jahren als Schulleiter und als Trainer für Unterrichtsentwicklung während der letzten 15 Jahre.

10 Aufgaben der Schulleitung bei der Unterrichtsentwicklung (UE):

1. UE als Kern der Schulentwicklung herausstellen (»wichtig« vor »dringend«)
2. persönliches Engagement und Vorbildfunktion
3. Einrichtung einer Steuergruppe
4. Organisation von Fortbildung
5. Verantwortung für die Transferphasen (Aufbau von Teamstrukturen)
6. Fehlertoleranz (Stagnation, Rückschläge und Abwehr einkalkulieren)
7. Prinzip der Anstrengungskalkulation beachten: UE muss sich für die Lehrer/innen »lohnen«
8. Wertschätzung der UE durch Eltern und Schüler/-innen sicherstellen
9. einen angemessenen Zeitraum vorsehen und die Ergebnisse evaluieren
10. UE nicht als Selbstzweck betrachten: Sie legitimiert sich ausschließlich durch bessere Lernprozesse der Schüler/-innen

Literatur

Helmke, A. (2007). Unterrichtsqualität erfassen, bewerten, verbessern. Seelze: Klett/Kallmeyer.
Wahl, D. (2006). Lernumgebungen erfolgreich gestalten. Vom trägen Wissen zum kompetenten Handeln. Bad Heilbrunn: Klinkhardt.

SINUS.NRW – Impulse für die Fachgruppenarbeit und die Rolle der Schulleitung

ANDREAS PALLACK, RUDOLF VOM HOFE, ALEXANDER JORDAN & GEORG TRENDEL

Das ursprünglich von der Bund-Länderkommission (BLK) initiierte SINUS-Projekt zur Steigerung der Effizienz des mathematisch-naturwissenschaftlichen Unterrichts wird in einer dritten Phase eigenständig durch das Land Nordrhein-Westfalen fortgeführt. Die dritte Phase des SINUS-Projekts in Nordrhein-Westfalen (SINUS.NRW) baut systematisch auf den Vorgängerprojekten (SINUS und SINUS-Transfer) auf und nutzt dabei deren Arbeitsergebnisse in Form von Materialien, dem aufgebauten Netzwerk und Erfahrungen zu sinnvollen Arbeitsweisen. Positive Ansätze werden weiterentwickelt, es werden jedoch auch deutlich neue Schwerpunkte gesetzt (vgl. PALLACK & TRENDEL, 2009).

In diesem Beitrag verfolgen wir drei Ziele:

- Wir möchten Ihnen die nordrhein-westfälischen SINUS-Projekte vorstellen. Dazu berichten wir über seine Phasen und gewähren Einblick in die Konzeption von SINUS.NRW.
- Das Herz von SINUS.NRW ist die Arbeit mit Fachgruppen. Exemplarisch geben wir Einblick in den jüngst angelaufenen SINUS.NRW Schwerpunkt *Diagnose und individuelle Förderung im Mathematikunterricht*, der wissenschaftlich von der Arbeitsgruppe Prof. Dr. vom Hofe (Universität Bielefeld) begleitet wird. Trotz der gebotenen Kürze möchten wir hier nicht auf Beispiele verzichten, da sie die Ausrichtung der Schwerpunkte in SINUS.NRW gut illustrieren.
- Die Entwicklung einer Schule wird – ob nun bewusst oder unbewusst – maßgeblich durch die Schulleitung gesteuert. Neue Ansätze der Schulentwicklung folgen dem Motto: »Gestalten statt verwalten«. Das trifft natürlich auch auf den von uns favorisierten kooperativen Ansatz zu. Wege, die Schulleitung ebnen muss, um Kooperation an der eigenen Schule befördern bzw. überhaupt erst ermöglichen zu können, zeigen wir in Form von Thesen zum Ende des Artikels auf.

Zu SINUS, SINUS-Transfer NRW und SINUS.NRW sind bereits zahlreiche Publikationen erschienen. Einen Überblick finden Sie unter http://www.sinus.nrw.de.

1. Die drei Phasen des SINUS-Projekts

In der ersten Projektphase des SINUS-Projektes wurde an Modulen gearbeitet, denen in der BLK-Expertise zur Qualitätssteigerung des mathematisch-naturwissenschaftlichen Unterrichts ein hohes Potenzial zur Verbesserung von Unterrichtsergebnissen zugeschrieben wurde (vgl. BLK, 1997).

Ziel der zweiten Phase (SINUS-Transfer) war es, diese modularen Ansätze mit Blick auf bildungspolitisch relevante Themen zu verbreiten. Dabei stand in Nordrhein-Westfalen die Innovationskraft einzelner Lehrpersonen, die in schul- und schulformübergreifenden Sets (begleitet von Koordinatorinnen und Koordinatoren) miteinander arbeiteten, im Zentrum der Erwartungen. Doch so wichtig es auch ist, dass einzelne Lehrerinnen und Lehrer einen guten und interessanten Unterricht machen; für ein Schulsystem ist es notwendig, Unterrichtsqualität in der Breite zu garantieren. Die konzeptionelle Verankerung einer neuen Unterrichtskultur an allen Schulen, eines der vornehmlichen Ziele der SINUS-Projekte, konnte in SINUS-Transfer nur peripher in den Blick genommen werden.

In der dritten Phase ist dieser Aspekt ein bewusster Schwerpunkt der Arbeit. Dafür werden in einzelnen Schulen Bedingungen erkundet, wie innovative und erfolgversprechende fachspezifische Ansätze bzw. Unterrichtskonzeptionen nachhaltig in der Arbeit schulischer Fachgruppen verankert und für die Lehr-/Lernkultur eines Fachbereichs fruchtbar gemacht werden können. Die dritte SINUS-Phase erweitert also den Rahmen über Unterrichtentwicklung hinaus in Richtung Professionsentwicklung an Schulen.

2. Bedingungen wirksamer Professionalisierung

PALLACK UND TRENDEL (2009) leiten auf der Basis von Fachliteratur zu wirksamer Fortbildung und von Erfahrungen aus dem SINUS-Transfer Projekt *Determinanten wirksamer Professionalisierung* her:

Organisatorisch
- Langfristigkeit statt punktueller Veranstaltungen
- Wechsel zwischen Input-, Entwicklungs- und Erprobungsphasen
- Möglichkeit zu kollegialem Austausch, zur Kooperation und zur Zusammenarbeit
- Materialisierung und Publikation der Fortschritte

Inhaltlich
- enger fachlicher und fachdidaktischer Fokus
- inhaltlicher Rahmen und klare, gemeinsam ausgehandelte Ziele

Methodisch
- die Fortbildung der Teilnehmer als Ergebnis der geleisteten und selbstbestimmten Arbeit und nicht als Ausgangspunkt der Planung ansehen
- Ansetzen an der tatsächlichen Praxis und den Überzeugungen der Teilnehmer
- De-Privatisierung der Unterrichtspraxis
- Freiräume schaffen und selbst bestimmtes Lernen ermöglichen
- reflektierender Dialog und Reflexion, z.B. über (Video)-Feedback
- Fokus auf Lernen statt auf Lehren

Abb. 1: Determinanten wirksamer Professionalisierung

Sie sind Grundlage der Konzeption von SINUS.NRW. Diese Bedingungen ergeben sich nicht von selbst. Sie müssen aktiv in Kooperation mit allen Beteiligten geschaffen werden:

Eine Herausforderung ist das Projekt deswegen vor allem dadurch, dass Kooperation unter Lehrern zwar immer wieder eingefordert wird (vgl. TERHARD & KLIEME, 2006), in der Tradition vieler Schulen jedoch nicht in einem gewünschten Maß verankert ist.

Begünstigt wird ein isoliertes Arbeiten durch die besondere organisatorische Struktur von Schulen mit rhythmisierten und individualisierten Arbeitsabläufen, durch Besonderheiten des Arbeitsplatzes Klassenzimmer, in dem Unterricht – mitunter oder häufig – als eine Privatangelegenheit zwischen Lehrern und Schülern erscheint *(Privatisierung des Unterrichts)*, und durch eine besondere Berufskultur der Lehrerschaft. Dazu gehören auch Normen, die in der Gemeinschaft der Unterrichtenden weitgehend akzeptiert werden:

Man ist im Umgang miteinander vorsichtig und zuvorkommend, greift in den Unterricht des Kollegen nicht ein und interveniert nicht in fremden Angelegenheiten. Kollegialität zeigt sich in diesem Sinne vor allem in einer freundlichen Distanz und der unausgesprochenen Vereinbarung: Lässt du mich in Ruhe, lass ich dich auch in Ruhe.

Gegenseitige Hilfen gehen über gewisse Praxistipps oder den gelegentlichen Austausch von Materialien selten hinaus. Eine Taxonomie der Intensität von Kooperation sowie Einblick in die Arbeitsweisen von SINUS-Transfer und anderen kooperativ angelegten Projekten findet man u.a. in PALLACK (2009).

Grundlegende Innovationen erfordern jedoch wegen ihres Umfangs und ihrer anderen Sicht auf Unterricht einen Paradigmenwechsel und fordern geradezu heraus, Veränderungen in der professionellen Zusammenarbeit von Lehrpersonen auf den Weg zu bringen.

Exemplarisch seien Konsequenzen, die sich aus der Einführung von Bildungsstandards ergeben, genannt: Mit der Outputorientierung sind Formen der Rechenschaftslegung wie Qualitätsanalysen, zentrale Lernstands- und Abschlussprüfungen verbunden. Die Verantwortung für Lernergebnisse verschiebt sich dadurch, auch in der subjektiven Wahrnehmung, mehr als bisher auf die unterrichtenden Lehrer. Es ist sinnvoll, diese Verantwortung gemeinsam zu tragen. Hier setzt SINUS.NRW mit seinen fachlichen Schwerpunkten an.

3. Die fachlichen Schwerpunkte von SINUS.NRW

Die Erfolge von SINUS-Transfer sind nicht zu übersehen: Viele Kollegen arbeiten mittlerweile mit SINUS-Materialien, einige treffen sich sogar nach wie vor in schulübergreifenden Gruppen. Das kann jedoch nicht darüber hinwegtäuschen, dass die erarbeiteten Konzepte von SINUS-Transfer in der Breite der Fachgruppen besser verankert sein könnten.

Als inhaltlich-thematisches Ziel von SINUS.NRW wurde zunächst festgelegt, Unterricht in Richtung Kompetenzorientierung weiterzuentwickeln. Kompetenzorientierung verweist sehr deutlich auf die Notwendigkeit zu individualisiertem und selbstgesteuertem Lernen und damit auf veränderte Unterrichtskonzeptionen hin.

Im Bereich Mathematik wurden die Schwerpunkte Förderung prozessbezogener Kompetenzen, Unterrichtskonzepte mit Blick auf das Zentralabitur Mathematik, selbstständiges Arbeiten im Mathematikunterricht, Konzepte zum Gebrauch digitaler Werkzeuge, Diagnose und Förderung in der Sekundarstufe I sowie Stochastik in der Sekundarstufe I angeboten.

Im Bereich Naturwissenschaften stehen die Entwicklung kompetenzorientierter Lernaufgaben sowie die Erstellung von Werkzeugen zur individuellen Lerndiagnose im Vordergrund. Diese inhaltlichen Ansätze eignen sich besonders, um im Arbeitsprozess über die Diskussion bestimmter Aspekte von Kompetenzorientierung den Blick auf das unterschiedliche und zunehmend selbstgesteuerte Lernen von Schülerinnen und Schülern zu richten.

4. Ein Beispiel für die Fachgruppenarbeit in SINUS.NRW

Koordinatorinnen und Koordinatoren begleiten die Schulen bei der Kooperation. Ihre Aufgabe ist es, die fachlichen Schwerpunkte so zu entwickeln, dass die Bedingungen wirksamer Professionalisierung beachtet und damit erprobt werden. Wir geben hier einen Werkstattbericht aus der Arbeit im Schwerpunkt *Diagnose und individuelle Förderung* (vgl. dazu VOM HOFE & PALLACK, 2009).

Diagnose und individuelle Förderung im Mathematikunterricht

Aufgabe des Mathematikunterrichts in der Sekundarstufe I ist die Vermittlung einer nachhaltigen mathematischen Grundbildung. Schüler sollen dabei mathematische Kompetenzen entwickeln, gleichzeitig sollen Defizite abgebaut werden. Zeitgemäßer Mathematikunterricht nimmt Rücksicht auf die individuellen Voraussetzungen der Schüler und bietet reichhaltige Lernangebote, in denen Schüler gemäß ihrer Fähigkeiten und Neigungen agieren können.

Unter *Diagnose* verstehen wir in diesem Zusammenhang die gezielte Interaktion mit den Lernenden (z.B. über Tests, aber auch über Gruppen- oder Partnerarbeit), deren primäres Ziel es ist, Entscheidungen für die Unterrichtsgestaltung begründet zu treffen. Individuelles Fördern soll Lernenden die Chance geben, ihr Potenzial umfassend zu entwickeln. Diagnose und individuelle Förderung bilden damit eine untrennbare Einheit: Diagnose ohne Förderung ist nutzlos; Förderung ohne Diagnose ist Aktionismus.

Von der Diagnose zur Förderung

In SINUS.NRW entwickeln fünf Schulen der Region Bielefeld (die Karla-Raveh-Gesamtschule des Kreises Lippe, die Gertrud-Bäumer-Realschule Bielefeld, das Städtische Gymnasium Delbrück, das Einstein-Gymnasium Rheda-Wiedenbrück und die Bertolt-Brecht-Gesamtschule Löhne) aufeinander abgestimmte Diagnose- und Fördermodule für die Doppeljahrgangsstufe 5/6. Ausgangspunkt der Diagnostik ist ein Eingangstest, der zu Beginn der 5. Jahrgangsstufe geschrieben werden soll.

Dieser Test baut auf großformatige längsschnittliche empirische Untersuchungen auf und liefert Schülerprofile, die zu Klassenprofilen zusammengefasst werden können (vgl. Abb. 2). Der Test wurde bereits erprobt und wird in den teilnehmenden Schulen zum Beginn des Schuljahres 2009/2010 als Eingangsdiagnose genutzt.

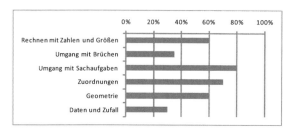

Abb. 2: *Beispiel für ein Klassenprofil*

Die Auswertung des Tests kann ergeben, dass eine Klasse insgesamt in bestimmten Bereichen Nachholbedarf hat (hier z.b. in den Bereichen Umgang mit Brüchen sowie Daten und Zufall). In diesem Fall sollten die Lernumgebungen so ausgewählt werden, dass die Schüler die Chance bekommen, ihre Defizite im regulären Unterricht aufzuarbeiten. Es kann aber auch sein, dass nur Teile einer Klasse Hilfen benötigen. Um dies festzustellen, können die einzelnen Schülerprofile des Tests analysiert werden. Das kann dann Anlass sein, binnendifferenzierende Maßnahmen im Unterricht umzusetzen. Ist die betroffene Schülergruppe sehr klein und sind die Defizite massiv, so bieten sich auch Fördermaßnahmen außerhalb des regulären Unterrichts (z.B. in speziell eingerichteten Förderkursen) an.

Ein Eingangstest (unser Test ist für 60 Minuten geplant) kann natürlich nur grob diagnostizieren. Daher werden für feinere Analysen diagnostische Aufgaben entwickelt, die im Unterricht, in Hausaufgaben oder auch in Klassenarbeiten eingesetzt werden können. Sie geben dem Lehrer gezielte Hinweise, wie er seinen Unterricht für alle Schüler angemessen planen, durchführen und auswerten kann. Darüber hinaus entwickeln die Schulen auch Materialien zur Selbst- und Partnerdiagnose. Schüler lernen so – ergänzt durch ein Feedback durch den Lehrer – sich selbst realistisch einzuschätzen.

	Wie sicher fühlst du dich in folgenden Situationen?	ganz sicher	ziemlich sicher	etwas unsicher	sehr unsicher
1	Ich kann Daten in Listen und Tabellen eintragen.				
2	Ich kann Durchschnittswerte berechnen.				
3	Ich kann Zentralwerte bestimmen.				
...	...				

Abb. 3: *Auszug Selbstdiagnose zum Umgang mit Daten*

Fördern = Üben – ein häufiges Missverständnis

Weit verbreitet sind Fördermaterialien, die an den Aufbau älterer Schulbücher erinnern: Zu Beginn wird ein Beispiel vorgestellt, auf das lange Serien gleichförmiger technischer Aufgaben folgen. Was lernen Schüler bei der Bearbeitung solcher Materialien? Sie erschließen die Struktur des Beispiels und reproduzieren sie. Das Ergebnis solcher missverstandener Förderung ist die Ansammlung von Rezepten, die einen schematischen Umgang mit Mathematik vermitteln. Jeder Lehrer kennt die Wirkungen eines solchen Vorgehens: In der Klassenarbeit wird alles gekonnt, kurze Zeit später ist fast alles wieder vergessen. Ziel muss es sein, Schüler auch im regulären Unterricht so zu fördern, dass sie individualisiert und nachhaltig lernen. Im Schwerpunkt *Diagnose und individuelle Förderung* werden dazu Module entwickelt.

Entwicklung von Aufgabenmodulen zur gezielten individuellen Förderung

Aufgaben zum Fördern sollten so angelegt sein, dass Schülerinnen und Schüler ihr Potenzial umfassend entwickeln können. Dementsprechend sind die Aufgaben, die in den Fördermodulen unseres Projektes entwickelt werden, kompetenzorientiert und nicht schematisch. Wir greifen dabei vor allem auf den umfassenden Pool des Vorgängerprojektes SINUS-Transfer NRW zurück (die CD mit den Materialien wurde 2007 an alle Schulen in Nordrhein-Westfalen versendet).

Um die Aufgaben zur gezielten Förderung nutzen zu können, werden ihnen Profile zugeordnet, die es Lehrkräften ermöglichen, auf der Basis ihrer Diagnosen gezielt und effizient Aufgaben auszuwählen und zur Förderung innerhalb und außerhalb des regulären Mathematikunterrichts zu nutzen. Eine kommentierte Aufgabe – die z.B. zum Profil in Abbildung 2 passt – ist in Abbildung 4 abgedruckt. Perspektivisch sollen für ausgewählte Unterrichtsgegenstände jeweils einige Aufgaben mit unterschiedlichen Profilen angeboten werden, so dass Lehrkräfte aus verschiedenen Medien (Schulbuch, SINUS-Aufgaben, Materialdatenbank, ...) und Methoden die auswählen können, die mit Blick auf das Profil der Lernenden optimal passen.

Ziel in diesem Schwerpunkt ist es also, aufeinander abgestimmte und praktikable Diagnose- und Fördermaterialien zu entwickeln, die von der Lehrkraft – je nach den jeweiligen unterrichtlichen Erfordernissen – eingesetzt werden. Die Erfahrungen und Materialien werden mittelfristig allen Schulen in Nordrhein-Westfalen zur Verfügung gestellt.

Aufgabe: *Wie viele Fische sind im See?*

Aufgabenstellung: Bevor man Seen für Angler freigibt, wird oft geprüft, ob der Fischbestand groß genug ist. Entwickle eine Strategie, um die Anzahl der Fische in einem See zu bestimmen.

Materialien:
Modell für die Fische im See zum Experimentieren (z.B. Eimer mit vielen Murmeln oder Tüten mit geschreddertem Papierstreifen; siehe Abbildung rechts)/Hilfekarten

Hilfekarten:

Hilfe 1:	Hilfe 2:
Man wird nie alle Fische aus dem Teich holen, um sie zu zählen. Eine Stichprobe muss reichen.	Stell dir vor: In einem Sack sind nur weiße Murmeln. Hannes wirft zusätzlich 50 rote Murmeln in den Sack und mischt die Kugeln gut. Nun zieht er 50 Murmeln und sagt, dass im Sack ungefähr 800 weiße Murmeln sein müssten.

Vorschlag für den Einsatz der Aufgabe:
Erarbeitung von Strategien in Partnerarbeit (ggf. Hilfekarten nutzen) und im Plenum/Erproben der Strategien in Gruppenarbeit mit Hilfe Modells/Durchführen der Berechnungen in Einzelarbeit/Vergleich der Ergebnisse in der Gruppe und im Plenum/Erarbeitung im Plenum: Notwendige Voraussetzungen für angemessene Schätzungen, Reflexion der Methode/Hausaufgabe: Wiederholung des Experimentes oder Transfer auf neue Fragestellung

Erwartete Schüleraktivität:
Die Schüler entwickeln die Strategie, dass man eine Stichprobe (von z.B. 150 Fischen) aus dem See fängt und diese markiert. Anschließend wirft man die gefangenen Fische (hier: die Schnipsel) wieder in den See. Wenn die Fische sich gut verteilt haben, d. h. auch dass die Schnipsel gut durchmischt wurden, werden wieder 150 Fische gefangen. In dieser Stichprobe werden die markierten Fische gezählt (es ergibt sich z.B., dass vier der Schnipsel markiert waren). In Einzelarbeit berechnen die Schüler den Schätzwert für die Anzahl der Fische im See. Im Unterricht sollte reflektiert werden, wie gut die Schätzwerte sind und wie praktikabel das Verfahren wohl in der Realität ist.

Mögliche Rechnung:
4/150 beim zweiten Fang
50/? im See. Im See müssten also ungefähr 12,5·150 = 1875 Fische sein.

Profil der Aufgabe:
Schwerpunkt: Systematisches Bestimmen von Anzahlen
Inhaltsbezogene Kompetenz: Stochastik (Daten und Zufall)
Prozessbezogene Kompetenz: Problemlösen
Besonders gefördert wird auch
● der Umgang mit Anteilen und proportionalen Zuordnungen,
● der Umgang mit Daten und stochastisches Denken sowie
● das gezielte Durchführen von Experimenten und der Umgang mit vorgegebenen Modellen.
Die Aufgabe wurde in einer Realschulklasse 6, einer Gymnasialklasse 6 und in einem Grundkurs an einer Gesamtschule (8) erprobt.

Abb. 4: Kompetenzorientierte Aufgabe zur Stärkung des Umgangs mit Anteilen und Daten

5. Kooperation: Ein Ansatz zur langfristigen Entwicklung und Qualitätssicherung von Unterricht – die Rolle der Schulleitung

Die Fachgruppen haben sich in SINUS.NRW freiwillig für die Teilnahme an dem Projekt entschieden. Formelle Voraussetzung war, dass die gesamte Fachgruppe bereit ist das Projekt zu tragen und mindestens zwei Lehrkräfte an den regelmäßigen Treffen der Sets aktiv teilnehmen. Ausgangspunkt der Arbeit war der Wunsch, den Unterricht an der eigenen Schule weiter zu entwickeln. Bereits zu einem frühen Zeitpunkt wurden Ziele formuliert und Schwerpunkte der Arbeit destilliert. So wussten die Teilnehmer woran gearbeitet wird und konnten abschätzen, ob das Engagement für sie lohnenswert erscheint.

Die Teilnahme an SINUS.NRW kann also einen Beitrag zur Unterrichtsentwicklung und auch zur Schulentwicklung leisten. Damit die Arbeit tatsächlich in einer Weiterentwicklung des Unterrichts und damit der Schule mündet, müssen notwendig die Rahmenbedingungen stimmen. Die Schulleitung nimmt in diesem Prozess eine wichtige Rolle ein.

Wir verzichten an dieser Stelle auf die Nennung von Fachliteratur zu Schulmanagement und Personalführung, verweisen auf den Beitrag von Martin Bonsen in diesem Band und beschränken uns hier auf einige Thesen, die aus unserer Sicht für die in SINUS.NRW engagierten Lehrer besonders wichtig sind:

- Die Schulleitung muss sich für die Arbeit der Projektgruppe interessieren und die Bedeutung der Arbeit für die Schule an geeigneten Stellen hervorheben. Kolleginnen und Kollegen, deren Arbeit in SINUS-Transfer vor Ort eine angemessene Anerkennung fand, waren besonders motiviert und konnten andere Lehrkräfte begeistern und mitziehen. Eine Möglichkeit zur Betonung der Wichtigkeit einer Entwicklung ist z.B. die Aufnahme der entwickelten Konzepte im Schulprogramm.
- Manche Entwicklungen benötigen einen langen Atem. Schulleitung sollte darauf achten, dass angemessene Meilensteine in überschaubaren Zeiträumen (z.B. ein Schuljahr) definiert werden, die den Nutzen einer Entwicklung für die alltägliche Arbeit herausstellen und bewusst machen. Die Gefahr sich zu verzetteln wird dadurch gesenkt; die Chance, dass Aufwand und Nutzen in einem angemessenen Verhältnis stehen, steigt.
- Zwischen den individuellen Entwicklungsmöglichkeiten einzelner Lehrkräfte und der gemeinsamen Entwicklungsarbeit einer Fachkonferenz müssen klare Grenzen gezogen werden. Denn einerseits darf die Arbeit in Fachkonferenzen die individuelle Entwicklung nicht blockieren, andererseits benötigen Fachkonferenzen Entwicklungsschwerpunkte, um sich nicht nur regelmäßig zu verwalten (welches Schulbuch wird angeschafft, sind noch genug Zirkel in den Klassenräumen, ... ?), sondern tatsächlich zu gestalten. Dieser Gestaltungsauftrag muss von der Schulleitung klar artikuliert und eingefordert werden. Sie muss gemeinsam mit den Lehrkräften eine Vision entwickeln und sie beim Erreichen zugehöriger Ziele unterstützen.
- Das Angreifen und Umsetzen von Innovationen muss allen Beteiligten (Lehrer, Eltern, Schüler, ...) zu einem frühen Zeitpunkt mitgeteilt und transparent ge-

macht werden. Rückschläge sind immer möglich; das darf jedoch nicht dazu führen, dass einzelne Lehrkräfte in den Fokus der Diskussion rücken. Bei Diskursen muss es stets um die Sache gehen. Schulleitungen muss bewusst sein, dass Innovationen nicht in der stillen Kammer gelingen. Lehrkräfte, die Innovation voranbringen, benötigen Rückendeckung und ein Netz, das sie im Zweifelsfall auffängt.

- Schulleitung muss fachlich besonders aktive Lehrkräfte belohnen und bemüht sein, ihr »Standing« im Kollegium abzusichern. Rückschläge müssen verkraftbar bleiben. Irrwege sollten möglich sein. Zwar sind die Möglichkeiten zur Sanktionierung und Belohnung von Lehrkräften sehr eingeschränkt; die wenigen Möglichkeiten (z.B. Auftreten als Repräsentant der Schule bei entsprechenden Veranstaltungen, Möglichkeit zum Besuch von Tagungen und Fortbildungen, Möglichkeit der Weiterbildung für das berufliche Fortkommen) sollten jedoch gezielt zur Personalentwicklung genutzt werden.
- Die Möglichkeit zur Kooperation muss organisatorisch ermöglicht werden. Das kann bedeuten, dass z.B. alle Lehrkräfte einer Jahrgangsstufe einmal im Monat eine verlängerte Pause bekommen oder – wenn möglich – eine Freistunde so gelegt wird, dass interessierte Lehrkräfte sich treffen können. Doch nicht nur während der Unterrichtszeit mangelt es häufig an Möglichkeiten: Um sich im Nachmittagsbereich treffen zu können muss ggf. Zeit überbrückt werden, weswegen Lehrkräfte Arbeitsplätze benötigen, die sie zumindest zeitweise reservieren können. Manchmal sind es auch scheinbar triviale Gründe (wie z.B. das Ausstellen der Heizung am Nachmittag, das frühe Abschließen des Gebäudes, ...), die Kooperation erschweren. Wurden die Rahmenbedingungen geschaffen ist es Aufgabe der Schulleitung, die Kooperation einzufordern, Zielvereinbarungen zu treffen sowie das Erreichen der Ziele zu unterstützen und auch zu kontrollieren.
- Schulleitung muss Instrumente der (personenbezogenen) Evaluation verbindlich und nachdrücklich einsetzen. Bei der Entwicklung fachbezogener Evaluationsmaßnahmen sind die Fachkonferenzen intensiv zu beteiligen. Ist eine solche Feedbackkultur noch nicht entwickelt, sollte die Schulleitung behutsame aber zielorientierte Wege finden, um Evaluationsmaßnahmen umzusetzen. Nur so besteht die Chance, dass Lehrkräfte Evaluation als ein Instrument zur Selbstvergewisserung und nicht als Sanktions- oder Kontrollmaßnahme verstehen. Nur wenn die Karten auf den Tisch kommen wird die Gefahr von Totschlagargumenten (»in meinem Unterricht gibt es so etwas nicht«, »meine Schüler sind hoch zufrieden mit meinem Stil«, »die Qualität meines Unterrichts stimmt, da gibt es nichts zu verbessern«), die häufig Innovation bremsen und engagierte Lehrkräfte in eine Abseitsstellung bringen können, vermindert oder sogar unterbunden. Diskurse zur Entwicklung von Fachgruppen können sachlicher auf der Basis von Daten (auch wenn sie in den Diskussionen nicht personen- sondern fachgruppenbezogen ausgewertet werden) geführt werden.
- Das aus unserer Sicht wichtigste Signal ist, dass Schulleitung allen Beteiligten nachhaltig klarmachen muss, dass es ohne Bewegung nicht geht. Es kann bei der Entwicklung von Unterricht nicht darum gehen einen optimalen Zustand anzusteuern, auf dem man sich dann ausruhen kann. Schul- und Unterrichtsentwicklung muss als ein kontinuierlicher Prozess verstanden werden, der für die Betei-

ligten dadurch überschaubar wird, dass gemeinsam mit der Schulleitung Meilensteine gefunden werden, die erreichbar und erstrebenswert erscheinen. Das vermeidet Frustrationen, wenn mühsam erarbeitete Konzepte neuen Bedingungen angepasst werden müssen und sorgt für Kontinuität.

Diese Investition zahlt sich mittelfristig mit großer Sicherheit aus: Bis dato konnte mangelnde Kooperation in Kollegien durch andere Maßnahmen kompensiert werden. Kooperation erschien vielen als zu zeitaufwändig und wenig zielführend: Allein kam man leichter und schneller zum Ziel.

Das wird sich nach unserer Einschätzung in naher Zukunft ändern: Junglehrer mit mathematisch-naturwissenschaftlichen Fächern werden rar. Das wird zwangsläufig dazu führen, dass zunehmend Lehrer mit Entwicklungsbedarf eingestellt werden. In Verbindung mit externen Rückmeldungen, z.B. durch Lernstandserhebungen oder Qualitätsanalysen, könnte sich im schulischen Umfeld ein unerwünschtes Gemisch von Nachholbedarf und Unzufriedenheiten ergeben. Kollegiale Gemeinschaften mit dem Anspruch, sich kontinuierlich weiter zu professionalisieren, binden alle Betroffenen ein und ermöglichen in einer Umgebung der gegenseitigen Wertschätzung und Vertrauens Nachholbedarfe zu benennen und zu befriedigen. Kooperation kann entsprechend ein Schlüssel zur langfristigen Sicherung von Unterrichtsqualität sein und damit ein wichtiges Instrument für die Schulleitung, das bewusst eingesetzt zu mehr Qualität und Berufszufriedenheit führen kann.

6. Ausblick

SINUS.NRW wird mittelfristig Konzepte liefern, um solche Gemeinschaften in der Breite an Schulen zu gründen und zu etablieren. Das Projekt wird mit Blick auf die Bedingungen wirksamer Professionalisierung evaluiert. Erste Ergebnisse der Evaluation werden voraussichtlich 2011 publiziert.

Literatur

BLK (1997). Expertise: Steigerung der Effizienz des mathematisch-naturwissenschaftlichen Unterrichts. http://www.ipn.uni-kiel.de/projekte/blk_prog/gutacht/index.htm [18.01.2009].
VOM HOFE, R. & PALLACK, A. (2009). SINUS – Diagnose und individuelle Förderung im Mathematikunterricht. In Schule.NRW, 08/09, 390–392.
PALLACK, A. (2009). Unterricht gemeinsam entwickeln. In Mathematik Lehren, 152, 4–10.
PALLACK, A. & TRENDEL, G. (2009). SINUS.NRW – Neue Perspektiven für die Fachgruppenarbeit. In SchulVerwaltung NRW 7/8/09, 202–204.
TERHARD, E. & KLIEME, E. (2006). Kooperation im Lehrerberuf – Forschungsproblem und Gestaltungsaufgabe. In Zeitschrift für Pädagogik, 52, H. 2, 163–166.

Entwicklung von Unterrichtskonzepten initiieren: Sprach- und Lesekompetenz fördern

Jan von der Gathen

1. Vorbemerkung

Möglichst schnell lesen und schreiben lernen ist eines der wichtigsten Ziele von Schülerinnen und Schülern in der Grundschule. Dieses Anliegen drückt sich ebenfalls in den Hauptaufgaben aus, die die Grundschule Kleine Kielstraße in Dortmund für sich definiert, und zwar für Schüler und Lehrkräfte: Erstens gilt es, wirksame Lernprozesse zu organisieren. Zweitens müssen soziale und personelle Kompetenzen entwickelt werden. Als Grundpfeiler des Selbstverständnisses werden im Schulprogramm die drei an Schule originär Beteiligten genannt: Es ist eine Schule die, den Anspruch des Kindes auf individuelle Förderung ernst nimmt, professionelle Kooperation innerhalb des Kollegiums anstrebt und partnerschaftlich mit Eltern zusammen arbeitet.

Welche Rolle und Aufgaben nimmt die Schulleitung in dem beschriebenen Prozess ein? Sie muss sich zunächst selbst als Führungsperson definieren. Als Dienstvorgesetzte für ein Kollegium mit 27 Lehrkräften kann sie nicht direkt mit der konkreten Unterrichtsarbeit als Hauptaufgabe betraut sein. Die Vision von guter Schule lebendig zu erhalten steht als übergeordnetes Ziel. Wer hat nun die Definitionshoheit über die Frage, was eine gute Schule ist? Das Kollegium selbst, auf der Grundlage aktueller Erkenntnisse der Schulforschung und vor allem vor dem Hintergrund der Schülerschaft, die die Schule besuchen.

»Was ist eine gute Schule für die Kinder, die hier aufwachsen?« So hieß das Thema der ersten Lehrerkonferenz bei Schulgründung im Jahre 1994. Ziel war die Formulierung eines Grundkonsenses über pädagogische Wertvorstellungen, die – als konkrete Bausteine formuliert – Grundlage des ersten Schulprogramms wurden. Damit begann der Prozess systematischer Schulentwicklung, der von Schulleitung vorangetrieben und moderiert wird. Hier die Antwort, formuliert als das Leitbild der »Kleinen Kielstraße«:

»Orientiert an ihren Grundbedürfnissen nach Geborgenheit, nach neuen Erfahrungen, nach Verantwortung, nach Lob und Anerkennung, wollen wir unseren Kindern Antworten auf ihre Fragen geben und sie auf die Welt von morgen vorbereiten. Das geschieht in Partnerschaft mit den Eltern und in Zusammenarbeit mit unterstützenden außerschulischen Institutionen im Umfeld der Schule.

In der Geborgenheit verlässlicher Beziehungen sollen die Kinder Selbst-, Sozial- und Sachkompetenzen entwickeln, um in einer sich ständig verändernden Gesellschaft das eigene Leben gestalten und an der Weiterentwicklung des Gemeinwesens mitwirken zu können. Zentrales Ziel unserer Unterrichtsarbeit ist es, die Bereitschaft zu lebensbegleitendem Lernen aufzubauen. Dazu sind wir den Kindern Vorbild: durch professionelle Kooperation und durch die Bereitschaft zu kontinuierlicher pädagogischer Innovation.«

Die Schulleitung sieht vor allem vier Hauptaktionsfelder für die tägliche Leitungs- oder besser Führungsarbeit:

1. (sich) informieren
2. organisatorische Strukturen schaffen
3. Kooperation fördern
4. zielgerichtete Fortbildung initiieren

Sich informieren drückt sich zum Beispiel konkret in dem Instrument »Bilanzgespräch« aus. Mit jeder Lehrkraft wird ein Mal im Schuljahr in einem Vier-Augen-Gespräch (ca. 45 Minuten) Bilanz gezogen: über die Schülerinnen und Schüler der Klasse und über sich und seine Arbeit an der »Kleinen Kielstraße«. Zunächst wird auf die Entwicklung des einzelnen Kindes geschaut. Die Bereiche Leistung, Sozialverhalten und Arbeitsverhalten werden auf der Grundlage von Beobachtungsbögen bewertet. Potenzieller Unterstützungsbedarf wird festgelegt und Hilfsangebote und Tipps von Seiten der Schulleitung angeboten. Aber auch die aktuelle Situation des Lehrers an der Schule wird nicht außer Acht gelassen. Wichtig erscheint, den Lehrer als Experte für Unterrichtsentwicklung anzuerkennen. Eine persönliche Perspektive der Weiterentwicklung wird zwischen Führungsperson und Lehrkraft diskutiert und evtl. Unterstützungsbedarf angemeldet.

Die Schulleitung will und muss auch Einfluss auf den konkreten Unterricht nehmen. Doch wie kann das Schulleitungshandeln auf Unterricht wirken – direkt oder indirekt? Aktuelle Forschungsergebnisse können hier Aufschluss geben: Durch Forschungsergebnisse »kann nachvollziehbar gezeigt werden, dass Schulleitungshandeln nicht nur direkten Einfluss auf Schul- und Unterrichtsmerkmale haben kann, sondern auch, und vielleicht in erster Linie, indirekt über das Kollegium wirksam wird. Dies wird am Beispiel der Kooperation im Kollegium deutlich. (...) [Es kann gezeigt werden], dass die Dimension der zielgerichteten Führung nicht nur direkt auf die Kooperation wirkt (...), sondern in hohem Maße vermittelt zu wirken scheint. Insbesondere der indirekte Einfluss auf die kollegiumsweite unterrichtsbezogene Einschätzung der Bemühungen um Differenzierung und Förderung erscheint bedeutsam (...). Ein etwas geringerer und ebenfalls indirekter Effekt ist bezogen auf die Einschätzung der pädagogischen Innovation auf Schulebene festzustellen (...). Demnach ist ein positiver Einfluss auf die Kooperation zwischen Lehrerinnen und Lehrern ein geeignetes Mittel, um andere Faktoren wie die Innovationsbemühungen auf Schulebene, aber auch mögliche Unterrichtsmerkmale zu beeinflussen« (PFEIFFER, IGLHAUT, V.D. GATHEN & BONSEN, 2002, S. 315 f.). Die Förderung der Kooperation bei der unterrichtsbezogenen Zielfindung im Kollegium ist augenscheinlich ein gewichtiger Indikator für erfolgreiches Schulleitungshandeln.

Die Leiterin arbeitet demnach fortlaufend an der Aktivierung von vorhandenen Strukturen. Außerdem flankiert die Schulleitung den kollegialen Entwicklungsprozess durch das Schaffen organisatorischer Rahmenbedingungen, z.B. das Achten auf ein gemeinsames Unterrichtsende von Jahrgangskolleginnen, das die gemeinsame Jahrgangsteam-Sitzung im Anschluss an den Unterricht erleichtert; Zeiträume für einzelne Teams schaffen, Hospitationen und Fortbildungen ermöglichen, das Parallel-Legen möglichst vieler Stunden, um klassenübergreifendes Arbeiten zu erleichtern, das Übergeben von Verantwortlichkeiten an das Jahrgangsteam und das feste Verankern von Kooperationsstrukturen im Plan.

Außerdem wird von Schulleitung immer wieder die Kooperation innerhalb der Schule gefördert, die nicht nur aus Lehrerinnen und Lehrern besteht. Grundlegend ist, dass jede Lehrkraft kooperiert mit

- Fachkollegen/-innen,
- der Sozialpädagogin/dem Sozialpädagogen,
- der Sonderpädagogin/dem Sonderpädagogen
- dem Ganztag,
- dem Elterncafé,
- vorschulischen Einrichtungen und
- außerschulischen Institutionen (Erziehungsberatungsstelle, Stadtteil, ...).

Das Kollegium zeichnet sich durch einen hohen Grad an Übereinstimmung bezüglich der Ziele der Schule aus. Evaluationsdaten aus der SEIS-Befragung stützen dies. Sämtliche grundlegende Entscheidungen über die didaktische Ausrichtung und der daraus resultierende Materialauswahl trifft das Kollegium in Mehrheitsentscheidung. In den wöchentlichen Jahrgangsteamsitzungen werden die Konzepte dann konkret in Unterrichtsvorbereitung und -auswertung umgesetzt. In folgenden Bereichen bilden gemeinsam vereinbarte fachliche Konzepte die Grundlage des Unterrichtes:

- Schriftspracherwerb
- Grundsätze des Rechtschreibunterrichts
- Grundsätze des Mathematikunterrichts
- Grundsätze der Sprachförderung
- Grundsätze der Förderung der Lesekompetenz

Die Schulleitung wacht darüber, dass die Konzepte von allen getragen und umgesetzt werden. Hilfreich sind dabei Beobachtungsschwerpunkte: Der Unterricht muss

- auf der Grundlage gültiger Richtlinien und Lehrpläne,
- unter Einbezug neuer didaktischer Erkenntnisse,
- anknüpfend an die Lernausgangslage des einzelnen Kindes und
- erarbeitet und reflektiert durch ein Team sein.

2. Vom fachdidaktischen Konzept zur Umsetzung im Unterricht

Wie vollzieht sich die Umsetzung eines fachdidaktisch orientierten Konzeptes in die konkrete Unterrichtsarbeit der Einzellehrkraft? Am Beispiel des Schriftspracherwerbs soll im Folgenden beispielhaft erläutert werden, wie systemische Unterrichtsentwicklung funktionieren kann.

Lesen und Schreiben lernen ist ein fundamentales Bildungsziel in der Grundschule. Seit jeher kommen Kinder mit diesem Vorsatz in die Schule. Einige können bei Schuleintritt schon ein wenig lesen, viele ihren Namen schreiben, manche können kaum ein deutsches Wort sprechen oder schreiben. Müssen Schulleitung und Lehrkräfte da nicht die Hände über dem Kopf zusammenschlagen und kapitulieren? Nein. Erfahrungen aus der Schuleingangsphase der »Grundschule Kleine Kielstraße« in Dortmund ermutigen zum konsequenten Schritt: Durch sachorientiertes Miteinander-Sprechen wird eine fundierte Sprachkompetenz – schriftlich sowie mündlich – vermittelt.

Angestrebt wird dabei ein Unterricht, der – weitestgehend fächerübergreifend konzipiert – Möglichkeiten eröffnet, dass Kinder unterschiedlicher Fähigkeitsstufen möglichst oft an einem Unterrichtsgegenstand auf unterschiedlichem Niveau gemeinsam lernen können. Fachliche Grundlagen sind im Kollegium verbindlich vereinbarte Konzepte zum offenen Arbeiten im Mathematikunterricht, zur Förderung der Lesekompetenz, zum Rechtschreiben und das ebenfalls abgestimmte Konzept des Schriftspracherwerbs.

2.1 Schriftspracherwerb in der Schuleingangsphase

Dem Anfangsunterricht an der Grundschule Kleine Kielstraße liegt der Spracherfahrungsansatz zugrunde. Eckpfeiler unseres Konzepts sind

- die konsequente Erweiterung der mündlichen Sprachkompetenz,
- das Erfahrbarmachen von Sprache als sinnvollem Kommunikationsmittel,
- das Verfassen eigener Texte (mit den Bausteinen »Selbstständiges Aneignen von Schriftelementen«, »Entdeckung von Normorientierungen« und »Systematischer Aufbau von sprachlichen Strukturen«) sowie
- das Lesen(lernen) anhand von Kinderliteratur.

In allen Bereichen haben wir die verschiedenen Herkunftssprachen der Kinder als bereicherndes Potential durchgängig im Blick. Der nachhaltigen Förderung der sprachlichen Fähigkeiten aller Kinder fühlen wir uns verpflichtet.

2.2 Konsequente Erweiterung der mündlichen Sprachkompetenz

Von zentraler Bedeutung ist das mündliche Sprachhandeln. Neben dem Sprachverständnis wird die mündliche Sprachkompetenz bereits bei der Lernanfängeruntersuchung überprüft. Kinder mit besonderem Förderbedarf erhalten schon vor Schuleintritt zusätzliche Förderangebote in Zusammenarbeit mit den Kindertagesstätten. Es wird angestrebt, dass zum Zeitpunkt der Einschulung alle Schüler/-innen in der Lage sind, an den vielfältigen, informellen Gesprächssituationen des offenen Unterrichts teilhaben zu können.

Darüber hinaus werden Situationen initiiert, die zum mündlichen Erzählen herausfordern und die Entwicklung einer Gesprächskultur in der Klasse fördern. Alle Kinder tauchen täglich in ein »Sprachbad« ein, indem sie im fest installierten Sitzkreis aus ihrem Alltag erzählen, Ergebnisse präsentieren, Gedichte aufsagen, Geschichten weiter erzählen.

Für spontane Kindergespräche bietet der offene Anfang viel Raum; im Morgenkreis sprechen die Kinder über alltägliche Erlebnisse oder berichten von Erfahrungen zu aktuellen Themen. Der Tages- bzw. Wochenplan wird besprochen. Dabei ist es für die Kinder und Lehrkräfte unerheblich, ob ein Kind im 1., 2. oder 3. Schulbesuchsjahr ist. Durch die Ritualisierung finden auch die Schulanfänger schnell in die alltägliche Sprechsituation hinein.

Beim Erzählen auf der Grundlage von Ideensammlungen, Wortfeldern oder mit Hilfe strukturierender Erzählkarten entwickeln die Kinder ihre Erzählkompetenz weiter.

In wöchentlichen Klassenratssitzungen wird demokratische Gesprächsführung eingeübt. Für unterschiedliche Gesprächssituationen werden beispielhaft unterstützende Strukturen erarbeitet, weiter entwickelt und durch wiederholtes Anwenden trainiert.

In Planungs- und Reflexionsphasen lernen die Kinder sachbezogenes Sprechen: Sie stellen ihr Vorwissen dar, entwickeln Fragen, treffen Vereinbarungen und formulieren begründete Meinungen. In Gesprächen über Arbeitsergebnisse wird eine Rückmeldekultur entwickelt. In allen Lernbereichen wird in den mündlichen Phasen auf das Klären von Wortbedeutungen und das Verwenden klarer Begrifflichkeiten geachtet.

2.3 Funktionen von Sprache erfahrbar machen

Grundlegend ist der Aufbau einer Schreib-Lesekultur, in der die Kinder in vielfältigen, anregenden, täglichen Unterrichtssituationen Zeit und Gelegenheit zum Schreiben haben. Von Beginn an lernen die Kinder verschiedene Funktionen von Schrift kennen. Sie schreiben eigene Texte, Notizzettel, Listen, Bildunterschriften zu Fotos, Geburtstagsbriefe.

Vom ersten Schultag an führt jedes Kind ein Lerntagebuch. Hier hält es fest, was es gelernt hat. Damit dokumentiert es seine Lernprozesse, lernt sachbezogenes Reflektieren, legt Rechenschaft ab und beschreibt Befindlichkeiten. Zu Beginn malen die Kinder die Lernsituationen der zurückliegenden Woche. Bereits nach einigen Wochen werden Kurzwörter, später dann Drei-Wort-Sätze und schließlich Erlebnisberichte über eine oder mehrere Seiten geschrieben. Das Tempo bestimmt jedes Kind selbst.

Sprache – gesprochen und geschrieben – wird auch in anderen Lernbereichen als wichtiges Kommunikationsmittel erfahren. So steht z.B. im Mathematikunterricht nicht das richtige Ergebnis im Vordergrund, sondern das Erklären und Begründen von Rechenstrategien. Da auch im Mathematikunterricht jahrgangsübergreifend unterrichtet wird, sind Zahlraumerweiterungen häufig der Knackpunkt. Die Struktur des Hunderterfeldes lässt sich auch für Rechenanfänger mithilfe des Zwanzigerfeldes beschreiben. Durch regelmäßig zusammen arbeitende Lerntandems aus »kleinem« und »großem« Rechner sind fruchtbare Sprechanlässe wertvoll für die ganze Lerngruppe.

Auch der handlungsorientiert ausgerichtete Sachunterricht beinhaltet eine Vielzahl von Sprech- und Schreibsituationen: Nach einer Schnupperphase in einer anregenden Lernlandschaft mit Büchern und Materialien wird das Thema stichwortartig geclustert. Dabei kann gemalt und geschrieben werden. Auf rechtschriftlich korrektes Schreiben wird zunächst kein Wert gelegt. Das Vorwissen und die Ideen der Kinder werden sichtbar gemacht. Leitfragen strukturieren das planvolle Arbeiten in einer Gruppe. Regelmäßig finden Zwischenreflexionen zu gezielten, wiederkehrenden Impulsen statt. Ergebnisse der gesamten jahrgangsgemischten Lerngruppen werden vorgestellt. Arbeitsmaterialien und -blätter werden von den Kindern erstellt, ihre Ergebnisse dokumentiert und präsentiert.

Auch im Fachunterricht werden Grundsätze des Sprachunterrichts eingebunden und unterstützende Gesprächsstrukturen angeboten.

2.4 Eigene Texte verfassen = Schriftelemente selbstständig aneignen

Vom ersten Tag an hängt in unserer Klasse eine Anlauttabelle, in der die Buchstaben und Laute in Hochhäusern wohnen. Die Bilder, die viele der Kinder wie Vokabeln lernen müssen, und dazu gehörenden Anlaute werden mit dem Tabellen-Rap schnell gelernt. Als besondere Laute werden die Vokale herausgestellt, die im »blauen« Haus wohnen. Das sichere Umgehen mit der Tabelle, die Schulung der phonematischen Fähigkeit, das Auffinden der Anlaute, das Beachten der Sonderstellung der Vokale ist Voraussetzung für das Schreiben eigener Texte und wird daher ausführlich geübt. Mundbilder und Lautgebärden veranschaulichen den Kindern die Beziehung von Buchstabe und Laut auf verschiedene Weise.

Gerade Kinder mit anderer Herkunftssprache erfahren durch das bewusste Sprechen, genaue Abhören von Lauten, Immer-Wieder-Sprechen von Wörtern eine intensive Förderung ihrer mündlichen Sprachkompetenz. Auch Kinder mit Lernbehinderungen erarbeiten sich so Strukturen der Buchstabenschrift und lernen, die Anlauttabelle als Hilfsmittel zu nutzen.

Sobald die Kinder erste Wörter aufschreiben, wird mit dem »9-Wörter-Diktat« und dem »Bild-Wort-Test« versucht, Aufschluss über die individuelle Schreibstrategie jedes Kindes zu erhalten. Beim »Neun-Wörter-Diktat« schreiben Kinder die schriftlich unbekannten und zuvor nicht geübten Wörter Saum, Kanu, Rosine, Schimmel, Leiter, Wand, billig, Lokomotive, Strumpf. In einem Abstand von ca. vier Monaten wird – immer derselbe – »Bild-Wort-Test« von N. Sommer-Stumpenhorst zur fortlaufenden Diagnostik genutzt. Zu 29 Bildern (Gegenstände) müssen die passenden Wörter geschrieben werden. Regelmäßiges Wiederholen beider Diktatformen macht Entwicklungen sichtbar und dient als Ansatzpunkt für weitere Förderung.

Die früher übliche, zeitaufwändige Arbeit an einzelnen Buchstaben (»Buchstabentage mit Stationsläufen«) wurde beschränkt auf Übungen zur Schreib-Richtung und auditiven Wahrnehmung. Hilfreich haben sich die Formenstempel der fünf Grundelemente, erwiesen, die den Kindern die Konstruktion der Groß-Buchstaben ermöglichen und dabei Raumlage und besondere Merkmale der Buchstaben bewusst werden lassen. Einige wichtige Buchstaben und Lautverbindungen werden exemplarisch geübt. Weitere Buchstaben können die Kinder – bei Bedarf – nach dem vorgegebenen Ablauf selbstständig erarbeiten.

Die Aneignung der Schrift wird unterstützt durch die Arbeit mit gezielter Lernsoftware, z.B. mit der sprechenden Anlauttabelle. Mit der CD-ROM »Die sprechende

Anlauttabelle« kann man sich durch Anklicken der Bilder und Buchstaben das Wort bzw. den isolierten Buchstaben (Lautwert) vorsprechen lassen. Der Computer wird von Anfang an als Schreibwerkzeug genutzt.

Die enge Verzahnung zwischen muttersprachlichem Unterricht und Regelunterricht wird auch im methodischen Bereich sichtbar: Auch in Türkisch und in Griechisch lernen die Kinder mit Hilfe einer Anlauttabelle ihre Muttersprache zu schreiben. Die Inhalte des muttersprachlichen Unterrichts orientieren sich an den Schwerpunktthemen in den Jahrgängen.

2.5 Sprachliche Strukturen systematisch entdecken

Möglichst schnell lesen und schreiben lernen ist das erklärte Ziel aller Schulanfänger. Dazu muss man die Schriftsprache erforschen. Dieser Lernprozess ist fortlaufend und lässt sich nicht nur auf das erste Schulbesuchsjahr reduzieren.

Ausgangspunkt zu Schulbeginn ist der eigene Name. Er wird auf Längen, Buchstaben und Besonderheiten untersucht und mit den Namen der anderen Kinder verglichen. Die Begriffe »Silbe« und »Buchstabe« werden eingeführt, indem z.B. die Namen in Silben geklatscht werden, bestimmte Buchstaben gesucht werden, per Strichliste gezählt und verglichen werden. Die dabei gemachten Entdeckungen (Häufigkeit, unterschiedliche Ausdehnungen, Ähnlichkeiten, ...) werden durch Experimente ergänzt: Mit Lupen ausgerüstet, untersuchen die Kinder ein »richtiges« Buch. Die Begriffe »Wort«, »Satz« und »Punkt« werden eingeführt; die Lücke zwischen den Wörtern erhält ihre Bedeutung.

Bei diesen Forscheraufgaben handelt es sich nicht um die Vermittlung abfragbaren Wissens, sondern um eine Sensibilisierung für die Strukturen und Begrifflichkeiten unserer Sprache. Nach und nach werden sie mit Inhalt gefüllt, z.B. regt das Buch »Der Buchstabenbaum« dazu an, Buchstaben und Wörter zu schreiben, zunächst in gemeinsamer Arbeit: Für das gewünschte Wort wird ein Papierstreifen an die Tafel geheftet und gemeinsam wird überlegt, wie viele Silben das Wort besitzt. Diese werden mit Silbenbögen auf dem Papierstreifen gekennzeichnet. Dann wird mithilfe der Anlauttabelle das Wort erarbeitet. Wichtig ist der Tipp, dass jede Silbe einen Vokal, einen »Buchstaben aus dem blauen Haus«, enthalten muss.

Auch das Verfassen eigener Sätze wird gemeinsam ausprobiert und als Schreibvorbild genau geplant: Vor dem Schreiben der Wörter wird überlegt, aus wie vielen Wörtern der Satz besteht, d.h. wie viele Papierstreifen an die Tafel geheftet werden müssen. Erst dann erfolgen die Kennzeichnung der Silben und das Lautieren der Wörter.

2.6 Normorientierungen entdecken

Die Untersuchung unserer Sprachstrukturen und damit die Erarbeitung von Grundkenntnissen über die spezifischen Strukturen der deutschen Sprache sind für das Rechtschreibenlernen – gerade auch für mehrsprachige Kinder – unerlässlich.

Einige Besonderheiten der deutschen Sprache können zu Schwierigkeiten beim Erlernen der Sprache, sowie beim Schriftspracherwerb und beim Rechtschreiben führen.

Im Deutschen gibt es z.b. eine relativ große Anzahl von Vokalen. Die auditive Unterscheidung von langen und kurzen Vokalen ist Voraussetzung für die richtige Schreibung eines Wortes. Der Länge des Vokals kommt z.T. bedeutungsunterscheidende Funktion zu (z.B.: Lamm – lahm, Schiff – schief, offen – Ofen). Kinder, in deren Muttersprache keine vergleichbare Differenzierung der Vokallänge zu finden ist, haben Probleme, diesen phonetischen Unterschied in der deutschen Sprache wahrzunehmen.

Die Aussprache, die gerade beim lautierenden Schreiben sehr wichtig ist, bereitet häufig bei den Umlauten Schwierigkeiten. Vor allem, wenn ihre Funktion in der deutschen Morphologie nicht erkannt wird: Ball – Bälle, laufen – läuft, ... Auch Diphthonge und das Phonem /h/ gibt es in verschiedenen Sprachen nicht, so dass die Aussprache und ihre auditive Wahrnehmung schwierig sein können. Hinzu kommt die Unterscheidung von »ch« und »sch«. Im Deutschen ergeben sich gerade am Anfang eines Wortes oft Konsonantenhäufungen, wohingegen dies z.B. im Türkischen nicht vorkommt. Das kann dazu führen, dass ein türkischsprachiges Kind z.B. über *Fürösche* statt über *Frösche* schreibt, wie es seinem entwickelten Sprachgefühl entspricht.

An dieser Stelle ist ein Ansatzpunkt gegeben, das Nachdenken über Sprache zu fördern. Im Unterricht der Regelklasse und im muttersprachlichen Unterricht wird behutsam und sensibel mit dem Kind über Unterschiede und Gemeinsamkeiten zwischen der deutschen und türkischen bzw. griechischen Sprache gesprochen. Vorhandene sprachliche Fähigkeiten werden genutzt, um Sprachbewusstheit anzubahnen.

Wie muss der Schriftspracherwerb in der Schuleingangsphase gestaltet werden, damit alle Kinder ohne große Umwege auch das »Richtigschreiben« erlernen können?

Ziemlich rasch nach der Erarbeitung der Lautstrategie wird die Normorientierung der Rechtschreibung in den Blick genommen, wird die richtige Schreibung von Wörtern erforscht. Dies findet im Klassengespräch statt, d.h. auch die Kinder aus dem 2. oder 3. Schulbesuchsjahr sind mit dabei.

Zu jeder Unterrichtsthematik werden Bilder erstellt. Alle Lernwörter, die den Grundwortschatz der Klasse bilden, werden in DIN-A4-Klarsichtfolien gut sichtbar aufgehängt. Gemeinsam werden dazu lautierend die Wörter auf Papierstreifen geschrieben, die Silbenbögen eingezeichnet und im Laufe des Jahres auch die »Fallen«, die Schwierigkeiten der Wörter, rot gekennzeichnet, die Vokallängen herausgehört und markiert. Erste Rechtschreibgespräche werden angebahnt.

Diese Papierstreifen werden zu den Bildern in die Klarsichtfolien, die im unteren Drittel aufgeschnitten sind (»Känguru-Taschen«), gesteckt. So können sie bei Bedarf – z.B. beim Auswendigschreiben der Lernwörter – schnell entnommen werden.

Nach Weihnachten, wenn sich schon ein kleiner individueller Wortschatz angesammelt hat und die Kinder gelernt haben, diese Wortkarten für ihre individuellen Texte zu nutzen, beginnt die systematische Arbeit mit dem eigenen Lernwörterkasten. In diesen Kasten kommen alle Wörter des Klassen-Grundwortschatzes. Eigene Lernwörterkarten werden angelegt. Um alle Fächer zu durchwandern und im letzten Fach abgelegt zu werden, muss jede Karte durch fünf Arbeitsschritte korrekt bearbeitet worden sein.

Zur Arbeit mit den Lernwörtern gehört auch die Arbeit mit Wortfeldern und -familien, welche die Entwicklung der mündlichen Sprachkompetenz unterstützt.

2.7 Lesen(lernen) mit Kinderliteratur: Ein Buch für alle Kinder

Die Erwartungen an Schule, neben den klassischen Kulturtechniken auch Werteorientierung zu vermitteln, steigen in dem Maße, wie deutlich wird, dass andere Institutionen dieser Wertevermittlung nicht mehr gerecht werden können. Deshalb verknüpft unser Ansatz »Lesenlernen mit Kinderliteratur«:

- Schreiben eigener Texte mit Hilfe einer Anlauttabelle
- Aufbau von Lesemotivation durch Begegnung mit »richtigen« Büchern
- Vermittlung von Grundhaltungen

Dabei gilt: Die gesamte Lerngruppe hat immer ein gemeinsames Thema, bei einem Bilderbuch also eines für alle. Durch das Kennenlernen vieler verschiedener Bilderbücher werden Einstellungen und Werthaltungen »nebenbei« transportiert: Im Kinderbuch »Irgendwie anders« stellt das Beschreiben eigener Gefühle und das Wahrnehmen von Gefühlen anderer in den Mittelpunkt.

Der bunte Elefant Elmar aus dem gleichnamigen Kinderbuch vermittelt: Anders aussehen ist etwas völlig normales. Das Buch »Briefe von Felix« über das verloren gegangene Stofftier »Felix« enthält Briefe, die der Hase aus fremden Ländern schickt. Während der Buch-Felix aus europäischen Hauptstädten schreibt, erhalten die Kinder der Eingangsklasse Briefe von Felix aus ihren eigenen Heimatländern: Aus der Türkei, aus Indien, aus Spanien, aus jedem Land, das durch ein Kind der Klasse vertreten ist. Jedes Heimatland steht für eine Sequenz im Mittelpunkt unterrichtlichen Geschehens. Mit Stolz erzählen und schreiben die Kinder, bringen ihre Eltern, Fotos und Gegenstände mit und erleben die Wertschätzung der anderen für ihre Kultur.

Die ausgewählten Themen sollen den Kindern ermöglichen, ihre Alltagserfahrungen wieder zu finden und Handlungsalternativen kennen zu lernen aber auch in fantastische Erzählwelten einzutauchen (z.B. »Millis ungeheures Geheimnis«, »Wo die wilden Kerle wohnen«).

Dabei steht der handlungsorientierte Umgang mit den Büchern im Vordergrund. Kinderbücher laden ein zum Kommentieren, Weiterschreiben, Fantasieren, Dialogisieren, Nachspielen, Ausgestalten.

Häufig bieten sich fächerübergreifende Bezüge an. Zum Bilderbuch »Kleiner Eisbär, wohin fährst du?« arbeiten die Kinder in Expertengruppen zu selbst gewählten Sachthemen wie »Tiere in der Arktis« oder »Eisbärenkinder« und erweitern auch ihr Fachwissen. Handlungsorientiertes Arbeiten (z.B. das Nachbauen einer Geburtshöhle von Eisbären) zum Thema »Eisbär« schließt sich an die Auseinandersetzung mit dem Kinderbuch an und schafft damit fächerübergreifende Bezüge.

Das Vorlesen ist wichtiger Teil der Lesekultur in unserer Schule. Es findet außer im Sprachunterricht in den Frühstückspausen und in den Lesestunden statt, in denen Leseeltern den Kindern in gemütlicher Atmosphäre vorlesen oder sich vorlesen lassen. Das Vorlesen fördert die Weiterentwicklung wichtiger sprachlicher Bereiche: Vorgelesenes wird weniger verschliffen als Erzähltes und ist so ein sauberes sprachliches Vorbild. Der Wortschatz wird erweitert, sich wiederholende Satzstrukturen (wie z.b. in den Büchern von Eric Carle enthalten) unterstützen das Einprägen von Satzbauten und Redewendungen. Für den eigenständigen Gebrauch – insbesondere für Leseanfänger – stehen zu einigen Bilderbüchern Hörkassetten zur Verfügung, die auch zusammen mit dem Buch ausgeliehen werden können und ein oft wiederholbares Hörvergnügen ermöglichen.

Vorlesen von Kinderliteratur beinhaltet auch eine fundamentale Begegnung mit anderen Sprachen. Durch Mütter werden auch Bilderbücher in verschiedenen Sprachen vorgelesen, die es ebenfalls in Deutsch gibt. So wird von Anfang an die Gleichwertigkeit anderer Sprachen betont, die Neugier und das Interesse geweckt.

Das Lesenkönnen entwickelt sich parallel zum Schreibenlernen: Die Kinder wollen wieder entziffern können, was sie geschrieben haben oder was andere geschrieben haben. Sie werden unterstützt, indem sie immer wieder aufgefordert werden, Text- und Wortfortsetzungen begründet zu antizipieren. Das Leseverständnis wird gezielt weiterentwickelt, indem regelmäßig geübt wird, textbezogene Aufgaben zu bearbeiten, Fragen zu beantworten und Stellung zu nehmen. Anlass bietet die Lesestunde, wo meist Lesetandems gebildet werden. Sie bestehen aus Leseanfänger und -könner. Weiterhin wird regelmäßig das »Flurlesen« angeboten, bei dem die Kinder einmal im Monat eine Eintrittskarte ziehen können, um sich dann ein Buch ihrer Wahl von einer Lehrerin in den unterschiedlichen Räumen des Flures vorlesen zu lassen. Das Alter eines Kindes ist dabei völlig unerheblich.

3. Fazit

Die Kraft der Vision einer guten Schule muss Schulleitung wecken, erörtern, pflegen und immer wieder einfordern. Die Sehnsucht, eine gute Schule für die uns anvertrauten Kinder zu sein wird vor allem durch professionelle Kooperation lebendig erhalten. Denn vor allem darüber kann Schulleitung ihren Einfluss auf die konkrete Unterrichtsentwicklung geltend machen.

Literatur

CAVE, K. & RIDDELL, C. (1989). Irgendwie anders. Hamburg: Oetinger.
DE BEER, H. (2001). Kleiner Eisbär, wohin fährst du? München: dtv.
GLITZ, A. & SWOBODA, A. (1998). Millis ungeheures Geheimnis. Stuttgart: Thienemann.
LANGEN, A. & DROOP, D. (1994). Briefe von Felix. Ein kleiner Hase auf Weltreise. Münster: Coppenrath.
LIONNI, L. (2008). Der Buchstabenbaum. Weinheim, Basel: Beltz.
MCKEE, D. (1989): Elmar. Stuttgart: Thienemann.
PFEIFFER, H., IGLHAUT, C., V.D. GATHEN, J. & BONSEN, M. (2002). Die Wirksamkeit von Schulleitung. Weinheim: Juventa.
SENDAK, M. (1992). Wo die wilden Kerle wohnen. Zürich: Diogenes.

Kooperatives Lernen – ein Grundstein nachhaltiger Unterrichts- und Schulentwicklung

Peter Blomert

Abstract

Der Ansatz des Kooperativen Lernens zeigt die Konstituenzien von Kooperationsprozessen auf und bietet eine Vielzahl von Erkenntnissen und praxiserprobten Hilfen für die Gestaltung gelingender Kooperation.

Damit ist dieser Ansatz eine wertvolle Unterstützung bei der Gestaltung gelingender Kooperationssituationen im täglichen Unterricht ebenso wie bei der Gestaltung einer auf Nachhaltigkeit zielenden Schulentwicklung, denn das Herz jeder nachhaltigen Schulentwicklung ist die gelingende Kooperation aller Beteiligten bei der Ausarbeitung und Gestaltung des Entwicklungsprozesses.

1. »Kooperatives Lernen« – Der Kooperative Ansatz in Deutschland

In den vergangenen zwölf Jahren hat das Kooperative Lernen in Deutschland eine bemerkenswerte Erfolgsgeschichte zu verzeichnen.

Im Jahre 1996 erhielt der kanadische Schulbezirk Durham in Ontario den Carl Bertelsmann Preis als innovativstes Schulsystem der Welt für seine langjährigen Leistungen in nachhaltiger Schulentwicklung. Der damalige Leiter der Lehrerfortbildung und Personalentwicklung im Schulbezirk Durham, Norm Green, nahm den Preis in Deutschland entgegen.

Wir deutschen Schulen hatten eigentlich nur zwei Fragen an den Preisträger:

Wie ist es Euch gelungen, Eure Schülerinnen und Schüler zu so herausragenden Leistungen zu bringen, dass Euer Schulbezirk – das ehemalige Schlusslicht im nationalen Ranking – heute dieses Ranking anführt?

Welche Maßnahmen habt Ihr ergriffen, um Eure Schulen über einen Zeitraum von 15 Jahren so zielstrebig und so nachhaltig zu entwickeln?

Die Antworten, die Norm Green gab, verwiesen auf einen zentralen Kern der Entwicklungsbemühungen des Schulbezirks: den Kooperativen Ansatz.

Das Interesse, das der Entwicklungsprozess Durhams in Deutschland erweckte, war riesig. In den folgenden Jahren machten die Kanadier, insbesondere Norm Green, und seine Frau Kathy, in einer Vielzahl von Workshops und Akademien Lehrerinnen und Lehrer, Schulleiterinnen und Schulleiter, Schulaufsichtsbeamte und andere Interessierte mit dem Kooperativen Ansatz vertraut. Ganze Regionen organisierten mit Norm und Kathy Green langfristige regionale Fortbildungsprozesse, die sich an alle Schulen der Region richteten und halfen, regionale Bildungslandschaften zu formen, die eine gemeinsame inhaltliche wie organisatorische Entwicklung anstrebten. Solche schul- wie schulformübergreifenden Prozesse liefen ab 2001 z.B. in

Mönchengladbach, Krefeld, Hagen, Dortmund, Bochum, Stuttgart, Esslingen, Wolfsburg oder Braunschweig.

Zehntausende deutscher Lehrerinnen und Lehrer, hunderte deutscher Schulen sind inzwischen mit dem Ansatz des Kooperativen Lernens vertraut.

2. Die historischen Grundlagen des Kooperativen Lernen

Der kanadische Ansatz des »Kooperativen Lernens« speiste sich in der Hauptsache aus zwei Quellen:

Zum einen aus dem kooperativen Lernen, wie es von Roger und David Johnson an der University of Minnesota erforscht und gelehrt wurde. Roger und David Johnson hatten fast 800 Studien über effektive Gruppenarbeit in einer großen Meta-Analyse erfasst und mit den daraus gewonnenen Erkenntnissen eine wichtige Rolle in der amerikanischen Schulentwicklung gespielt.

Zum zweiten aus den Studien eines der bedeutendsten Schulforscher der neuen Welt, Michael Fullan, damals Dean des OISE, des erziehungswissenschaftlichen Instituts der Universität Toronto. Michael Fullan hat sich ausgiebig mit den Fragen der Leitung von Firmen und Institutionen in Zeiten des Wandels beschäftigt und den Fragen der Entwicklung von Schulen und Bildungssystemen besondere Aufmerksamkeit gewidmet, was dazu führte, dass er immer wieder von kanadischen Provinzen und von anderen Nationen als Berater in Fragen der Entwicklung der Bildungssysteme herangezogen wurde.

Die praktische Aufgabe der Entwicklung des Schulbezirks Durham vor Augen wurden diese Quellen angereichert mit allem, was aktuell hilfreich war, dazu zählten die rasant anwachsenden Erkenntnisse der Neurowissenschaften und Lernforschung ebenso wie die aus den sozialen Berufen und der Psychologie gewonnenen Erkenntnisse über den förderlichen Umgang mit Menschen, Erwachsenen wie Kindern.

3. Das Kooperative Lernen

Wie lässt sich die Kooperation zwischen Menschen unterstützen, damit eine gemeinsam gesehene Aufgabe möglichst erfolgreich und mit möglichst geringer Belastung für die Akteure bewältigt werden kann?

Ausgehend von Ergebnissen der Hirn- und Lernforschung basiert das Konzept des Kooperativen Ansatzes auf einigen Grundannahmen über die Gelingensbedingungen menschlichen Lernens:

- gelingendes Lernen entsteht in einem Klima des Respekts
- gelingendes Lernen geschieht gemeinschaftlich (Gegenseitigkeit)
- gelingendes Lernen nutzt die Selbstorganisation und Selbststärkung der Lernenden (Selbstwirksamkeit)
- gelingendes Lernen nutzt die Erfahrungen der Lernenden (Ko-Konstruktion)
- gelingendes Lernen nutzt die aktive Teilnahme der Lernenden
- gelingendes Lernen nutzt das kritische und reflektierende Denken der Lernenden

- gelingendes Lernen nutzt die Anwendung des zu Lernenden (Vernetzung)
- gelingendes Lernen fordert die Lernenden heraus, Probleme zu erkennen, zu benennen und Lösungswege zu entwickeln (Kreativität)

Um diesen Gelingensbedingungen menschlichen Lernens gerecht werden zu können, nutzt das Kooperative Lernen ein komplexes Gefüge von Lehr-, Lern- und Kooperationsstrategien, -methoden und -techniken, die im schulischen Unterricht, in Fortbildungen und Seminaren, aber auch in Konferenzen und Sitzungen helfen, Kooperation, gemeinsames Lernen gelingen zu lassen.

Zur Entwicklung dieses Gefüges stützt sich das Kooperative Lernen auf drei Pfeiler:

I. Der Fokus auf die Sicherheit der Beteiligten in der Lernsituation
II. Eine konstruktiv-systemische Sicht auf den Kooperationsprozess und dessen Steuerung
III. Ein Repertoire von Strategien, Taktiken, Techniken und Konzepten für die Gestaltung und Strukturierung der Kooperation

Zu I.: Sichere Lernsituation

Sicherheit ist die *conditio sine qua non* allen Lernens. Wenn die Beteiligten sich in einer Situation nicht sicher fühlen, werden sie alle Energie daransetzen, Sicherheit für sich zu generieren. Solange dies nicht erreicht ist, werden sie kaum Energie haben, zu lernen.

Was meint hier »Sicherheit«? Nun, es beginnt mit der Sicherheit der körperlichen Unversehrtheit und der Sicherheit des persönlichen Besitzes. Wenn z.B. ein Schüler Angst haben muss, im schulischen Rahmen verprügelt zu werden, wenn er Sorge hat, dass ihm sein Handy, seine Jacke, seine Schuhe etc. »abgezogen« werden könnten, dann wird dieser Schüler nicht den Kopf frei haben zu lernen.

Des weiteren gehören zu der Sicherheit, die Lernen erst ermöglicht, auch die Gefühle der Zugehörigkeit und Geborgenheit; der Schüler muss erfahren, dass er als Person in dieser Gemeinschaft ernst genommen wird, dass man sich um ihn kümmert, dass es auffällt, wenn er fehlt, dass man seinen Namen kennt etc. Wir alle wissen um die Bedeutung dieser Form von Sicherheit, deshalb ist es uns so peinlich, wenn wir z.B. den Namen eines Schülers vergessen oder verwechselt haben.

Und schließlich gehört zu einer sicheren Lernumgebung, dass der Schüler sich selbst einzuschätzen lernt, dass er lernt, sich Ziele zu setzen, realistische und erreichbare Ziele, und dass er erfährt, dass es auf sein Handeln ankommt, ob er diese Ziele erreicht, dass er Einfluss auf Prozess und Ergebnis hat. Erfährt ein Mensch regelmäßig, dass er keine Einflussmöglichkeiten hat, dass er hilflos ist, so kann sich diese wiederholt erfahrene Hilflosigkeit schließlich als »learned helplessness«, als erlernte Hilflosigkeit in der Person zu einer Haltung des depressiven Rückzugs verfestigen (Martin Seligmann hat dazu in den siebziger Jahren des letzten Jahrhunderts die ersten bahnbrechenden Untersuchungen angestellt.).

Seit den bedeutenden Entdeckungen Abraham Maslows (in den fünfziger Jahren des letzten Jahrhunderts) wissen wir, dass der Mensch erst für Lernen und weitergehende Ziele frei ist, wenn seine Grundbedürfnisse abgesichert sind. Sicherheit ist ein zentrales Grundbedürfnis jedes Menschen – ohne seine Befriedigung findet kein produktives Lernen statt.

Der Ansatz des Kooperativen Lernens stellt folgerichtig die Gestaltung einer »sicheren Lernsituation« in das Zentrum all seiner Bemühungen um gelingende Kooperation.

Zu II.: »Die konstruktiv-systemische Sicht auf den Kooperationsprozess«

Seit wenigen Jahrzehnten erst ist die Physik in der Lage, die wechselseitige Beeinflussung dreier sich bewegender Körper zu berechnen und damit ein System aus diesen drei Körpern exakt zu beschreiben und zukünftige Zustände des Systems zu prognostizieren. Schon bei vier Körpern beginnt die sogenannte »Theorie nichtlinearer komplexer Systeme«. In der Alltagssprache hat sich für diese Theorie der Begriff »Chaostheorie« eingebürgert, eine kurze Umschreibung des Satzes »Wir wissen es nicht – kann sein, kann auch nicht sein – alles ist möglich – oder auch nicht.«

In unserer Alltagserfahrung bestehen Lerngruppen aus deutlich mehr als vier Körpern – wir müssen anerkennen, dass diese »Systeme« zu komplex sind, als dass wir sie durch Einflussnahme auf eines ihrer Elemente konsistent lenken könnten. Jeder Lehrer hat schon die Erfahrung gemacht, dass die Zurechtweisung eines Schülers manchmal den gewünschten Effekt in der Klasse erzielte, manchmal aber das Gegenteil, und dass er kaum in der Lage ist, vorauszusagen, wie die Wirkung beim nächsten Male sein wird.

Ein komplexes System, so lehrt schon die Physik, lässt sich nur darüber beeinflussen, dass man die Rahmenbedingungen des Systems verändert, so dass sich die Wirkkräfte des Systems reorganisieren.

Das Kooperative Lernen nutzt fünf unterschiedliche Perspektiven auf die Kooperationssituation und ihre Agenten, die Mitglieder der Lern- oder Arbeitsgruppe, sowie fünf Fragestellungen, unter denen wir die Situation betrachten und analysieren können:

a) »Positive Abhängigkeit«
Versteht sich die Gruppe bereits als Gruppe? Gibt es ein Gemeinschaftsgefühl in der Gruppe, ein »Alle für einen, einer für Alle«? Gibt es ein gemeinsames Interesse, dass diese Gruppe zusammenschweißt, ein gemeinsames Ziel? Wenn diese Frage nicht eindeutig mit »Ja!« beantwortet werden kann, stellt sich die Frage »Wie kann man die Entwicklung dieses Gemeinschaftsgefühls befördern – wie sorgt man dafür, dass »Team« nicht mehr bedeutet »*Toll, ein anderer macht's!*«?

b) »Individuelle Verantwortlichkeit«
Ist der Kooperationsprozess so organisiert, dass jedes Mitglied der Gruppe Verantwortung für die Ergebnisse der Kooperation übernimmt? Hat jedes Mitglied eine Aufgabe? Kann jedes Mitglied seine Kompetenzen einbringen? Ist jedes Mitglied gefordert, damit die Gruppe als Ganzes ihr Ziel erreichen kann? (Hier

liegen die häufigsten Fehler bei der Gestaltung und Strukturierung von Kooperation – Trittbrettfahrertum und Frustration der arbeitenden Mitglieder sind dann die Folge.)

c) »Gruppenprozess-Evaluation«
Bietet die Struktur des Kooperationsprozesses den Gruppenmitgliedern Zeit und Raum, sich über den Verlauf der Kooperation auszutauschen? Die Reflexion des eigenen Arbeitsprozesses wie des Arbeitsprozesses der Gruppe ist ein starker Motor für die Entwicklung der Kooperation. Was habe ich gut gemacht? Was hat in der Gruppe gut geklappt? Wo hat es gehakt? Was will ich in Zukunft an meinem Arbeitsverhalten in der Gruppe verändern? – Diese Fragen sind entscheidend für die Qualitätssteigerung in der Kooperation. Auf dem Sportplatz sind Phasen solcher Reflexion Gang und Gäbe (Mannschaftsbesprechung in der Halbzeitpause), im normalen Unterricht, in Fortbildungen, in Arbeitskreisen und Konferenzen findet man solche Phasen kaum.

d) »Soziale Fertigkeiten«
Sind die Mitglieder der Gruppe bereits genügend trainiert, verfügen sie über die notwendigen Kompetenzen? Gelingende Kooperation ist nicht voraussetzungslos! Kooperation verlangt von allen Beteiligten hohen Einsatz und ausgebildete Kompetenzen. Schon einfache Fähigkeiten, wie »Einander aufmerksam zuhören« oder »Höflich miteinander umgehen« werden häufig von einigen Mitgliedern der Gruppe nicht oder nur unzureichend beherrscht. »Die eigene Meinung sozialverträglich äußern« und »Konstruktive Kritik leisten« sind weitere Kompetenzen, über die viele nicht verfügen. Das Kooperative Lernen legt großes Augenmerk auf diese Sozialfertigkeiten und macht das Training solcher Kompetenzen zum regelmäßigen Teil des Lernens.

e) »Face To Face« – Direkte Interaktion
Damit Kooperation erfolgreich sein kann, muss sie stattfinden! Vielfach, wenn Kooperation gewünscht ist, teilen sich die Mitglieder der Gruppe schnell die Arbeit untereinander auf, um dann arbeitsteilig ihre Aufgaben zu erledigen und danach die Teile zu einem Gesamtergebnis zusammenzusetzen. Auf diesem Wege findet tatsächlich kaum Kooperation statt, und die Vorteile der Kooperation können nicht genutzt werden. Hier legt der Ansatz des Kooperativen Lernens großen Wert auf eine Gestaltung von Kooperationsphasen, die die wirkliche Zusammenarbeit der Gruppenmitglieder erfordert und die »Flucht aus der Gruppe« verhindert.

Zu III.: »Die Werkzeugkiste« – Strategien, Taktiken, Techniken und Konzepte der Gestaltung von Kooperationssituationen

Es kann hier nicht darum gehen, alle kooperativen Methoden aufzulisten und zu erläutern. Interessierte finden in der Literaturliste weiterführende Hinweise.

Wichtig jedoch ist, die Grundstruktur all dieser Methoden zu verdeutlichen. Alle Methoden folgen der Struktur »Think-Pair-Share«, also der Struktur, dass sich zuerst jedes Mitglied der Gruppe einzeln mit einer Aufgabe befasst, über sie nachdenkt, seine eigenen Gedanken ordnet etc. An diese Phase schließt dann die erste Austauschphase im Paar an: Was hast Du Dir überlegt? Dies sind meine Überlegungen.

Was können wir voneinander lernen? ... An diese Phase des Austausches, in der konstruktivistisch gesprochen die Durchdringung des Problems, der Fragestellung im Rhythmus von Konstruktion und Ko-Konstruktion vertieft und entwickelt wird, schließt sich sodann die Phase des erweiterten Austausches oder auch direkt die Phase der Präsentation an.

Die Gründe für diese Struktur sind leicht erklärt: Die Think-Phase trägt der Erkenntnis Rechnung, dass es kein Lernen außerhalb des eigenen Kopfes gibt – jeder einzelne muss die Aufgabe zuerst mit seinem privaten Weltkonstrukt verknüpfen und die daraus sich ergebenden Antworten und Ideen bedenken, erst dann kann er mit Gewinn im Austausch, mit dem Partner als Ko-Konstrukteur, sein eigenes Weltkonstrukt erweitern und verändern, so dass ein vertieftes Verständnis des Problems und eine möglichst weitverzweigte Vernetzung des Neuen erfolgen kann. In der Phase der Präsentation schließlich kann der Einzelne (oder auch das Paar oder die Gruppe, je nach Präsentationsmethode) ihre Lösungsvorschläge erproben und eventuell in einer Debatte verteidigen. Wichtig hierbei ist wieder, dass die Sicherheit in der Situation es den Lernenden ermöglicht, angstfrei, ohne Sorge vor unsachlichen Angriffen, ihre Ergebnisse zu präsentieren.

Das Kooperative Lernen nutzt nicht nur selbst entwickelte Methoden, es nutzt sämtliche Methoden, die sich an die Grundstruktur »Selbst denken« – »Austauschen« – »Präsentieren« anpassen lassen. Lehrer verfügen – gerade in Deutschland – über ein großes Repertoire an Lehrmethoden, nichts davon ist per se im Kooperativen Lernen unnütz, alles kann – im Rahmen des Kooperativen Ansatzes – verwandelt und genutzt werden.

Kaum etwas des bisher über das Kooperative Lernen Gesagten ist unbekannt, kaum etwas ungewöhnlich oder gar neu. Im Gegenteil – alles kommt so vertraut daher, dass man sich unwillkürlich fragt, was denn nun eigentlich sich ändern muss am eigenen Unterricht.

Die Antwort auf diese Frage ist zweischneidig. Sie lautet: Eigentlich nichts – und alles! Wenn Sie die Ermöglichung eines produktiven Austausches in Paaren oder Arbeitsgruppen zur Leitlinie Ihres Handelns machen, müssen Sie darüber hinaus nichts ändern – aber Sie werden merken, wie dieser Paradigmenwechsel SIE verändert. Wenn Sie nichts an Ihrem Unterricht ändern als die Einführung der Struktur »Think-Pair-Share«, werden Sie bemerken, dass Sie beginnen, andere Impulse zu geben, dass Ihre Fragen sich verändern, dass das Arbeitsverhalten der Schüler sich verändert.

Tatsächlich verändert sich – durch den Fokus auf die Sicherheit in der Lernsituation, durch die Beachtung der fünf Perspektiven der Prozesssteuerung, durch die konsequente Beachtung der »Think-Pair-Share«-Struktur – Ihre Lehrerrolle, Ihr Blick auf Schüler, Ihre Auffassung Ihres Berufes – also nahezu alles. Probieren Sie es einfach ein paar Monate aus.

4. Kooperatives Lernen und nachhaltige Schulentwicklung

Der Terminus »Kooperatives Lernen« legt – fälschlicherweise – nahe, den Ansatz des Kooperativen Lernens auf das Anwendungsfeld »Unterricht« zu beschränken. Eine genauere Betrachtung macht jedoch deutlich, dass der Ansatz des Kooperativen Lernens wesentlich allgemeiner zu verstehen ist. Es war Absicht, dass im bisherigen Aufsatz immer wieder nicht von Unterrichtssituation und Gruppenarbeitsphase, sondern von Kooperationssituation oder Kooperation gesprochen wurde. An keiner Stelle stützt sich der Kooperative Ansatz auf Annahmen, die nur für Kinder oder nur für Schule zutreffen.

Der erste »Stützpfeiler«, der Fokus auf die Sicherheit der Beteiligten in der Kooperationssituation, trifft auf alle Situationen zu, in denen Menschen kooperieren. Erwachsene brauchen die oben genannten Aspekte der Sicherheit ebenso wie Kinder. Manchmal reagieren Erwachsene sogar empfindlicher als Kinder, z.B. bei der Frage nach Einflussmöglichkeiten. »Niemand will eine Marionette sein!«. Aus vielen Untersuchungen zum Change Management ist bekannt, dass »Autorenschaft«, also inhaltlich bedeutsame Beteiligung an den wesentlichen Entscheidungen des Veränderungsprozesses, eine der zentralen Voraussetzungen dafür ist, das der Wandel von den Mitarbeitern getragen wird. Aus der Chemie-Industrie ist bekannt, dass alle bedeutsamen Veränderungsbeschlüsse, die mit weniger als 70 Prozent Mehrheit gefasst worden waren, letztlich nicht zu erfolgreichen Veränderungen geführt haben! Der Fokus auf die Sicherheit der Beteiligten ist auch für nachhaltige Schulentwicklung unabdingbar – auch wir Erwachsenen sind nur bereit, uns auf Veränderungen einzulassen, wenn wir spüren, dass wir dazugehören und Einfluss nehmen können.

Es gilt der Satz »Der Schulleiter will immer seine Schule – und bekommt immer die Schule seines Kollegiums.« Damit ist die zentrale Frage für eine nachhaltige Schulentwicklung: »Wie sorgen wir für eine befriedigende Beteiligung des Kollegiums (und, weiter gedacht, der Schulgemeinde) an der Planung und Implementation der einzelnen Entwicklungsschritte? Im Zentrum nachhaltiger Schulentwicklung steht also die gelingende Kooperation des Kollegiums. Schulentwicklung, nachhaltige Schulentwicklung, ist erfolgreiches Kooperatives Lernen der gesamten Schulgemeinde.

Michael Fullan hat aufgrund der Analyse einer Vielzahl von Firmen und Institutionen fünf Schlüsselelemente benannt, die grundlegend sind für die erfolgreiche Gestaltung eines institutionellen Entwicklungsprozesses. Um tiefgreifende Entwicklung zu ermöglichen, so Fullan, sei es notwendig

- die Visionen zu klären, gemeinsam klare Ziele und Perspektiven zu erarbeiten,
- die Entwicklungsnotwendigkeiten und die Veränderungsprozesse zu verstehen,
- den Zusammenhang der vielen verschiedenen Aspekte des Entwicklungsprozesses immer wieder zu verdeutlichen und zu klären,
- die Beziehungen der verschiedenen Partner im Entwicklungsprozess zu stärken und zu fördern sowie
- immer wieder Gelegenheiten zu schaffen, erworbenes Wissen, neue Erkenntnisse und neue Kompetenzen auszutauschen.

Ein Vergleich dieser fünf Prinzipien erfolgreichen Change Managements mit den Grundlagen des Kooperativen Lernens macht die enge Verschränkung deutlich:

Die Klärung der Zielsetzungen (der Visionen) schafft die positive Abhängigkeit, das dringend benötigte Gemeinschaftsgefühl. Dies ist der notwendige Schritt, der am Anfang jeder großen Veränderung stehen muss: die Begeisterung aller Beteiligten für die Ziele dieser Veränderung: »Wenn Du ein Schiff bauen willst, so trommle nicht Menschen zusammen, um Holz zu beschaffen, Werkzeuge vorzubereiten, Aufgaben zu vergeben und die Arbeit einzuteilen, sondern lehre die Menschen die Sehnsucht nach dem weiten endlosen Meer.« (ANTOINE DE SAINT-EXUPÉRY).

Das Verständnis der Entwicklungsnotwendigkeiten und Veränderungsprozesse, die Akzeptanz der aufkommenden Unsicherheit und der Verlustängste, der konstruktive Umgang mit unausweichlichem Widerstand – all dies trägt bei zur Sicherheit in der Situation des Wandels und ermöglicht auch den zögerlichen Mitgliedern der Schulgemeinde, aktiv auf den Veränderungsprozess Einfluss zu nehmen.

Den Zusammenhang zwischen mitunter unverbunden erscheinenden Aspekten des Veränderungsprozesses immer wieder zu verdeutlichen – dies erhöht zum einen die Sicherheit der Einzelnen (»ach, es sind ja gar nicht so viele Baustellen, es ist ja nur eine, wenn auch große ...«), zum anderen ermöglicht es den vielen Einzelnen, ihren Platz in diesem Prozess zu finden und ihren Teil zum Gelingen beizutragen, erhöht so die individuelle Verantwortlichkeit.

Die Beziehungen zu stärken ist die zentrale Aufgabe des Schaffens von Sicherheit. Hier gilt: Kommunikation ist alles. Immer wieder (und wieder und wieder und wieder) müssen mit jedem und allen Beteiligten der Veränderungsprozess, seine Ziele, der augenblickliche Stand, die drohenden Gefahren, die Sorgen der Beteiligten, die möglichen Gewinne ... besprochen werden, immer wieder gilt es, die Ängste der Beteiligten aufzugreifen und nach Lösungen zu suchen, immer wieder gilt es, »den Widerstand zu umarmen«. Je genauer sich jeder einzelne in diesem Prozess wahrgenommen und angenommen fühlen kann, desto größer wird sein Engagement und sein Beitrag für das Gelingen des Veränderungsprozesses sein.

Ein schulischer Entwicklungsprozess entwickelt nicht nur die Institution – alle in der Institution wirkenden Menschen werden sich verändern. Deshalb ist es wichtig, für eine Vielzahl von Gesprächsmöglichkeiten und Zeiten, z.B. für kollegialen Austausch, zu sorgen. Schulinterne Fortbildungstage können dazu dienen, den Kollegen und Kolleginnen die Kompetenzen zu vermitteln, die sie für eine erfolgreiche Anpassung an die veränderten Gegebenheiten benötigen. Pädagogische Nachmittage und auch gemeinsame Feste, um Erreichtes zu feiern, sind sinnvolle Möglichkeiten des Austausches und bieten Gelegenheit für die Reflexion des Veränderungsprozesses, für ein Innehalten an kritischen Punkten ebenso wie für ein machtvolles Weitertreiben der erfolgversprechenden Aktivitäten. All diese Aktivitäten sind Ressourcen für die Kolleginnen und Kollegen. Es ist wichtig, dass deutlich wird, dass die Schule sich engagiert, den Kolleginnen und Kollegen möglichst viele Hilfen anzubieten, mit den Veränderungsprozessen Schritt zu halten.

Im Herzen jeder nachhaltigen Schulentwicklung liegt die gelingende Kooperation aller Beteiligten bei der Ausarbeitung und Gestaltung des Entwicklungsprozesses.

Damit bietet der Ansatz des Kooperativen Lernens mit seiner Erschließung der Rahmenbedingungen gelingender Kooperation und mit seinen vielfältigen Hilfen zur Gestaltung gelingender Kooperation eine wertvolle Unterstützung bei der Gestaltung einer auf Nachhaltigkeit zielenden (und das heißt: kooperativen) Schulentwicklung.

Literatur

BENNETT, B., ROLHEISER, C. & STEVAHN, L. (1991). Cooperative Learning: Where Heart Meets Mind. Ontario: Educational Connections.
BENNETT, B. & ROLHEISER, C. (2001). Beyond Monet: The Artful Science of Instructional Integration. Toronto, Ontario: Bookation Inc.
BOCHMANN, R. & KIRCHMANN, R. (2006). Kooperatives Lernen in der Grundschule. Essen: Verlag Neue Deutsche Schule.
FULLAN, M. (2001). Leading in a Culture of Change. San Francisco: Jossey Bass.
FULLAN, M. (2001). The New Meaning of Educational Change. New York, London: Teachers College Press.
GREEN, N. & GREEN, K (2009). Kooperatives Lernen im Klassenraum und im Kollegium. Seelze: Klett/Kallmeyer.
HUBER, A. (Hrsg.) (2004). Kooperatives Lernen – kein Problem. Leipzig: Klett Schulbuchverlag.
JOHNSON, D. W. & JOHNSON, R. T. (1999). Learning Together and Alone. Cooperative, Competitive and Individualistic Learning. Boston: Allyn & Bacon.
JOHNSON, D., JOHNSON, R. & JOHNSON HOLUBEC, E. (2005). Kooperatives Lernen, Kooperative Schule. Mühlheim an der Ruhr: Verlag an der Ruhr.
MIEHE, K. & MIEHE, S.-O. (2004). Praxishandbuch Cooperative Learning. Meezen: Dragonboard Publishers.
SAUM, T. & BRÜNING, L. (2007). Erfolgreich unterrichten durch Kooperatives Lernen. Essen: Verlag Neue Deutsche Schule.
SAUM, T. & BRÜNING, L. (2009). Erfolgreich unterrichten durch Kooperatives Lernen II. Essen: Verlag Neue Deutsche Schule.
WEIDNER, M. (2008). Kooperatives Lernen im Unterricht. Seelze: Klett/Kallmeyer.

Internet-Quellen

http://www.kooperatives-lernen.de
www.green-institut.de
http://www.lernkompetenz.th.schule.de
http://www.cooperative-learning.de/
http://www.learn-line.nrw.de/angebote/greenline/
http://sinus-transfer.uni-bayreuth.de/module
http://www.co-operation.org
http://www.ldl.de
http://www.uni-koeln.de/ew-fak/konstrukt/didaktik/uebersicht.html

Beobachten und fördern

Rolf Werning

Einleitung

Diagnostik hat in den letzten Jahren Konjunktur in Schulen. Dahinter steht die Überlegung, dass Diagnostik eine besonders wichtige Rolle bei der Förderung von Kindern und Jugendlichen spielt. Sie soll die Auswahl der richtigen pädagogischen Intervention ermöglichen. Diagnostik umfasst dabei die exakte Zuordnung von Befunden zu einem Störungsbegriff. Auch in der klassischen Psychometrie hat Diagnostik die Aufgabe der Klassifikation und Typologisierung. Diagnostik soll Ordnung schaffen und damit das professionelle Handeln optimieren, indem vielfältige individuelle Erscheinungsbilder systematisiert und in Kategorien zusammengefasst werden. Dahinter steckt die Überzeugung, dass sich durch die Zuordnung eines ganz bestimmten Erscheinungsbildes zu einer spezifischen Kategorie (Lernbeeinträchtigung, Aufmerksamkeits-Defizit-Syndrom, Legasthenie etc.) konkrete Interventionen ableiten lassen. Hier ist die Diagnostik der Intervention, der Förderung bzw. der Didaktik vorgeordnet.

Leider ist die pädagogische Wirklichkeit in diesem Bereich deutlich komplexer. Schon seit langem wird in der sonderpädagogischen Diskussion die Form einer klassischen Testdiagnostik kritisiert. So schreibt Eggert (1998, S. 33): »Die mit den klassischen psychometrischen Tests quantitativ gemessenen Fähigkeiten lassen in der Regel keine verlässlichen Hinweise auf Ursachen von Lernproblemen oder die zukünftige Lernentwicklung eines Kindes noch auf detaillierte Möglichkeiten der Förderung zu.« Dies bedeutet, dass das Ergebnis z.B. eines Intelligenztests oder eines standarisierten Schulleistungstest nicht dazu beiträgt, adäquate Förderperspektiven zu entwickeln. Das Problem der Umsetzung von diagnostischen Erkenntnissen in konkrete Fördermöglichkeiten ergibt sich aus mindestens zwei zentralen Aspekten:

a) Lern- und Entwicklungsprozesse finden in komplexen sozialen und materiellen Beziehungsnetzwerken statt. Die exakte Diagnostik isolierter Elemente reicht hier nicht aus, ein für die Förderung angemessenes Verständnis von Schwierigkeiten, Störungen und Problemen zu entwickeln. Lernen und auch Behinderungen des Lernens finden in einem komplexen Netzwerk sich gegenseitig bedingender, miteinander interagierender sowie zirkulärer und damit auf sich selbst zurückwirkender Faktoren statt. Bestimmte Faktoren können andere kompensieren, negativ oder positiv beeinflussen, verstärken oder vermindern. So kann z.B. ein besonders guter Unterricht und intensive Förderung eines Schülers durch die Lehrkraft geringere kognitive Fähigkeiten und/oder soziale Benachteiligungen ausgleichen. Ebenso kann aber auch abwertendes und stigmatisierendes Lehrerverhalten und/oder schlechter Unterricht die Lernschwierigkeiten eines Schülers verstärken bzw. chronifizieren. Erschwerend kommt hinzu, dass Lernkompetenzen an spezifische Kontexte gebunden sein können. In einer Untersuchung bei brasilianischen Straßenkindern zeigte sich, dass sie über gute mathematische

Kompetenzen im Rahmen ihrer Verkäufertätigkeiten auf der Straße verfügten. Legte man ihnen jedoch ähnliche Aufgaben in einem schulischen Kontext vor, konnten sie diese nicht lösen (vgl. CARRAHER, CARRAHER & SCHLIEMANN, 1985; auch BAUERSFELD, 1983).
b) SCHLEE (2004, S. 27) weist darauf hin, dass die besten diagnostischen Verfahren erfolglos bleiben müssen, wenn nicht geklärt ist, wonach mit ihrer Hilfe gesucht werden soll. Jede Form von Diagnostik basiert auf grundlegenden Annahmen. Sie ist eingebettet in ein Verständnis vom Menschen und von Wissenschaft. Aus diesen übergeordneten axiomatischen Entscheidungen ergibt sich eine (alltags-)theoretische Vorstellung von Entwicklung und Lernen sowie von Störfaktoren dieser Bereiche. Probleme ergeben sich immer dann, wenn man diagnostiziert, ohne eine klare, handlungsleitende Theorie zu haben. »Diagnostik kann nie besser sein als die sie tragende bzw. in ihr enthaltene Theorie.« (SCHLEE, 2004, S. 27 f.). Im pädagogischen Alltag führt jedoch die Unklarheit vieler Begriffe wie zum Beispiel Lernbeeinträchtigung, Konzentrationsschwäche, Motivationsunlust, Rechtschreibschwierigkeit etc. dazu, dass diagnostisches Handeln unspezifisch bleibt. Häufig fragen dann Lehrkräfte, nachdem sie Screeningverfahren oder Schulleistungstests durchgeführt haben: »Und was mache ich nun mit den Ergebnissen?«

Die Schwierigkeiten von Diagnostik und Förderung ergeben sich aus der Übertragung einer linearen Denkweise, die propagiert, dass aus den diagnostischen Daten klare Anweisungen für pädagogisches Handeln entstünden. Dem ist jedoch nicht so. Dazu ist der Bereich der Lern- und Entwicklungsförderung erstens zu komplex und zweitens nicht hinreichend klar definiert. Anders als in technisch-naturwissenschaftlichen Bereichen gibt es in den Erziehungs- wie auch in den Sozialwissenschaften ein »Technologiedefizit« (LUHMANN & SCHORR, 1979), das die Unmöglichkeit linear planbarer Interventionen auf menschliche Entwicklungs- und Bildungsprozesse beschreibt.

SCHLEE (2004, S. 33) löst diese Problematik auf, indem er die Beziehung zwischen Diagnostik und Förderung umdreht. Er fordert, dass Diagnostik dem pädagogischen Handeln nicht mehr vorgeordnet, sondern nachgeordnet werden muss. »Durch den Wechsel ihres Stellenwertes hätte die Diagnostik andere Aufgaben zu erfüllen. Sie hätte nicht mehr als Entscheidungsinstrument und als Quelle für Förderhinweise zu dienen, sondern sie bekäme stattdessen eine evaluative Funktion. Mit ihrer Hilfe wäre die Fruchtbarkeit und die Bewährung von didaktischen und therapeutischen Förderkonzepten empirisch zu überprüfen« (ebd.).

Ich möchte hier einen Schritt weitergehen und schlage vor, Diagnostizieren und Fördern als zirkuläre Prozesse im Bereich des pädagogischen Handelns zu beschreiben. Im pädagogischen Alltag gibt es nicht die klare Trennung von Diagnose und Förderung. Es ist auch kritisch zu fragen, ob Lehrkräfte Diagnostiker sein können und sollen. Wenn man darunter klinische Beobachter versteht, die möglichst distanziert Daten erheben, auswerten und bewerten, um dann spezifische therapeutische Prozesse zu initiieren, so würde dies doch ein sehr verändertes Rollenbild von Lehrerinnen und Lehrern mit sich bringen. Nun kann man aber auch nicht negieren, dass Lehrer tagtäglich Beobachtungen anstellen und diese Beobachtungen führen nicht selten zu Typisierungen von Schülerinnen und Schülern (Peter ist ein typisches ADHS-Kind, Angela ist rechenschwach). Dabei werden sehr schnell deskriptive Aussagen (was ist) mit präskriptiven Aussagen (was soll [nicht] sein) vermischt. Zudem wird im alltäglichen Handeln das Verhalten, was man sieht, schnell mit Bedeutungen und mit Wertungen versehen. Man beobachtet nicht ständig unvoreingenommen, sondern aufgrund der gespeicherten Bilder und Erfahrungen, die man von einem Schüler oder einer häufig wiederkehrenden Situation gemacht hat. Die Lehrkraft ist dabei an den Prozessen, die sie beobachtet, aktiv beteiligt. Lehrkräfte müssen somit ihre Beobachtungen immer wieder kritisch hinterfragen, um nicht – wie es Gregory Bateson einmal beschrieben hat – immer wieder die Eier zu finden, die sie selbst versteckt haben.

Im Folgenden möchte ich mich der zentralen Dimension der pädagogischen Diagnostik, der pädagogischen Beobachtung, zuwenden. Das Ziel ist hier, diese anspruchsvolle Tätigkeit genauer zu analysieren. Anschließend werde ich auf den Bereich der Förderung eingehen, um dann die von mir herausgestellte zirkuläre Verknüpfung beider Dimensionen zu verdeutlichen. Abschließend soll das Konzept der pädagogischen Beobachtung im schulischen Kontext verortet werden. Dabei fußen meine Überlegungen auf einer systemisch-konstruktivistischen Theoriefolie (vgl. WERNING, 2007).

2. Was kennzeichnet »pädagogische Beobachtung«?

Unsere »Wahr«-nehmungen sind gebunden an den Möglichkeitsraum unserer Beobachtungen, der zum einen durch den sozialen Kontext, zum anderen durch die Strukturen unseres psychischen Systems und zum Dritten durch die Instrumente des Beobachtens (seien dies nun die Sinnesorgane, unterschiedliche förderdiagnostische oder psychometrische Testverfahren, Videoaufzeichnungen oder Fehleranalysen, EEGs oder gewählte Theorien bzw. Weltsichten) definiert ist (vgl. WILLKE, 1994, S. 23). Wirklichkeit und Beobachter sind Faktoren, die sich gegenseitig bedingen. Damit wird jede Form von Objektivität – also die Möglichkeit einer vom Beobachter unabhängigen, wahren oder richtigen Beobachtung – in Frage gestellt. »Objektivität ist die Selbsttäuschung des Subjekts, Beobachtung sei ohne ihn möglich. Die Anrufung der Objektivität ist gleichbedeutend mit der Abschaffung der Verantwortlichkeit; darin liegt ihre Popularität begründet.« (FÖRSTER zit. nach SCHMIDT, 1986, S. 2).

Aus konstruktivistischer Sicht ist der Prozess der Beobachtung durch das Treffen einer Unterscheidung charakterisiert. Ein Phänomen wird bezeichnet und damit wird es gleichzeitig von etwas anderem unterschieden. Indem eine Lernschwäche festgestellt wird, unterscheidet man sie von einer »normalen« Lernfähigkeit; indem man hyperaktives Verhalten beobachtet, muss es von nicht-hyperaktivem Verhalten differenziert werden. Damit treten bei der Beobachtung zwei Aspekte in den Vordergrund: Das Bezeichnete und die Unterscheidung, die das Bezeichnete von der Umgebung differenziert. Aus systemisch-konstruktivistischer Sicht wird deshalb zwischen Beobachtungen I. und II. Ordnung unterschieden.

Bei der Beobachtung I. Ordnung tut der Beobachter so, als könne er von ihm unterschiedene Objekte (also andere Menschen, Gegenstände, Tiere, abstrakte Konstrukte – wie z.b. Lernbehinderung oder Verhaltensstörung) in der Außenwelt beobachten. Er ist bemüht, zwischen sich als Beobachter und dem Beobachteten streng zu unterscheiden – also möglichst objektiv zu sein.

Bei der Beobachtung II. Ordnung versteht sich der Beobachter als Teil dessen, was er beobachtet. Indem er den Konstruktionsprozess von Wirklichkeit durch die Beobachtungshandlung berücksichtigt, stellt er nicht mehr allein die Frage, »*Was* beobachte ich?«, sondern vor allem »*Wie* beobachte ich?«. Er beobachtet die Wahl seiner Unterscheidung, die die Beobachtung erzeugt (Warum beobachte ich so und nicht anders?).

Aus dieser Haltung wird deutlich, dass die Art und Weise WIE beobachtet wird, das WAS der Beobachtung definiert. Beobachter und Beobachtung treten somit in ein zirkuläres Verhältnis zueinander: Durch die Modalitäten unserer Beobachtungen schaffen wir die Wirklichkeit, in der wir leben und diese wirkt sich dann wiederum auf unsere Beobachtungen aus.

Unsere Beobachtungen sind dabei determiniert und kontingent:
- Sie sind determiniert durch den Möglichkeitsraum unserer Beobachtungsfähigkeit.
- Sie sind kontingent, weil die spezifischen Prämissen und damit verbunden die Instrumente unserer Beobachtung auswählbar und veränderbar sind. Wenn wir die Art der Unterscheidung bei der Beobachtung verändern, verändern wir auch die Phänomene. Die Beobachtung eines sozial auffälligen Verhaltens aus einer medizinisch-individualisierenden oder aus einer psychoanalytischen oder aus einer behavioristischen oder aus einer systemisch-konstruktivistischen Perspektive führt nicht selten zu völlig unterschiedlichen »Diagnosen«, die wiederum sehr unterschiedliche pädagogische Handlungsorientierungen erzeugen.

Die Funktion der Beobachtung II. Ordnung liegt darin, dass sie eine Reflexionsebene für die Beobachtung I. Ordnung und damit eine Korrekturmöglichkeit zur Verfügung stellt. Durch die Beobachtung II. Ordnung wird die Abhängigkeit der Beobachtung I. Ordnung von gewählten Differenzsetzungen deutlich. Der Beobachter kann so Rückschlüsse auf seine gewählte Beobachterposition ziehen und den eigenen Standpunkt hinterfragen.

Entscheidend für meine Argumentation ist die Erkenntnis, dass es immer mehrere Unterscheidungsmöglichkeiten gibt, die unterschiedliche Beobachtungen und damit unterschiedliche Wirklichkeitskonstruktionen ermöglichen. Im Umgang mit Schülerinnen und Schülern mit Lernschwierigkeiten bzw. Verhaltensauffälligkeiten kann z.B. statt einer Unterscheidung »lernschwach/nicht lernschwach« bzw. »verhaltensauffällig/verhaltensunauffällig« die Unterscheidung zwischen »bisher erfolgreiche Förderung/bisher nicht erfolgreiche Förderung« gewählt werden. Die Beobachtungen, die dadurch erzeugt werden, richten sich nicht auf Selektion, sondern auf Reflexion bezüglich der bisherigen Fördermaßnahmen. Durch diese Unterscheidung beobachtet sich das Interaktionssystem Förderung selbst. Prozesse der Diagnostik, die hier als pädagogische Beobachtung beschrieben werden, dienen somit als Planungs-, Reflexions- und Evaluationsfolie für pädagogische Förderung. Die Beziehung zwischen Diagnose/Beobachtung und Förderung ist so – ähnlich wie in Aktionsforschungsprozessen – durch die enge zirkuläre Verknüpfung zwischen Aktion, Reflexion und Planung, die immer wieder aufeinander bezogen werden, charakterisiert.

3. Perspektiven der Förderung

Förderung ist aus einer systemisch-konstruktivistischen Perspektive dadurch gekennzeichnet, dass sie nicht allein auf das Individuum oder gar auf eine isolierte Problematik zentriert ist. Im Grundsatz ist jede Förderung in ein komplexes Beziehungsnetzwerk eingebunden und muss sich damit der Komplexität pädagogischer Situationen stellen. Die zentralen Fehler im Umgang mit komplexen Systemen, wie sie DÖRNER (1974) empirisch herausgearbeitet hat, gilt es zu vermeiden. Dazu zählt ein Reparaturdienstverhalten, bei dem nur der ins Auge springende Missstand zu beseitigen versucht wird, ohne Beziehungen, Strukturen und Muster wahrzunehmen und ohne mögliche Nebenwirkungen zu beachten.

Dies bedeutet, dass aus einer systemisch-konstruktivistischen Perspektive die Förderung auf das Kind im Kontext seiner Lebenswelt auszurichten ist.

Ein Beispiel stellt das Förderkonzept von BETZ und BREUNINGER (1993, S. 87) im Bereich der Lese-Rechtschreib-Schwierigkeiten dar. Hierin beschreiben sie drei zentrale Komponenten der Förderung, die miteinander zu verbinden sind:

1. »Die Beeinflussung der sozialen Situation des Schülers« (ebd.): Dies umfasst die Elternarbeit, die Einbeziehung des (Fach-)Lehrers sowie die Verbesserung der sozialen Beziehungen des Kindes.
2. »Stärkung des Selbstwertgefühls, Veränderung von Kognition, Attribution, Motivation und Kompensation« (ebd.): Die Bewusstmachung eigener Fähigkeiten und Erfolge steht hier im Mittelpunkt.
3. »Anleitung zu effektivem Lernen und Ermutigung zur Aufarbeitung vorhandener Lücken« (ebd.): Hier geht es darum, den Schüler anzuleiten, Lerndefizite aufzuarbeiten, spezifische Kompetenzen zu erwerben und das Entstehen von Lernlücken zu vermeiden.

Bei Prozessen der pädagogischen Förderung ist aus einer systemisch-konstruktivistischen Perspektive zu berücksichtigen, dass Lernschwierigkeiten in ein soziales Netzwerk eingebettet sind. Deshalb ist es besonders wichtig, bestehende Muster, die das Lernen behindern, so zu verstören, dass neue Muster der Lernförderung bzw. Lernunterstützung entwickelt werden können. Die Ausgangsfragen systemischer Förderung lauten somit immer:

- Welche Bedingungen fördern, stabilisieren, reproduzieren gegenwärtig die Lernschwierigkeiten?
- Welche Bedingungen fördern und stabilisieren die Lernfähigkeiten?
- Wie können erstere minimiert und letztere maximiert werden?

4. Perspektiven für die zirkuläre Verknüpfung von Beobachtung und Förderung

Aus der vorgestellten systemisch-konstruktivistischen Sicht ergeben sich spezifische Anforderungen an eine Verknüpfung von Diagnose/Beobachtung und Förderung, die im Folgenden konkretisiert werden sollen.

4.1 Pädagogische Beobachtung erfolgt im Kontext einer Selbstbeobachtung des Beobachters

Die Beschreibungen von Lernschwierigkeiten und Verhaltensstörungen sind Konstruktionen, die im interaktiven Prozess zwischen Beobachter und Kind gebildet werden. Diese Beobachtungen sind abhängig von den Normen, Regeln, den Vorerfahrungen und Verständniszugängen, den theoretischen Zugängen sowie den Untersuchungsmethoden und -instrumenten des Beobachters. Die Suche nach objektiven bzw. wahren Beobachtungen bzw. Diagnosen weicht der Auffassung, dass unsere Beobachtungen und Erkenntnisse von unseren Herangehensweisen abhängen. Deshalb sind wir nie unbeteiligte, objektive Beobachter oder Diagnostiker, sondern aktive Interaktionspartner. Daraus ergibt sich die Anforderung an eine Kompetenz der Beobachtung II. Ordnung die herausstellt, dass Beobachtungen selbstreflexiv zu überprüfen sind. Dazu gehören Fragen wie:

- Welche (Vor-)Annahmen liegen meinen Beobachtungen zugrunde?
- Wieso komme ich zu bestimmten Beobachtungen?
- Welche Emotionen verbinde ich mit der Beobachtung?
- Welches sind meine Interessen/Wünsche in der Situation?
- Welche alternativen Beobachtungsmöglichkeiten gibt es?

4.2 Pädagogische Beobachtung und Förderung erfolgen hypothesengeleitet

Die Beobachtung einer pädagogischen (Problem-)Situation ist aus systemisch-konstruktivistischer Sicht als ein Prozess des hypothesengeleiteten Suchens zu verstehen. Eine Hypothese ist dabei immer eine vorläufige, im weiteren Handlungsprozess zu überprüfende Annahme über die Bedingungsfaktoren der Problemsituation. Schlippe und Schweitzer (1999) differenzieren zwischen der Ordnungs- und der Anregungsfunktion von Hypothesen. Die Ordnungsfunktion umfasst die notwendige Reduktion von Komplexität. Vielfältige Informationen aus unterschiedlichen Beobachterperspektiven werden so zu Hypothesen verdichtet. Die Anregungsfunktion von Hypothesen ergibt sich aus ihrem Potenzial, neue pädagogische Handlungs- und Fördermöglichkeiten zu entwickeln. Die Anregungsfunktion kann dabei immer erst festgestellt werden, wenn daraus konkrete pädagogische Förderansätze abgeleitet werden, deren Wirksamkeit im pädagogischen Alltag von den beteiligten Personen zu überprüfen ist. Die Erlebenswelt der interagierenden Personen (Schüler/-innen, Lehrer/-innen, Eltern) bildet den Prüfstein, ob diese entwickelten Förderorientierungen hilfreich, nützlich bzw. sinnvoll sind. Sie werden an der Praxis validiert.

4.3 Pädagogische Beobachtung und Förderung setzt an den Stärken und Ressourcen an

Nicht die möglichst genaue Beschreibung der Auffälligkeit, des Defizits oder des Defekts kann als Anknüpfungspunkt für eine pädagogische Förderperspektive herangezogen werden. Fördermöglichkeiten bauen immer auf dem Vorhandenen, auf den Ressourcen und Stärken, nicht aber auf dem Nicht-Vorhandenen, den Schwächen oder Defiziten auf. Eine Defektorientierung behindert vielmehr den Blick auf ein umfassendes Bild von dem Kind in seinem lebensweltlichen Kontext (vgl. MILANI-COMPARETTI & ROSER, 1987, S. 89). Durch die Wahrnehmung, Unterstützung, Aktivierung und Begleitung der entwicklungsfördernden Bedingungen wird die »Förderung von Normalität« (a.a.O.) und nicht die Behandlung der Auffälligkeit zur Aufgabe der pädagogischen Arbeit.

Als Pädagoginnen und Pädagogen haben wir jedoch vorrangig gelernt, besonders die Defizite wahrzunehmen. Insbesondere bei der Auseinandersetzung mit Schülerinnen und Schülern, die Lern-, Leistungs- und/oder Verhaltensauffälligkeiten zeigen, steht die Beschreibung des »Nicht-Könnens« im Vordergrund. Dies ist aus einer systemischen Perspektive zu überwinden. Damit verbunden ist auch eine veränderte Sicht von Fehlern. Fehler vorrangig als Versagen oder »Nicht-Können« zu betrachten, ist eine Bewertung, die aus einer bestimmten Beobachterperspektive erfolgt: Der wissende Lehrer beurteilt den schlecht- oder nicht-wissenden Schüler. Es handelt sich hierbei um die Kategorie der Selektion bzw. der Klassifikation. Fehler können jedoch auch als Mitteilungen betrachtet werden, die es ermöglichen, Hypothesen über die Denk- und Problemlösungsstrategien von Schülerinnen und Schülern aufzustellen. Fehler sind keineswegs einfach dumm, sie sind vielmehr meist (subjektiv) regelgeleitet und zeigen das Bemühen des Schülers um eine Lösung. Bei der Fehleranalyse konzentriert man sich auf sogenannte systematische Fehler, die auf subjektiven Strategien des Schülers fußen. »Die Fehleranalyse ist eine besonders hilfreiche Methode, Schwächen, aber auch Stärken eines Schülers in einem speziellen Lernbereich zu erkennen, in inhaltlich qualifizierter Weise zu beschreiben und aus den erkannten Fehlermustern Fördermöglichkeiten abzuleiten ...« (STRASSBURG, 1998).

4.4 Pädagogische Beobachtungen und Förderperspektiven sollten im Team entwickelt werden

Jede Form pädagogischer Beobachtung und Intervention baut auf der Deutung einer Situation auf. Dabei müssen Lehrkräfte jedoch berücksichtigen, dass ihre Wahrnehmungen an ihre psychischen Systeme gebunden sind. D.h. sie sehen, was sie sehen, sie sehen aber nicht, was sie nicht sehen. Sie können eine Situation niemals objektiv beobachten. Jede Beobachtung, die sie treffen, ist von dem Möglichkeitsraum ihrer Beobachtungsfähigkeit abhängig. Aus einer systemisch-konstruktivistischen Perspektive kann es deshalb bei diagnostischen Prozessen nicht darum gehen, eine richtige oder wahre Beobachtung respektive Diagnose zu erstellen. Sinnvoller scheint es vielmehr zu sein, im interaktionistischen Prozess pädagogischen Handelns gemeinsam Beobachterperspektiven zu entwickeln, die Lern- und Entwicklungsmöglichkeiten für das Kind in seiner Lebenswelt eröffnen und Lernstörungen minimieren. Unterschiedliche Beobachterperspektiven erzeugen Differenzen und damit Information. BATESON (1985, S. 582) stellte heraus, dass Information ein Unterschied ist, der als Unterschied wahrgenommen wird. Indem also verschiedene Perspektiven einer pädagogischen (Problem-)Situation erzeugt werden, entstehen Informationen, die für die Entwicklung pädagogischer Handlungsmöglichkeiten hilfreich sein können. Lehrkräfte sollen deshalb ermutigt werden, ihre eigenen Beobachtungen mit solchen von Kollegen, Eltern, Schülern oder externen Beobachtern zu vergleichen.

4.5 Pädagogische Beobachtung und pädagogische Förderung werden ständig eng aufeinander bezogen

Das einmalige Feststellen eines Förderbedarfs oder das Festschreiben eines Förderplans ist aus der hier vorgestellten Perspektive nicht sinnvoll. Notwendig ist vielmehr das prozessbegleitende Zusammenspiel von verschiedenen Aktivitäten. Dazu gehören die sensible Beobachtung und die Reflexion der Beobachtungen (möglichst im kollegialen Austausch). Daraus ergeben sich Ansatzpunkte zur Bildung von Hypothesen über Entwicklungsmöglichkeiten, die dann in einer Planung und Realisierung pädagogischer Fördermöglichkeiten konkret umgesetzt werden können. Die Auswirkungen dieser Arbeit müssen wiederum beobachtet und reflektiert werden, um die Fortführung, Veränderung oder völlige Neukonzipierung der Fördermaßnahmen zu gewährleisten. Pädagogische Beobachtung, Hypothesenbildung und pädagogische Förderung stehen somit in einem zirkulären Verhältnis zueinander (vgl. WERNING, 2002).

5. Pädagogische Beobachtung im schulischen Kontext

Prinzipiell können (mindestens) drei Anlässe der pädagogischen Beobachtung im schulischen Kontext unterschieden werden. Der erste bezieht sich auf die Ermittlung von Lernausgangslagen und ist in jedem didaktischen Konzept angesprochen. Der zweite bezieht sich auf die reflektierende Begleitung von Lern- und Entwicklungsprozessen im Unterricht. Und drittens scheint es geboten zu sein, Konzepte zur pädagogischen Analyse von Problemsituationen aufgrund von spezifischem Förderbedarf bei Schülerinnen und Schülern zu implementieren.

	Beobachtungsverfahren	Unterricht	Team
Anfangs-/Übergangsbeobachtung	Screening (z.B. Hamburger Schreibprobe); Talent-/Kompetenzportfolios; Gespräche mit Eltern und bisherigen Lehrkräften	z.B. Projekt: Mein Ressourcenbuch z.B. Projekt: Wie lerne ich? »Diagnostisches Unterrichten«	Teambildung, Ausbildung für Screeningverfahren, Auswertungskonferenz

	Beobachtungsverfahren	Unterricht	Team
Lernbegleitung	z.b.: Entwicklungsportfolios, Kursportfolios, Lerntagebücher, Lernkommentare, Selbsteinschätzungsbögen	z.b. »Dialogisches Lernen«	z.b. Portfoliokonferenzen, Klassen-/Jahrgangsteams
Problembearbeitung	Kooperative Lernbegleitung, Kollegiale Fallberatung; Förderdiagnostische Instrumentarien; Pädagogisch-psychologische Tests	Innere Differenzierung, Individualisierung, Spezielle Förderprogramme/ Förderbänder	Teambildung, Kooperation mit Sonderpädagogen, Schulpsychologen etc., Förderplanerstellung

Abb. 1: *Pädagogische Beobachtung im Schulprofil*

5.1 Ermittlung von Lernausgangslagen

Der erste Aspekt, die Ermittlung von Lernausgangslagen, ist keineswegs etwas Neues, sondern schon immer Grundlage jeglicher didaktischer Überlegungen. Schülerinnen und Schüler nutzen ihr vorhandenes Wissen, um neues Wissen zu konstruieren. Und was sie gegenwärtig wissen und glauben, beeinflusst die Art und Weise, wie sie neue Informationen interpretieren und in ihr bisheriges Wissen einbauen. Vorwissen wird deshalb als bedeutsamster Prädiktor des Schulerfolges angesehen (vgl. ZIELINSKI, 1995, S. 99). Deshalb ist es unerlässlich, das individuell vorhandene Wissen verbunden mit den emotionalen Besetzungen kennen zu lernen, um Brücken zu den zu erwerbenden Kenntnissen und Fähigkeiten aufbauen zu können. Pädagogische Beobachtung heißt hier: die Weltsicht der Kinder – bezogen auf spezifische Lernbereiche bzw. Lerngegenstände – kennen zu lernen; neugierig zu sein auf die Perspektiven und Emotionen, die Vorerfahrungen, Fragen, Hypothesen und Strategien, mit denen die Schülerinnen und Schüler sich neuen Lernbereichen zuwenden.

In besonderer Weise ist die Beobachtung der Lernstände, aber auch der Lernstrategien und der Lernmotivationen bei Anfängen und Übergängen in Schule relevant: z.b. zur Einschulung, beim Wechsel auf weiterführende Schulen, beim Wechsel des Klassenlehrers. Hier wäre es sinnvoll, intensivere Phasen der pädagogischen Beobachtung einzuplanen. Hierzu können Screeningverfahren herangezogen werden; wichtiger ist jedoch die qualifizierte Beobachtung und Dokumentation (z.b. in Form eines Lehrertagebuches) des Kenntnisstandes, der Lernstrategien, der Problemlösungskompetenzen und der Lernmotivationen der Kinder bzw. Jugendlichen im Unterricht. Damit wird deutlich, dass Beobachtung nicht unabhängig von Unterricht zu denken ist. Gerade in Übergangssituationen wird es wichtig sein, im Unterricht solche Aufgaben und Projekte zu wählen, die Beobachtungen über individuelle Kompetenzen und Ressourcen ermöglicht. Man könnte hier von »diagnostischem Unterrichten« (vgl. COMMITTEE ON DEVELOPMENTS IN THE SCIENCE OF LEARNING,

2000, S. 134 f.) sprechen. Mit dem Ziel, das Denken der Schüler »sichtbar« zu machen, geht es um die Erfassung der vorhandenen kindlichen Konzepte über spezifische Problemstellungen. Dies kann durch Beobachtung, Befragung, Unterhaltung aber auch durch spezifische diagnostische Aufgaben geschehen.

Von entscheidender Bedeutung ist zudem die Entwicklung kooperativer Strukturen. So ist es bei Anfangs- und Übergangssituationen hilfreich, die Beschreibungen der wichtigen Bezugspersonen (Eltern, bisherige Lehrkräfte bzw. Erzieher/-innen) kennen zu lernen. Um hier der Gefahr einer verfestigenden Stigmatisierung zu entgehen, ist auf die besondere Herausstellung der Fähigkeiten und Ressourcen zu achten. Interviews, Fragebögen, Talent- oder Ressourcenportfolios können hier sinnvoll eingesetzt werden.

Gerade in Anfangs- und Übergangssituationen ist es ferner notwendig, Beobachtungen im Team auszutauschen. Nur so können blinde Flecken erkannt, aber auch unterschiedliche Ressourcen von Lehrkräften kooperativ genutzt werden. Qualifizierte pädagogische Beobachtung ist an Teamarbeit gebunden.

5.2 Lernbegleitung

Als zweiter Punkt war die reflektierende Begleitung von Lern- und Entwicklungsprozessen angesprochen. Hierzu sind interessante Verfahren in Form von Lerntagebüchern und Portfolios entwickelt worden (vgl. WINTER, 2004, S. 84 ff.). Lernbegleitung ist eng an die konkreten Unterrichtsprozesse gekoppelt. Dabei werden die Lern- und Entwicklungsprozesse der Schülerinnen und Schüler – möglichst durch sie selbst – dokumentiert. Solche Dokumente können in Form von Portfolios, Arbeitsberichten, Protokollen von Beobachtungen, Gesprächen, Gruppenarbeiten, Lerntagebüchern, pädagogischen Tagebüchern und auch Klassenarbeiten angefertigt werden. Diese Dokumente bilden die Grundlage für »die gemeinsame Suche von Lernenden und Lehrkraft nach Ansatzpunkten für erfolgversprechendes Weiterlernen« (WILD, 2009, S. 14). WILD (a.a.O.) beschreibt in seinem Aufsatz »Diagnostik vom Nutzen her denken« zentrale Verfahren der Lernbegleitung. Dazu zählen u.a. Schüler-Lernkommentare (hier schreiben die Schüler zu spezifischen Aufgaben Lernkommentare, die von der Lehrkraft gelesen und kommentiert und für die weitere didaktische Planung herangezogen werden) genauso wie Selbsteinschätzungsbögen, in denen der Schüler seine eigene Lernleistung betrachtet und kommentiert. Gleichzeitig kann er ausführen, ob er spezifische Hilfestellungen braucht oder in der Lage ist, ein neues oder vertiefendes Lernangebot aufzugreifen.

Deutlich wird hier, dass diese Art der Lernbegleitung die Schülerinnen und Schüler in großem Ausmaß an der Analyse und Bewertung von Lernprozessen und -ergebnissen beteiligt und ein zentrales Element einer solchen diagnostischen Arbeit verstehensorientierte Dialogprozesse darstellen (vgl. WINTER, 2004, 95).

5.3 Bearbeitung von spezifischen Problemsituationen

Bei dem dritten Bereich, der Bearbeitung von Problemsituationen aufgrund von besonderem Förderbedarf bei einzelnen Schülerinnen und Schülern, ist es sinnvoll, angemessene und effektive Verfahren zu kennen und einzusetzen. Hierzu sind besondere Kompetenzen notwendig, die im Rahmen der Personalentwicklung an Schulen oder durch Kooperationen z.b. mit sonderpädagogischen Förderzentren oder schulpsychologischen Diensten verfügbar sein müssen. Für Grundschulen wie auch für die Orientierungsstufe in der Sekundarstufe I können Jahrgangsteams so zusammengestellt werden, dass Experten und Expertinnen für Schriftsprachentwicklung und für die Entwicklung mathematischer Strukturen im Team eingebunden sind. Des Weiteren ist es sinnvoll, Verfahren zur Erarbeitung von Förderplänen (z.B. die kooperative Lernbegleitung, vgl. WERNING & LÜTJE-KLOSE, 2006, S. 149 ff. oder die Kind-Umfeld-Analyse, vgl. SANDER, 1998) und zur Bearbeitung von sozialen Konfliktsituationen (z.b. kollegiale Fallberatung, vgl. DLUGOSCH, 2006) einzuführen. Hilfreich ist auch die (situative) Einbindung von Sonderpädagoginnen und Sonderpädagogen zur Erweiterung der Kompetenzprofile zur Entwicklung von individuellen Förderplänen.

Für die Ebene Unterricht ergibt sich die Notwendigkeit, Formen der inneren Differenzierung und Individualisierung, die sich aufgrund von spezifischen Förderorientierungen ergeben, zu realisieren.

6. Schluss

Pädagogische Beobachtung, so wie sie hier dargestellt wurde, dient der pädagogischen Förderung. Damit ist sie untrennbar verbunden mit der Gestaltung von Unterricht und der Gestaltung von Schulleben. Denn, wie KEENEY (1987, S. 13) formulierte, ist »das, was man sieht, immer eine Folge dessen (...), wie man handelt. So gesehen enthüllen Beschreibungen von Beobachtern immer die Handlung des Beobachters«. Man kann ergänzen, dass so, wie man handelt, auch immer eine Folge dessen ist, wie man beobachtet. Die Quintessenz, die sich hieraus ergibt: Wer lernt, anders zu beobachten, kann anders handeln. Und wer anders handelt, kann Neues beobachten.

Literatur

BATESON, G. (1985). Ökologie des Geistes. Frankfurt/M.: Suhrkamp.
BAUERSFELD, H. (1983). Subjektive Erfahrungsbereiche als Grundlage einer Interaktionstheorie des Mathematiklernens und -lehrens. In BAUERSFELD, H. (Hrsg.). Lernen und Lehren von Mathematik. Köln: Aulis Verlag Deubner + Co.
BETZ, D. & BREUNINGER, H. (1993). Teufelskreis Lernstörungen. Weinheim: Beltz.
CARRAHER, T. N., CARRAHER, D. W. & SCHLIEMANN, A. D. (1985). Mathematics in the street and in school. In British Journal of Developmental Psychology, 21–29.
COMMITTEE ON DEVELOPMENTS IN THE SCIENCE OF LEARNING (2000). How People learn. Brain, Mind, Experience, and School. Washington, D.C.: National Academy Press.
DLUGOSCH, A. (2006). So hab' ich das noch nie gesehen. Kollegiale Fallberatung auf der Grundlage der Themenzentrierten Interaktion. In Friedrich Jahresheft 2006: Diagnostizieren und fördern. Seelze: Friedrich Verlag.
DÖRNER, D. (1974). Die kognitive Organisation beim Problemlösen. Versuche zu einer kybernetischen Theorie der elementaren Informationsverarbeitungsprozesse beim Denken. Bern u.a.: Huber.

Eggert, D. (1998). Von den Stärken ausgehen ... Individuelle Entwicklungspläne in der Lernförderungsdiagnostik; ein Plädoyer für andere Denkgewohnheiten und eine veränderte Praxis. Dortmund: Borgmann.

Heuser, C., Schütte, M. &Werning, R. (1997). Kooperative Lernbegleitung von Kindern und Jugendlichen mit besonderem Förderbedarf in heterogenen Gruppen. In Heimlich, U. (Hrsg.). Zwischen Aussonderung und Integration. Neuwied: Luchterhand.

Keeney, B. P. (1987). Ästhetik des Wandels. Hamburg: isko.

Luhmann, N. & Schorr, K. E. (1979). Das Technologiedefizit der Erziehung und die Pädagogik. In Zeitschrift für Pädagogik, 25, 345–365.

Milani-Comparetti, A. & Roser, L. O. (1987). Förderung der Normalität und der Gesundheit in der Rehabilitation. In Wunder, M. & Sierek, U. (Hrsg.). Sie nennen es Fürsorge. Behinderte zwischen Vernichtung und Widerstand. Frankfurt/M.: Dr. med. Mabuse e.V.

Sander, A. (1998). Kind-Umfeld-Analyse: Diagnose bei Schülern und Schülerinnen mit besonderem Förderbedarf. In Mutzeck, W. (Hrsg.). Förderdiagnostik bei Lern- und Verhaltensstörungen. Weinheim: Deutscher Studienverlag.

Schlee, J. (2004). Kollegiale Beratung und Supervision für pädagogische Berufe. Hilfe zur Selbsthilfe. Ein Arbeitsbuch. Stuttgart: Kohlhammer.

Schlippe, A. v. & Schweitzer, J. (1999). Lehrbuch der systemischen Therapie und Beratung. Göttingen: Vandenhoeck & Ruprecht.

Schmidt, S. J. (1986). Selbstorganisation – Wirklichkeit – Verantwortung. Der wissenschaftliche Konstruktivismus als Erkenntnistheorie und Lebensentwurf. Siegen: Vieweg.

Strassburg, K. (1998). Fehleranalyse als diagnostische Methode. In Eberwein, H. & Knauer, S. (Hrsg.). Handbuch Lernprozesse verstehen. Weinheim u.a.: Beltz.

Werning, R. (2002). Sonderpädagogische Diagnostik. In Werning, R., Balgo, R., Palmowski, W. & Sassenroth, M. (Hrsg.). Sonderpädagogik. Lernen, Verhalten, Sprache, Bewegung und Wahrnehmung. München: Oldenbourg.

Werning, R. & Lütje-Klose, B. (2006). Einführung in die Pädagogik bei Lernbeeinträchtigungen. München: Ernst Reinhardt.

Werning, R. (2003). Integration zwischen Überforderung und Innovation – Eine systemisch-konstruktivistische Perspektive. In Balgo, R. & Werning, R. (Hrsg.). Lernen und Lernprobleme im systemischen Diskurs. Dortmund: Borgmann.

Werning, R. (2007). Das systemisch-konstruktivistische Paradigma. In Walter, J. & Wember, F.B. (Hrsg.), Sonderpädagogik des Lernens. Handbuch der Sonderpädagogik, Band 2. Göttingen u.a.: Hogrefe Verlag.

Wild, M. (2009). Diagnostik vom Nutzen her denken! In Lernchancen, 69/70, S. 14–19.

Wilke, H. (1994). Systemtheorie 2. Interventionstheorie. Stuttgart: Fischer.

Winter, F. (2004). Leistungsbewertung. Eine neue Lernkultur braucht einen anderen Umgang mit den Schülerleistungen. Hohengehren: Schneider.

Zielinski, W. (1995): Lernschwierigkeiten. Ursachen – Diagnosen – Interventionen. Stuttgart: Kohlhammer.

Erfolgreiche Erziehung braucht stabile Beziehungen und förderlichen Dialog

Reinhold Miller

Unterrichtsentwicklung steht in der letzten Zeit im Mittelpunkt von Schulentwicklung. Dabei wird meistens übersehen, dass Unterrichtsentwicklung kein rein technisches Problem ist, sondern grundlegende pädagogische und sozialpsychologische Voraussetzungen hat, nämlich eine gelingende Schüler-Lehrer-Beziehung.

Diese zeigt sich vor allem in der Art und Weise, wie Lehrerinnen und Lehrer mit ihren Schülerinnen und Schülern reden: gute Gespräche als Basis für stabile Beziehungen.

Wie diese hergestellt bzw. verbessert werden können und welche Rolle die Schulleitung dabei spielt, wird anschaulich herausgearbeitet. Zudem enthält der Beitrag etliche Instrumente zur Analyse und zum Training der Schüler-Lehrer-Beziehung.

1. Vorbemerkung

Eines der zentralen Themen für Schulleiterinnen und Schulleiter ist das Lehrer-Schüler-Verhältnis, und zwar aus folgenden Gründen:

Schulleiter/-innen sind Gesprächspartner und Klärungshelfer für ihre Kolleginnen und Kollegen, wenn es um Beziehungen zu den Schülern, um Erziehungseinflüsse und um pädagogische Maßnahmen geht, einschließlich der damit verbundenen Schwierigkeiten und Belastungen im Schulalltag. Sie sind Ansprechpartner für Schülerinnen und Schüler, was deren Beziehungen, Probleme, Konflikte zu ihren Lehrern betrifft. Sie vermitteln des Öfteren zwischen Lehrern und Schülern mit dem Ziel der Verständigung, des gegenseitigen Verstehens, der Klärung und der Problemlösung. Ebenso bedeutsam ist der Kontakt zu den Eltern, wenn diese mit ihren Anliegen zu ihnen kommen. Und schließlich sind sie trotz ihrer vielfältigen Leitungsaufgaben auch selbst Lehrer im Unterricht und dadurch Be- und Erziehungspersonen im Umgang mit den Schülerinnen und Schülern.

Das Lehrer-Schüler-Verhältnis ist somit als Beziehungs- und Erziehungsarbeit Teil ihrer ureigensten beruflichen Tätigkeiten, die im Schulalltag dann erfolgreich wirksam werden, wenn Schulleiter in der Lage sind,

- ihr eigenes Verhalten zu reflektieren,
- sich »Beziehungs-Wissen« anzueignen,
- ihre Gesprächskompetenz zu erweitern und
- Handlungssicherheit zu bekommen und entsprechend umzusetzen.

Vor allem im Gesprächsverhalten zeigt sich die Qualität der Beziehung. Somit bekommen Gespräche zwischen Schulleitung/Lehrern und Schülern eine besondere Bedeutung.

2. Beziehung als Begegnung

In zwischenmenschlichen Beziehungen geht es um Interaktionen zwischen zwei oder mehreren Personen, die dann förderlich sind, wenn die Beteiligten in ihren Handlungen in einer Balance bleiben zwischen »für sich selbst sorgen« und »auf die anderen zugehen«, und zwar im Rahmen von BEziehung und ERziehung:

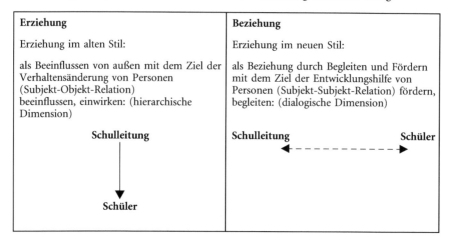

Selbst-Reflexion

A. Positionen in zwischenmenschlichen Beziehungen

Im Bezug zu meinen Schülerinnen/Schülern

a) setze ich mich durch (= Ich als Gewinner)
b) gebe ich nach (= Ich als der Verlierer)
c) handle ich Kompromisse aus (= Ich und das Gegenüber als Gewinner)

> *Verteilen Sie Ihr Verhalten prozentual wie Einzelstücke eines Kuchens:*

a) Ich als Gewinner _____ %
b) Ich als Verlierer _____ %
c) Win – Win _____ %

☐ Die Verteilung stimmt so für mich.

☐ Die Verteilung werde ich ändern, nämlich _____

B. Typen in Beziehungen: Vom Zwingen zum Lassen

a) der durchsetzende Typ (Ich behalte die Oberhand.)
b) der führende Typ (Ich zeige, wo es lang geht.)
c) der begleitende Typ (Ich gehe mit dir mit.)
d) der nachgebende Typ (Harmonie geht über alles.)
e) der ausgleichende Typ (Es geht so, aber auch anders.)

Oder, in anderer Variante:
a) egozentrisch: Ich bestimme, du gibst nach.
b) dialogisch: Wir beide handeln aus.
c) altruistisch: Du bestimmst, ich gebe nach.
d) beziehungslos: Wir meiden uns.

> *Welche Beziehungstätigkeiten üben Sie in Ihrem Alltag besonders aus?*

- ☐ zwingen ☐ überzeugen
- ☐ formen ☐ führen
- ☐ bestimmen ☐ begleiten
- ☐ beeinflussen ☐ loslassen
- ☐ überreden ☐ lassen

> Fazit:

Ich bin eher ☐ ein Erziehungstyp ☐ ein Beziehungstyp ☐ ein Mischtyp

C. Stärken/Schwächen in Beziehungen

Stärken	werden zu Schwächen
– »Vater/Mutter« sein	→ Übervater/»Glucke« sein
– behüten, umsorgen	→ keinen Raum lassen, ersticken
– vormachen	→ an Stelle des anderen tätig werden
– da sein, zuständig sein	→ behalten, nicht loslassen
– Ressourcen einsetzen	→ erschöpft/ausgebrannt sein
– etwas anbieten	→ sich anbiedern
– Nähe und Distanz ausbalancieren	→ zu viel/zu wenig Nähe, zu viel/zu wenig Distanz

> *Meine Stärken und Schwächen:*

D. Gemeinsamkeiten in Beziehungen

Die Lehrer- und Schülerwelten klaffen oft weit auseinander – und beide Personengruppen meinen, bisweilen auf verschiedenen Sternen zu leben. Die Suche nach Gemeinsamkeiten, nach Verbindungen ist deshalb wichtig, wenn sie »in Beziehung« bleiben wollen:

Was uns trennen kann	Was uns verbinden kann
– Alter	– Gebrauchtwerden, Vertrauen
– Kleidung	– Beachtung, Anerkennung
– Argumente	– Verstehen
– politische Ansichten	– Sehnsucht nach Frieden
– Alltagsgestaltung	– Selbstverwirklichung
– Einstellungen	– Suche nach Lebenssinn
– Sprache, Ausdrucksweise	– gleiche Bedürfnisse
– Gefühle	– Gefühle
– Lehr- und Lernverhalten	– gemeinsame Interessen

Es kommt in erster Linie nicht auf die *Handlung,* sondern auf die *Haltung* in zwischenmenschlichen Beziehungen an, wenn sie wirklich förderlich sein sollen.

Ein Schüler sagte mir einmal während einer SMV-Tagung: »Wissen Sie, unsere Lehrer müssen nicht mit einer Kappe mit Schild nach hinten in die Schule kommen. Die können ruhig ihren Zylinder aufbehalten. Die Hauptsache, sie sind menschlich o.k. Wir kriegen das schon raus, ob einer sich einschmeicheln will oder ob er einfach unser Lehrer sein will.«

Echtheit vor Verschleierung
Anbieten statt Anbiedern
Abstand statt Vereinnahmung
Beziehung statt Clinch

Aus der BEziehung zu Menschen ergibt sich die ERziehung, d.h.: Erst wenn wir einen Menschen wahrnehmen und mit ihm in Kontakt treten, kennen wir dessen Bedürfnisse, Wünsche, Schwierigkeiten, Lebensweisen – und können entsprechend erzieherisch angemessen handeln. So wird aus einer Subjekt-Objekt-Beziehung eine Subjekt-Subjekt-Beziehung. (M. BUBER)

In Beziehungsverhältnissen ist Partnerschaft (= Teilen und Teilhabe) die angemessene Grundhaltung und symmetrische Kommunikation die entsprechende verbale und nonverbale Mitteilungsform.

3. Erziehung als Begleitung

Die Wirklichkeit zeigt, dass viele Menschen (immer noch) unter Erziehung eine Umformung verstehen hin zu eigenen Vorstellungen als Erziehende, wie ihre »Zöglinge« zu sein haben. Angesichts der Ergebnisse der Evolutionsbiologie, der Hirnforschung und der Lernpsychologie kann Erziehung nicht (mehr) als »Formung eines Ungeformten durch einen Formenden« verstanden werden oder als ein Vorgang, den jungen unfertigen Menschen zu einem fertigen zu machen, sondern sie ist zu verstehen als Entwicklungshilfe, als ein Ausbalancieren der Bedürfnisse der Einzelnen und kein »Herumschnitzen« am andern:

Deutlich wird diese falsche Haltung z.B. durch häufiges Appellieren (etwa 400 Mal pro Tag bei Vierjährigen!): »Reiß dich zusammen!« – »Komm nicht zu spät!« – » Hör auf zu jammern!« – »Trödel nicht so herum!« – »Stell dich nicht so an!« – »Steh nicht so herum!« – »Sei nicht so eigensinnig!« – »Räum dein Zimmer auf!« – »Sag schön danke!« – »Sei höflich!« – »Du machst jetzt, was ich sage!« usw.

Aber auch Erwachsene werden (von Erwachsenen) erzogen. So sagte ein Schulleiter zu seiner Sekretärin: »Wenn Sie in Zukunft nicht korrekter schreiben, werde ich Sie in einen Rechtschreibkurs schicken. Momentan ist es ungenügend, was Sie produzieren.«

Erziehungsverständnis

Dem deutschen Wort Erziehung liegt das lateinische Wort educare (= herausführen) zugrunde, ein Begriff, der weitaus besser ausdrückt, dass es sich um ein

Herausführen aus der Abhängigkeit hin zur Selbstständigkeit handelt: Führen ist jedoch nur möglich, wenn der Geführte es zulässt – im Gegensatz zum Befehlen und Ziehen, die Fremdbestimmung bedeuten. Fremdbestimmung und Zwang sind dann notwendig, ethisch verantwortbar und auszuüben, wenn Menschen anderen gegenüber physische und/oder psychische Gewalt anwenden.

Der Begriff Erziehung enthält (für mich) zu viele Assoziationen an Ziehvorgänge. Wenn ich dennoch von Erziehung spreche, dann im Sinne von

- Pflege/Fürsorge: physisch, psychisch, materiell versorgt werden,
- Schutz: körperlich, geistig-seelisch unversehrt bleiben,
- Orientierungshilfe: sich in der Welt zurechtfinden lernen,
- Ermöglichung von Rechten/Einforderung von Pflichten: Verantwortung übernehmen,
- Begrenzen: Respekt vor den Freiräumen der anderen haben.

Es ist Abschied zu nehmen von der Vorstellung, wir könnten andere Menschen nach unseren Vorstellungen »bilden«. (Der Mensch ist keine »triviale Maschine«!) Aber wir können Bedingungen schaffen, dass andere sich entwickeln, gemäß ihrer Persönlichkeitsstruktur und ihrer Durchlässigkeit für Außenwirkungen. So betrachtet ist Erziehung Wahrnehmen und Beobachten, Einfühlen und Erspüren, Entwicklungsförderung und Lebenshilfe, Zulassen der Möglichkeiten und Grenzziehung, falls erforderlich.

Reflexion

Versetzen Sie sich in Ihre eigene Kindheit und Jugend, denken Sie an Personen, von denen Sie erzogen worden sind – und spannen Sie dann den Bogen bis in die Jetztzeit:

– Was haben Sie von Ihren Erziehern genauso übernommen?
 (= in *deren* Spuren weitergegangen)
– Was haben Sie davon eigenständig weiterentwickelt?
 (= *eigene* Spuren gezogen)
– Was haben Sie ganz anders gemacht?
 (= in *entgegengesetzte* Richtungen Spuren gezogen)

Resümee

Wie viel ist von der Erziehung (in Ihrer Kindheit/Jugend) geblieben – und welche eigenen Wege sind Sie gegangen?

Das Selbstbewusstsein von Menschen kann sich nur entwickeln, wenn sie statt Fremdbestimmung Selbsterfahrungen machen können (= wenig Erziehung und viel Beziehung).

Das Problem der Selbstwahrnehmung und des Selbstbewusstseins liegt tiefenpsychologisch in der frühkindlichen Mutter-Kind-Symbiose: Wenn die Mutter das Kind nicht in die Eigenständigkeit, in die Selbsterfahrung entlässt (ein grundsätzlich schmerzlicher Vorgang), sondern die – für das Kind lebensnotwendige – Trennung von sich aus verhindert, dann bleibt das Kind in Abhängigkeit und ist unfähig, ein eigenständiges Selbst zu entwickeln.

A. GRUEN spricht in diesem Zusammenhang von der Autonomie des Einzelnen und versteht darunter die »Möglichkeiten des ungehinderten Erlebens der eigenen Wahrnehmungen, Gefühle und Bedürfnisse. Solch eine Erfahrung bestimmt die Einheit oder die Spaltung einer Persönlichkeitsentwicklung.« (GRUEN, 1996). Wo dieses Erleben nicht geschehen kann, da entstehen sowohl Abhängigkeit wie auch Herrschaftsanspruch.

Wie eigenes Erleben verhindert wird:

- »Sei nicht so eigensinnig!« (Wegnahme des eigenen Sinnes)
- »Jungen weinen nicht.« (Verhinderung von Gefühlen)
- »Da täuschst du dich aber gewaltig.« (Wegnahme eigener Sichtweisen)
- »Glaub mir; ich weiß es besser.« (Wegnahme eigener Erfahrungen)

... und wie es gefördert werden kann:

- »Probier's mal aus; ich helfe dir, wenn du magst.« (eigene Wege gehen lassen)
- »Ich trau dir das zu.« (Vertrauen geben)
- »Ich freue mich, weil du ...« (Stärkung des Selbst)
- »Nur zu ... Ich bin gespannt, was du mir berichten wirst.« (*Selbst*erfahrungen machen lassen)

Reflexion im Kollegium zum Thema »Beziehung – Erziehung«

– Gesprächsrunde in Gruppen: Erörtern Sie Ihre eigenen Be- und Erziehungserfahrungen in Kindheit und Jugend.
– Welche Spuren davon entdecken Sie im beruflichen Alltag als Lehrerin/Lehrer?
– Wie sehen Ihre Sichtweisen über Beziehung und Erziehung aus?
– Wenn sehr unterschiedlich: Erarbeiten Sie handlungsrelevante Vereinbarungen.
– Formulieren Sie – auf Grund des Erziehungsauftrages der Schule – konkrete Einstellungen und Verhaltensweisen auf Lehrer- und auf Schülerseite.
– Einigen Sie sich auf wichtige Postulate, einschließlich bestimmter Handlungskonsequenzen.
– Machen Sie Angaben über Verhaltensüberprüfung und Sanktionen.
– Beziehen Sie Schülerinnen und Schüler (z.B. SMV – und wenn möglich die Eltern) mit ein = die Betroffenen zu Beteiligten machen!

---

4. Erziehungsmittel: Lob und Tadel

Im zwischenmenschlichen Umgang im Schulalltag sind Lob und Tadel, die aus der Haltung einer Erziehung stammen, normal. Entscheidend ist, wie ethisch und sozialverträglich wir mit ihnen umgehen. Ich habe allerdings schon als junger Lehrer begonnen, Lob und Tadel aus meinem pädagogischen Repertoire zu minimieren, weil sie mir auf Grund meines Menschenbildes und humaner Einstellungen nicht mehr »stimmig« erschienen. Die Wurzeln meines Umdenkens reichen bis in meine Studienzeit:

Als Student machte ich die Erfahrung, dass meine/unsere Beiträge von Professoren entweder gelobt oder kritisiert (= getadelt) wurden. Das war für mich zunächst völlig normal, hatte ich es doch in der Schule nicht anders erfahren (wobei erschwerend hinzukam, dass nicht nur unsere Leistungen, sondern auch wir als Personen bewertet wurden). Kurz vor dem Examen nahm ich an einem Seminar teil, in dem der Dozent meine/unsere Beiträge weder lobend noch tadelnd kommentierte, sie als solche stehen ließ oder höchstens sachlich einordnete. Das verunsicherte mich und ich fragte ihn: »Wie finden Sie denn meine Beiträge? Sie sagen fast nie etwas dazu.« Seine Antwort: »Ich habe Sie nicht zu bewerten. Ich sage Ihnen höchstens meine Ansicht.«

> *Verwunderung meinerseits durch seine Nichtbewertung*

In einem Proseminar bekamen wir am Ende der ersten Sitzung von einem jungen Assistenten Aufgaben, die wir bis zum nächsten Mal erledigen sollten. Nachdem niemand die Aufgaben erstellte, sagte der Assistent zu Beginn: Da ich Ihre Aufgaben für die Fortführung der Veranstaltung brauche, sie aber nicht vorfinde, beendige ich die Sitzung.« Er stand auf und ging – ohne Tadel auszusprechen.

> *Da waren wir alle baff! Er »erzog« uns nicht, hinterließ aber Wirkung.*

Mein Erkenntnisgewinn:

Ich war bisher von Lob und Tadel als Bewertung anderer Menschen abhängig. In dem Moment, in dem sie nicht mehr erfolgten, musste ich selbst sehen, wie ich mit meinen eigenen Verhaltensweisen und Produkten zurechtkam.

Ein bekannter Schauspieler wurde gefragt, wie er mit dem neuen Regisseur zurechtkäme und antwortete: »Am Anfang war es sehr schwer. Er lobte nicht, kritisierte nicht, sagte höchstens seine Sichtweisen ... Ich war total verunsichert. Aber nach einiger Zeit bemerkte ich, wie ich immer mehr zu meiner eigenen Darstellung fand und löste mich als Marionette des Regisseurs. Bisher hatte ich immer nur so gespielt, wie andere es wollten und damit ich gelobt wurde. Ich war abhängig von ihnen ...«

> **Lob und Tadel: kein Mittel zum ERziehen!**

Stattdessen: Selbstmitteilungen als Feedback mit Wirkung auf andere:

Ende eines Schulvormittags, den ich als ausgesprochen produktiv empfand. Die Kinder, 3. Klasse, gehen an mir vorbei zur Tür – und ich hatte den Satz schon auf der Lippe: »Ihr wart aber heute toll!« – sagte aber: »Ich bin sooo gerne bei euch Lehrer!« – Da strahlten sie und gingen nach Hause – mit welchen Gedanken und Empfindungen?

Ich unterscheide deshalb:

1. Lob und Tadel als Erziehungsinstrument, von denen andere abhängig werden: Jemand tut dies und das, damit er von mir gelobt und nicht getadelt wird – und nicht um seiner selbst willen oder weil es ihm wichtig ist.

2. Mitteilungen von mir selbst, weil sie mir in der Beziehung zum Gegenüber wichtig sind: Freude, Ärger, Zufriedenheit, Glück, Wut, Wohlbefinden – mit Wirkung auf andere.

> Erziehung durch die Hintertür: Wenn ich dich lobe oder tadle, dann veränderst du dich, weil ich es will.

Übrigens: Lob wird sprachlich zurückgeführt auf »lieb nennen«, »gutheißen« und Tadel auf die Wörter Fehler und Mangel.

Anruf eines Vorgesetzten: »Herr Miller, ich muss Sie tadeln! Denn...« – Warum nicht so: »Herr Miller, ich möchte Sie sprechen, um mit Ihnen einige Fehler, die mir bei Ihrer Arbeit aufgefallen sind, zu besprechen...«

Wenn ich mich mitteile, gebe ich Rückmeldung – und der/die andere entscheidet, was er/sie damit, autonom, macht:

Statt:	besser:
– Das hast du aber schön geschrieben.	→ Ich kann deine Schrift sehr gut lesen.
– Du bekommst einen Tadel, weil du nicht aufgepasst hast.	→ Ich bitte dich dringend aufzupassen; ich fühle mich gestört, wenn du ...
– Sie sollten die Klasse besser im Griff haben.	→ Ich möchte mit Ihnen über die Disziplinschwierigkeiten in der Klasse X sprechen, weil ...

Das eine ist: *Menschen* tadeln, weil sie Fehler gemacht haben. Das andere: auf *Fehler* hinweisen, die Menschen gemacht haben.

Natürlich kann es sein, dass Sie viel Lob- und Tadelerfahrungen hinter sich haben. Wenn nun beides wegfällt, haben Sie vielleicht »Entzugserscheinungen«. Besser die, als in »Lob-Tadel-Abhängigkeit« zu bleiben!

Nichts gesagt ist genug gelobt. (Schwäbisches Sprichwort)

Das wäre mir allerdings – in zwischenmenschlichen Beziehungen – zu wenig. Dafür aber brauche ich Rückmeldung der anderen: ihre Sicht, ihren Eindruck, ihr Erleben, meine Wirkung auf sie ...

Zum Selbsterleben:

Ich bin Ihr Kollege und sage zu Ihnen (als Erwachsener zu einem Erwachsenen):
- Das haben Sie aber gut gemacht. Weiter so!
- Dein Arbeitsblatt verdient Tadel.
- Dein Referat. Toll. Da muss ich dich loben.
- Noch solche Leistung in deinem Alter?! (Und klopfe Ihnen dabei auf die Schulter.)
- u.a.m.

> Ihre Empfindungen, Gedanken, Reaktionen?

5. Erziehung: Freiräume und Grenzen

Wenn das Begrenzen aus der Grundhaltung der Liebe (und nicht des Machtmissbrauches und der Willkür) kommt, dann ist Begrenztwerden aus der Erfahrung heraus, geliebt zu werden, innerlich annehmbar(er), auch wenn es in der konkreten Begrenzungserfahrung nicht sofort und ohne Weiteres »leistbar« ist: Wer beispielsweise etwas verboten bekommt wird schwerlich in Jubel ausbrechen und nicht immer unmittelbar Vertrauen zu den Verbietern haben können.

Die Entwicklung der Selbstwahrnehmung und des Selbstbewusstseins wird nicht verhindert durch Einschränkungen und Begrenzungen, sondern durch die Art und Weise der Vermittlung seitens der Begrenzer.

Es kommt also darauf an,

- aus welcher Grundhaltung und Einstellung heraus Menschen begrenzt werden:
»Du überschreitest Grenzen.« vs. »Hier beginnt mein Terrain.«
»Du bist hier fehl am Platz.« vs. »Ich benötige diesen Raum.«
- wie diese Grundhaltung und Einstellung zur Sprache kommen:
»Deine Meinung zählt nicht.« vs. »Deine Meinung ist Bestandteil der Diskussion.«
»Das geht dich nichts an!« vs. »Darüber möchte ich nicht sprechen.«
- ob zwischen Bewertung und Begrenzung unterschieden wird:
»Hau ab du Nichtsnutz!« vs. »Nur bis hierher.«
»Du denkst immer nur an dich!« vs. »Ich komme nicht zu Wort, zur Geltung.«

Freiräume werden erfahren und (aus-)gelebt – und Grenzen werden akzeptiert. Vor allem Schulleiter haben hier die wichtige Aufgabe, für eine Balance zwischen Freiräumen und Grenzen zu sorgen, sei es beispielsweise in Schulentwicklungsprozessen, in kollegialen Konflikten, bei Entscheidungen über didaktische Fragen oder in Klassen, in denen es unterschiedliche Ansichten über bestimmte Handlungen und Projekte gibt:

Was ist erlaubt (= Freiräume), was ist verboten (= Grenzen), wo sind Spielräume für Neuland (= legitime Grenzüberschreitungen)?

**Freiräume und Grenzen: oft ein Wechselbad der Gefühle
ein Wechselspiel der Interaktionen
eine Mischung aus Vereinbarung und Widerstand, aus Lösung und Trennung**

Exkurs: Strafen

Strafen als Mittel der Begrenzung.

Ich habe mich von dem Wort Strafen schon lange verabschiedet – und verwende stattdessen den Begriff konsequentes Handeln. Damit meine ich

- meine eigenen Empfindungen wahrnehmen: Frust, Ärger, Wut, Enttäuschung, Klarheit, Rachegefühle/-gedanken (Emotionen sind der Motor unseres Handelns),
- Fehlverhalten, Grenzüberschreitung und Folgehandlungen (auf-)zeigen,
- stimmig handeln: schützen, begrenzen, Wiedergutmachung einfordern, Umlern-/Veränderungshilfe geben,

- notwendige Zwangsmaßnahmen zum Schutz anderer durchführen,
- selbst autonom handeln: Wenn ich mich verändere, verändern sich auch andere.

Wenn Lehrer/-innen bestrafen:

negativ:
- unkontrolliert (weil affekthaft)
- rachsüchtig (weil verletzt)
- aggressiv (weil hilflos)
- fehlerhaft (weil unter Stress)
- kontraproduktiv (weil panisch)
- inkonsequent (während der Eskalation)

positiv:
- kontrolliert (weil überlegt)
- betroffen (weil gefühlsmäßig)
- angemessen (weil professionell)
- sinnvoll (weil ohne Stress)
- konstruktiv (weil distanziert)
- konsequent (nach der Eskalation)

Folgen für Schüler/-innen:

negativ:
- Störung der emotionalen Beziehung
- Beschädigung des Selbstwertgefühls
- fehlende Handlungsalternativen
- Angst, Aggressionen
- keine (Um-)Lernhilfen

positiv:
- kein Beziehungsabbruch; Zuwendung, trotz Strafe
- Erfahrung: Trennung von Verhalten und Person
- Angebote von Handlungsalternativen
- Erkenntnis/Einsicht
- (Um-)Lernhilfen

Es ist ein grundsätzlicher Unterschied, ob die Grenzziehung dem anderen gegenüber aus Selbstbehauptung und Selbstschutz heraus geschieht – und bei Kindern und Jugendlichen der Fürsorge und des Schutzes wegen – oder ob sie aus Herrschaftsansprüchen heraus proklamiert wird (= Solange du deine Füße ...). Entweder: »Halt, nur bis hierher; hier ist die Grenze: Hier bin ich.« (Selbstbehauptung). Oder: »Du tust das jetzt, weil ich es will.« (Macht).

Regeln

Auch Regeln sind eine Form der Begrenzung und im Zusammenleben wichtig. Dabei ist zu beachten:

Stabilisierung von Regeln

Wenn Regeln bereits vorhanden sind, dann

- auf sie hinweisen und sie schriftlich fixieren,
- deren Sinn und Wirksamkeit erklären/erfahren lassen,
- helfen, sie einzuüben und einzuhalten,
- auf die Verbindlichkeit hinweisen und Sanktionen bekannt geben.

Entwicklung von Regeln

- zuerst: durch Tun Erfahrungen machen lassen,
- die Erfahrungen als Ausgangspunkt für die Regelerarbeitung nehmen,
- Regeln finden, formulieren und ausprobieren (lassen),

- Sanktionen/Konsequenzen vereinbaren,
- Regeln verbindlich festlegen und Regelverhalten einüben.

Formulierung von Regeln

- Regeln haben Aufforderungscharakter und sagen aus, was zu tun bzw. zu unterlassen ist.
- Regeln müssen handlungsorientiert formuliert werden, z.B.: »Bitte der Reihe nach sprechen« – »Wartet, bis ich komme!«
- Wenn möglich, das »nicht« unterlassen:

statt:	besser:
»Bitte nicht den Rasen betreten!«	→ »Bitte auf den Wegen bleiben!«
»In der Pause nicht im Klassenzimmer bleiben.	→ »In der Pause in den Hof gehen.«
»Du sollst nicht lügen.«	→ »Sag die Wahrheit.«

- »Wir-Regeln« haben einen geringeren Aufforderungscharakter als Ich-Formulierungen:

statt:	besser:
Wir sind pünktlich.	→ Ich bin pünktlich.
Wir sprechen leise.	→ Ich spreche leise.

- »Wollen«-Formulierungen tendieren zur Unverbindlichkeit:

statt:	besser:
Wir wollen uns ausreden lassen.	→ Ich lasse die anderen ausreden.
Wir wollen niemanden verletzen.	→ Ich verletze niemanden.

Überprüfung bestehender Regeln

- Die Regeln auf ihre Erreichbarkeit überprüfen (Schüler wollen meist Regeln einhalten, können dies aber nicht immer. Sie sind überfordert, brauchen Hilfen bei der Umsetzung.)
- Die Regeln auf ihren Nutzen und ihre Wirksamkeit überprüfen.
- Regeln ggf. ändern oder abschaffen.

6. Umgang mit Beschimpfungen

Stellen Sie sich eine deftige verbale Entgleisung eines Schülers vor – z.B. bei Erhalt eines Arbeitsblattes: »Den Scheiß können Sie behalten.«

Ihre möglichen Gefühle/Gedanken:

- Unverschämtheit: Ich bin empört.
- Typisch: Keine Kinderstube!
- O Gott, was mache ich jetzt?
- Kann jedem passieren.
- Der hat wohl keine Lust?
- ein verbaler Ausrutscher ...
- Hab ich auch schon mal gesagt.
- Du kannst mich mal ...
- Ich bin geschockt.
- Oder: _____

> Und Ihre Reaktionen? (kontrolliert, rational, affektbesetzt, gefühlsbetont?)

Unterscheidung

- *Eingreifen aus dem Affekt*: Sie sind Ihren Gefühlen ausgesetzt und reagieren unkontrolliert:
  - aus Wut heraus auf Beschimpfungen selbst mit Beschimpfungen reagieren, brüllen, schreien, tätlich werden ...
  - aus Rache zuschlagen, unangemessen reagieren, bestrafen.
- *Eingreifen mit Kopf, Herz und Hand*: Sie reagieren kontrolliert, indem Sie
  - unmissverständlich die Grenzüberschreitung stoppen,
  - die Opfer schützen,
  - deeskalierend reagieren, beruhigend wirken, abwarten ...,
  - verstehen, nachfragen, ggf. klären ...,
  - selbst Betroffenheit (Ärger, Enttäuschung) zeigen.

Hinweis: Ich empfehle dringend Trainingsseminare unter versierter Leitung. Sie bestehen meist aus drei Teilen: Konfrontation mit Gewalttätigkeiten im Schonraum der Simulation – Reflexion der Befindlichkeit und des Handelns – Einübung angemessener Interventionen. Wissen allein schafft noch keine Handlungssicherheit!

Akuthandeln als Dreischritt

Er besteht aus

- Stoppen,
- Verstehen und
- Verändern/Umlernen helfen.

A. Stoppen

Es gibt Beschimpfungen und Verhaltensweisen verbaler Gewalt, die sofort und unmissverständlich gestoppt werden müssen: mit Namen ansprechen: »Hör sofort auf!«, »Rede nicht so mit mir!«, »Das ging jetzt zu weit.« (Forderungen wiederholen – wie eine gesprungene Schallplatte).

B. Verstehen durch Übersetzung

Durch die *vierstufige Übersetzung* wird deutlich, dass Menschen, vor allem, wenn sie in Konflikte geraten, unter Stress stehen, erschrocken sind oder sich bedroht fühlen, eigentlich etwas ganz anderes meinen, als sie sagen bzw. tun. Verbale Attacken und körperliche Tätlichkeiten erscheinen so in einem anderen Licht und Täter können besser verstanden werden.

Damit es keine Missverständnisse gibt: Beschimpfungen anderer verstehen und sie deuten (= entschlüsseln) heißt nicht, sie einfach hinzunehmen, und ist kein Freibrief für andere, nach dem Motto: Der/die hat ja Verständnis, den/die kann man ungehindert beschimpfen!

Deshalb entscheiden Sie im Bedarfsfall: Zuerst Stoppen und dann Verstehen – oder zuerst Verstehen und dann Stoppen bzw. Klärung herbeiführen – aber erst nach der Akutsituation bzw. Eskalation!

Die vier Stufen (Prozess des Verstehens):

Stufe I: aggressives Verhalten/Beschimpfung:
- »Sie Riesenarschloch«, »verpiss dich«, »halt's Maul« ...
- zuschlagen, Sachen beschädigen

Stufe II: die dahinterliegenden Gefühle, Gedanken:
- Wut, Zorn, Ärger, Enttäuschung
- »Ich könnt ihn abwürgen; an die Wand drücken.«

Stufe III: Ratlosigkeit, Hilflosigkeit, Einengung:
- »Ich komme nicht klar, bin hilflos.«
- »Ich weiß nicht mehr weiter. Was soll ich tun?«

Stufe IV: Grundproblem, existenzielle Not:
- »Mir wächst alles über den Kopf.«
- »Ich bin ganz durcheinander, verzweifelt.«

> vordergründig: Gewalt, Ausschreitung ... – hintergründig: Not, Problem

> statt vorschnelle Verurteilungen einfühlsame Suche nach Hintergründen und Nöten.

Häufig gilt: Je stärker der »Amoklauf«, desto größer die Not.

Wenn Sie über diese Stufen und tieferliegenden Gründe Bescheid wissen, können Sie entscheiden, was Sie jeweils beim Gegenüber heraushören und wie Sie anschließend reagieren:

1. die Beschimpfung/Aggression (und selbst aggressiv werden)
2. die Gefühle/Gedanken (und selbst Gefühle empfinden/Gedanken haben)
3. die Hilflosigkeit (und dadurch Verständnis entwickeln)
4. das persönliche Problem (und die Person sogar verstehen und ihr helfen)

Wer genug Selbstbewusstsein und Selbstwertgefühl hat, der hält auch die Beschimpfungen anderer aus, weil er sie nicht auf sich bezieht (= Ich ziehe mir den Schuh nicht an), sondern weil er sie als Ausdruck eines Problems, einer Notsituation des anderen entschlüsselt.

Mit dem o.g. Modell können Sie also sowohl Angriffe anderer übersetzen (= *interkommunikativer Vorgang*) als auch eigenes Angriffsverhalten durchschauen (= *intrakommunikativer Vorgang*). Somit hat Ihre Übersetzung mehrere Ziele:

- Verstehen der Vorwürfe, der Angriffe, der Beschimpfungen
- Schutz vor diesen Angriffen (weil Sie sie anders deuten)
- Förderung des eigenen sozialverträglichen Handelns (= Beginn auf der zweiten Stufe, Gefühle/Gedanken, anstatt auf der ersten, Aggressionen ...)

C. Verändern/Umlernen helfen

Schülerinnen und Schüler brauchen Vorbilder, Beispiele und Training, um von ihren Beschimpfungen zu fairen und konstruktiven Mitteilungen zu kommen.

Lehrerinnen und Lehrer brauchen Wissen darüber, wie man mit Beschimpfungen professionell umgeht.

Schulleiterinnen und Schulleiter brauchen dieses Wissen ebenso wie die Handlungssicherheit, im Bedarfsfall mit beschimpfenden Kollegen und Schülern sozialverträglich zu kommunizieren: Von wem ich mich beschimpfen lasse, bestimme ich.

Literatur

GRUEN, A. (1996). Der Verrat am Selbst. München: Deutscher Taschenbuch-Verlag.
MILLER, R. (2007). Selbst-Coaching für Schulleitungen. Weinheim: Beltz.
MILLER, R. (2008). 99 Schritte zum professionellen Lehrer. Seelze: Kallmeyer.

Leadership durch Selbstveränderung: Neu erleben, um Neues zu gestalten!

Rolf Arnold

Die eigentlichen Grundeinspurungen unseres Selbst erwerben wir in dichtem Erleben: Dies beginnt mit dem Erleben von Gebundenheit oder Ungebundenheit in den ersten Wochen und Monaten unseres In-der-Welt-Seins, und es findet seine Fortsetzung in den Interaktionen, über die wir unsere Selbstwirksamkeit spüren oder nicht spüren. Der Mensch, der wir sind oder zu sein vermögen, wird in diesen frühen Kontexten angebahnt, und die Substanz unseres erwachsenen Denkens, Fühlens und Handelns hat hier ihre Wurzeln. In bloß eingeschränktem Maße sind wir später noch in der Lage, die früh eingespurten Weisen unseres In-der-Welt-Seins zu transzendieren. Aus diesem Grunde stellt der Hirnforscher Gerhard Roth den verbreiteten Erziehungsoptimismus radikal in Frage, indem er z.B. nüchtern darauf verweist, dass insbesondere die emotionale Konditionierung einer Person bereits früh abgeschlossen ist und sich als »zunehmend resistent gegen spätere Einflüsse« (ROTH, 2007, S. 12) erweist. Solche »späteren Einflüsse« sind insbesondere solche, über die die spätere Bildungsarbeit von Erstausbildung und Weiterbildung verfügen. Als schwacher Trost kann in diesem Zusammenhang der Hinweis von Roth verstanden werden, dass diese »zunehmende Resistenz« nun nicht bedeute, »dass man als älterer Jugendlicher und Erwachsener nicht mehr in seiner Persönlichkeit verändert werden kann, es bedeutet aber, dass der Aufwand, der hierzu nötig ist, immer größer und die Methoden, dies zu erreichen, immer spezifischer werden müssen« (ebd.).

Dieser Hinweis ist grundlegend, vermag er uns doch zu verdeutlichen, warum sich Studium, Ausbildungs- oder Weiterbildungsmaßnahmen so häufig als erstaunlich wirkungslos bei der Kompetenzentwicklung von Lehr- und Führungskräften erweisen: Es ist das Verbalisieren, Kognitivieren und Intellektualisieren, welches allein kein wirkliches Gegenmittel gegen die eingespurten Gewissheiten unseres Denken, Fühlens und Handelns zu stiften vermag. So verdampfen die Einsichten neuerer didaktischer Forschungen und ihre Empfehlungen zur Praktizierung einer stärker handlungsorientierten und aktivierenden Lernbegleitung an den frühen lernkulturellen Erfahrungen derer, an die sie sich richten. Dieser Mechanismus ist in der Lehrerforschung als »Konstanzer Wanne« schon lange bekannt: Lehrerinnen und Lehrer differenzieren ihre Sichtweisen und Handlungsbereitschaften in pädagogischen Kontexten während ihres Studiums, sie tauchen aus diesem Differenzierungsbad aber spätestens dann wieder auf, wenn sie gezwungen sind, »unter Druck« (WAHL) zu agieren. In solchen Situationen, in denen rasche Entschlossenheit gefragt ist, sind es die durch das eigene Erleben gespeisten Gewissheiten, welche das Handeln orientieren, nicht die bessere Einsicht.

Wir scheinen demnach in unseren Konzepten einer wirksamen Vorbereitung auf sachangemessenes Handeln in komplexen Lagen einer intellektualistischen Illusion zu frönen, welche von der unbewiesenen Behauptung getragen wird, Einsicht und

Kenntnis würden Kompetenz stiften. Dieser Kurzschluss ist zumindest bei der Professionalisierung von helfenden Berufen – zu denen auch die Lehr- und Schulleitungstätigkeiten zählen – hoch fragwürdig, da diese Berufe von der Fähigkeit zur Beziehungsaufnahme und Beziehungsgestaltung zu einem Gegenüber getragen werden, und wir es deshalb immer mit dem Sachverhalt zu tun haben, dass es genau dieses Beziehungsverhalten ist, welches »in hohem Maße von der Art und Qualität der frühen Bindungserfahrung abhäng(t)« (Roth, 2007, S. 12). Dies bedeutet, dass wir andere – »spezifischere« – Methoden, wie Gerhard Roth sagt, benötigen, um überhaupt in einer durch die Hirn- und Emotionsforschung glaubwürdig vertretbaren Weise einen Beitrag zur Professionalisierung leisten zu können.

Was ist das Spezifische solcher wirksamen Konzepte einer Verhaltensprofessionalisierung? Es ist die Rückkehr zum Erleben und bisweilen zum Erlebten. Lehr- und Führungshandeln hat es stets auch mit den eigenen emotionalen Programmierungen in den Themenbereichen

- Umgang mit Anerkennung,
- Umgang mit Abhängigkeit,
- Umgang mit Zuwendung und
- Umgang mit Unwirksamkeit

zu tun (vgl. Arnold, 2008, S. 18). Dies bedeutet, dass eine Lehrkraft im Umgang mit schwierigen Schülern immer auch unbewusst mit dem Anerkennungs- und Unwirksamkeitsthema konfrontiert ist. Die Frage, die ihr Verhalten aus dem Hintergrund heraus mitbestimmt ist stets: »Wieso werde ich von diesem Schüler nicht anerkannt?« Oder: »Wieso bin ich unwirksam?« In übertragener Weise gilt dies auch für das Führungshandeln bzw. die Kooperation zwischen Schulleiterinnen und Schulleitern und ihren Kollegien. Auch Führungskräfte sind um Zuwendung bemüht und agieren in ihrem Verhalten auf der Basis früh erlebter und eingespurter Bindungserfahrungen, wie uns die systemischen Forschungen auf der Basis eines Emotionalen Konstruktivismus immer wieder vor Augen führen: Dann wird um Sachverhalte gestritten, obgleich es um das Gefühl der eigenen Gewissheit geht. Aus diesem Grunde rät uns die emotional-konstruktivistische Führungsforschung: »Misstraue Deiner Intuition, sie ist in der Regel nichts anderes als die spontane Wiederbelebung alter gewohnter Denk-, Fühl- und Handlungsmuster. Frisches Denken, Fühlen und Handeln ist nicht intuitiv, sondern Ergebnis eines reflexiven Prozesses des Abgewöhnens intuitiver Gewissheitsstiftungen« (Arnold, 2009, S. 19).

Lehrerbildung sowie Schulleiterbildung muss deshalb die intuitiven Festlegungen der Akteure – ihre »Bauchpädagogik« – in den Blick nehmen und Wege finden, die inneren Bilder, die das Erleben in Lehr- und Führungskontexten leiten, zunächst ins Bewusstsein zu heben und ein anderes Erleben zu organisieren. Denn Lehren und Führen lebt von den erlebten Erfahrungen, es bedarf deshalb der erlebten Erfahrung, um die Dinge neu spüren und Neues (neue Möglichkeiten, neue »Blicke« auf Schwierigkeiten etc.) wirklich nachhaltig entwickeln zu können (vgl. Balgo, 2006). (Hinweise zu Angeboten einer entsprechenden Arbeit mit Führungskräften und Kollegien aus dem Umfeld der TU Kaiserslautern erhalten Sie unter www.systhemia.com.)

Plötzlich setze ich mich in anderer Weise mit dem, was mir stets vertraut gewesen ist, auseinander. Indem ich mich selbst in den Blick rücke, stelle ich die Frage nach der Logik, welcher z.b. mein reaktives Verhalten folgt, und beginne, mich aus der emotionalen Festlegung zu lösen, die mich so und nicht anders sein und handeln lässt. Denn: »Neue Worte schaffen neue Gefühle!« (ebd., S. 25), und neue Fragen eröffnen den Zugang zu neuen Perspektiven, d.h. zu neuen Formen des Denkens, Fühlens und Handelns. Aus diesem Grunde sind Fragen die wesentlichen Interventionen einer Erlebenspädagogik.

Dies setzt voraus, dass man in einer Krise wirklich auch etwas anderes zu sehen vermag als nur immer wieder das unmögliche Verhalten des Gegenübers, welches man ohnehin nicht verändern kann. Wir haben keinen Zugang zu den inneren Prozessen und Gleichgewichtsbemühungen der anderen, wir haben lediglich einen Zugang zu unseren eigenen Formen der Wahrnehmung und Beurteilung. Nur diese können wir verändern, vorausgesetzt, wir sehen einen Sinn und Wert darin, uns von diesen zu trennen anstatt von unseren Schülern und Schülerinnen oder – als Führungskräfte – von den uns unbotmäßig erscheinenden Mitarbeiterinnen und Mitarbeitern. Diese machen uns zwar zu schaffen, sie führen uns aber auch an den Punkt, an dem wir zu einer neuen, stärker am Ganzen orientierten Haltung wachsen können. Es geht dann plötzlich nicht mehr um uns und unsere Bedürfnisse, Anerkennung, Wirksamkeit etc. zu spüren – deren Enttäuschung uns zu nichts anderem als zur Klage und zum Vorwurf bzw. zur Reaktion nach den immer selben alten Vorgehensweisen zu führen vermag –, sondern um die eigene Verantwortung für das, was uns so erscheint, wie es uns erscheint. Diese Verantwortung beginnt stets mit den Sätzen: »Es ist, wie es ist, und es ist durch mich nicht zu ändern. Ich akzeptiere, was ist!« Bevor man in der Lage ist, diese innere Wende zu absolvieren und zu einem neuen, anderen Erleben vorzustoßen, müssen in der Regel zahlreiche andere Stufen durchschritten werden, wie sie in der folgenden Abbildung dargestellt sind:

				5. Stufe:
			4. Stufe:	
		3. Stufe:		
	2. Stufe:			
1. Stufe:				
Fremdheit	*Bestürzung*	*Wendung nach Innen*	*Erprobung von Alternativen*	*Integration und Stabilisierung*
Abwehr	Widerstand	Verantwortung	Veränderung	Wandel

Abb. 1: Die Schritte zur Professionalisierung durch Selbstveränderung

Literatur

Arnold, R. (2008). Führen mit Gefühl. Eine Anleitung zum Selbstcoaching. Mit einem Methoden-ABC. Wiesbaden: Gabler.
Arnold, R. (2009). Seit wann haben Sie das? Grundlinien eines Emotionalen Konstruktivismus. Heidelberg: Carl-Auer.
Arnold, R. & Arnold-Haecky, B. (2009). Der Eid des Sisyphos. Eine Einführung in die Systemische Pädagogik. Baltmannsweiler: Schneider.
Balgo, R. (2006). Wie konstruiere ich mir eine Lernbehinderung? Eine provokative Anleitung. In Voß, R. (Hrsg.). LernLust und EigenSinn. Systemisch-kontsruktivistische Lernwelten. Heidelberg: Carl-Auer.
Roth, G. (2007). Persönlichkeit, Entscheidung und Verhalten. Warum es so schwierig ist, sich und andere zu ändern. Stuttgart: Klett-Cotta.

Mit Heterogenität umgehen – die Heterogenität im Unterricht nutzen

Kerstin Tschekan

1. Unterschiede als der Ausgangspunkt des Unterrichts

Fall a: Frau H. ist eine erfahrene und engagierte Lehrerin eines Gymnasiums. Sie bekommt eine neue 5. Klasse, auf die sie sich schon freut. In der ersten Woche gibt es in der Schule vielfältige Maßnahmen, damit die Schüler die Schule und das Umfeld kennen lernen. In der zweiten Woche beginnt der reguläre Fachunterricht. Die Kollegin weiß, dass die Schüler unterschiedliche Voraussetzung mitbringen. Sie unterrichtet Mathematik und hat sich vorgenommen, zunächst noch einmal grundlegende Rechenarten wiederholend durchzunehmen.

Fall b: In einer Fortbildung für Mathematiklehrer berichtet eine Kollegin, wie sie Schülern mit Hilfe von Kompetenzrastern individuelle Lernangebote macht. Sie berichtet auch, dass sowohl leistungsstarke als auch schwächere Schüler profitieren. Ein Kollege fragt, wie sie die Unterschiedlichkeit der Leistungen denn dann wieder zusammenbringt. Sie sagt, dass die Unterschiedlichkeit auf höherem Niveau eher größer wird. Das Ziel wäre auch langfristig weniger die Anpassung der Schüler an die Ziele und Inhalte des Unterrichts, als vielmehr die Anpassung dieser an die Voraussetzungen, die die Schülerinnen und Schüler mitbringen.

Den Unterschied als Ausgangspunkt der unterrichtlichen Arbeit zu akzeptieren, verlangt die Fähigkeit, mit dieser Vielfalt so umzugehen und diese so zu steuern, dass jeder Einzelne einen optimalen Lernzuwachs hat. Kinder unterscheiden sich in vielfacher Hinsicht voneinander:

- ihr kultureller Hintergrund, das Geschlecht, das Alter sind verschieden
- ihre Begabungen, Intelligenzen und Erfahrungen unterscheiden sich
- ihre Vorkenntnisse, Interessen, Handlungsmuster, Lerngeschwindigkeiten sind individuell ausgebildet

Die Kinder beginnen auf ungleichen Niveaus, entwickeln sich nur in großen Linien ähnlich und sind auch am Ende ihrer Schulzeit keineswegs »gleich«. Keine Schule und keine Richtlinie kann das ändern. In vielen Schulen sind die gesamte Unterricht und die gesamte Schulorganisation bereits auf diese Gegebenheit eingestellt.

2. Lernen ermöglichen

Schüler sollen im Unterricht lernen. Jede noch so phantasievolle und aufwändige Unterrichtsgestaltung ist dieser Funktion des Unterrichts unterworfen. Es geht nicht um Methodenvielfalt der Methodenvielfalt zuliebe, sondern immer stellt sich die Frage, inwieweit die Gestaltung des Unterrichts das Lernen aller Schüler im Klassenraum unterstützt, beziehungsweise hemmt.

Das scheint selbstverständlich zu sein – es soll aber an einem Beispiel dargestellt werden, dass Unterricht methodisch anspruchsvoll gestaltet sein kann, dass das aber noch nicht bedeutet, dass alle Schüler optimal lernen:

In einer Mathematikstunde sollen die Schüler durch die Methode »Kontrolle im Tandem« lernen. Die Schüler sollen zunächst allein Übungen ausführen. Dabei handelt es sich um Aufgaben mit einer eindeutigen Lösung, die jeweiligen Ergebnisse können also richtig oder falsch sein. Nachdem die Schüler die Aufgabe individuell gelöst haben, sollen sie das Ergebnis gegenseitig vergleichen. Falls sie unterschiedliche Ergebnisse haben, sollen sie gemeinsam zu einem richtigen Ergebnis kommen. In einer Situation passierte, was mit dieser Methode sehr oft passiert – als zwei Schüler ein unterschiedliches Ergebnis hatten, korrigierte der vermeintlich leistungsschwächere Schüler sein Ergebnis nach dem des vermeintlich leistungsstärkeren Schülers. Die Lehrerin beobachtete die Situation. Die Lehrerin regulierte nicht. Auf Nachfrage, sagte sie, dass das nicht notwendig gewesen wäre, denn es funktionierte doch ganz gut.

Es geht um den Unterschied zwischen einem Unterricht, der gut läuft, der auch methodisch vielfältig sein kann, bei dem die Methoden aber nicht unbedingt dazu führen, dass die Schüler tatsächlich mehr lernen als beispielsweise mit einer weniger aufwendigen Unterrichtsgestaltung. In der dargestellten Beispielsituation hatte die Methode keine Funktionen mehr für das Lernen. Mit dieser Methode »Kontrolle im Tandem« findet das Lernen dann statt, wenn die Schüler bei unterschiedlichen Ergebnissen tatsächlich diskutieren und z.B. gemeinsam nachrechnen. Wenn das dann nicht passiert, wenn die Schüler ihr Ergebnis nur kontrollieren und verbessern, dann hat die Methode ihre Funktion verloren. Die Lehrerin könnte auch die richtigen Ergebnisse an die Tafel schreiben und die Schüler auffordern, ihre Ergebnisse entsprechend zu verbessern. Der Effekt wäre wahrscheinlich fast derselbe. Bei allem, was im Unterricht passiert, ist zu überprüfen, inwieweit diese Situation tatsächlich zum Lernen führt. Die Lehrer kennen die Methoden nicht nur, sondern sie wissen, an welcher Stelle bei jeder Methode der tatsächliche Lerneffekt zu erwarten ist.

Kenntnisse sind nicht übertragbar, jeder Lerner muss sich Informationen selbst aneignen. Dieselben Informationen – im Unterricht aus Büchern, vom Lehrer oder von anderen Schülern – werden von den einzelnen Schülern unterschiedlich gespeichert. Die Inhalte und die Art und Weise der Speicherung neuer Informationen begründet sich im subjektiven Konzept des einzelnen Lernens.

Abb. 1: Subjektes Konzept des Lernens

Entscheidend dafür, welche Informationen, wie viel und wie tief diese gespeichert werden, welche Übungen tatsächlich zu mehr Fähigkeiten führen, ist die Passung zwischen den Kenntnissen, den Fähigkeiten, den Handlungsmustern, die der Lerner mitbringt – dem subjektiven Konzept – und der neuen Information bzw. Situation. Lernen ist also nichts anderes, als das Herstellen des Zusammenhangs zwischen der neuen Information/der auszuführenden Übungen oder Aufgaben und dem subjektiven Konzept des Lerners. Nun lernen in einem Klassenraum bis zu dreißig unterschiedliche »subjektive Konzepte«. Und diese dreißig Köpfe sollen zur gleichen Zeit über den gleichen Gegenstand mit möglichst dem gleichen Lernergebnis nachdenken. Eigentlich müssen wir sagen, dass unter diesen Umständen gemeinsamer Klassenunterricht mit dem gleichen Lernziel nicht funktionieren kann. Wirklich individuelles Lernen bedeutet, Unterrichtsmodelle zu entwerfen und auszuführen, die auf absolut individualisiertem Lernen basieren. Diese Unterrichtmodelle sind ganz anders als der zurzeit übliche Klassenunterricht.

Aber auch der herkömmliche Unterricht kann viel dazu beitragen. Zwei Grundvoraussetzungen stellen die Basis für das erfolgreiche Lernen unter unterrichtlichen Bedingungen dar – ganz unabhängig von den Formen, Methoden, Zielen und Inhalten des Unterrichts.

3. Sicherheit und Verbindlichkeit

Sicherheit bedeutet, alle Schüler der Lerngruppe können potenziell die jeweils gestellte Aufgabe ausführen. Sie haben genug Zeit, sie haben genug Unterstützung und die Aufgabe knüpft an den Vorkenntnissen der einzelnen Schüler an. Mit Sicherheit ist nicht das subjektive Gefühl der Sicherheit gemeint, sondern das »Sicher-sein-Können«, dass man die gestellten Anforderungen an sich erfüllen kann.

Verbindlichkeit umschreibt die Anforderung, dass jede Schülerin und jeder Schüler in gewisser Weise gezwungen ist, sich mit den Unterrichtsinhalten auseinander zu setzen. Durch die Struktur des Unterrichts – nicht muss jeder Schüler erwartet mitzumachen. Für jede Schülerin und jeden Schüler ist klar: Nach der Denk- und Lernzeit wird eine Antwort erwartet, und die wird auch verbindlich freundlich eingefordert.

Die Kriterien »Verbindlichkeit und Sicherheit« stehen nicht isoliert nebeneinander. Vielmehr ist Unterricht dann lernförderlich, wenn beide Kriterien erfüllt sind, wenn jede Lernsituation so gestaltet ist, dass jeder Schüler die Aufgabe einerseits mit seinen individuellen Voraussetzungen lösen kann und andererseits verbindlich lernen muss. Sicherheit und Verbindlichkeit sind keine Forderungen, die an die Schüler gestellt werden. Sie realisieren sich in der Struktur des Unterrichts – nicht in moralisierenden Aufforderungen.

Zum Beispiel entscheidet die Lehrperson im Zusammenhang mit Sicherheit, wie viel Denkzeit die Schüler bekommen, ob sie allein arbeiten oder gemeinsam, welches Material sie nutzen dürfen, inwieweit die jeweilige Aufgabe strukturiert ist und vieles mehr. Im Zusammenhang mit Verbindlichkeit entscheidet die Lehrperson, wann welche Ergebnisse präsentiert oder von anderen gebraucht werden.

Zur Sicherheit gehört immer:

- Es gibt Wartezeit nach einer offenen Frage, über die die Schüler nachdenken müssen. In dieser Zeit gibt es keine Hilfen, keine Ermunterungen, keine schnellen Antworten von einigen – sondern tatsächliche Zeit zum Alleinedenken. Auch das Melden ist in dieser Zeit nicht erlaubt. Wenn sich Schüler melden, die sehr schnell eine Antwort wissen, hören die Schüler, die noch keine Antwort gefunden haben, auf zu denken. In zügigen Unterrichtsgesprächen wird die Wartezeit häufig vernachlässigt. Es gibt dann »Mitmacher« und »Zuhörer«.
- Es kann Absicherung durch zusätzliche Impulse geben, z.b. Austauschzeit mit anderen Schülern nach der individuellen Denkzeit.

Bei jedem Unterrichtsgespräch, bei der Nutzung jeder Unterrichtsmethode (z.B. bei Methoden des kooperativen Lernens) muss danach gefragt werden, inwieweit diese Methode, dieser Inhalt zum Lernen beiträgt. Die zweite Frage, die sich dann stellt, ist, inwieweit diese Methode und dieser Inhalt die Kriterien der Sicherheit und Verbindlichkeit für das Lernen aller Schüler erfüllen. Und erst aus diesen Fragen leiten sich andere Kriterien für die Gestaltung von Unterricht ab. Kriterien für die methodische Gestaltung, für das Schüler- und Lehrerverhältnis, für den Unterrichtsaufbau, den Grad des selbstständigen Lernens, den Medieneinsatz usw. werden im Zusammenhang mit der Anforderung des sicheren und verbindlichen Lernens gestellt.

4. Unterrichtsstruktur

Dem Unterricht Struktur geben heißt nicht nur, den Stoff zu gliedern, sodass es einen Einführungsteil, einen Bearbeitungs- und Abschlussteil gibt. Eine Struktur, die zuallererst das Lernen der Schüler und dann davon abhängig Inhalte und Methoden gliedert, wird auch vom Lernen der Schüler aus gedacht. Schon bei der Unterrichtsplanung überlegen die Pädagogen nicht zuerst mit welchen Inhalten sich die Schüler in welcher Reihenfolge befassen sollen. Sie denken darüber nach, was die Schüler am Ende der Stunde können sollen und über welchen Fragen/welche Probleme sie nachdenken müssen, um dieses Ziel zu erreichen.

Im Unterricht begleitet die Schüler die Lernstruktur wie ein roter Faden. Es ist ein Unterschied, ob eine Lehrerin oder ein Lehrer sagt: »Heute wollen wir uns mit ... befassen. Zunächst geht es um, dann reden wir über ...« oder ob die Lehrperson einen Lernpfad vorgibt: »Am Ende der Einheit sollt ihr ... können. Das bedeutet, ihr habt eine Antwort auf die Frage ..../ihr könnt das Problem x lösen. Dafür sollt ihr über ... nachdenken.« Dem Unterricht Struktur geben setzt voraus, dass die Lehrerin oder der Lehrer diesen Lernpfad im Zusammenhang mit den Lernprozessen im Klassenraum verfolgt und so den Unterricht strukturiert: »Ich sehe, ihr habt viele Ideen, jetzt geht es im nächsten Schritt darum, zu entscheiden, welche ..., damit ihr dann ...«

Eine Voraussetzung dafür, dass Schüler ihre Lernprozesse auch selbst steuern können, ist, dass sie Lehr- und Lernprozesse als solche auch häufig gespiegelt bekommen bzw. dann selbst reflektieren.

5. Nutzung von Heterogenität – Lernen, um komplexe Zusammenhänge zu verstehen

Die Unterschiedlichkeit in einer Lerngruppe bietet ein ausgesprochen großes Potenzial für das Lernen der Schüler.

Voraussetzungen für das Gelingen sind:

- Die Schüler haben hinreichend anspruchsvolle Aufgaben, die das voneinander und miteinander Lernen notwendig machen.
- Die Zusammenarbeit ist entsprechend der Kompetenz der Schüler, in Gruppen effektiv zu lernen, strukturiert (kooperatives Lernen).

5.1 Komplexe Lernsituationen für das gemeinsame Lernen in heterogenen Gruppen

Ziel des Unterrichts ist das Erwerben bestimmter Kompetenzen – bei aller Unterschiedlichkeit in einem Klassenraum. Mit Kompetenzbegriff ist eine bestimmte Qualität des Könnens verbunden: Schüler sollen in der Lage und bereit sein, bestimmte und für sie neue Situationen zu bewältigen und Probleme zu lösen. Dies verlangt die strategische Nutzung dafür geeigneter Kenntnisse und Fähigkeiten. In der Schule erscheinen die Situationen und Problem in der Regel in Form komplexer Aufgaben.

Die meisten Schüler verfügen zwar über vielfältige Kenntnisse und Fähigkeiten, da diese aber eher additiv und nicht in ihrem Zusammenhang gespeichert sind, stehen sie nicht zur Bewältigung neuer Situationen zur Verfügung. Das äußert sich darin, dass viele Schüler zwar Aufgaben, die die einfache Reaktivierung von Kenntnissen und Fähigkeiten verlangen, lösen können, dass sie aber deutliche Probleme mit den Aufgaben haben, die den Transfer und die Entwicklung neuer Strategien verlangen.

Abb. 2: Transfer und Entwicklung neuer Strategien

Die Schüler wissen viel, haben die Phänomene aber oft nicht wirklich verstanden. Weinert unterscheidet intelligentes Wissen von reinem Faktenwissen: »Intelligentes Wissen heißt also, ein Wissen besitzen, das bedeutungshaltig und sinnhaft ist. Gut verstandenes Wissen ist ein Wissen, das nicht eingekapselt ist, nicht tot im Gedächtnis liegt, nicht verlötet ist mit der Situation, in der es erworben wurde, sondern das lebendig, flexibel nutzbar, eben intelligent ist. ... Es gibt keine herausragende Kompetenz auf anspruchsvollen Gebieten ohne ausreichendes inhaltliches Wissen. Nach dem gegenwärtigen Forschungsstand der Kognitionswissenschaften kann es keinen Zweifel geben, dass es zum Scheitern verurteilt ist, wenn man durch formale Techniken des Lernenlernens oder mithilfe einiger weniger Schlüsselqualifikationen fehlendes oder mangelhaftes inhaltliches Wissen kompensieren wollte«. (WEINERT, 2000, S. 42, zitiert nach HELMKE, 2009).

Verstehendes Lernen verlangt das eigenaktive Herstellen von Zusammenhängen zwischen den einzelnen Sachverhalten und dem Phänomen (dem Begriff, dem Modell, der Regel...), der die Gemeinsamkeit zwischen den einzelnen Sachverhalten darstellt.

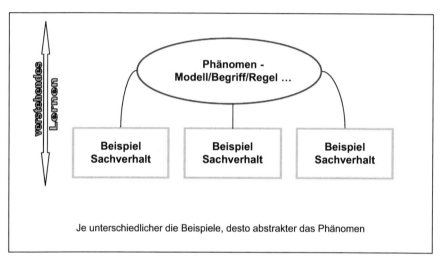

Abb. 3: Verstehendes Lernen

Kompetenzorientierter Unterricht, in der die Schüler von der Unterschiedlichkeit profitieren, muss systematisch erworben werden. »Daher kann es nicht in der Beliebigkeit des einzelnen Schülers gestellt sein, dieses Wissen zu erwerben, sondern es erfordert die Verantwortlichkeit auf Seiten des Lehrers. Es erfordert eine Unterrichtsmethode, die lehrergesteuert, aber schülerzentriert ist.« (ebd.).

Das lernzielbezogene Planen komplexer und kompetenzorientierter Unterrichtseinheiten ist eine der wesentlichen Aufgaben der Fachkonferenzen. Das Entwerfen solcher Situationen ist selbst ein komplexer Gegenstand und erfordert die Kooperation der Fachkollegen.

5.2 Komplexe Lernsituationen planen

In der künstlich angelegten Lernsituation »Unterricht« stehen die Lernziele und die Situationen, in denen das Verstandene genutzt werden soll, im Zentrum der Planung und des Geschehens. Was sollen alle Schüler im Kontext des Themas wirklich verstanden haben? (Zum Beispiel verstehen die Schüler die Funktionsweise eines Motors und sind dann in der Lage, verschiedene motorisierte Modelle zu entwickeln.)

Die Frage danach, was die Schüler am Ende der Unterrichtseinheit verstanden haben sollen, ist etwas anderes als die Frage, was die Schüler am Ende der Unterrichtsstunde kennen gelernt haben müssen. Kenntnisse sind die Voraussetzung, aber erst die Auseinandersetzung mit den Kenntnissen, der Prozess des wirklichen Verstehens versetzt in die Lage, diese nutzen zu können.

Beim Lernen außerhalb des Unterrichts (manchmal auch im Unterricht) ist der Ausgangspunkt des Lernens dagegen die Bewältigung bestimmter Situationen bzw. das Lösen von Problemen. Um das zu können, müssen Lernschleifen eingelegt werden. Bestimmte Dinge müssen verstanden sein, um die Situation zu bewältigen (z.B. man möchte ein Auto reparieren und dazu ist es gut, verstanden zu haben, wie ein Motor funktioniert).

Komplexe Situationen umfassen Gegenstände, die viele Seiten haben, und erlauben verschiedene Möglichkeiten, das Problem zu bewältigen.

Die Aufgabe ist eine fachliche oder fächerverbindende Frage, ein Problem, eine Situation, die von den Schülern inhaltlich und methodisch unterschiedlich bewältigt werden kann. Bedeutung bekommen die Gegenstände durch den direkten und nicht nur vermittelten Bezug zur Welt. Die Schüler erschließen sich neue Gegenstände, die als solche tatsächlich in ihrer Lebenswelt existieren und erklärt werden.

Bei der Planung komplexer Lernsituationen wird ein unmittelbarer themenbezogener Zusammenhang zwischen Kernzielen, Inhalten und Transfer- bzw. Anwendungsaufgaben hergestellt. Außerdem wird die Frage nach der Art und Weise der Verarbeitung der Inhalte, die Frage nach den Methoden gestellt.

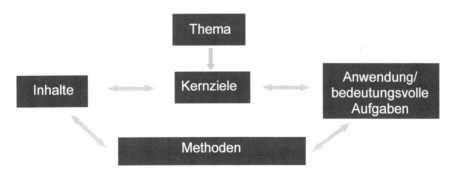

Abb. 4: *Planung komplexer Lernsituationen*

Der Ausgangspunkt der Planung können die Ziele sein, es können auch sehr interessante Inhalte oder eine bedeutungsvolle Anwendungsaufgabe oder -frage sein.

Ausgehend vom Kernziel werden für die Planung die folgenden Fragen beantwortet:

1. Was sollen alle Schüler am Ende der Lerneinheit im Kern in jedem Fall verstanden haben?

Für jedes Thema und für die entsprechenden Inhalte sind immer verschiedene, meist viele Ziele möglich. Hier geht es darum zu formulieren (und als roten Faden beizubehalten), was alle Schüler in jedem Fall am Ende der Unterrichteinheit verstanden haben bzw. können müssen. Geklärt werden muss auch, für welche Lernziele das Thema Potenzial hat.

Die Kernziele und die Auseinandersetzung der Schüler damit ist der rote Faden im Unterricht – alles orientiert sich daran: die Fragen (z.b. beim Unterrichtsgespräch), die Aufgaben, das Feedback, die Reflexion und die Bewertung. Die Herausforderung besteht im Unterrichtsverlauf darin, die Kernziele und die unterschiedlichen Lernprozesse und Interessen der Schüler miteinander in Einklang zu bringen.

Die Lernziele sind auf drei Ebenen formuliert – die theoretisch aufeinander aufgebaut sind, zwischen den praktisch aber gependelt wird:

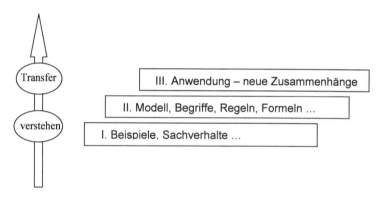

Abb. 5: Formulierung von Lernzielen auf verschiedenen Ebenen

I. Auf der ersten Ebene beziehen sie sich auf bestimmte Sachverhalte, die die Schüler einfach kennen sollen.
Beispiel: Die Schüler kennen verschiedene Vierecke: Quadrat, Rechteck, Trapez.
II. Auf der zweiten Ebene müssen die Schüler bestimmte Modelle, Regeln, Begriff usw., die die Gemeinsamkeit einzelner Sachverhalte abbilden, verstanden haben.
Das Verstehen auf dieser Ebene ist die Voraussetzung für die Anwendung, also für das Herstellen von Zusammenhängen zwischen diesem Modell oder dem Begriff oder den Merkmalen und den neuen Sachverhalten.
Einen Prozess zu steuern bzw. – falls Schüler schon selbstständig lernen können – zu initiieren, der dazu führt, dass die Schüler wirklich verstehen, das macht die Qualität des Lehrens aus.
Verstehen – der Lerner stellt Zusammenhänge zwischen einzelnen Gegenständen her und findet Gemeinsamkeiten. Nur wenn er das selbst getan hat, dann hat er verstanden. Auch die Lehrtätigkeiten des Erklärens oder Erläuterns sind nichts

anderes als das permanente Herstellen der Zusammenhänge zwischen den Beispielen und den Phänomen dahinter.
Beispiel: Die Schüler verstehen die Gemeinsamkeiten und Unterschiede zwischen verschiedenen Vierecken (und kennen diese nicht nur). Dazu werden verschiedene Fragen gestellt und Aufgaben erteilt, durch die Gemeinsamkeiten und Unterschiede entdeckt werden.

III. Lernziele auf der dritten Ebene sind auf die Fähigkeit des Transfers des erlernten Sachverhaltes zur Erschließung bzw. Bewertung eines neuen Gegenstandes gerichtet. Erst an dieser Stelle wird deutlich, ob der Lerner wirklich verstanden hat. Wenn die Sachverhalte nur zusammenhangslos nachvollzogen wurden, dann kann der Lernende das Lernziel auf dieser Ebene nicht erreichen.
Beispiel: Die Schüler entwerfen Gegenstände, die verschiedene Flächen aufweisen und finden ein Verfahren zum Entwurf.

2. Welche Inhalte, Beispiele sollen die Schüler verarbeiten? Was sollen sie kennen lernen und zwischen welchen Sachverhalten sollen sie Beziehungen herstellen?

Die Lehrerin oder der Lehrer wählt Beispiele/Inhalte aus, die die verschiedenen Seiten des Modells, der Regel, des Phänomens dahinter verdeutlichen. Bei dem Material, das benutzt wird, kann es sich um verschiedene Texte, Abschnitte, Beispielaufgaben, Gegenstände usw. handeln. Die Schüler können diese Beispiele lesen, als Film sehen, innerhalb einer Exkursion, eines Experimentes erleben. Wichtig dabei ist lediglich, dass die Beispiele das zu verallgemeinernde Phänomen wirklich abbilden und nicht nur damit zu tun haben, und entscheidend ist, dass sie bei aller Gemeinsamkeit möglichst unterschiedlich sind. Ihre Gemeinsamkeit ist das Phänomen.

Beispiel: Zum Thema »Französische Revolution« sollen die Schüler das Ständewesen verstehen. Dazu bekommen sie Texte und Abbildungen zu den einzelnen Ständen. Sie sind aufgefordert, diese in Beziehung zu setzen und nur die zwei bis drei Merkmale herauszuarbeiten, die jeweils ausschließlich zu diesem Stand und zu keinem anderen gehören, die aber in den Kategorien gemeinsam sind.

3. Auf welche Art und Weise erfassen die Schüler die notwendigen Informationen und wie verarbeiten sie diese, um diese zu verstehen?

Das ist die Frage nach den Lern- und Lehrmethoden (einschließlich der Arbeitstechniken) und den Fragen/Aufgaben, die geeignet sind, um die Sachverhalte zunächst zu erfassen und Zusammenhänge herzustellen. Erfahrungsgemäß haben die Kollegen manchmal Schwierigkeiten, Fragen bzw. Aufgaben zu entwickeln, die zum Herstellen der Zusammenhänge führen. Unterstützend können dafür Operatoren für diese Ebene (vergleichen, ordnen...) oder grafische Lernhilfen für diese Denkebene (Mindmap, Venn-Diagramm...) sein. Da es sich um die Zusammenhänge verschiedener Seiten eines etwas abstrakteren Sachverhaltes (wie z.B. die Stände) handelt, eignen sich hier in jedem Fall kooperative Lernformen, da die verschiedenen Schüler in den heterogenen Gruppen verschiedene Seiten einbringen und in der Kommunikation miteinander leichter Zusammenhänge hergestellt werden können als lediglich in der Kommunikation z.B. nur mit dem Buch. (Im Rahmen des Sinus-Projekts wurden eine Vielzahl von Möglichkeiten zusammengestellt und entwickelt, die Schüler mathematische Phänomene selbst entdecken, begreifen lassen.)

Beispiel: Die Schüler bearbeiten in Expertengruppen verschiedene Geschichten und Abbildungen zu jeweils einem Stand und finden die Merkmale. In den gemischten Gruppen wird das zunächst (z.b. in einer Tabelle zusammengetragen) und dann werden Kategorien und in diesen Gemeinsamkeiten und Unterschiede gesucht. Die Schüler einigen sich auf einige, aber deutliche Unterscheidungsmerkmale.

Wenn die Schüler selbst bestimmte Methoden des Erfassens und Verarbeitens von Informationen (z.B. Analysieren, Vergleichen, Kategorisieren) beherrschen, müssen sie nicht mehr kleinschrittig geführt werden.

4. Welche Aufgaben sind für den Transfer geeignet?

Mit der Anwendung kann einerseits überprüft werden bzw. können die Schüler überprüfen, ob sie die Dinge nur kennen oder ob sie sie verstanden haben. Andererseits werden Kenntnisse und Fähigkeiten vertieft. Die Anwendung selbst kann vielfältige Formen haben – zum Beispiel Integration, Probleme lösen, bewerten, entwickeln, Analyse, begründete Entscheidungen treffen. Die Transferaufgabe sollte möglichst bedeutungsvoll sein – die Gegenstände befinden sich in der Lebenswelt oder der lebensweltlichen Vorstellung der Schüler.

Beispiel: Die Schüler finden Beispiele für Stellen, wo Merkmale der Ständegesellschaft heute in Deutschland (vielleicht im Gegensatz zu einem anderen Land) zu finden sind.

Der Ausgangspunkt für die Planung komplexer Lernsituation ist nebensächlich. In den Schulen sind das die Ziele – wie hier dargestellt – oder aber auch Inhalte.

Es soll zum Beispiel ein bestimmtes Buch behandelt werden, und es stellt sich die Frage, was die Schüler damit in jedem Fall verstehen sollen. Ausgangspunkt kann auch ein interessantes Problem, z.B. »Warum wird ein Brot, wenn es an der Luft liegen bleibt hart, aber Kekse werden weich?« Es kann ein Zitat/eine These sein, mit dem/der sich die Schüler auseinandersetzen sollen. Dann stellt sich die Frage, was die Schüler verstanden haben müssen, um die Frage durch die Anwendung dafür grundlegenden Wissens zu beantworten bzw. um sich mit der These argumentativ auseinanderzusetzen. Projekte wie Sinus oder Ping gehen in der Regel von herausfordernden Problemen bzw. Aufgaben aus. Dabei geht es allerdings nicht um die Lösung der Probleme an sich, sondern um die Voraussetzungen (Kenntnisse, Fähigkeiten, Haltungen und Strategien) solche Art von Aufgaben zu lösen.

Komplexe und kompetenzorientierte Lernsituationen sind der inhaltliche Boden des Kooperativen Lernens. Die Nutzung kooperativer Lernformen im Unterricht im Zusammenhang mit trivialen, nicht herausfordernden Aufgaben, die von den Schülern genauso gut allein bearbeitbar sind, ist für das Lernen wenig sinnvoll und im Aufwand häufig zu »teuer«. Die Aufgaben müssen so sein, dass man sie miteinander eher lösen kann als allein. David und Roger Johnson – die Begründer des Kooperativen Lernens – haben dafür das Kriterium der »Positiven Abhängigkeit« beschrieben.

Die Unterschiedlichkeit bezüglich der grundlegenden Fähigkeiten wird in der Zusammenarbeit ausgeglichen. Schüler, die nicht so gut schreiben können, erhalten Hilfe durch Schüler, die es besser können usw. Die Fähigkeiten der Schüler verbessern sich in der Zusammenarbeit im Zusammenhang mit der Bewältigung von Anwendungsaufgaben aber nicht deutlich genug. Für die Entwicklung von Fähigkeiten benötigen Schüler in unterschiedlicher und differenzierter Weise Extraübungen.

Um dies zu veranschaulichen: Ein Tennisspiel stellt eine komplexe Anwendungssituation dar. Die Spieler haben Kenntnisse von Spielablauf, vielfältige Fähigkeiten und eine Strategie für jedes Spiel. Aber hin und wieder lässt der Trainer einen Spieler Extraübungen machen – z.B. zum Üben der Rückhand, die vielleicht nicht so gut klappt.

5.3 Nutzung von Heterogenität – Lernen zur Aneignung von Fähigkeiten

Auch im Unterricht gibt es Zeit für Übungen, die auf die Entwicklung der Fähigkeiten gerichtet sind. Für diese brauchen Schüler individualisierte Lernarrangements.

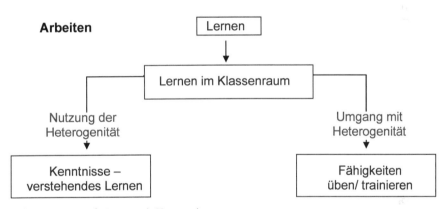

Abb. 6: Nutzung und Umgang mit Heterogenität

Individualisierte Lernarrangements umfassen

- die Organisation der Verschiedenheit und
- die Differenzierung der Aufgaben.

Für die Organisation der Verschiedenheit gibt es in den Schulen bereits vielfältige Erfahrungen:

- *Helfersysteme*
  Helfersysteme strukturieren die Zusammenarbeit der Schüler, aber – anders als beim Kooperativen Lernen, bei dem man gemeinsam eine Aufgabe löst – ist ein Schüler Experte und der Mitschüler bekommt Hilfe. Dafür gibt es eine Reihe Verfahren (z.B. Chefsystem). Das unterschiedliche Expertentum kann auch sehr

spontan und strukturiert im Klassenraum genutzt werden. Zum Beispiel beim Umgang mit den Ergebnissen von Klassenarbeiten helfen Schüler, die bestimmte Aufgaben richtig hatten, Schülern, die das noch nicht konnten.
Bei der Nutzung von Helfersystemen ist zu beachten:
- Für gegenseitiges Helfen gibt es ausgewiesene Unterrichtszeiten und Struktur. Schüler dürfen im Lernprozess nicht von Hilfe suchenden anderen Schülern gestört werden.
- Das Helfen ist eine Fähigkeit, die Schüler lernen müssen. Sie wissen, was von ihnen erwartet wird, wenn sie helfen sollen. Sie können zum Beispiel jemandem etwas erklären, weil sie das Erklären geübt haben.

- *Niveaugruppen*
Bei der Bildung von Niveaugruppen (oft Fördergruppen) ist der Zusammenhang zur Diagnostik voraussetzend. Die Niveaugruppen sind so flexibel wie nur möglich zu organisieren.
- *Lernraster*
Lernraster (Kompetenzraster) sind zunächst einmal ein Organisationsmodell für Lernziele, Inhalte und Übungen. Die Form der Kompetenzraster ist besonders für die Verbesserung von Fähigkeiten geeignet, weil sich diese im Gegensatz zu vernetzten Wissen auch eher linear entwickeln und weil jeder Rubrik entsprechende Übungen zugeordnet werden, die durch Schüler auch individuell lösbar sind.

5.4 Die Differenzierung von Aufgaben

Aufgaben können nach verschiedenen Kriterien differenziert werden. Das Kriterium – leichte und schwere Aufgabe – ist kein Kriterium zur Differenzierung der Aufgabe, weil »leicht« und »schwer« keine Eigenschaften der Aufgabe selbst sind, sondern es zeigt die Diskrepanz zwischen individuellen Vorkenntnissen und der Aufgabe an. Leicht oder schwer entscheidet sich erst, wenn die Schülerin bzw. der Schüler die Aufgaben lösen soll.

Kriterien für die Differenzierung von Aufgaben sind Eigenschaften der Aufgabe. Auch wenn Lehrer in der Regel aufgrund ihrer Erfahrungen entscheiden können, welche Aufgaben für bestimmte Schüler eher leicht bzw. schwer sind.

Folgende Möglichkeiten der Aufgabendifferenzierung gibt es zum Beispiel:

- Differenzierung durch ein unterschiedliches Maß an Struktur: Aufgabenstellungen sind stark oder wenig strukturiert. Alle Schüler bekommen dieselbe Anwendungsaufgabe, aber in unterschiedlicher Weise werden sie durch Schritte zur Lösung geführt. Einige Schüler bekommen sehr viele Schritte, andere Schüler sind aufgefordert, selbst eine Strategie zu entwickeln, bekommen aber dafür Hilfe, und wieder andere Schüler können die Lösungsstrategie vollkommen selbständig erarbeiten.
- Bearbeitungsmethoden/-formen: Die Art und Weise der Bearbeitung der Aufgabe kann sehr unterschiedlich sein und die erwarteten Produkte können sich zum Beispiel aufgrund unterschiedlicher Intelligenzen unterscheiden.
- Komplexität der Aufgabe/der Informationen
- Denkebenen: Die Aufgaben können sich auf verschiedenen Anforderungsebenen bewegen (einfaches Wiedergeben, Zusammenhänge herstellen, Anwenden).

- Satzaufbau und Wortmaterial: Die Entlastung vorgegebener Texte durch das Umformulieren komplizierter grammatischer Konstruktionen oder Fremdwörter wird bei wichtigen Texten von einigen Kollegen geleistet. Wichtig ist ein Blick für die Unterschiedlichkeit der Konstruktion fachlicher Texte zu bekommen und entsprechend damit umzugehen.

Der Kern des Umgangs mit der Unterschiedlichkeit in einer Lerngruppe sind komplexe Lernsituationen und die Strukturierung des Zusammenarbeitenden Lernens. Die Unterschiedlichkeit der Lerngruppe kann bei entsprechend anspruchsvollen Aufgaben und angemessener Zusammenarbeitsstruktur eine Chance für jede Schülerin und jeden Schüler sein. Die Dichte der vorgegebenen Struktur richtet sich nach dem Grad der Kompetenz, die die Schüler haben, selbstständig zu lernen. Innerhalb einer Lerngruppe kann die Struktur für einzelne Kleingruppen somit verschieden stark vorgegeben werden.

Differenzierte Übungen zur Entwicklung grundlegender Fähigkeiten nehmen nur einen – allerdings genauso wichtigen Teil des Unterrichts in Anspruch. Nur – wozu brauchen Schüler Fähigkeiten, wenn sie kaum Gelegenheit haben, diese zur Aneignung »welterschließenden« Wissens zu nutzen? Oder: Wie lange hat man Lust Rückhand zu üben, ohne ein Match spielen zu dürfen?

Literatur

Helmke, A. (2009). Unterrichtsqualität und Lehrerprofessionalität. Diagnose, Evaluation und Verbesserung des Unterrichts. Seelze: Klett/Kallmeyer.

Was nicht in die Wurzeln geht, geht nicht in die Krone

Andreas Müller

1. Einführung

Lernen – zielführendes zumal – ist darauf ausgerichtet, etwas zu gestalten, etwas zu generieren. Dieses Etwas bezieht sich im schulischen Kontext vorerst einmal auf Wissen. Klar. Aber es zielt nicht auf tote Wissensbestände ab, sondern auf ein lebendiges Wissen, ein anwendungsbezogenes, transferorientiertes Wissen.

Es geht auch darum, Fähigkeiten und Fertigkeiten zu generieren. Neudeutsch: Skills. Ums Handwerk quasi. Lernende sollten über ein vielfältiges Methoden- und Strategierepertoire verfügen. Denn, so Abraham Maslow, wer als einziges Werkzeug einen Hammer kennt, für den sieht jedes Problem wie ein Nagel aus.

Und nicht zuletzt: Die Aktivitäten (und Passivitäten) in schulischen Arrangements führen immer auch zu Haltungen und Einstellungen. Dazu gehören namentlich: Lern- und Leistungsfreude. Und: sich zuständig fühlen.

Also: Schule ist kein Ort, wo es darum geht, Spass und Unterhaltung zu konsumieren. Es geht vielmehr darum, Leistungen zu erbringen – und sich daran zu freuen. Das ist die Grundlage erfolgreichen Lernens. Diesem Muster folgend bezieht sich LernCoaching auf den Lernerfolg. Oder mit den Worten von Darren Cahill, Coach von Andre Agassi: »Ich verhelfe ihm zum Erfolg, dafür bin ich da.«

Lernen und Lernkompetenz – dahinter verbirgt sich ein komplexes Geschehen. Lernen ist immer individuell und persönlich. Und es entzieht sich weitgehend der Fremdsteuerung. Der Mensch lernt selbst und ständig. Damit ist klar: Der Komplexität des Lernens ist mit einfachen Strickmustern nicht beizukommen. Jedenfalls nicht nachhaltig.

Das Institut Beatenberg hat Lernumgebungen gestaltet, die in integraler Weise individuelle Förderung und gemeinschaftliches Lernen verbinden.

Ein wesentlicher Teil der Arbeitszeit findet in offenen Arrangements – in Lernteams – statt. Die Lernenden arbeiten alters- und leistungsgemischt einzeln und/oder in Gruppen an individuellen Vorhaben und persönlich relevanten Zielen. Hier verbringen sie einen wesentlichen Teil ihrer Arbeitszeit. Die Flüsterkultur in den offenen Lernräumen erlaubt es den Lernenden, sich untereinander auszutauschen, Aufgaben gemeinsam zu bearbeiten oder mit den LernCoaches Absprachen zu treffen, ohne dass sich die anderen bei ihrer Arbeit gestört fühlen.

Dadurch entsteht ein inspirierendes und gleichzeitig rücksichtsvolles Lernklima. Die Lernräume werden zu einem Ort des Austausches. Das trägt dem Aspekt Rechnung, dass der erste und wichtigste Pädagoge die anderen Lernenden sind.

Fachateliers (Kleingruppen) bieten die Möglichkeit eines systematischen Aufbaus fachlicher Kompetenzen, insbesondere in sprachlichen und mathematischen Bereichen. Hier handelt es sich um eine Art von »Unterricht« in altersunabhängigen Niveaugruppen.

Aktiv werden jene täglichen Arrangements genannt, die namentlich den sportlichen, kreativen, musischen und handwerklichen Interessen Rechnung tragen, können zu Auswahl angeboten werden. Natürlich eignen sich auch viele weitere Themenbereiche (Naturwissenschaften, Sprachen, Psychologie, Politik und so weiter) zum »Enrichment« des Programms. Aus den Angeboten entscheiden sich die Lernenden jeweils für eine bestimmte Zeit für eines der Themen. Gewicht kommt der Projektarbeit zu. Unterschiedliche wahloffene Angebote zu einem Thema setzen spezielle inhaltliche und methodische Akzente. Sie durchbrechen auch organisatorisch und zeitlich den Rahmen des üblichen Arbeitsalltags.

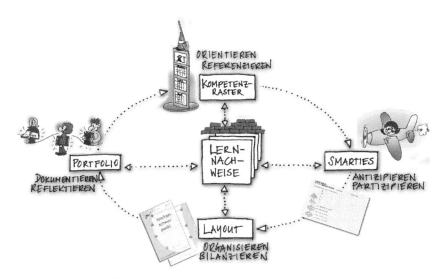

Abb. 1: *Das Lernen gestaltbar machen*

2. Orientierung – zum Beispiel mit Kompetenzrastern

Selbstwirksamkeit kann auch umschrieben werden als Gegenteil des Gefühls, ausgeliefert zu sein. Dieses Gefühl der Abhängigkeit kann leicht entstehen in einem System, in dem Lehrpersonen unterstützt durch Lehrmittel den Stoff und die Dosierung weitgehend bestimmen.

Selbstwirksames Lernen verlangt indes nach anderen Arrangements. Lernende müssen ihr Lernen selbst in die Hand nehmen können. Ein methodischer Ansatz dabei: Referenzieren.

Worum geht es? Vereinfacht ausgedrückt geht es darum, individuelle Leistungen mit einem Referenzwert in Beziehung bringen. Diesen Referenzwert und damit die inhaltliche Basis bilden so genannte Kompetenzraster. Die Kompetenzraster definieren die Inhalte und die Qualitätsmerkmale der verschiedenen Fachgebiete in präzisen »Ich-kann«-Formulierungen. Impulsgebendes Beispiel ist der »Raster zur Selbstbeurteilung« des Europäischen Sprachenportfolios.

Was für Englisch und für das Europäische Sprachenportfolio gilt, gilt für andere Fächer und Fachgebiete in gleicher Weise. Es geht letztlich darum, ein Curriculum in eine Matrixform zu bringen. Und in die einzelnen Felder dieser Matrix wird in ansteigendem Anspruchsniveau das beschrieben, was man können könnte. Seit PISA ruft alle Welt nach klaren und transparenten Standards. Voilà!

Kompetenzraster beschreiben, was man in einem bestimmten Fachbereich können könnte. Oder anders gesagt: Sie bilden das Curriculum ab in Form einer Matrix. In der Vertikalen werden jene Kriterien aufgeführt, die ein Sachgebiet inhaltlich bestimmen (was?). In der Horizontalen werden zu jedem dieser Kriterien vier bis sechs Niveaustufen definiert (wie gut?).

Kompetenzraster stecken damit einen Entwicklungshorizont ab (Horizont-Didaktik), indem sie in differenzierter Weise den Weg beschreiben von einfachen Grundkenntnissen bis hin zu komplexen Fähigkeitsstufen.

Die Arbeiten der Lernenden werden laufend mit diesen Referenzwerten in Beziehung gebracht. Sie können selbst erkennen, wie eine Leistung zu bewerten ist. Farbige Klebepunkte machen deutlich, welchen Qualitätskriterien die individuellen Lernnachweise entsprochen haben. Durch die farbigen Klebepunkte entsteht mit der Zeit ein individuelles und differenziertes Kompetenzprofil. Diese Profile spiegeln die Qualität und Quantität der Leistungen in den betreffenden Fachgebieten wider. Sie zeigen unmittelbar, was eine Schülerin oder ein Schüler an Leistungen und Lernnachweisen erbracht hat.

Kompetenzraster schaffen Orientierung für die Schülerinnen und Schüler. Damit wird das Fundament gelegt für ein individuelles Lernen, das nicht Gefahr läuft, irgendwo in Frust oder Beliebigkeit zu enden. Denn die Lernenden können erkennen, wo sie stehen. Und sie können sehen, was die nächsten Schritte sind. Die Ziele sind klar. Sie sind der individuellen Situation angepasst. Das wiederum erhöht die Erfolgswahrscheinlichkeit.

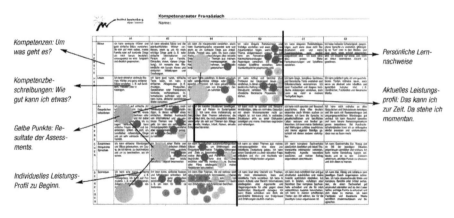

Abb. 2: Beispiel Kompetenzraster

3. Auseinandersetzung: eigene Ziele als Ausgangspunkt

Lernen heißt konstruktiv und kreativ mit Schwierigkeiten und Widerständen umzugehen. Aufgabe der Schule ist es mithin, ein Umfeld zu gestalten, in dem Freude entsteht am Umgang mit Widerständen und Schwierigkeiten. Das heißt: Es geht nicht darum, etwas zu »behandeln«. Es geht darum, sich – durchaus auch lustbetont – damit auseinander zu setzen. Es geht nicht darum, Antworten zu geben. Es geht zuerst und vor allem darum, Fragen zu stellen.

Fragen nachzugehen heißt einer Spur folgen. Das – eben einer Spur folgen – entspricht ja auch der etymologischen Bedeutung des Wortes »lernen«. Wer neugierig ist, wer Fragen stellt – sich oder anderen – will etwas wissen und verstehen. Mit anderen Worten: Es entsteht eine Art inneres Auftragsverhältnis. Der Auftrag nämlich, etwas einer Klärung zuzuführen.

Das heißt: Alles was getan wird, entspringt im Prinzip einer Art Auftrag. Und nun gehört es zum Wesen der Menschen, sich Dingen nur dann zuzuwenden, wenn im Vornherein das Gefühl von Machbarkeit vorhanden ist. Solche »Aufträge« erfolgen häufig unbewusst. Denn das menschliche Gehirn beschäftigt sich ja vorwiegend mit sich selbst. Oder anders gesagt: Der Mensch lernt selbst und ständig. Er kann gar nicht anders.

Schulisches Lernen hat nun aber unter anderem auch den Anspruch, zielführend zu sein. Damit verbindet sich die Forderung an die Schule, ein antizipatives System zu sein. »Man muss den Tiger hören«, sagt ein indisches Sprichwort, »wenn man ihn sieht, ist es zu spät.«

Lernen – mit Widerständen um- und Fragen nachgehen – ist immer ein individueller Konstruktionsprozess. Der Versuch, diesem Prozess eine Richtung zu geben, basiert auf einem Denken und Handeln in Zielen. Nun macht es aber einen wesentlichen Unterschied, um wessen Ziele es sich handelt. Klar, wer nicht fähig oder willens ist, eigene Ziele zu entwickeln, wird sich den Zielen anderer – zum Beispiel der Lehrer – anzupassen haben. Dadurch entstehen Abhängigkeiten, entsteht Macht und Ohnmacht. Lernen soll aber eigentlich von der Abhängigkeit in die Unabhängigkeit führen.

Lernende müssen folglich lernen, (schulische) Ziele zu haben. Und sie müssen lernen, ihre Ziele und Vorstellungen zu verbalisieren. Mit der Versprachlichung entwickeln sie ein inneres Bild dessen, was entstehen soll.

Lernen und Verstehen nachweisbar zu machen bedeutet, es sinnlich wahrnehmbar zu gestalten. Eben: ihm eine Form zu geben. Denn je klarer die gedankliche Vorarbeit, desto höher die Eintretenswahrscheinlichkeit. Ziele formulieren, das bezieht sich folglich nicht nur auf das Was. Ganz und gar nicht. Sondern auch und besonders auf das Wie. Das heißt: Die vielfältigen Möglichkeiten des Vorgehens und Darstellens sind integraler Bestandteil der gedanklichen »Vorausorganisation« des Lernens. Wer ein Ziel formuliert, zeichnet ein inneres Bild dessen, was entstehen soll.

4. Smarte Ziele selber formulieren

Das Instrument, das ihnen dafür zur Verfügung steht, nennt sich Smarties. Smarties sind SMART formulierte Aufträge. SMART, nach dieser Formel lassen sich Ziele wirkungsvoll formulieren. *S* steht dabei für »spezifisch«, also konkret, klar eindeutig. *M* steht für »messbar« und *A* für »ausführbar«, verbunden also mit dem Gefühl von Machbarkeit. *R* steht für »relevant« und antwortet auf die Frage: Was hat das mit mir zu tun? *T* schliesslich steht für »terminiert« und schafft entsprechende zeitliche Verbindlichkeiten.

Es handelt sich vorzugsweise um Aufträge an sich selbst. Am Anfang steht mithin eine Vereinbarung, gleichsam ein Contracting mit sich selbst. Das heißt: Smarties dienen dazu, dem Verstehen eine Form zu geben. Smarties werden so formuliert, dass sie zu einem Lernnachweis führen. Sie tragen dazu bei, dass dem Wollen auch ein Können folgt. Lernen erscheint gestaltbar. Die Machbarkeit erhält eine Form. Denn Smarties verbinden verschiedene Teilkomponenten zyklisch miteinander:

1.) *Ziele.* Verbalisierung konkreter eigener Ziele in Form von Lernnachweisen (angestrebte Leistungsergebnisse).
2.) *Strategien.* Auswahl und Erwerb von zielführenden Strategien und wirkungsvollen Arbeitstechniken.
3.) *Selbstbeobachtung.* Systematische Registrierung des eigenen Lernverhaltens, der Ergebnisse und der entsprechenden Gefühle.
4.) *Bilanz.* Vergleich der sinnlich wahrnehmbaren Ergebnisse mit den emotionalen und rationalen Erwartungen.
5.) *Konsequenz.* Formulierung der logischen nächsten Schritte, also von Folgezielen und Anschlussarbeiten.

Kein Kind steht am Morgen auf und sagt sich: »Heute bin ich ein ganz schlechter Schüler.« Alle wollen eigentlich »gut« sein. Schulische Ziele und die damit verbundenen Vorstellungen der Lernenden sind aber meist recht diffus und wenig fassbar. Eben: »Gut sein in der Schule«. Oder: »Einen guten Schulabschluss haben« Oder: »Ins Gymnasium gehen«. Damit lässt sich ebenso wenig anfangen wie mit »sich mehr Mühe geben in Französisch«.

Mit Smarties lassen sich Ziele handhabbar machen. Je »griffiger« die gedankliche Vorarbeit, desto höher die Eintretenswahrscheinlichkeit. Smarties produzieren konkrete Bilder eines Ergebnisses und – und das ist entscheidend – auch und vor allem Bilder des Zustandekommens und damit der Gelingensbedingungen.

Smarties verbinden zielführendes Denken mit sprachlichem Ausdruck. Sie fördern damit die Entwicklung der gedanklichen Strukturierungsfähigkeit. Die gegenseitige Beeinflussung von Sprache und Denken, von Assoziieren und Formulieren, kann als dialektischer Prozess betrachtet werden. Mit der Sprache lässt sich das Denken lenken.

Das heißt nun aber: Die Lernenden müssen zu ihrer eigenen Sprache finden. Zu häufig verwenden sie in der Schule eine antrainierte Floskelsprache. Sie haben gelernt zu sagen, was Lehrpersonen und andere Erwachsene hören wollen. »Ja, klar, ich gebe mir jetzt mehr Mühe ...« »Es ist wichtig für meinen späteren Beruf, wenn ich ...« Das sind Worthülsen! Man kann nicht mit den Gedanken anderer denken. Deshalb auch nicht mit deren Sprache. Das heißt: Die Lernenden müssen die Floskeln so lange zertrümmern, bis darunter ihre eigene Sprache zum Vorschein kommt. Das ist ein Schlüssel zum zielführenden Lernen. Ein Kartenset versetzt Lernende in die Lage, die Verbalisierungskompetenz aufzubauen, die es braucht, um zu eigenen Zielen zu gelangen. 22 Karten beschreiben lernnachweisende Aktivitäten. 33 Karten zeigen Möglichkeiten, in welcher Weise die Lernergebnisse dingfest gemacht werden können. So entstehen »22x33 Möglichkeiten, Freude am Verstehen zu kriegen«.

5. Selbstmanagement mit Hilfe des Layouts

Methodenkompetenz, Selbstkompetenz und ähnliche Begriffe sind auf der schulischen Prioritätenliste weit nach oben gerückt. Beim Wort genommen heißt das: Ein wesentliches Ziel schulischen Lernens besteht in der Förderung der Selbstgestaltungspotenziale und der Selbstregulierungsfähigkeiten. Oder ein bisschen einfacher ausgedrückt: Lernende sollen mit sich und mit ihrer Zeit etwas anfangen können. Sie sollen ihr Lernen (und ihr Leben) in selbstwirksamer Weise gestalten lernen. Das Layout hilft den Lernenden dabei, diese Zeit antizipativ zu gestalten. Das heißt: Die Lernenden gestalten ihren eigenen Stundenplan.

Immer für eine Woche. Die Smarties bilden dabei so etwas wie die bedeutungsmässigen Ankerpunkte. Sie bestimmen im Wesentlichen, was wann wo – und vor allem wie – mit wem unternommen – und eben nicht unterlassen – wird. Und das Layout ist das Organisationsinstrument dafür. Layout kann übersetzt werden als »Grundriss«. Und genau darum geht es: einen Grundriss dessen zu zeichnen, was in naher Zukunft zu geschehen hat. Aber auch, wie es zu geschehen hat. Und warum. Eine persönliche und handlungsorientierte Auslegeordnung ist also das Layout, das auch Reflexion, Erfolgsbilanz und Feedback einschliesst.

Man soll die Dinge nehmen wie sie kommen, heißt es. Aber man kann rechtzeitig dafür sorgen, dass sie so kommen, wie man sie nehmen möchte. Das Layout enthält deshalb einen »Planungsteil«. Er richtet sich auf das kurzfristige Selbstmanagement und umfasst den Zeithorizont einer Woche:

- Die Vorderseite des Layouts ist dem Wochenschwerpunkt gewidmet. Er orientiert sich an der Frage: Was ist nächste Woche das Wichtigste für mich? Es geht darum, unterscheiden zu lernen zwischen wichtigen und weniger wichtigen, zwischen dringenden und weniger dringenden Arbeiten.
- Der Innenteil ist gestaltet als Planungsraster. Er dient dazu, sich einen Überblick zu verschaffen über die zeitlichen und inhaltlichen Verpflichtungen der Woche. Das Wort »Überblick« ist dabei nicht zufällig gewählt. Die synoptische Auslegeordnung erleichtert die Übersicht und liefert Hinweise auf allenfalls erforderliche Dispositionen. Wenn der Lernende sieht, dass beispielsweise am Donnerstag viel los ist, wird er gut daran tun, bestimmte Arbeiten oder Termine bereits in die erste Wochenhälfte zu verlagern.
- Das Layout ist aber mehr als einfach ein Organisationswerkzeug. Es dient auch der Reflexion. Immer am Ende der Woche formulieren die Lernenden auf der Rück-

seite des Layouts mindestens drei Situationen, in denen sie sich erfolgreich gefühlt haben. Im Verlaufe eines Jahres kommen auf diese Weise über hundert persönliche Erfolgsmeldungen und Selbstbestätigungen zusammen. Über hundert kleine Siege über sich selbst.

Das ist nicht nur ein bedeutsamer emotionaler Faktor, das ist auch von erheblicher lernstrategischer Bedeutung. Denn: Erfolg führt zu Erfolg, jenem beglückenden Gefühl, etwas bewirkt zu haben.

Mit anderen Worten: Wenn Lernende regelmässig Erfolge formulieren, die sie auf ihre eigenen Aktivitäten und Fähigkeiten zurückführen, wird sich das positiv auf ihr Selbstbild und auf ihr Lernverhalten auswirken.

Teil der Reflexion sind auch die Gespräche mit dem LernCoach. Die entsprechenden Notizen finden sich ebenfalls auf der Rückseite des Layouts.

Wöchentlich nehmen die Lernenden ihr Layout – zusammen mit anderen relevanten Dokumenten – mit nach Hause. Die Lernenden werden zu Botschaftern ihrer selbst. Das versetzt die Eltern in die Lage, die schulische Entwicklung ihrer Kinder auf einer konkreten Ebene mitverfolgen zu können. Sie haben zudem die Möglichkeit, mit Feedbacks und Fragen mitgestaltend zu wirken.

6. Neue Lernkultur – anderer Umgang mit Leistungen

Die Evaluation präformiert das Verhalten. Ausgehend vom »Wert« im Begriff »Evaluieren« gilt es deshalb zunächst einmal, die Leistungen von Lernenden wertzuschätzen. Es geht darum zu erkennen, was da ist. Und was man daraus machen könnte. Fehler sind so gesehen nicht die Wegmarken auf dem Pfad ins schulische Elend, sie geben Anlass zu Fragen. Sie sind Lernchancen. Das heißt auch: Was »fertig« ist, ist nur der Beginn von etwas Neuem. Du hast schon viel erreicht. Das ist ein guter Anfang. Aus der einen Arbeit entstehen quasi automatisch die nächsten. Ein Beispiel für einen anderen Umgang mit Lernleistungen ist das Portfolio.

Ein Lernportfolio beschreibt anhand ausgewählter Belege eine persönliche Biografie des Lernens. Es macht deutlich, was eine Schülerin oder ein Schüler kann. Und wie es dazu gekommen ist. Oder anders gesagt: Der Begriff Portfolio bezeichnet eine sinnvolle Sammlung von Arbeiten, mit der Engagement, Leistungen, Erkenntnisse und Entwicklungen in einem oder mehreren Lernbereichen transparent gemacht werden. Arbeiten sind Dokumente aller Art. Das können Tests sein, Zeichnungen, Aufsätze. Es kann sich aber auch um Fotos oder Fotoprotokolle von Prozessen und Situationen (z.B. von Vorträgen oder Projektarbeiten) handeln. Kurz: Das Lernportfolio zeigt die Meilensteine auf dem Weg der individuellen Entwicklung.

Im Portfolio manifestiert sich das, was ein Lernender kann. Es bringt sinnlich wahrnehmbar zum Ausdruck, welche Kompetenzen er sich durch welche Aktivitäten erworben hat. Es verbindet Lernerlebnisse mit Erkenntnissen. Und umgekehrt.

Lernergebnisse dokumentieren, das ist ein Ziel der Arbeit mit Portfolios. Aber nicht nur Resultate sind relevant. Mindestens so wichtig: die Prozesse hinter den

Ergebnissen sichtbar machen. Darstellen und sich bewusst machen, wie bestimmte Ergebnisse zustande gekommen sind. Das heißt: Die Arbeit mit Portfolios ist ein dynamischer kommunikativer Prozess. Er verbindet verschiedene Ziele rückkoppelnd miteinander. Neben der eigentlichen Dokumentation geht es dabei um eine Auseinandersetzung mit den Artefakten. Im Klartext: Das Wissen nützt nichts, wenn es einfach fein säuberlich zwischen zwei Ordnerdeckeln abgelagert wird. Die Dokumente im Portfolio sind keine toten Trophäen. Die Lernenden sollen die Ergebnisse vielmehr als Ausgangs- und Knotenpunkte für weitere Lernaktivitäten betrachten.

7. Zusammenspiel

Schulisches Lernen ist nicht einfach die Reaktion auf Lehren. Man weiß ja: Es wird nicht gelernt, was gelehrt wird. Und wichtig: Lernen ist keine Sache. Lernen ist Beziehung. Es geht erstens um die Beziehung zu anderen. Denn Lernen findet vornehmlich in der Auseinandersetzung mit anderen Menschen statt. Zweitens geht es um die Beziehung zu den Dingen. Zwar kann man problemlos zwanzig französische Vokabeln auswendig lernen. Aber es wird nie Französisch sprechen, wer nicht eine Beziehung dazu aufbaut.

Und es geht drittens um die Beziehung zu sich selbst. Lernende brauchen gute Gründe, um sich mit einer Sache auseinander zu setzen (Meaningfulness). Stolz sein zu können auf sich selbst ist beispielsweise – auch neurobiologisch gesehen – ein zentraler Motivationsfaktor.

Lernende brauchen aber auch das Gefühl von Machbarkeit und Bewältigbarkeit. Es geht also darum, längerfristige und meist diffuse Ziele umzusetzen in machbare Schritte (Manageability). Und es geht darum, das alles im Lichte der eigenen Lebensgestaltung zu verstehen (Comprehensibility). Machbarkeit, Verstehbarkeit und Sinnhaftigkeit bilden zusammen das Kohärenzgefühl (Sense of Coherence), eine Art Grundgefühl für eine gesunde Lebensgestaltung. Das gilt ohne Abstriche auch fürs Lernen.

Kompetenzraster, Smarties, Layout und Portfolio tragen dazu bei, ein dynamisches Gefühl des Vertrauens dafür zu entwickeln, dass Lernen sich in eigener Regie erfolgreich und Sinn stiftend gestalten – und erleben – lässt.

8. LernCoaching – neue Professionalität in neuer Lernkultur

Eine endlose Prärie. Am Horizont taucht eine Postkutsche auf. Sie zieht eine lange Staubfahne hinter sich her. Der Kutscher knallt mit der Peitsche und treibt die Pferde an. Denn die Posträuber und Indianer, die in jedem Film dieses Genres hinter Büschen oder Felsen lauern, sollen seiner nicht habhaft werden. Die Kutsche – englisch: »coach« – ist sowohl sprachlicher wie sinnbildlicher Ursprung des Coachings. Das ist nachvollziehbar: Mit der Kutsche machte man sich auf den Weg, um ein Ziel zu erreichen – aller Wegelagerer und sonstiger Unbill zum Trotz.

Gebräuchlich war und ist der Begriff aber vor allem im Sport. Coaches unterstützen Einzelsportler oder Teams dabei, erfolgreich zu werden (und zu bleiben).

Erst vor ein paar wenigen Jahrzehnten tauchte Coaching dann als Modell für Betreuungs- und Beratungsprozesse im Management auf.

Ob im Wilden Westen, auf dem Fussballfeld oder im Büro: Coaching hat offensichtlich zum Ziel, Menschen zu unterstützen. Reisen, rennen oder rechnen müssen sie selber. Aber der Coach hilft ihnen dabei, es erfolgreich(er) zu tun.

LernCoaching geht davon aus, dass Schule nicht mehr wie Schule aussieht. Dass Schule sich nicht mehr wie Schule anhört. Dass Schule nicht mehr wie Schule ist. Und weil Schule nicht mehr wie Schule ist, gibt es eben auch nicht mehr die Dualität von Lehrer und Schüler. Mit dem Wandel der Schule geht ein Wandel der Rollen einher. Ansichten, Einsichten, Aufgaben, Verantwortlichkeiten verändern sich. Und zwar von Grund auf. Ein sich veränderndes Verständnis von »Schule« ruft nach einer neuen Professionalität. Eben: LernCoaching.

9. Arbeit am System

LernCoaches wissen, was man über das Lernen als eigenaktiven, individuellen Prozess der Aneignung und Entwicklung weiss. Sie nutzen die Erkenntnisse der neurowissenschaftlich erwiesenen Lernforschung für die Begründung ihrer Arbeit.

LernCoaches sind Fachleute für den konstruktiven Umgang mit Vielfalt – für Diversity Management. Sie arbeiten deshalb nicht nur im System, sondern auch am System.

LernCoaches initiieren und gestalten Prozesse, die selbstwirksames und nachhaltiges Lernen in sozialen Kontexten auf der Basis individueller Verbindlichkeiten erfolgswahrscheinlich machen.

LernCoaches stützen ihre Arbeit auf die sechs lernrelevanten Faktoren. Sie entwickeln Haltungen, Fähigkeiten und Wissen, die sie in die Lage versetzen, zur erfolgreichen Selbstgestaltungsfähigkeit der Lernenden wirkungsvoll beizutragen. Das heißt:

- Sie gestalten die Lernumgebungen so, dass selbstwirksames Lernen möglich ist. Sie sind gleichsam Gestalter von Ermöglichungs-Strukturen.
- Sie organisieren Arrangements, in denen Vielfalt als Ressource genutzt wird. Sie unterstützen die Selbstgestaltungskompetenz der Lernenden zielführend.
- Sie interagieren mit den Lernenden – einzeln oder in Gruppen – lösungs- und entwicklungsorientiert. Sie sagen nicht, sie fragen. Und bieten Optionen an.
- Sie initiieren, fördern und begleiten die Prozesse des Sich-Auseinandersetzens. Sie fordern damit eine eigentliche Lust am Verstehen heraus.
- Sie nutzen die vielfältigen Formen der Evaluation als Ausgangslage für eine individuelle Förderung. Diese Logik des Gelingens erhöht die Erfolgswahrscheinlichkeit.
- Sie schaffen Transparenz, damit Lernende sich an klaren Referenzwerten orientieren können. Das ist Grundlage einer konstruktiven Feedback-Kultur.

Damit ist klar: LernCoaching ist explizit keine Reparaturwerkstätte. Es geht genau nicht darum, in der Schule weiter zu fahren wie bis anhin – und dann für jene, die

Probleme haben oder machen, eine Art Auffang- und Notfallstation zu installieren, die man zum Zwecke höherer Sozialverträglichkeit »LernCoaching« nennt. Es geht auch nicht um ein begriffliches Facelifting von Nachhilfe-Unterricht. Es geht ebenfalls nicht um eine versteckte Form von Selektion. Und es geht schon gar nicht darum, die ohnehin übertherapierte (Schul)Gesellschaft mit einer neuen Schön-haben-wir-darüber-gesprochen-Funktion zu beglücken.

10. Selbstgestaltungfähigkeit

Die Idee, dass zwei Dutzend Leute gleichen Alters im gleichen Raum zur gleichen Zeit im gleichen Buch auf der gleichen Seite das gleiche »lernen« und später zum gleichen Zeitpunkt zu den gleichen Fragen die gleichen Antworten geben sollen – das kann schon vom Ansatz keine besonders gute Idee sein. Heute nicht. Und morgen noch weniger.

Denn Menschen werden als Originale geboren. Und sie sollen es bleiben. Das liegt in ihrem eigenen Interesse. Und es liegt im Interesse der Gemeinschaft. Menschliche Massenkopien haben noch selten zu konstruktiven Entwicklungen beigetragen. »Wo alle das Gleiche denken«, ist Walter Lippmann überzeugt, »denkt niemand besonders viel.«

Schulische Lernarrangements gehen deshalb vom Individuum aus. Im Zentrum stehen also die Lernenden. Als selbstwirksam Beteiligte konstruieren sie zielführend ihr eigenes Lernen. Sie bringen sich konstruktiv in den sozialen Kontext der Schule ein. Voneinander und miteinander lernen heißt die entsprechende Devise. Dabei ist klar: Lernen heißt nicht, Vorgegebenes abbilden. Wiederkäuen ist schliesslich keine Gehirnaktivität, wie fälschlicherweise oft angenommen wird.

LernCoaches sind so gesehen ein mitgestaltendes Teilsystem. Und sie übernehmen damit einen spielbestimmenden Teil der Verantwortung. Nicht der »Stoff« steht dabei im Zentrum, sondern die Lernenden und ihr Lernen. LernCoaching ist gleichsam eine supportive, eine subsidiäre Tätigkeit. Die Aktivitäten – angefangen bei der Gestaltung einer inspirierenden Lernumgebung bis hin zu einer lösungsorientierten Interaktion – orientieren sich am Ziel, wirksame und nachhaltige Lernprozesse zu fördern. Oder eben: Den Lernenden zum Erfolg zu verhelfen.

Unterrichtsentwicklung durch Kollegiale Hospitation

Claus Buhren

Möglicherweise ist es eine Nebenwirkung der beruflichen Sozialisation von Lehrerinnen und Lehrern während der zweiten Phase der Lehrerausbildung, dass Hospitationen von Kolleginnen und Kollegen oder sogar von Studenten bei Lehrkräften überaus unbeliebt sind. Als Mittel der systematischen Reflexion des eigenen Unterrichts sind Hospitationen bis heute eher die Ausnahme als die Regel, auch wenn Forschungsergebnisse (z.b. Rosenholtz, 1989 oder Helmke, 2008) die Effektivität und auch die Wirkungen von kollegialer Hospitation in Bezug auf die Lehr- und Lernqualität wie auch die Unterrichtsergebnisse immer wieder betonen.

In der jüngsten repräsentativen Lehrerbefragung des IFS (vgl. Kanders & Rösner, 2006, S. 34) gaben nur acht Prozent der befragten Lehrkräfte an, dass sie monatlich oder wöchentlich gegenseitige Hospitation im Unterricht praktizieren. Mehr als die Hälfte aller Lehrpersonen, nämlich 52 Prozent hatte bisher überhaupt noch keine Erfahrungen damit. Wobei auch bei den acht Prozent nicht näher geklärt wurde, welche Form und welches Verfahren der Unterrichtshospitation den Erfahrungshintergrund bilden. Wenn man also diese Zahlen zugrunde legt, könnte man davon ausgehen, dass etwa die Hälfte aller Lehrerinnen und Lehrer im Laufe ihrer mehr als 30-jährigen Berufspraxis nie ein professionelles kollegiales Feedback für ihre Unterrichtstätigkeit erhält – einmal abgesehen, von den »Schaustunden«, die bei Beförderungsanlässen gezeigt und bewertet werden.

Unterrichtsentwicklung, wenn sie nicht als bloßes Methodentraining, sondern als eine Veränderung und Weiterentwicklung professionellen Handelns verstanden wird, ist jedoch nicht durch ausschließliche Selbstreflexion möglich. Hier kann neben der Selbstsicht nur die Fremdsicht eine andere Perspektive eröffnen und Lernanlässe schaffen, die neue Erfahrungen und neue Handlungsstrategien ermöglichen. Dabei ist die kollegiale Fremdsicht auf den eigenen Unterricht bzw. auf das eigene Lehrerhandeln, der einzige professionelle Austausch der sozusagen in »Augenhöhe« stattfinden kann, da er frei ist von Beurteilungsanlässen oder dienstlichen Bewertungsverfahren.

1. Verfahren der Kollegialen Hospitation

Ich möchte im Folgenden zwei Verfahren der kollegialen Hospitation vorstellen: Eines wurde am Gymnasium meines Schweizer Kollegen (vgl. Buhren & Kempfert, 2006) erprobt und das andere haben wir im Rahmen eines Modellprojektes mit Schulen in NRW und Brandenburg am Institut für Schulentwicklungsforschung entwickelt. Beide Verfahren unterscheiden sich vor allem bezogen auf die Strukturiertheit und die Beobachtungsvorgaben. Während das erste Verfahren sehr offen ist bezüglich der Beobachtungsfragen und Beobachtungsfoki, arbeitet das zweite Verfahren mit einem vorstrukturierten Beobachtungsbogen, der Beobachtungskriterien und Beobachtungsindikatoren enthält. Ungeachtet dieser Unterschiede gibt es einige Grundsätze, die für alle Verfahren der kollegialen Hospitation gelten:

Die besuchte Lehrperson wählt sich ihren Beobachter selbst aus. Dabei ist es überhaupt nicht erforderlich, dass der Beobachter das gleiche Fach unterrichtet, also quasi als Fachperson auftritt, um dadurch seine Autorität unter Beweis zu stellen. Gerade der fremde Blick bzw. der Blick auf die vom Fach unabhängige Beobachtungsfrage erhöht die Akzeptanz, vielleicht auch weil der verdeckte Konkurrenzdruck wegfällt. Entscheidend bei der Partnerwahl ist vor allem das gegenseitige Vertrauen.

Der Beobachter/die Beobachterin konzentriert sich auf vorher festgelegte und gemeinsam verabredete Beobachtungsfoki oder Beobachtungsfragen. Nur diese spielen in der besuchten Unterrichtsstunde eine Rolle und sind Gegenstand der gemeinsamen Nachbesprechung.

Das Ziel kollegialer Hospitation besteht für den Beobachteten darin, Aufschlüsse über blinde Flecken zu erhalten, die als Anstoß zur Selbstreflexion dienen und dadurch zu einer Weiterentwicklung der Professionalität führen. Dies kann aber nur geschehen, wenn es keine Verletzungen z.B. durch (ver-)urteilende Rückmeldungen gibt. Die Rückmeldungen sind insofern besonders entscheidend, als sie die Selbstreflexion der Lehrperson durch die diskursive Auseinandersetzung entscheidend stimulieren.

Die besuchte Lehrperson soll vor allem in ihrer Unterrichtskompetenz gefördert und bestärkt werden, weshalb auch und besonders bei der Rückmeldung auf positive Elemente geachtet werden soll. Es lernt dabei automatisch auch der Beobachter, der die Handlungen des Partners natürlich immer, wenn auch unbewusst, als Spiegel seiner selbst wahrnimmt und einen Abgleich mit seinem Unterricht vornimmt.

Kollegiale Unterrichtshospitationen sind häufig auch sanfte Einstiege in Teamentwicklung; denn es ist immer wieder zu beobachten, dass es im Anschluss von mehreren Besuchen zu gemeinsamen Projekten der Unterrichtsentwicklung kommt.

1.1 Unterrichtshospitation mit offenem Beobachtungsfokus

Als Einstieg in die Unterrichtshospitation dürfte dieses Verfahren mit offenen Fragestellungen für die Unterrichtsbeobachtung vielleicht am ehesten geeignet sein, da es ohne vorgegebene Kriterien praktisch keine Einschränkungen bei der Wahl des Beobachtungsfokus gibt.

Doch zunächst zum Ablauf, der wie bei allen Unterrichtshospitationen in drei Schritten verläuft: in einer Vorbesprechung zwischen beiden Lehrpersonen, dem eigentlichen Unterrichtsbesuch und dem Auswertungsgespräch, verbunden mit einer Art Zielvereinbarung.

Bei der Vorbesprechung des Unterrichtsbesuchs wird der Termin des Besuchs sowie der Nachbesprechung festgelegt. Zudem bietet er die Gelegenheit, einmal in Ruhe sowohl über allgemeine als auch pädagogische Themen miteinander zu reden. Deshalb sollte man sich zwischen 30 und 60 Minuten Zeit nehmen und darf die Abmachung nicht im Lehrerzimmer zwischen Tür und Angel treffen.

Da der Unterrichtsbesuch einen ausschließlich fördernden Charakter hat, soll die besuchte Lehrperson angeben, worauf beim Unterrichtsbesuch geachtet werden soll.

Wie bei allen Evaluationen sollen sich die Foki an solchen Standards wirksamen Unterrichts orientieren, die überhaupt beobachtbar sind (Unterrichtsplanung gehört also nicht dazu). Die am häufigsten gewünschten Themen sind gewöhnlich:

- Frageformulierungen
- Bewegung im Unterricht
- Körpersprache
- Einsatz von Medien
- Lehrer-Schüler-Beziehung
- Einbezug von Jungen und Mädchen
- Schülerbeteiligung
- Klarheit der Sprache
- Klassenführung

Es gibt oft zwei Einwände gegen diese strikte Fokussierung auf lediglich ein oder zwei vom Lehrer ausgewählte Beobachtungsaspekte. Zunächst unterstellt man, dass die Lehrperson sich dabei bequem aus der Affäre ziehen kann, indem sie Stärken beobachten lässt und dadurch ihre Stellung im Kollegium nicht unterminiert. Andere Kritiker vermissen die Möglichkeit, neben dem vereinbarten Fokus auch noch die von ihnen vielleicht bemerkten »wirklichen Defizite« aufzuschreiben und dem Lehrer mitzuteilen, damit »es ihm endlich mal jemand sagt«. Beide Kritikpunkte hängen meines Erachtens mit der berufsbedingten Defizitorientierung sowie einer Misstrauenskultur zusammen und zeigen, wie schwierig es mitunter ist, Lehrpersonen verständlich zu machen, dass Verhaltensveränderungen (nicht nur im Unterricht) nur freiwillig aufgrund einer Selbstreflexion passieren und dass die vielen gut gemeinten Ratschläge mehr als »Schläge« denn als »Rat« empfunden werden.

Bei der Festlegung des Fokus gibt es zwei unterschiedliche Möglichkeiten der Beobachtung. Die Lehrperson möchte ein bestimmtes Ziel erreichen und möchte diese Zielerreichung durch einen Kollegen beobachten lassen. Bei solch einer Hospitationsform empfiehlt es sich folgende Abmachung zu treffen:

- Welches Ziel/welche Ziele verfolgst Du in dieser Klasse/in dieser Stunde/in Deinem Fach?
- Zu welchem Ziel möchtest Du eine Rückmeldung von mir erhalten?
- Welches sind für mich beobachtbare Indikatoren, ob das Ziel erreicht wurde?

Eine weitere Möglichkeit besteht darin, dass die besuchte Lehrperson, aus welchen Gründen auch immer, eine Rückmeldung über irgendeinen Standard wünscht und z.B. erfahren möchte, wie sie Beiträge von Schülerinnen und Schülern im Unterricht einbaut. Natürlich steckt auch hinter diesen Wünschen immer ein Ziel. Im Gegensatz zur ersten Methode gibt es aber keine klare Messung der Zielerreichung oder Nicht-Zielerreichung, sondern eine erste Bestandsaufnahme die ihrerseits wiederum zu Zielvorgaben führen kann.

Bei der Diskussion über das Beobachtungskriterium ist es unerlässlich, die Fragestellung genau zu klären und auch hinsichtlich ihrer Protokollierbarkeit zu überprüfen. So macht es nicht nur wenig Sinn, sondern erweist sich in der Praxis als nahezu undurchführbar, »die Sprache« einer Lehrkraft zu beobachten. Hier ist eine differenziertere Aufgabenstellung unumgänglich. Möglich wäre eine Beobachtung einzelner Fassetten wie z.b. Modulation der Stimme, Verständlichkeit, Lautstärke, Ironie etc. Diese Präzisierung ist deshalb so wichtig, weil der nächste Schritt darin besteht, ein Protokollraster zu erstellen. Je nach Aufgabenstellung drängt sich eine andere Beobachtungsmethode mit der entsprechenden Technik auf. Mögliche Instrumente der Unterrichtsbeobachtung können sein

- Zeichnungen (vom Bewegungsablauf im Unterricht)
- Zählungen (Anzahl Fragen, Anzahl Antworten etc.)
- Zeitmessungen (Zeitanteil der Lehrperson und Zeitanteil der Schüler/innen)
- Protokolle (Wiedergabe von Fragen oder Arbeitsanweisungen)
- Beschreibungen (Schülerverhalten bei Lehrererklärungen, Lehrerverhalten bei Störungen)
- Tonband/Videoprotokolle

Beispiel: Ein Lehrer hatte Disziplinprobleme in seiner Klasse und bat seinen Kollegen um eine Beobachtung. Das Ziel in seinem Unterricht bestand darin, ein lernförderndes Klima im Unterricht herzustellen, so dass alle Schüler vom Unterricht profitieren können und er nicht kostbare Zeit für disziplinarische Maßnahmen verwenden musste. Der Indikator war für ihn, dass die Klasse während einer längeren Zeit konzentriert und ruhig arbeiten würde.

Das Beobachtungsinstrument sah folgendermaßen aus:

Phase	Verhalten respektive Reaktion des Lehrers	Verhalten respektive Reaktion der Schüler/-innen
Einstieg		
Arbeitsaufträge des Lehrers		
Gruppenarbeit		
Auswertung		
Transfer durch Unterrichtsgespräch		

Quelle: Guy Kempfert, o.J.

Abb. 1: Beobachtungsinstrument zum Stundenverlauf

Während des Unterrichtsbesuchs besteht die Aufgabe des Beobachters lediglich darin, ein möglichst lückenloses Protokoll des vereinbarten Beobachtungskriteriums anzufertigen. Es ist im Sinne der Prozessethik nicht statthaft, andere Kriterien ebenfalls zu protokollieren, weil man den Eindruck hat, es bestünde in jenem Bereich noch ein Verbesserungsbedarf. Ebenso wenig dürfen Kommentare oder gar bereits Interpretationen auf dem Protokoll erscheinen. Der Sinn der fokussierten kollegialen Hospitation besteht ja gerade in der Unterstützung der Lehrpersonen, und die

Analyse soll gemeinsam auf Grund des Unterrichtsprotokolls erfolgen. Dies schließt natürlich nicht aus, dass man sich Notizen auf einem separaten Blatt macht, die das Beobachtungskriterium betreffen.

Im oben angeführten Beispiel sah das hier stark gekürzt wiedergegebene Unterrichtsprotokoll nach der Stunde wie folgt aus:

Phase	Verhalten respektive Reaktion des Lehrers	Verhalten respektive Reaktion der Schüler/-innen
Einstieg	Lp betritt vor dem Klingeln das Klassenzimmer, unterhält sich mit einigen Schülern und schreibt nach Klingeln an die Wandtafel: »Nahostkonflikt« und bittet die Schüler um ihre Meinungen zu den Ursachen des Konflikts. Lp ermahnt alle, zuzuhören und wiederholt die Frage.	Schüler betreten nach und nach das Klassenzimmer, unterhalten sich, trinken und setzen sich. Nach dem Klingeln kommen zwei Schüler und setzen sich wortlos hin. Einige Schüler packen ihre Geschichtssachen aus, andere nicht.
		Schüler geben unterschiedliche Meinungen zu den Ursachen des Konflikts
	Lp schreibt Schüleräußerungen kommentarlos an die Tafel.	

Quelle: Guy Kempfert, o.J.

Abb. 2: *Ausgefülltes Beobachtungsinstrument zum Stundenverlauf*

Es ist wichtig, sich wirklich auf eine Beschreibung der Ereignisse zu konzentrieren und alle Wertungen zu unterlassen. Dies ist in der Realität allerdings schwieriger als man glaubt. Wie schnell z.B. hätte man schreiben können: »Lp versäumt es zu warten, bis alle da sind....« und schon wäre eine Beurteilung erfolgt.

Nach dem Unterrichtsbesuch kann man entweder das Unterrichtsprotokoll kopieren und seinem Kollegen aushändigen oder zu Hause überarbeiten und es vervollständigen. Wichtig ist auf jeden Fall, dass die beobachtete Lehrperson das Protokoll vor dem Feedbackgespräch erhält, um die Daten in Ruhe allein zu analysieren und sich für die Besprechung vorzubereiten. Dieses Protokoll bildet die erforderliche Datenbasis für das Gespräch, denn nur auf Grund dieser Daten kann ein lernförderndes Gespräch gelingen.

Das Gespräch wird immer von der beobachteten Lehrperson eröffnet, denn sie muss zunächst die Gelegenheit erhalten, Verständnisfragen zum Protokoll zu stellen und anschliessend ihre Eindrücke, Vermutungen und Interpretationen zu schildern. Erst dann schildert der Beobachter, wie die beobachteten Ereignisse auf ihn gewirkt haben. Mögliche Maßnahmen wiederum sollten dialogisch diskutiert werden, aber es ist Sache der besuchten Lehrperson zu entscheiden, welche Maßnahme sie wie und bis wann umzusetzen gedenkt.

Dieses Feedback-Gespräch bildet den Kern der Selbstreflexion und ist wegen seiner möglichen Verletzungsgefahr besonders professionell durchzuführen. Es ist deshalb unabdingbar, sich an allgemeine Feedback-Regeln zu halten. Das Feedback soll möglichst für beide Gesprächspartner lernfördernd sein, da ansonsten Veränderungsprozesse kaum möglich sind. Daraus leitet sich ab, dass der Geber des Feedbacks sich auf seine subjektiven Wahrnehmungen beschränkt und dies auch deutlich macht. Ein Feedback ist erfahrungsgemäß erfolgreich, wenn beide Partner in einem Vertrauensverhältnis auf nahezu gleichberechtigter Ebene ihre Wahrnehmungen austauschen und anschließend gemeinsam interpretieren können.

Bei unserer Beispielbeobachtung ergab sich bei der Betrachtung des Protokolls folgendes Bild: Das Protokoll zeigte, dass es sowohl sehr ruhige als auch einige unruhige Phasen gab. Der Lehrer hatte allerdings fast nur die unruhigen zur Kenntnis genommen, und bei der Analyse der ruhigen stellte er fest, dass dort die Arbeitsaufträge sehr klar und zielorientiert formuliert wurden, während sie in den anderen Phasen offener waren. In diesen Phasen betreute der Lehrer die einzelnen Gruppen nicht, da er die gewünschte kreative Phase nicht stören wollte, während er in den anderen Phasen die Lernfortschritte kontrollierte und den Gruppen individuelle Unterstützung gab. Das Protokoll gab keine Auskunft darüber, ob einzelne Schüler speziell gestört hatten, und nach Einschätzung des Lehrers war dies auch nicht der Fall. Diese Feststellungen veranlassten den Lehrer zu folgenden Vermutungen: Anscheinend war es in dieser Klasse angebracht, eher klare Aufträge zu erteilen, und möglicherweise schätzten oder brauchten die Schüler sogar in allen Phasen seine Unterstützung.

Aus solchen und ähnlichen Fragen entwickeln sich immer Gespräche, die über das beobachtete Phänomen hinausgehen, denn die pädagogische Grundhaltung spiegelt sich schließlich in allen Bereichen. Insofern muss auch nicht befürchtet werden, dass Unterrichtshospitationen und deren Besprechungen lediglich minimale Kosmetikoperationen ohne Nachwirkungen darstellen.

Nach der gemeinsamen Interpretation ergibt sich am Ende zwangsläufig die Frage, was auf Grund der gewonnenen Erkenntnisse geschieht. An diesem Punkt ist es unerlässlich, dass in jedem Fall Maßnahmen in Form von Zielvereinbarungen getroffen werden. Dies kann allerdings wie bereits erwähnt nur gelingen, wenn die betroffene Lehrperson dazu bereit ist, den Sinn der Vereinbarung erkennt und auch akzeptiert. Im gemeinsamen Gespräch werden mögliche Maßnahmen erörtert und schriftlich festgehalten.

Ausgangspunkt der Vereinbarungen ist immer das beobachtete Phänomen. Die zu treffenden Maßnahmen sollten sich an folgenden Kriterien orientieren:

- Sie beschränken sich auf das tatsächlich Machbare.
- Sie werden nach einem vereinbarten Zeitpunkt evaluiert.

Es hat keinen Sinn, Maßnahmen zu vereinbaren, die z.B. finanziell aus dem Rahmen fallen oder nur durch eine längere Fortbildung der Lehrkraft zu erreichen wären.

1.2 Unterrichtshospitation mit einem geschlossenen Beobachtungsbogen

Da sich beide Verfahren der kollegialen Hospitation im Ablauf nicht unterscheiden, möchte ich im Folgenden nur auf die Besonderheit des Beobachtungsinstrumentes eingehen. Die Alternative zu selbst gewählten Beobachtungsfragen für die Unterrichtsbeobachtung besteht im Einsatz eines fertigen Beobachtungsinstrumentes, welches bereits eine Anzahl von Indikatoren und Kriterien für die kollegiale Hospitation enthält. Der Vorteil liegt darin, dass hiermit sehr viel deutlicher eine Diskrepanzanalyse zwischen Selbst- und Fremdeinschätzung aufgrund der Indikatoren vorgenommen werden kann. Es muss zudem kein spezieller Beobachtungsbogen wie zuvor bei den selbst gewählten Fragen entwickelt und erstellt werden. Ein Nachteil könnte darin liegen, dass die Lehrpersonen die entsprechenden Indikatoren akzeptieren müssen, das heißt sie müssen auch für sie ein Abbild guten Unterrichts bzw. professionellen Lehrerhandelns sein.

Beim LiU (Lehrerhandeln im Unterricht) handelt es sich um einen Beobachtungsbogen, der im Rahmen eines Projektes von Lehrkräften unterschiedlicher Schulformen entwickelt wurde. Der LiU basiert auf insgesamt sechs methodisch-didaktischen Dimensionen, die sich so auch in verschiedenen Unterrichtsdidaktiken wieder finden lassen. Wir haben uns damals anregen lassen von den Indikatoren der niederländischen Unterrichtsinspektion in Utrecht (1997) sowie der Zielklärungsübung »Was ist guter Unterricht« (ROLFF et al., 1998, S. 268f). Die sechs Dimensionen tragen die Überschriften:

- Unterricht organisieren und strukturieren
- Lernatmosphäre schaffen
- Methoden einsetzen und ermöglichen
- Lernarrangements herstellen
- Verhalten und Entscheidungen transparent machen
- Differenzieren und fördern

Jeder einzelnen Dimension sind sechs Indikatoren in Form von Tätigkeits- oder Verhaltensbeschreibungen zugeordnet, die die Dimensionen in ihren Ausprägungen genauer fassen. So lauten die Indikatoren zur Dimension »Unterricht organisieren und strukturieren«: Die Lehrperson ...

- achtet darauf, dass die Unterrichtsergebnisse am Ende der Stunde schriftlich festgehalten werden.
- informiert die SuS darüber, was sie in den nächsten Stunden durchnehmen werden.
- sorgt für eine klare Struktur ihrer Unterrichtsstunden.
- ist im Unterricht gut vorbereitet.
- organisiert den Unterricht so, dass die SuS an einem Thema über mehrere Stunden hinweg arbeiten.
- gestaltet ihre Unterrichtsstunden so, dass die SuS wissen, was als nächstes von ihnen erwartet wird.

Mit etwas anderen Formulierungen aber den gleichen Inhalten sind die Indikatoren ebenso in der Selbsteinschätzung als auch in der Fremdeinschätzung durch

Schülerinnen und Schüler aufgeführt. Eine Bewertung der Indikatoren erfolgt auf einer fünfstufigen Skala danach, ob dieses Handeln bzw. Verhalten des Lehrers, kaum, hin und wieder, manchmal, ziemlich oft oder fast immer festzustellen ist. Die einzelnen Indikatoren und Dimensionen sind im Fragebogen gemischt. Die Indikatoren sind so formuliert, dass die maximale Bewertungszahl 5 des Indikators auch den höchsten erwünschten positiven Wert darstellt (siehe Abb. 3).

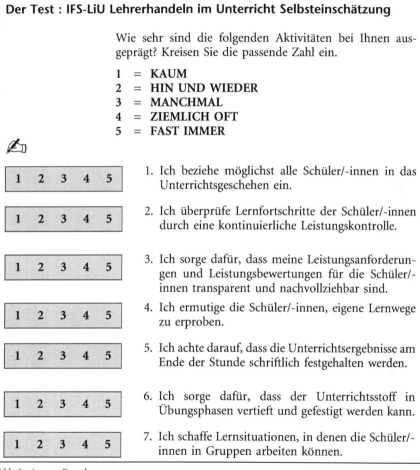

Abb. 3: Auszug Fragebogen

Die Auswertung der Unterrichtsbeobachtung erfolgt nach einem ähnlichen Prinzip wie beim offenen Beobachtungsfokus. Allerdings ist es bei der geschlossenen Beobachtung für die hospitierte Lehrperson direkt möglich mithilfe der Indikatoren eine Selbsteinschätzung vorzunehmen, sie ist dabei zunächst nicht auf das Beobachtungsprotokoll des Kollegen bzw. der Kollegin angewiesen. Der Vergleich zwischen

Selbsteinschätzung und Fremdeinschätzung stellt die Grundlage für das anschließende Auswertungsgespräch dar. Hierbei kann man sich der Auswertungsmatrix bedienen, bei der die einzelnen Indikatoren wieder den entsprechenden Dimensionen zugeordnet werden. In jeder einzelnen Dimension können folglich maximal 30 Punkte erreicht werden (siehe Abb. 4).

Übertragung der Ergebnisse

Nachdem Sie den Bogen vervollständigt haben, übertragen Sie bitte die Ergebnisse in die Tabelle und addieren Sie die Spalten. Überprüfen Sie bitte, ob Sie alle Daten eingetragen haben.

	Unterricht organisieren und strukturieren	Lernatmosphäre schaffen	Methoden einsetzen und ermöglichen	Lernarrangements herstellen	Verhalten und Entscheidungen transparent machen	Differenzieren und fördern
	5. ☐	8. ☐	6. ☐	1. ☐	2. ☐	4. ☐
	11. ☐	12. ☐	15. ☐	10. ☐	3. ☐	7. ☐
	13. ☐	14. ☐	16. ☐	17. ☐	18. ☐	9. ☐
	20. ☐	25. ☐	21. ☐	19. ☐	23. ☐	24. ☐
	22. ☐	27. ☐	33. ☐	31. ☐	29. ☐	26. ☐
	30. ☐	28. ☐	34. ☐	32. ☐	36. ☐	35. ☐
Summe	☐	☐	☐	☐	☐	☐

IFS
Selbst, Version 2007

Abb. 4: Auswertungskasten

So werden Stärken und Schwächen im Lehrerhandeln nicht nur anhand der einzelnen Indikatoren deutlich, sondern auch bezogen auf die gesamte Dimension. Für den Anfang mag der Blick auf alle sechs Dimensionen gleichzeitig eine Überforderung für beide Seiten darstellen, deshalb ist es auch hier möglich, den Beobachtungsfokus lediglich auf eine oder zwei Dimensionen zu richten, die beispielsweise in dieser Unterrichtsstunde aus Sicht der einladenden Lehrkraft eine besondere Berücksichtigung finden. Da die Beobachtungsbögen im Internet unter www.netzwerk-schulentwicklung.de als Download im Werkzeugkasten zur Verfügung stehen, können sie auch für den eigenen Bedarf reduziert, ergänzt oder abgewandelt werden. Wie beim offenen Beobachtungsfokus sollte auch bei geschlossenen Beobachtungsverfahren die kollegiale Hospitation in einer Zielvereinbarung münden.

2. Nachhaltigkeit und Verbindlichkeit

Kollegiale Hospitation wird am ehesten dann zur Unterrichtsentwicklung und zur Veränderung professionellen Lehrerhandelns führen, wenn sie keine »Eintagsfliege« bleibt und zudem in verbindlichen Vereinbarungen mündet, die letztlich auch einer Überprüfung standhalten. Da es sich bei Kollegen um zwei auf der gleichen Hierarchiestufe stehende Personen handelt, gibt es allerdings kaum eine Möglichkeit, die Verbindlichkeit der Umsetzung zu überprüfen. Hilfreich und unterstützend kann es sein, dass man mit dem Tandempartner einen Vertrag schließt, oder dass es einen Koordinator für Unterrichtshospitationen gibt, der die Evaluation der Maßnahme durch den Tandempartner begleitet. Als fördernd im Sinne der Verbindlichkeit kann auch der regelmäßige Bericht oder die Dokumentation der kollegialen Hospitation für die Fachkonferenzen und bei kleineren Kollegien für die Lehrerkonferenzen gesehen werden. Dabei geht es nicht um die konkreten Ergebnisse der kollegialen Hospitation – die unterliegen dem Datenschutz – sondern um die jeweiligen Erfahrungen der Hospitationspartner, um die Beobachtungsthemen und die vereinbarten Maßnahmen, soweit diese den professionellen Bereich des Lehrerhandelns betreffen (z.B. Einführung kooperativer Lernstrategien, Erprobung neuer Verfahren der Leistungsdiagnostik, Einsatz von Schülerfeedback, etc.).

Wichtig für das erfolgreiche Einführen der kollegialen Hospitation in einem Kollegium ist vor allem die Unterstützung von Seiten der Schulleitung. Dies kann angesichts eines zunehmenden Lehrermangels kaum in der Bereitstellung von Entlastungsstunden liegen – auch wenn dies sicherlich wünschenswert wäre. Als hilfreich hat sich hier erwiesen, die Stundenplangestaltung so auszurichten, dass kollegiale Hospitation auch organisatorisch möglich ist. Es wird kaum ein Kollegium geben, in dem alle Lehrkräfte gleichzeitig mit einer kollegialen Hospitation beginnen – dies dürfte in großen Schulen auch zeitlich kaum möglich sein. Deshalb ist es sinnvoll mit kleinen Teams zu beginnen, die über gemeinsame Freistunden verfügen, um gegenseitige Unterrichtsbesuche auch im normalen Tagesablauf realisieren zu können. Denn Nachhaltigkeit beginnt nicht zuletzt bei fördernden Rahmenbedingungen, für welche die Schule, soweit sie die Möglichkeit hat, sorgen kann.

Literatur

BUHREN, C. G. & KEMPFERT, G. (2006). Effektive Kooperationsstrukturen. Hintergrundwissen und Informationen zu neuen Aufgaben der Fachschaftsarbeit. München: Oldenbourg.

HELMKE, A. (2008). Unterrichtsqualität und Lehrerprofessionalität. Diagnose, Evaluation und Verbesserung des Unterrichts. Seelze: Klett/Kallmeyer.

INSPECTIE FOR HET ONDERWIJS (Hrsg.) (1997). Indikatoren für die Unterrichtsevaluation. Unveröffentlichtes Manuskript. Utrecht
KANDERS, M. & RÖSNER, E. (2006). Das Bild der Schule im Spiegel der Lehrermeinung. In HOLTAPPELS, H. G. et al. (Hrsg.). Jahrbuch der Schulentwicklung. Band 14. Weinheim und München: Juventa.
ROLFF, H. G. et al. (Hrsg.) (1998). Jahrbuch für Schulentwicklung. Band 10. Weinheim und München: Juventa.
ROSENHOLTZ, S. (1989). Teachers' Workplace. New York: Teachers College Press.

Fachkonferenzen, Unterrichtsentwicklung und die Rolle der Schulleitung

THOMAS KRALL

Seit der Äußerung von H.-G. Rolff über die Fachkonferenzen als den »schlafenden Riesen der Unterrichtsentwicklung« ist das Thema in aller Munde. Trotzdem erhält es erst in den letzten zwei bis drei Jahren ein größeres Gewicht. Woran liegt das und wer muss etwas tun?

Wie bei vielen anderen Maßnahmen, die in den Blick genommen werden, um die (Leistungs-)Ergebnisse von Schulen zu verbessern, die starke Abhängigkeit des Schulerfolges vom sozialen Status der Eltern zu reduzieren, waren sicher auch hierbei die PISA-Resultate ein wichtiger Anstoß. Keine Schule, kein Kultusminister/-ministerin konnte guten Gewissens von großen Erfolgen des deutschen Schulwesens sprechen. Es ging nur darum, ob man in der zweiten Liga einen Spitzenplatz oder einen Abstiegsplatz belegte.

Vor diesem Hintergrund beschloss z.B. die KMK Handlungsfelder, die in Projekte umgesetzt werden sollten. Ein Projekt der 16 Länder, unter der Federführung von Rheinland-Pfalz, hatte explizit die Fachkonferenzen im Blick, das Projekt »for.mat«.

Hierbei ging es um die Entwicklung von »kompetenzorientierten, standardbasierten Materialien und Konzepten für die Fortbildung von Fachkonferenzen und Fachkonferenzvorsitzenden«.

Das Teilprojekt 1, das Materialien für die Standardfächer erstellte und das Teilprojekt 2, das ein Konzept für die Qualifizierung von externen Beratern/-innen konzipierte, verfolgten gemeinsam das Ziel, die Qualität von Fachkonferenzarbeit zu optimieren.

Der Verfasser war selbst im TP 2 beteiligt und spürt zurzeit die Dynamik der Entwicklung. Schulaufsichten, Schulleitungen, deutsche Auslandsschulen, alle sind sie daran interessiert, die Arbeit an der Qualität von Schule genau an dieser Stelle in Angriff zu nehmen.

Im Kern geht es um immer folgende Schwerpunkte:
1. Welche Funktion hat die Fachkonferenz im System Schule?
2. Wie wird die Funktion des/der Fachkonferenzvorsitzenden definiert, wie kommt er/sie ins Amt?
3. Welche Kompetenzen und Fähigkeiten braucht er/sie?
4. Welcher Qualifizierungen bedarf es dazu?
5. Welche Rolle nimmt dabei die Schulleitung ein?

1. Welche Funktion hat die Fachkonferenz im System Schule, wie wird das Amt des/der Fachkonferenzvorsitzenden definiert, wie kommt er/sie in dieses Amt?

In einer entwickelten Schule hat die Fachkonferenz einen festen Platz im System. Es ist geregelt, wer Mitglied der Fachkonferenz ist, wann und wie häufig sie tagt, welche Entscheidungsbefugnisse sie hat. Die Aufgabe des/der Fachkonferenzvorsitzenden ist beschrieben und die Mitglieder verstehen sich als professionelle Lerngemeinschaft. Als Beispiel anbei eine Aufgabenbeschreibung, die im Rahmen einer Fortbildung entwickelt worden ist, die der Verfasser im März 2009 für die Fachsprecher der deutschen Schulen Ostasiens durchgeführt hat. Die Bestellung der Fachkonferenzvorsitzenden ist hierbei sowohl dort, als auch in den Bundesländern sehr unterschiedlich geregelt. Die Regel ist die alleinige Wahl durch die Fachkonferenz – so auch in § 70 des NRW-Schulgesetzes festgeschrieben – ein aus Sicht des Verfassers nur teilweise taugliches Verfahren. Die Amtsdauer beträgt in der Regel ein Jahr, es kommt aber häufig, aus Mangel an Attraktivität der Aufgabe, zu Zeiträumen von vielen Jahren. Dies wiederum ist empfehlenswert, wenn denn die richtige Person das Amt ausfüllt.

Der/die Fachkonferenzvorsitzende ...

1	...	koordiniert konzeptionelle Fachschaftstätigkeit – Fachdidaktik, Fachmethodik, Fachinhalte – Lehrplan, Jahresarbeitsplan
2	...	sorgt für den Transfer von Schul-/Unterrichtsentwicklungsvorhaben in die Fachgruppe, bringt die Ergebnisse der Entwicklungsarbeit in der Fachgruppe in den schulischen Unterrichts- und Schulentwicklungsprozess ein
3	...	übernimmt Verantwortung für Transparenz und Vergleichbarkeit von Fachanforderungen und für die Entwicklung einheitlicher Bewertungskriterien
4	...	stärkt die Kooperation im Fachkollegium, informiert und berät die »Neuen«
5	...	organisiert und leitet die Fachkonferenzen, übernimmt Verantwortung für die Umsetzung von Verabredungen
6	...	sorgt für Informationsaustausch fachintern und fachübergreifend
7	...	trägt den Bedarf an Lehr- und Lernmitteln zusammen
8	...	ermittelt den Bedarf an Fördermaßnahmen
9	...	koordiniert fachbezogene Schülerwettbewerbe
10	...	berät die Schulleitung bei der Unterrichtsverteilung
11	...	ermittelt Bedarf fachspezifischer schulinterner/schulübergreifender Fortbildungen
12	...	wirkt bei der Außendarstellung des Fachbereichs mit (Fachschaftspräsentation)

Abb. 1: Grundlagenpapier zur Aufgabenbeschreibung von »Fachkonferenzvorsitzenden« (entstanden auf einer Fortbildung »Fachsprecher/-innen und Schul-(Unterrichts)entwicklung« im März 2009)

2. Welche Kompetenzen und Fähigkeiten braucht eine Fachkonferenzvorsitzende/ein Fachkonferenzvorsitzender und welcher Qualifizierungen bedarf es dazu?

Wie immer man es definiert, de facto ist die Aufgabe des/der Fachkonferenzvorsitzenden – zumindest aus Sicht des Verfassers – eine Aufgabe im Rahmen einer erweiterten Leitung (middle management). Um diese Aufgabe wahrnehmen zu können, sind also Kompetenzen und Fähigkeiten vonnöten, die dieses berücksichtigen.

Fachkonferenzvorsitzende müssen

- leiten können und wollen,
- mit schwierigen Gesprächssituationen umgehen können und wollen,
- in der Lage sein, Sitzungen effektiv zu moderieren
- für eine vernünftige Ergebnissicherung sorgen
- Verbindlichkeit einfordern können und wollen.

Dazu bedarf es eines abgestimmten Qualifizierungskonzeptes, das Fachkonferenzvorsitzende durchlaufen sollten. Dabei gibt es zwei Varianten:

1. Dieses wird mit allen Fachkonferenzvorsitzenden einer Einzelschule durchgeführt und es entsteht dabei so etwas wie ein gemeinsames Verständnis der Fachkonferenzarbeit, man könnte auch sagen, ein »Leitbild« für die Fachleitungen an dieser Schule.
2. Es gibt Qualifizierungsbausteine für Fachkonferenzvorsitzende aus mehreren Schulen, wobei es mehr als ein/e Fachkonferenzvorsitzende/r pro Schule sein müssen, sonst wird der Transfer nicht gelingen.

Für beide Settings sind die gleichen Qualifizierungs-/Trainingsbausteine erfolgreich erprobt:

- Rolle und Funktion
- Umgang mit schwierigen Gesprächssituationen
- Leiten und moderieren
- Ergebnisse sichern

2.1 Rolle und Funktion

Wenn ich die Aufgaben, die das Grundlagenpapier anspricht, ausfüllen soll, muss ich mir über meine – andere/herausgehobene – Rolle in der Fachkonferenz selbst klar sein, ich muss das aber auch auf dem Hintergrund einer beschriebenen Funktion tun. In diesem Baustein geht es also darum, sich beispielhaft in die Rolle zu versetzen, sie zu erproben und die Schwierigkeiten zu antizipieren, die ich selbst damit habe. Nur dann kann ich klären, welche Rolle ich authentisch annehmen will, was mir Mühe bereitet und was ich ablehne. Als Folge entsteht dann in der Regel eine Beschreibung der Aufgaben, die auf den gesetzlichen Grundlagen basierend, so sie denn vorhanden sind, das Profil eines/einer Fachkonferenzvorsitzenden beschreibt.

2.2 Umgang mit schwierigen Gesprächssituationen

Der/die Fachkonferenzvorsitzende hat die Aufgabe, eine Fachkonferenz zu einem effektiven Instrument der Arbeit in der Schule zu machen. Dieses erfordert Verhandlungsgeschick, große kommunikative Fähigkeit, aber auch die Bereitschaft Konflikte einzugehen. Nicht jede/r will sich abstimmen. Es ist für einige Kolleginnen und Kollegen immer noch eine »Einengung ihrer pädagogischen Freiheiten« und so reagieren sie auch. Entweder entziehen sie sich Verabredungen oder gehen offen in den Widerstand. Hier ist der/die Fachkonferenzvorsitzende gefordert. Er/sie muss möglichst alle in das Boot holen, aber auch am Ball bleiben, wenn Personen nicht zur Fachkonferenz erscheinen bzw. verabredete Vereinbarungen nicht einhalten. In Simulationen kann das in Fortbildungen gut trainiert und analysiert werden

2.3 Leiten und moderieren

Nicht nur in schwierigen Gesprächssituationen muss ich als Fachkonferenzvorsitzende/r dafür Sorge tragen, dass die Arbeit in der Fachkonferenz als Mehrwert empfunden wird. Die Abneigung vieler Kollegen in Schulen gegenüber Konferenzen, ist ja nicht ganz unberechtigt. Oft sind es Veranstaltungen, die einen hohen Zeitaufwand mit sich bringen, aber deren Ergebnisse überschaubar sind. Sie sind geprägt von Ergebnisoffenheit und vielfach geprägt von einigen wenigen, die immer wieder das Wort führen. Wenn eine Fachkonferenz nicht nur als Zeitaufwand, sondern als Arbeitserleichterung empfunden werden soll, dann muss die Fachkonferenz geleitet und effektiv moderiert werden. Das kann erlernt werden, das muss erlernt werden.

2.4 Ergebnisse sichern

Wie schon eben angesprochen, hängt der Erfolg von Fachkonferenzarbeit davon ab, ob es Ergebnisse gibt, die als arbeitserleichternd empfunden werden und die auch verbindlich umgesetzt werden. Ein wesentlicher Teil davon ist die handwerkliche Kompetenz, Ergebnisse so zu sichern, dass sie anderen zur Verfügung stehen. Das ist im Zeitalter der elektronischen Plattformen sicher einfacher, da der Zugriff leichter für alle ist, es muss aber auch geschehen. In einer Fortbildung kann so etwas simuliert oder gar eine Plattform direkt eingerichtet werden

2.5 Die Rolle der Schulleitung bei der Installierung oder Effektivierung von Fachkonferenzen

Welche Rolle kann/muss in diesem Zusammenhang die Schulleitung einnehmen?

An drei Punkten soll das deutlich gemacht werden:

a) Die Schulleitung ist verantwortlich für die Entwicklung von Strukturen in der Schule.
b) Um gelingende Fachkonferenzarbeit zu sichern, bedarf es des Rückhaltes für die Fachkonferenzvorsitzenden durch die Schulleitung.
c) Die Schulleitungen muss Befugnisse übertragen (wollen).

Fachkonferenzen sind häufig Gremien, die es formal gibt, bei denen aber nicht klar geregelt ist, wer festes Mitglied ist und damit auch an einer solchen Konferenz teilnehmen muss. Häufig herrscht eine große Beliebigkeit der Teilnahme und/oder der Einhaltung von Verabredungen vor. Schulleitung muss Fachkonferenztermine wie normale Konferenztermine in einen Jahresplan aufnehmen und die Zugehörigkeit klar regeln. Es hat sich bewährt – unabhängig von der Schulform – die Teilnahme an zwei Fachkonferenzen im Halbjahr verpflichtend zu machen. Das kann dann in die Arbeitszeit der Lehrer/-innen einbezogen werden, am besten über Konferenznachmittage oder ähnliches. Das kann dazu führen, dass ein völlig neues Konferenzkonzept entsteht, das die Häufigkeit der Gesamtkonferenzen stark reduziert. Sinn macht auch eine neue Konferenzform zu etablieren, die Konferenz der Fachkonferenzvorsitzenden, quasi eine Art didaktischer Konferenz.

Die Schulleitung kann Rückhalt für die Fachkonferenzvorsitzenden in verschiedener Art und Weise geben. Das kann einmal geschehen, indem – unabhängig wie die Fachkonferenzvorsitzenden in ihr Amt gekommen sind – noch einmal eine formale Bestellung erfolgt. Es ist aber auch möglich vor der Wahl, wenn sie denn vorgeschrieben ist, eine Ausschreibung zu setzen und ggf. Ressourcen zur Verfügung zu stellen. Es ist aus Sicht des Verfassers ein Muss, dass die Schulleitung regelhaft Termine ansetzt, um mit den Fachkonferenzvorsitzenden Gespräche zu führen oder gar Zielvereinbarungen abzuschließen.

Ein weiteres Mittel kann die gezielte Übertragung von Mitteln und/oder Befugnissen sein. Wenn ein mittleres Management in der Schule verankert werden soll, muss dieses auch managen können. Die Fachkonferenz und damit stellvertretend der/die Fachkonferenzvorsitzende muss in fachlichen Fragen, in einem bestimmten Umfang in Ressourcenfragen und in Fragen der Beratung von Kolleginnen und Kollegen echte Entscheidungsbefugnisse haben, diese kann nur die Schulleitung delegieren.

3. Fazit

Fachkonferenzarbeit ist ein entscheidendes Faktum in der Unterrichtsentwicklung. Diese Gremien zu leiten und zu einem effektiven Arbeitsinstrument zu machen, erlernt man nicht automatisch im Zuge der Lehrerausbildung. Dazu bedarf es zusätzlicher Qualifizierungen und einer geregelten Einbindung in die Struktur einer Schule. Das kann, das muss mit Rückhalt der Schulleitung geschehen. Die einzelnen Fachkonferenzen dürfen aber auch nicht getrennt voneinander arbeitende Gremien sein, sondern müssen sich vernetzen, denn erst dadurch entsteht ein abgesprochenes schulinternes Curriculum.

Es gibt überall in der Bundesrepublik gute Ansätze in dieser Richtung, aber die Pflanzen müssen gegossen werden.

Anlage: Beispiele für Instrumente für die Arbeit mit Fachkonferenzen

Fragebogen: Vorbereitung einer Sitzung

	Mache ich	Mache ich nicht
Vorab Infos einholen/Planung Was sind die wichtigsten Themen der Sitzung?	0	0
Mich in die Moderationssituation hineinversetzen Frage, wenn ich Teillnehmer/-in wäre, was wäre mir wichtig?	0	0
Ziel der Tagesordnungspunkte für mich klären Was soll konkrete erreicht werden? Klärung, neue Ideen, Beschluss, Verständigung?	0	0
Den Handlungsspielraum klären Was kann von den Teilnehmenden mit entschieden werden, was ist schon klar? Worüber muss ich informieren, was kann diskutiert werden	0	0
Methodisches Vorgehen überlegen Zu welchem Tagesordnungspunkt passt welche Moderationsmethode?	0	0
Einladung schreiben Nutzen, Ort, Zeit, Dauer, Aufgaben zur Vorbereitung	0	0
Vorschlag für eine Tagesordnung erstellen Ablaufplan, methodische Hinweise oder als Flipchart	0	0
Möglichkeit geben, auf Planung Einfluss zu nehmen Rechtzeitiges Verteilen der Tagesordnung	0	0
Kolleginnen und Kollegen für die Vorbereitung der Sitzung gewinnen	0	0
Sicherstellen, wer zur Sitzung kommt Schriftlich?	0	0
In der Fachgruppe fragen, wer etwas für den Rahmen tun könnte (Getränke, Kekse)	0	0
Logistik Raum herrichten, Material bereitstellen	0	0

Wichtige Punkte für die Tagesordnung

Was?	Warum?
Begrüßung/konstruktive Arbeitsatmosphäre schaffen (freundlicher Empfang, Gelungenes benennen oder benennen lassen)	Gruppe neu in Kontakt bringen, FK's tagen eher selten
Ämter verteilen, wenn nicht geregelt (Protokollant, Zeitwächter; Bericht auf der nächsten Konferenz,....)	Arbeit delegieren, gemeinsame Verantwortung erhöhen
Protokoll der letzten Sitzung verlesen	Zusammenhang herstellen
Rückblick auf den Arbeitsspeicher der vorigen Sitzung	Zusammenhang herstellen, Verbindlichkeit einfordern
Tagesordnungsvorschlag vorstellen	Überblick schaffen

Fachkonferenzen, Unterrichtsentwicklung und die Rolle der Schulleitung

Was?	Warum?
Absprache: Zielsetzung/Schwerpunkte der heutigen Sitzung	Zielklarheit schaffen
Tagesordnung ergänzen, modifizieren Zeitplan erstellen dabei Arbeitsspeicher der vorigen Sitzung berücksichtigen	Beteiligung ermöglichen Das Gruppenwissen nutzen
Tagesordnung mit Zeitplan ratifizieren	Konsens schaffen
Informationen allgemeiner Art, die die Arbeit in der Fachkonferenz beeinflussen könnten Info 1 Info 2 Info 3 Info n	Zusammenhang zu anderen Vorgängen im System Schule herstellen
Aufgabenspeicher bearbeiten, sofern nicht schon bei den Einzelpunkten erfolgt	Verbindlichkeit herstellen
Bilanz der Sitzung Würdigung des Arbeitsergebnisses, was soll beibehalten werden, was soll verändert verbessert werden	Effektivität der nächsten Sitzung steigern
Feedback an die Moderation	Die Moderation stärken

Fragebogenselbsttest: Durchführung einer Sitzung

Das gelingt mir....

	In hohem Maße	Gut	Selten	Gar nicht
Leitung klären				
Protokoll klären				
Visualisierung				
Verständigung über die Ziele der Sitzung				
Kurze Pausen einlegen				
Positive Arbeitsatmosphäre schaffen				
Bei unvorhergesehenem Diskussionsbedarf nur noch über Verfahren reden				
To-do-Liste führen und Aufgaben verteilen				
Information aller Mitglieder der FK sicherstellen				
Sitzungsfeedback einholen				

Fachbezogene Unterrichtsentwicklung in Netzwerken – Wie Netzwerke entstehen

Kathrin Müthing, Nils Berkemeyer & Nils van Holt

1. Einleitung

Im Schulsystem wird die Vernetzung von Schulen zunehmend als Innovationsstrategie genutzt. Projekte, in denen Schulen von- und miteinander lernen, erfahren vermehrt Aufmerksamkeit und auch eine Betrachtung der Literatur zu schulischen Netzwerken zeigt eine einstimmige Essenz hinsichtlich der (zumeist) positiv konnotierten Zuschreibungen, die Netzwerke in der Schulentwicklung hinsichtlich ihres Nutzens erhalten (vgl. z.B. Risse, 2001). Der vorliegende Beitrag befasst sich mit theoretischen Hintergründen zu Netzwerken, legt jedoch einen klaren Fokus auf die Umsetzung einer beginnenden Vernetzung, um daraus theoriebasiert konkrete Empfehlungen abzuleiten, wie Netzwerkarbeit (zwischen Schulen) gestaltet werden kann. Es wird dargestellt, welche Chancen und Risiken die Netzwerkarbeit mit sich bringt, welche Möglichkeiten und Stolpersteine eine professionelle Kooperation aufwirft und wie man aus eigener Initiative ein möglichst effektives Netzwerk gestalten kann. Ausgehend von diesen allgemein umsetzbaren Regeln und Empfehlungen zur Netzwerkbildung berichtet der vorliegende Beitrag über konkrete Erfahrungen aus dem Schulentwicklungsprojekt »Schulen im Team«, in dem sich 40 Schulen in Duisburg und Essen in 10 Netzwerken verbunden haben und erfolgreich in die Netzwerkarbeit eingestiegen sind. Neben einer kurzen Einführung in das Projekt (weitere Informationen verfügbar unter: http://www.ifs.uni-dortmund.de/site) werden hier erste Ergebnisse der wissenschaftlichen Begleitforschung vorgestellt, welche abschließend vor dem Hintergrund der eingangs erarbeiteten Empfehlungen zur Netzwerkbildung reflektiert werden.

2. Kooperation in Netzwerken

Um einen ersten Überblick über Erkenntnisse der Netzwerkforschung zu bieten, die ganz konkrete Hinweise für erste Schritte der Vernetzung liefern, ist es zunächst sinnvoll, sich dem Netzwerkbegriff theoretisch zu nähern. Dies kann an dieser Stelle nur verkürzt geschehen. Für eine detaillierte Ausarbeitung theoretischer Hintergründe zu Netzwerken vergleiche z.B. Berkemeyer et al. (2008a).

Mit Netzwerken bildet sich eine neue Kultur des Kooperierens heraus, die sich von herkömmlichen, marktförmigen Tauschbeziehungen und hierarchischen Koordinierungsmustern abzugrenzen vermag (vgl. Teller & Longmuss, 2007). Folglich ist es zunächst unumgänglich, den Begriff der Kooperation und die Idee der Netzwerkbildung genauer zu erörtern. Kooperationen und Netzwerke werden im wissenschaftlichen Diskurs nicht notwendigerweise gleichgesetzt (vgl. z.B. Aderhold, 2005). Da nach dem vorliegenden Verständnis und der Projektidee von »Schulen im Team« jedoch eine direkte Zusammenarbeit der Netzwerkpartner vorgesehen ist, sollen hier Vernetzung und Kooperation als vergleichbare Prozesse aufgefasst werden. Zur Begriffsklärung sei eine von vielen wissenschaftlichen Definitionen herausgegriffen, welche Kooperation als ein »Verhalten, das die Handlungsergebnisse (oder das Wohl) eines Kollektivs (bzw. einer Gruppe) maximiert« (VAN LANGE & DE DREU, 2002, S. 383) bezeichnet. Bezogen auf eine angestrebte Vernetzung von Schulen bedeutet dies, dass davon ausgegangen werden kann, dass es durch das kooperative Verhalten zu einer Leistungsmaximierung der Schulen kommen sollte, sofern die Anforderung erfüllt wird, das Wohl des Netzwerkes maximieren zu wollen. Schulen, die eine Vernetzung anstreben, können folglich ihre Ressourcen innerhalb des Netzwerkes bündeln, sich diese gegenseitig zur Verfügung stellen und sich gemeinsam weiterentwickeln. Netzwerke sind nach Boos et al. (1992, S. 59) personenbezogene Beziehungsgeflechte, welche ein gemeinsames Basisinteresse der beteiligten Personen voraussetzen, wobei jedoch das Signal zum Auftakt des Beziehungsaufbaus erst durch aktuelle Anlässe gegeben wird. ZIEGENHORN (2005, S. 38) greift diese Ausführung auf und schlussfolgert daraus folgende Zusammenfassung. Der Kern des Netzwerks besteht aus

- persönlichen Beziehungen,
- grundlegenden gemeinsamen Interessen sowie
- Gelegenheiten, diese zu erkennen und auszuleben.

Eine Vernetzung ist also immer dann möglich und machbar, wenn sich Personen begegnen, die grundlegende gemeinsame Interessen verfolgen und die Möglichkeit haben, die geteilten Interessen umzusetzen. Die Gründe für eine Beteiligung an einem Netzwerk können variieren. In manchen Fällen kann es ausreichen, das Netzwerk zum Erfahrungsaustausch zu nutzen, in anderen Fällen kann z.B. der Aufbau einer arbeitsteiligen Struktur angestrebt werden, um Kernkompetenzen herauszubilden. Gegenseitige Unterstützung bei größeren Unternehmungen kann ebenso das Ziel der Vernetzung sein wie die gemeinsame Entwicklung von Innovationen oder Serviceleistungen (vgl. TELLER & LONGMUSS, 2007). Ein Netzwerk lebt von dem Nutzen, den es zu stiften vermag – dies kann auf verschiedenen Ebenen gelten (strategisch, organisatorisch, sozial, etc.; ebd., S. 22 ff.). Welcher Nutzen dies im konkreten Einzelfall sein kann, ist von den Akteuren, deren Zielen und dem Kontext abhängig. Dies gilt auch für eine Vernetzung verschiedener Schulen miteinander.

3. Grundsätze der Netzwerkbildung

Damit eine gewinnbringende Vernetzung initiiert und reibungslos umgesetzt werden kann, müssen einige Vorgehensweisen und Grundsätze beachtet werden. Diese werden im folgenden Kapitel theoriebasiert hergeleitet und so dargestellt, dass eine praktische Umsetzung der theoretischen Hinweise möglich wird. Wie bereits erörtert, ist die Arbeit im Netzwerk sowohl von den beteiligten Akteuren, deren Zielen und dem konkreten Arbeitskontext abhängig. Diese grundsätzlichen Faktoren der praktischen Vernetzung bzw. deren Auswahl sollen im Folgenden näher betrachtet werden.

3.1 Die Netzwerkpartner

Bei der Suche geeigneter Netzwerkpartner gilt es sicherzustellen, so ZIEGENHORN (2005), dass die »Chemie« zwischen den Akteuren stimmt und dass gemeinsame Interessen und Vorstellungen vorliegen. Weiterhin ist die Schaffung eines konkreten Anlasses zur Vernetzung nötig, um ein Netzwerk zu initiieren und auf den Weg bringen zu können. Neben dem »Wer« ist auch das »Warum« zu klären.

Wenn sich dann, ob eigen- oder fremdbestimmt, denn auch dies ist unter Umständen möglich, Netzwerkpartner gefunden haben, ist es dringend anzuraten, den persönlichen Kontakt zwischen den zukünftigen Netzwerkkollegen und -kolleginnen aufzubauen. Weiterhin sollte eine »Schaltstelle« eingerichtet werden, um die Organisation des Netzwerkes sinnvoll gestalten zu können (vgl. TELLER & LONGMUSS, 2007). Diese Schaltstelle sollte dafür Sorge tragen, dass Informationen ins Netzwerk getragen werden etc. Im Fall der Vernetzung unterschiedlicher Schulen miteinander ergibt sich aus den hier angeführten Hinweisen also konkret: Die Kollegien der verschiedenen Schulen sollten sich möglichst kennen lernen, vor allem aber die Personen, die sich als »Netzwerkverantwortliche« um die gemeinsamen Projekte bemühen und diese umsetzen wollen. Neben einem Vertrauen zueinander müssen die Beteiligten außerdem Vertrauen in die Erfolgsfähigkeit des Netzwerkes erlangen (ebd., S. 71), ehe sie bereit sind, ihre Zeit, Kraft und Ressourcen im größeren Rahmen in das Netzwerk zu investieren. Je häufiger der persönliche Kontakt und Austausch, desto Erfolg versprechender ist die Netzwerkarbeit, denn durch häufige Kommunikation werden das Vertrauen und die kooperative Abstimmung unter den Personen erhöht (vgl. z.B. DAWES et al., 1977).

Der Umgang miteinander

Informationsaustausch und regelmäßige Kommunikation sind also unabdingbar. Deswegen ist es auch besonders wichtig, dass die Netzwerkpartner eine gemeinsame Sprache finden und einen offenen Umgang miteinander pflegen können. Zu einem solchen Miteinander gehört auch ein offener Umgang mit Konflikten. Allen Akteuren in Netzwerk und Schule sollte klar sein, dass Konflikte in der Interaktion verschiedener Gruppen, Kollegien oder Individuen nicht auszuschließen sind und vor allem keinen Grund zum Abbruch einer entstehenden Kooperation darstellen.

Die Art und Weise, wie mit auftretenden Konflikten umgegangen wird, ist das Entscheidende. So wird z.B. auch in der Unternehmensforschung immer wieder deutlich, dass die Konfliktbereitschaft und -fähigkeit der Beteiligten eine wesentliche Voraussetzung erfolgreicher Kooperationen ist (vgl. STAHN & STEINHEUSER, 2005). Es wird weiterhin betont, dass Konflikte zudem darüber entscheiden, ob Vertrauen zwischen den Partnern entstehen kann. Denn nur solche Personen, die sich als konfliktfähig und -bereit erweisen, wirken auch vertrauenswürdig. Die im Netzwerk möglichen Konflikte können dabei unterschiedliche Quellen haben. Sie können z.B. von persönlicher Natur, Interessens- oder Vorgehenskonflikte, offen oder verdeckt sein. Je nach Problem können unterschiedliche Herangehensweisen zur Lösung genutzt werden (vgl. z.B. TELLER & LONGMUSS, 2007, S. 166 ff.). Besonders wichtig ist insgesamt, die neuen Partner gleichberechtigt zu behandeln, wert zu schätzen und auch im Falle eines entstandenen Konfliktes einen ehrlichen und fairen Umgang miteinander zu pflegen. Nur unter diesen Voraussetzungen kann sich eine vertrauensvolle Kooperation und somit eine stabile Netzwerkarbeit etablieren.

3.2 Gemeinsame Ziele

Nachdem sich die zukünftigen Netzwerkpartner kennen gelernt, die gemeinsamen Interessen ausgeleuchtet und erste formelle Vereinbarungen (wie z.B. Benennung der Ansprechpartner, etc.) getroffen haben, kann mit der tiefer greifenden Netzwerkarbeit, im unserem Fall der Unterrichtsentwicklung, begonnen werden. Neben dem grundsätzlichen Willen zur Kooperation mit Anderen ist die präzise Formulierung von gemeinsamen Zielvorstellungen eine der wichtigsten Voraussetzungen für die Schaffung von funktionierenden Netzwerken (vgl. BORKENHAGEN et al., 2004). Denn nur wenn die zukünftigen Partner in dieselbe Richtung denken und planen und wenn sie wissen, welche Ziele mit der Kooperation verfolgt werden können und sollen, kann eine effektive Zusammenarbeit im Netzwerk umgesetzt werden. Eine Möglichkeit, Ziele so zu formulieren, dass sie eindeutig und umsetzbar sind, liefert die so genannte »SMART-Formel«, nach der Ziele folgende Kriterien erfüllen sollten:

Spezifisch: Ziele sollten klar formuliert und verständlich für alle Adressaten sein. Hierzu ist es ratsam, die erwünschten Ziele schriftlich festzuhalten.

Messbar: Oder auch beobachtbar. Dieses Kriterium ist wichtig, um den Grad der Zielerreichung abschätzen zu können. Messbare Etappenziele können nützlich sein.

Ausführbar: Eine realistische Zielsetzung ist zur Zielerreichung unabdingbar. Ziele sollten immer heraus- aber nicht überfordern, sonst drohen Motivationsverluste.

Relevant: Das gesetzte Ziel muss für alle Beteiligten Relevanz besitzen, d.h. es muss klar sein, warum das gewählte Ziel wichtig zur Entwicklung und Leistungssteigerung ist.

Terminiert: Es muss immer ein Anfangs- und ein Endpunkt zur Zielerreichung gesetzt werden. Einerseits erhöht eine »Deadline« die Motivation der Beteiligten, andererseits können nur so Prioritäten zur Zielerreichung gesetzt werden.

Um die Umsetzung der »SMART-Formel« anschaulicher zu gestalten, soll an dieser Stelle folgendes Beispiel einer Zielformulierung betrachtet werden:

Das Ziel eines Netzwerkes liegt darin, den Mathematikunterricht zu verbessern.

Prüfen Sie einmal selbst, welche Aspekte der »SMART-Formel« erfüllt sind.

Die angeführte Zielformulierung hilft sicherlich einer ersten Orientierung, muss aber deutlich weiter ausgearbeitet werden. Anhand welcher Indikatoren kann die Verbesserung gemessen werden? Ist eine erhöhte Schülerbeteiligung, eine Verbesserung des Unterrichts oder nur die Verbesserung der Fachleistung angestrebt? Und wie messe ich die festgelegten Indikatoren? Wenn Ziele soweit operationalisiert sind, dass sie den »SMART-Anforderungen« standhalten, wird das Netzwerk sicherlich weniger Enttäuschungen erleben, als die Netzwerker und Netzwerkerinnen, die nur Visionen miteinander vernetzen, die nicht zu realisieren sind.

Der Umgang mit Zielen

Anhand der oben genannten Faustregeln zur Formulierung von Zielsetzungen können nun sowohl einzelne Projektvorhaben als auch die Gesamtidee »erfolgreiche Vernetzung« umgesetzt und gestaltet werden.

Neben den konkreten Zielformulierungen sind darüber hinaus folgende Punkte hilfreich zur erfolgreichen Umsetzung der Netzwerkarbeit (vgl. SCHUBERT, 2005, S. 205):

- Abstimmung von Arbeitsschritten und Meilensteinen für die Zielerreichung
- Klären: Wer ist für welche Prozesse verantwortlich (wo liegen z.B. Kernkompetenzen?) – betrifft eine Aufgabe die Koordinationsebene oder die Akteure selbst? Wenn ja, wen genau?
- Festhalten von Kooperations-, Ziel- und Ergebnisvereinbarungen mit allen Akteuren
- Schaffung eines Berichtswesens zur Dokumentation und Überprüfung von Zielerreichungen

3.3 Arbeiten im Netzwerk

Anschließend an erste Prozesse des Kennenlernens, gemeinsame Zielvereinbarungen etc. kommt es nun folglich zur konkreten Arbeit im Netzwerkteam. Um mit der Arbeit im Netzwerk Innovationen erreichen zu können, muss darauf geachtet werden, dass sich die Akteure den kollektiven Zielen unterordnen und zudem den Zustand der Teilautonomie akzeptieren (vgl. MAILLANT, 1995). Diese Vorgabe ist vor allem für heterogen zusammengesetzte Netzwerke von Bedeutung. Heterogene Netzwerkkonstellationen gelten als besonders innovationsfördernd (vgl. BORKENHAGEN et al., 2005), da eine Vielfalt an Kompetenzen im Netzwerk zusammen kommt. Es muss jedoch besonderes Augenmerk darauf gelegt werden, dass keiner der Partner den anderen zu dominieren versucht. An dieser Stelle sei also nochmals auf eine wertschätzende Kommunikation untereinander und eine präzise Formulierung der Netzwerkziele verwiesen, damit zielgerichtet gearbeitet werden kann und jede Person ihre Aufgaben kennt und akzeptiert. BORKENHAGEN et al. (2005) legen nah, die Vereinbarungen über die Aufteilung von Arbeiten, Terminen etc. schriftlich festzuhalten. Weiterhin sollte jede am Netzwerk beteiligte Organisation bzw. Schule darüber hinaus mindestens einen »Netzwerkkoordinator« benennen, da die Abstimmung und Koordination nicht zu sehr gestreut werden darf und durchweg betreut werden muss. Die benannten Koordinatoren können somit als oben erwähnte »Schaltstelle« des Netzwerkes fungieren.

Jedes Mitglied eines Netzwerkes kann sowohl die Rolle des Lehrenden als auch des Lernenden innehaben. Um dies umsetzen zu können, ist die Teamfähigkeit aller Beteiligten gefragt und gerade dieser Umstand macht Netzwerke so interessant und innovativ. Aus den bisherigen Ausführungen bleibt somit festzuhalten: Die »ideale Netzwerkperson« sollte

- Entschlossenheit und Willen zur Kooperation haben,
- Fähigkeiten zur wechselseitigen Kommunikation aufbringen,
- anfallende Konflikte nicht meiden, sondern lösen,
- klare Ziele setzen und verfolgen können,
- Spaß an innovativem Arbeiten haben,
- sich selbst als Teil des Netzwerkes begreifen und
- sowohl die Rolle des Lehrenden als auch des Lernenden annehmen wollen und können.

Treffen nun Personen aufeinander, die diese Anforderungen erfüllen, stehen die Chancen gut, dass ein stabiles, innovatives und gut funktionierendes Netzwerk entsteht, innerhalb dessen Unterricht anhand des gemeinsamen Know-hows entwickelt werden kann.

Abschließend sind einige Punkte im Sinne einer Checkliste aufgelistet, welche bei den ersten Schritten einer Vernetzung hilfreich sein könnten:

- Kennen sich die Netzwerkpartner, gab es persönlichen Kontakt?
- Gibt es gemeinsam verabschiedete »Arbeitsregeln« (Protokolle, Feedbackregeln etc.)?
- Sind Rollen und Aufgaben geklärt und akzeptiert?
- Sind die Netzwerkziele für alle relevant und umsetzbar (vgl. »SMART-Formel«)?
- Gibt es Ideen zur weiteren Verbreitung des Netzwerkes in den Einzelschulen (z.B. gemeinsame pädagogische Tage, Zusammenlegung von Kursen, Erweiterung des Kursangebots, Schülerhilfen etc.)?
- Kennen wir die personellen, materiellen, wissensbasierten Ressourcen unserer Netzwerkpartner?
- Ist ein hinreichender Informationsfluss im Netzwerk organisiert und sichergestellt?
- Leisten alle Netzwerkpartner einen/ihren Beitrag?

4. Erfahrungen aus der Praxis

Anhand der bisherigen Ausführungen wird erkenntlich, wie ein Netzwerk auf den Weg gebracht werden kann. Neben theoretischen Ausarbeitungen und Auflistungen von Vorteilen, die ein Netzwerk mit sich bringt, stellt sich natürlich die Frage, ob Netzwerke in der Praxis wirklich ein geeignetes Mittel sind, um gemeinsam neues Wissen zu schaffen, Unterricht zu entwickeln und Innovationen zu initiieren.

Um dieser Frage nachzugehen, werden im folgenden Kapitel, nach einer kurzen Vorstellung des aktuell laufenden Netzwerkprojektes »Schulen im Team«, erste Ergebnisse aus der wissenschaftlichen Begleitforschung dieses Projektes dargestellt und auf positive Effekte, welche bereits nach anderthalb Jahren Netzwerkarbeit zu erkennen sind, aufmerksam gemacht.

4.1 »Schulen im Team« – Unterricht gemeinsam entwickeln

Das zurzeit laufende Projekt »Schulen im Team« befasst sich ebenfalls mit dem Gedanken, dass Vernetzung von Schulen als Innovationsstrategie genutzt werden kann und greift die Strategie der interschulischen Vernetzung zur Unterrichtsentwicklung auf. Bei »Schulen im Team« handelt es sich um ein Projekt der Stiftung Mercator, welches in Kooperation mit dem Ministerium für Schule und Weiterbildung in Nordrhein-Westfalen über einen Zeitraum von 3,5 Jahren (Februar 2007 bis Juli 2010) gefördert und vom Institut für Schulentwicklungsforschung (IFS) organisiert, begleitet und erforscht wird (vgl. BERKEMEYER et al., 2008b).

Die Grundidee basiert auf einer lokalen Vernetzung von drei bis fünf Schulen, insgesamt sind 40 Schulen in den Städten Duisburg und Essen am Projekt beteiligt, welche in zehn Netzwerken zusammenarbeiten. Ziel des Projektes ist die Erprobung lokaler Netzwerke als Unterstützungssystem für eine fachbezogene Unterrichtsentwicklung an Schulen, wobei jedes Netzwerk zur Erreichung dieses Zieles über einen von der Stiftung Mercator bereitgestellten Innovationsfonds von bis zu 20.000 Euro im Jahr sowie über Unterstützungsangebote des Projektteams verfügt. Das Budget der Netzwerke wird von der Projektleitung verwaltet und kann von den Netzwerkschulen durch formal gestellte Projektanträge, die neben Zielen der geplanten Maßnahmen (z.B. Fortbildungen, Anschaffung von Unterrichtsmaterialien, Organisation gemeinsamer Lesungen, Hilfspersonal zur Realisierung von Hospitationen) eine Evaluationsskizze und Überlegungen zum Transfer umfassen, abgerufen werden.

Im Projekt »Schulen im Team« wurde die Vernetzung anhand der ersten Einrichtung einer gemeinsamen Schaltstelle angestoßen. Zunächst wurden je zwei Lehrkräfte pro Schule, so genannte Netzwerkkoordinatoren, ernannt, welche das Kernteam der Schulnetzwerke bilden. Sie setzen, gerade in der Startphase, die Impulse in Bezug auf die fachlichen Entwicklungsschwerpunkte und koordinieren das Gesamtprojekt im Netzwerk und an ihren Schulen. Die Stärkung der einzelnen Schulen durch kooperatives Lernen und durch gemeinsam erzeugtes Netzwerkwissen wird im Projektkontext deutlich hervorgehoben. Hierbei wird davon ausgegangen, dass die Schulen innerhalb der schulformübergreifenden Kooperationen voneinander lernen können und so bestehende Potenziale bündeln sowie externes Know-how, wie z.B. gemeinsame Fortbildungen, nutzen, um die gesetzten Ziele zu erreichen. Die Evaluation des Gesamtprojektes wird vom IFS durchgeführt, wobei Erfolge und Entwicklungen über Interviews mit den Netzwerkkoordinatoren, Kompetenzmessungen der Schülerinnen und Schüler zu zwei Zeitpunkten sowie anhand von Fragebogenerhebungen der Schülerschaft und der Lehrkräfte erhoben werden. Erste Ergebnisse der wissenschaftlichen Begleitforschung, welche im Folgenden vorgestellt werden, untermauern positive Effekte durch schulische Netzwerkbildung auf unterschiedlichen Zielebenen.

4.2 Ergebnisse der wissenschaftlichen Begleitforschung

Als ein erstes tragendes Ergebnis der wissenschaftlichen Begleitforschung kann festgehalten werden, dass Netzwerke in der schulischen Praxis als Innovationsweg von den meisten Lehrkräften akzeptiert werden. Befragungen aller beteiligten Kollegien (insgesamt wurden 1.310 Lehrkräfte befragt) haben ergeben, dass die Aussage: »Ich finde es gut, dass sich unsere Schule mit anderen Schulen vernetzt« von 41 Prozent mit »trifft zu«, von weiteren 48 Prozent mit »trifft eher zu« und nur von 11

Prozent mit »trifft eher nicht zu« oder »trifft nicht zu« bewertet wird. Betrachtet man bezüglich der Akzeptanz schulischer Netzwerke als Vehikel der Unterrichtsentwicklung nur die Aussagen der Personen, die direkt im Netzwerk arbeiten (Auswertung von 77 Koordinatorenfragebögen), zeigt sich, dass von allen Akteuren eine lokale Vernetzung von Schulen als hilfreich für die Unterrichtsentwicklung bewertet wird (54 % »trifft zu«, 46 % »trifft eher zu«). Grundsätzlich wird die Unterrichtsentwicklung in Netzwerken also in den Kollegien akzeptiert und in ersten Ansätzen, besonders in den betreffenden Fachgruppen, auch schon mitgetragen.

Erste Wirkungen des Projektes im Bereich der Unterrichtsveränderung zeigen sich mittlerweile z.B. in Form von erstellten Materialien, erprobten Unterrichtskonzepten und entwickelten Förderkonzeptionen, die im Unterricht eingesetzt werden. Weiterhin konnte anhand der Interviews mit den Netzwerkkoordinatoren herausgearbeitet werden, dass »Schulen im Team« ein Angebot für Kompetenzentwicklung darstellt, welche im Netzwerk, gegenüber den Strukturen der Einzelschule, in einem besonders schützenden Rahmen stattfinden kann. Hierzu z.B. eine Koordinatorin:

»Also es ist eine sehr angenehme Arbeit auf Augenhöhe, auf gegenseitiger Augenhöhe und dass das nicht so hierarchisch strukturiert ist [...] empfinde ich als sehr angenehm und die Kollegen glaub ich auch.«

Innerhalb der Netzwerke konnte anhand einer qualitativen Längsschnittuntersuchung zudem gezeigt werden, wie mit zunehmender Kooperationsdauer neues Wissen in den Netzwerken generiert und umgesetzt wird (Wissensgenerierung nach NONAKA, 1994; ausführlich in BERKEMEYER et al., 2009), dies wird von den Akteuren als besonders hilfreich erlebt. So äußert sich ein Netzwerkkoordinator wie folgt:

»Weil ich sagen kann, dass die Anregungen, die von anderen Schulen kommen, was ausgetauscht wird, einfach für unsere Arbeit eine große Hilfestellung ist, das hätten wir so allein nicht geschafft.«

Es wird erkennbar, dass durch die Vernetzung neues Wissen und neue Handlungsmöglichkeiten entstanden sind, was einerseits ganz im Sinne von Innovationsnetzwerken und zudem ein sehr selten beachtetes Outputergebnis von Schulentwicklung ist.

Insgesamt kann bislang festgehalten werden, dass alle Netzwerke in produktive Arbeitsprozesse eingestiegen sind und bereits jetzt von den unterschiedlichen Erfahrungen innerhalb ihres Netzwerkes profitiert haben. Neben dem Erfahrungsaustausch gelingt es zunehmend, Wissen im Netzwerk zu generieren, zu kombinieren und so insgesamt Expertenwissen zu erweitern und zu schaffen.

5. Zusammenfassung und Ausblick

Der Beitrag hat zunächst unter Rückgriff auf theoretische Hintergründe zur Etablierung von Netzwerken darauf verwiesen, wie ein Netzwerk entstehen kann und auf welche Grundsätze dabei zu achten ist. Da die Nutzung von Netzwerkkonzeptionen im Bildungsbereich zunehmend mehr Resonanz erfährt, sollte der vorliegende Beitrag vor allem als Wegweiser zur Schaffung eines Netzwerkes dienen, so dass erste Schritte der Vernetzung in den Köpfen der zukünftigen Netzwerkakteure etabliert werden können. Aufgrund dessen zeigt sich die vorliegende Erörterung zwar theoriebasiert, jedoch mit einem klaren Fokus auf praktische Empfehlungen.

Da schulische Netzwerke als erfolgversprechendes Mittel angesehen werden, Innovationen zu initiieren und gemeinsame Entwicklungen zu schaffen, wurde in einem nächsten Schritt das Netzwerkprojekt »*Schulen im Team*« vorgestellt, welches sich aktuell und konkret mit der Vernetzung von Schulen in Duisburg und Essen befasst. Neben einer kleinen Einführung in das Projekt wurden erste Befunde der wissenschaftlichen Begleitforschung präsentiert, welche bereits belegen können, dass Schulnetzwerke durch die Akteure als Innovationsweg akzeptiert werden. Netzwerke werden jedoch nicht nur akzeptiert, sondern zeigen auch Erfolge, die Einzelschulen allein nicht hätten erreichen können. Die Wahrnehmung eben solcher Erfolge durch die Akteure, bereits nach kurzer Zeit der Vernetzung, ist ein durchweg positiv zu kennzeichnender Umstand. Der Mehraufwand im täglichen Arbeiten, den eine neu zu gründende Netzwerkstruktur mit sich bringt (Partner finden, Interessen klären, Schaltstelle einrichten, Ziele formulieren etc.) lohnt sich somit – neben einem Blick über den Tellerrand werden im Netzwerk gemeinsame Inhalte erarbeitet, neues Wissen generiert und neue Handlungsmöglichkeiten geschaffen.

Die berichteten Befunde stützen somit die eingangs erwähnten, positiv konnotierten Zuschreibungen, welche Netzwerken in der Schulentwicklung zugetragen werden. Für die Zukunft ist somit wünschenswert, dass sich weitere Netzwerke oder Netzwerkprojekte im schulischen Bereich initiieren lassen, um Innovationen durch gemeinsame Entwicklungen möglich zu machen.

Literatur

ADERHOLD, J. (2005). Unternehmen zwischen Netzwerk und Kooperation. In ADERHOLD, J., MEYER, M. & WETZEL, R. (Hrsg.). Modernes Netzwerkmanagement: Anforderungen – Methoden – Anwendungsfelder. Wiesbaden: Gabler.

BERKEMEYER, N., MANITIUS, V., MÜTHING, K., Bos, W. (2008a). Innovation durch Netzwerkarbeit? Entwurf eines theoretischen Rahmenmodells zur Analyse von schulischen Innovationsnetzwerken. In Zeitschrift für Soziologie der Erziehung und Sozialisation, 28(4), 411– 428.

BERKEMEYER, N., Bos, W., MANITIUS, V. & MÜTHING, K. (2008b). »Schulen im Team«: Einblicke in netzwerkbasierte Unterrichtsentwicklung. In BERKEMEYER, N., Bos, W., MANITIUS, V. & MÜTHING, K. (Hrsg.). Unterrichtsentwicklung in Netzwerken: Konzeptionen, Befunde, Perspektiven. Münster: Waxmann.

BERKEMEYER, N., Bos, W., JÄRVINEN, H., MANITIUS, V., MÜTHING, K. & VAN HOLT, N. (2009). Wissensdynamiken in schulischen Netzwerken – das Beispiel »Schulen im Team«. In BERKEMEYER, N., Bos, W. & KUPER, H. (Hrsg.). Schulreform durch Vernetzung. Reformbeispiele und multidisziplinäre Reflexionen. Münster: Waxmann. (Im Erscheinen).

Boos, F., EXNER, A. & HEITGER, B. (1992). Soziale Netzwerke sind anders. In Organisationsentwicklung, 11(1), 54–61.

BORKENHAGEN, P., JÄKEL, L., KUMMER, A., MEGERLE, A. & VOLLMER, L. M. (2004). Netzwerkmanagement. Broschüre zum Forschungs- & Entwicklungsprogramm »Lernkultur Kompetenzentwicklung«. Verfügbar unter: http://www.abwf.de/main/publik/content/main/publik/handreichungen/lipa/92hand-8.pdf [27.04.2007].

DAWES, R. M., MCTAVISH, J. & SHAKLEE, H. (1977). Behavior, communication and assumptions about other people's behaviour in a commons dilemma situation. In Journal of Personality and Social Psychology, 35, 1–11.

MAILLANT, D. (1995). Territorial dynamics, innovative milieus and regional policy. In Entrepreneurship & Regional Development, 7, 157–165.

RISSE, E. (2001). Netzwerke als Motor für Schulentwicklung. In Pädagogische Führung, 12(2), 56–59.

SCHUBERT, H. (2005). Netzwerkmanagement. In Schubert, H. (Hrsg.). Sozialmanagement. Zwischen Wirtschaftlichkeit und fachlichen Zielen. Wiesbaden: VS-Verlag.

STAHN, C. & STEINHEUSER, S. (2005). Aufbau und Stabilisierung von Konfliktfähigkeit und -bereitschaft. Verfügbar unter: http://www.virtueller-lotse.de/invirto/Thema2/Konfliktfaehigkeit.pdf [04.05.2009].

TELLER, M. & LONGMUSS, J. (2007). Netzwerkmoderation. Netzwerke zum Erfolg führen. Augsburg: Ziel.

VAN LANGE, P. A. M. & DE DREU, C. K. W. (2002). Soziale Interaktion: Kooperation und Wettbewerb. In STROEBE, W., JONAS, K. & HEWSTONE, M. (Hrsg.). Sozialpsychologie. Eine Einführung. Berlin: Springer.

ZIEGENHORN, F. (2005). Das Netzwerk als unverzichtbares Erfolgskriterium der Organisationsentwicklung. In ADERHOLD, J., MEYER, M. & WETZEL, R. (Hrsg.). Modernes Netzwerkmanagement: Anforderungen – Methoden – Anwendungsfelder. Wiesbaden: Gabler.

Stadtweite Unterrichtsentwicklung in der Bildungsregion Krefeld

Detlev Stein & Katrin Weisker

1. Rückblick: Was bisher geschah ...

1.1 Das Projekt »Selbstständige Schule«

Die qualitative Weiterentwicklung des Unterrichts steht inzwischen seit vielen Jahren auf der Agenda auch der Schulen in Krefeld. Im Rahmen des Projektes »Selbstständige Schule« (2002–2008) hat ein großer Teil der Krefelder Schulen systematisch damit begonnen, Unterrichtsentwicklung zu betreiben bzw. ihre bisherigen Ansätze zu strukturieren und zu vertiefen sowie gezielt voran zu treiben.

Das Projekt »Selbstständige Schule« war mit dem Anspruch gestartet, »die Lern- und Lebenschancen der Schülerinnen und Schüler zu verbessern, die im Mittelpunkt dieses auf sechs Jahre angelegten Projektes stehen. Alle Teilvorhaben im Projekt ›Selbstständige Schule‹ dienen mittelbar oder unmittelbar der Verbesserung der Qualität der schulischen Arbeit, d.h. vor allem, der Unterricht soll weiterentwickelt werden.« (Kooperationsvereinbarung zwischen dem Land NRW, der Stadt Krefeld und den teilnehmenden Schulen, Juli 2002). Insgesamt fast 50 Prozent der städtischen Krefelder Schulen (zusammen 36 von 73) haben sich 2002 bzw. 2004 auf diesen Weg eingelassen.

1.2 Strukturelle und organisatorische Voraussetzungen

Eine wesentliche Idee im Rahmen des Projektes war es, den Schulen regional die nötige Unterstützung zukommen zu lassen und dafür ein adäquates regionales Beratungs- und Unterstützungsangebot zu entwickeln und dauerhaft sicher zu stellen. Zu diesem Zweck wurde 2002 eine regionale Steuergruppe eingerichtet, die aus Vertretern der am Projekt teilnehmenden Schulen, der Schulaufsicht und dem Schulträger bestand. In diesem Gremium wurden alle wesentlichen Vorhaben diskutiert und entschieden. Umgesetzt wurden die entsprechenden Beschlüsse von einer regionalen Geschäftsstelle, die beim Pädagogischen Dienst der Stadt Krefeld im Schulverwaltungsamt angesiedelt wurde. Darüber hinaus wurde ein so genannter Regionaler Entwicklungsfonds eingerichtet, der zu gleichen Teilen aus Mitteln der Stadt Krefeld und des Landes gespeist wurde und der vor allem dazu diente, für die Schulen entsprechende Unterstützungsleistungen zu finanzieren.

1.3 Unterstützungsmaßnahmen für die Schulen im Bereich der Organisations- und Personalentwicklung

Entsprechend den allgemeinen Vorgaben des Projektes, die so auch für alle teilnehmenden Projektschulen in den 18 anderen Regionen in NRW galten, richteten die Projektschulen so genannte schulische Steuergruppen ein, die zwischen 2002 und 2005 umfangreich fortgebildet wurden. Ziel der Fortbildung war es, die schulischen

Steuergruppen in die Lage zu versetzen, den schulischen Entwicklungsprozess zu planen, zu strukturieren, zu organisieren und die Umsetzung zu begleiten. Dabei ging es zum Beispiel um die Etablierung neuer Unterrichtsmethoden, um die Umsetzung pädagogischer Konzepte für den Ganztag oder den Umgang mit Neuen Medien. Die Mitglieder der schulischen Steuergruppen lernten wesentliche Techniken des Projektmanagements kennen, erlernten Methoden der Moderation und Präsentation, Möglichkeiten der Partizipation, erfuhren etwas über den Umgang mit Widerständen und Konflikten sowie zur Evaluation und Qualitätssicherung.

Flankierend dazu wurden zudem die Schulleiter gesondert im Rahmen einer insgesamt 9-tägigen Maßnahme ab 2005 fortgebildet, um sie in ihrer Rolle als Leitungs- und Führungskraft zu stärken und ihnen ihre konkrete Aufgabe im Rahmen des Schulentwicklungsprozesses zu verdeutlichen. Dem Fortbildungskonzept lag folgendes Leitbild zugrunde: »Leiterinnen und Leiter selbstständiger Schulen nehmen die Gesamtverantwortung für einen strategischen, strukturellen und kulturellen Wandel in der Schulentwicklung professionell wahr.« (Modularisiertes Konzept zur Fortbildung von Leiterinnen und Leitern selbstständiger Schulen, 2004). Im Hinblick auf Unterrichtsentwicklung wurde im Kompetenzprofil für die Schulleiterinnen und Schulleiter erwartet, dass sie über umfangreiche Kenntnisse zur systematischen Unterrichtsentwicklung verfügen sowie über die nötigen Changemanagement-Kompetenzen, um den innerschulischen Prozess entsprechend steuern zu können.

Als Kernkompetenzen im inhaltlichen Bereich der Unterrichtsentwicklung wurden darüber hinaus festgehalten: »Schulleiterinnen und Schulleiter leiten einen Wandel der Schulkultur ein, indem sie Werthaltungen und Einstellungen als Ausgangspunkte für eine gemeinsame Vision von ›gutem Unterricht‹ fördern, als ›kollektives Gut‹ sichern und den darauf bezogenen Implementationsprozess einleiten, sicherstellen und kritisch begleiten. (Sie) kennen die inhaltlichen Anforderungen und organisatorischen sowie personellen Gelingensbedingungen einer systematischen Unterrichtsentwicklung und verfügen über strategisches Wissen zur Implementation. Sie sind in der Lage, gemeinsam mit der schulischen Steuergruppe auf der Grundlage eines systematischen Konzeptes eine begründete Entscheidung im Kollegium herbeizuführen. Zur Erzeugung von Nachhaltigkeit setzen sie angemessene Steuerungs- und Kontrollinstrumente um. (...) Sie sind verantwortlich für eine darauf gerichtete Fortbildungsplanung und ihre Implementation als ein Instrument der Personalentwicklung.« (ebd.).

Für die Durchführung beider Fortbildungsstränge für Steuergruppen und für Schulleiterinnen und Schulleiter wurden externe Moderatoren und Referenten beauftragt, da zu diesen Themenbereichen gezielt und bewusst externes Management- und Führungs-Know-how einbezogen werden sollte.

1.4 Unterstützungsmaßnahmen für die Schulen im Bereich der Unterrichtsentwicklung

Im Projekt »Selbstständige Schule« ging man davon aus, dass die Schul- und Unterrichtsentwicklung an allen zentralen Stellen durch Fortbildungen unterstützt werden muss. Neben den Fortbildungen für Schulleiter und schulische Steuergruppen sowie für Lehrer mit besonderen Aufgaben im Bereich der Evaluation sollten daher auch solche zur Unterrichtsentwicklung angeboten werden, die jedoch von pädagogischen Fachleuten durchgeführt werden sollten.

Um ein gemeinsames Verständnis von den Kriterien und Zielen der Unterrichtsentwicklung als Basis für die Unterstützungsmaßnahmen im Projekt zu erhalten, wurde in Abstimmung zwischen Schulministerium, Bezirksregierungen und der Bertelsmann-Stiftung (als Projektleitung) ein Konzept mit dem Namen »Lehren und Lernen für die Zukunft – Guter Unterricht und seine Entwicklung im Projekt ›Selbstständige Schule‹« erarbeitet. Ultimativer Bezugspunkt von Unterrichtsentwicklung sollte demnach das Lernen der Schülerinnen und Schüler sein. Selbstständigkeit und selbstständiges Lernen wurde somit als pädagogische Aufgabe in das Zentrum der schulischen Arbeit gerückt. Unterrichtsentwicklung sollte darüber hinaus systematisch in der Schule organisiert sein, sie sollte teamförmig umgesetzt und dergestalt implementiert werden, dass sie nach und nach die ganze Schule und alle Jahrgänge umfasst (vgl. dazu HÖFER & MADELUNG, 2006).

Die Fortbildungen zur Unterrichtsentwicklung wurden in Krefeld ebenfalls extern eingekauft, weil seitens des staatlichen Fortbildungssystems des Landes NRW die hier erforderlichen Kapazitäten nicht zur Verfügung gestellt werden konnten. Infolgedessen entschied die regionale Steuergruppe, zwei renommierte Vertreter der überfachlichen Unterrichtsentwicklung als Referenten nach Krefeld zu holen und umfangreiche Veranstaltungen durchführen zu lassen.

Es fanden Veranstaltungen mit dem kanadischen Schulentwickler Norm Green statt, dessen Programm unter dem Begriff des »Cooperative Group Learning« bekannt ist, und es wurden Fortbildungen von Heinz Klippert angeboten, die unter dem Stichwort »Pädagogische Schulentwicklung« bekannt geworden sind.

Diese beiden Konzepte erfüllten die Anforderungen, die im Projekt an Konzepte zur Unterrichtsentwicklung gestellt wurden: Kooperatives Lernen bedeutet einerseits, dass sich Schülerinnen und Schüler gegenseitig bei der Arbeit unterstützen und gemeinsam zu Ergebnissen gelangen. Dies geschieht in Partner- oder Gruppenarbeit. In gut strukturierten Lerngruppen wird unter Zuhilfenahme von zahlreichen Methoden ein hohes Aktivierungsniveau der Lernenden mit nachhaltigen Erfolgen im kognitiven Bereich erreicht. Problemlöse- und Sozialkompetenz werden gleichermaßen aufgebaut und führen häufig zu einem positiven Selbstbild der Schülerinnen und Schüler. Grundvoraussetzung für die erfolgreiche Arbeit in Gruppen ist das Schaffen eines förderlichen sozialen Klimas mit positiven Abhängigkeiten unter den Gruppenmitgliedern.

Dreh- und Angelpunkt der Pädagogischen Schulentwicklung andererseits ist die systematische Reform der Unterrichtsarbeit mit der doppelten Zielsetzung, zum einen die Schülerinnen und Schüler zeitgemäßer und effektiver als bisher zu qualifizieren sowie zum anderen durch die Kultivierung neuer Lernformen eine spürbare Entlastung für die verantwortlichen Lehrkräfte zu erreichen. Methodentraining, Kommunikationstraining, Teamentwicklung, die konsequente Förderung des eigenverantwortlichen Arbeitens und Lernens der Schülerinnen und Schüler im Unterricht sind die besonderen Markenzeichen der Pädagogischen Schulentwicklung.

Mehrere Hundert Lehrerinnen und Lehrer aller Schulformen und -stufen haben in ca. 3500 Teilnehmertagen an den mehrtägigen und aufeinander aufbauenden Fortbildungsveranstaltungen zum kooperativen Lernen von Norm und Kathy Green bzw. zur Pädagogischen Schulentwicklung von Heinz Klippert teilgenommen.

Fortbildungen von einzelnen Lehrerinnen und Lehrern stellen jedoch noch nicht sicher, dass die Inhalte in der ganzen Schule Verbreitung finden und systematisch umgesetzt werden können. Deshalb wurden, um die Nachhaltigkeit der Unterrichtsentwicklung weiter abzusichern, zusätzlich noch 65 weitere Lehrerinnen und Lehrer als Moderatorinnen und Moderatoren bzw. Trainerinnen und Trainer für Cooperative Group Learning bzw. Pädagogische Schulentwicklung ausgebildet. Diese standen nach Abschluss der Fortbildung in erster Linie ihren eigenen Schulen für die weitere Arbeit zur Verfügung.

1.5 Ergebnisse

Die Schulen haben zum Ende des Projektes 2007/2008 Abschlussberichte erstellt. Aus ihnen geht hervor, dass die regional gesetzten Impulse auf fruchtbaren Boden gefallen und an vielen Stellen aufgegriffen worden sind.

Aus dem Abschlussbericht eines Berufskollegs: »Hervorzuheben sind ebenfalls die Schnupperveranstaltungen zu den Themenkreisen ›Kooperatives Lernen‹ und ›Pädagogische Schulentwicklung‹. Hieran nahmen Lehrer/-innen aus dem gesamten Kollegium und Mitglieder der Steuergruppe teil, damit weitere Entscheidungen auf einer breiten Basis getroffen werden konnten. Hervorzuheben ist, dass es der regionalen Steuergruppe gelang, die entsprechenden Experten für diese und die darauf aufbauenden Fortbildungen zu gewinnen. Dieses Angebot ermöglichte eine fundierte Entscheidung: Es wurden schulinterne Fortbildungen (selbst finanziert, Teilnahme: 69 Kollegen/-innen) entwickelt und 6 interessierte Kollegen/-innen zur Trainerausbildung entsandt. Die regionale Steuergruppe ermöglichte eine Aufstockung, so dass die Trainer/innen jetzt die Mehrzahl der Fachbereiche der Höheren Handelsschule abdecken. ... Zu Beginn des Schuljahres 2007/2008 durchliefen alle Schüler und Schülerinnen der Unterstufe (der Höheren Handelsschule) ein einwöchiges Methodentraining. Die im Anschluss durchgeführte Evaluation führte zu der Entscheidung, dass diese Maßnahme zu einer dauerhaften Einrichtung zu Beginn eines Schuljahres werden soll. Zu Beginn der Oberstufe wird darauf aufbauend ein Kommunikationstraining durchgeführt werden. Im Schuljahr 2008/2009 wird das Konzept im Bildungsgang vollständig etabliert sein. Die ausgebildeten Trainer/innen betreuen die monatlichen Workshops, in denen fächerbezogene Unterrichtsarbeit konzipiert wird. Die Unterrichtsentwicklung bleibt nicht auf den Bildungsgang der Höheren Handelsschule beschränkt. Nach der Etablierung im Bildungsgang Höhere Handelsschule wird – aufbauend auf die Erfahrungen in diesem Bildungsgang – das Konzept auf andere Bildungsgänge ausgeweitet. Dies führt schließlich zu einer Verstetigung und Vereinheitlichung der pädagogischen Arbeit am Berufskolleg.«

Ein weiteres Berufskolleg berichtet: »Ein wesentlicher Schwerpunkt während des Modellprojektes lag in der Unterrichtsentwicklung. Die durchgeführte SEIS-Erhebung bei Schülerinnen/Schülern aus zwei Bildungsgängen zeigt, dass die Qualität des Unterrichts von den Schülerinnen/Schülern weitgehend überdurchschnittlich bewertet wurde. Der Unterricht ist weitgehend mit den so genannten Doppelstunden organisiert, in allen Bildungsgängen finden Praktika und Projektwochen statt. Sowohl der Unterricht als auch die Projektwochen werden von allen Kollegen/Kolleginnen gemeinsam in Bildungsgangkonferenzen geplant. Die weitere Qualität wird durch Fortbildungen gesichert. Während der Modellphase fanden neben den Fortbildungen in der Region zwei Fortbildungen für das gesamte Kollegium statt, die Ergebnisse wurden in Bildungsgangkonferenzen aufgegriffen und führten zu erheblichen Veränderungen in der Unterrichtsgestaltung. An der Schule haben sich drei Kollegen/Kolleginnen fortbilden lassen als Moderatoren für kooperatives Lernen, in Kürze werden diese Fortbildungen für die Kolleginnen/Kollegen an der Schule durchführen. Alle Fortbildungen der Kolleginnen/Kollegen werden zentral von der Fortbildungsbeauftragten erfasst, so dass wir die Möglichkeit haben, im Rahmen von Personalentwicklung Kolleginnen/Kollegen auch gezielt auf die Verpflichtung zur Fortbildung hinzuweisen.«

Anmerkung: SEIS ist ein Instrument zur schulischen Selbstevaluation, das im Rahmen des Projektes in vielen Schulen eingesetzt wurde (siehe auch www.seis-deutschland.de).

Aus dem Bericht einer Förderschule: »Positiv war die Fortbildung bei Norm Green und Klippert (hier auch Moderatorenausbildung) durch einige Kollegen/Kolleginnen und auch die Teilnahme der Schulleitung an den Leadership-Academies. Problem war der Transfer in die Klassen bzw. an die Kollegen/Kolleginnen, die nicht an den Fortbildungen teilgenommen haben.«

Aus dem Bericht einer Gesamtschule: »Die... Entwicklung des eigenverantwortlichen Lernens durch die Bereiche kooperatives Lernen, Methodentraining und Umgang mit Neuen Medien wurde dadurch fest im Schulprogramm verankert, dass es eigenständige Unterrichtsfächer mit einem festen Stundenraster in den Plänen der Jg. 5–8 dafür gibt. Das Projekt ist damit im Schulprogramm etabliert.«

Aus dem Bericht eines Gymnasiums: »Die Vorhaben zur Unterrichtsentwicklung waren von einer dauerhaften Fortbildung begleitet. Zahlreiche Kollegen und Kolleginnen nahezu aller Fachrichtungen nahmen an den Fortbildungen von Norm und Kathy Green sowie von Klippert teil. Um eine möglichst breite Akzeptanz zu erzielen, konnte Norm Green für eine Kennlernfortbildung an einem Einzeltag für das gesamte Kollegium ... gewonnen werden. Die Teilnehmer an der Klippertfortbildung wurden gleichzeitig als potenzielle Moderatoren ausgebildet. Wie eine jüngste Evaluation der Effekte der Fortbildung unter den Schülern ergeben hat, haben diese Unterrichtsveränderungen im Sinne der Zielsetzung der Schule deutlich wahrgenommen und mehrheitlich als positiv eingestuft. Im Vorfeld der Befragung vernommene Stimmen, kooperatives Lernen sei ineffektiv, konnten durch die Evaluation eindeutig als Einzelmeinungen identifiziert werden. Es sollte nicht unerwähnt bleiben, dass es nicht gelungen ist, die Konzepte von Green und Klippert in alle Fachbereiche zu vermitteln und bei allen Kollegen/innen zu etablieren. Ein nicht unerheblicher Teil der Kollegenschaft lehnt die Methoden ab oder steht ihnen zumindest skeptisch gegenüber. Für die schulische Wirklichkeit stellt dies kein Handicap dar, ist doch Lehr- und Lernerfolg nie nur mit einer Methode zu erreichen.«

Aus dem Bericht einer weiteren Gesamtschule: »Die Teilnahmemöglichkeit eines kleineren Teils des Kollegiums an den Fortbildungen zur Unterrichtsentwicklung war sehr positiv. Zum einen als Motivationsschub für die einzelnen teilnehmenden Kollegen und Kolleginnen, die ihre erworbenen Fähigkeiten in ihrem Unterricht einsetzen und positiv berichteten. Zum anderen gelang es dadurch, weitere Kollegen/Kolleginnen neugierig zu machen und zu einer Einführungsveranstaltung für alle zu motivieren. Zu wünschen wäre die Schulung einer größeren Gruppe des Kollegiums, was aber verständlicher Weise aus Kostengründen nicht möglich war.«

Neben den positiven Rückmeldungen wird aus den Berichten auch ersichtlich, dass eine Weiterarbeit notwendig und zur Verstetigung der Entwicklung noch weitere Unterstützung nötig ist. Die Stadt Krefeld hat daher intensiv darauf hingewirkt, dass es nach Ende des Projektes »Selbstständige Schule« zu einer Fortsetzung kommen konnte. (Zu den Ergebnissen des Gesamtprojekts vgl. LOHRE, BECKER, MADELUNG, SCHNOOR & WEISKER, 2008).

2. ... und was wir jetzt daraus machen: Das Projekt »Stadtweite Unterrichtsentwicklung«

2.1 Regionales Bildungsnetzwerk Krefeld – strukturelle Voraussetzungen

In der festen Absicht, die durch die Teilnahme am Modellversuch »Selbstständige Schule« initiierten Veränderungs- und Entwicklungsprozesse weiter voran zu treiben und zu unterstützen sowie auf möglichst alle Schulen in der Stadt auszudehnen, hat sich der Schulträger Stadt Krefeld 2008 entschlossen, einen Kooperationsvertrag mit dem Land Nordrhein-Westfalen zur Weiterentwicklung des Bildungsnetzwerkes in der Bildungsregion Krefeld zu schließen. Auch dieser Vertrag bekundet die gemeinsame Verantwortung von Stadt und Land für die Bildungsentwicklung in einer Region, hier der Stadt Krefeld.

Ebenso sieht dieser Vertrag in Anlehnung an die Gremien des Projektes »Selbstständige Schule« strukturelle Einrichtungen vor, um Ziele und Umsetzungsmöglichkeiten dieser Entwicklung zu beraten, zu planen und zu realisieren. Zu diesen strukturellen Einrichtungen gehören die Regionale Bildungskonferenz, der Regionale Lenkungskreis (früher: Regionale Steuergruppe) und das Regionale Bildungsbüro als Einrichtung des Pädagogischen Dienstes der Stadt Krefeld (früher: Geschäftsstelle). Hierbei kommt dem Regionalen Lenkungskreis eine besondere strategische Bedeutung zu, da die hier vertretenen Akteure – Sprecher aller Schulformen, obere und untere Schulaufsicht, Vertreter des Schulträgers – sich über die Bildungsschwerpunkte und damit verbundene Umsetzungsmaßnahmen verständigen und entsprechende Entscheidungen treffen. Der regionale Entwicklungsfonds aus dem Projekt »Selbstständige Schule« wird weiter geführt. Auch hierin zeigt sich das Selbstverständnis der Stadt als aktiver und gestaltender Schulträger.

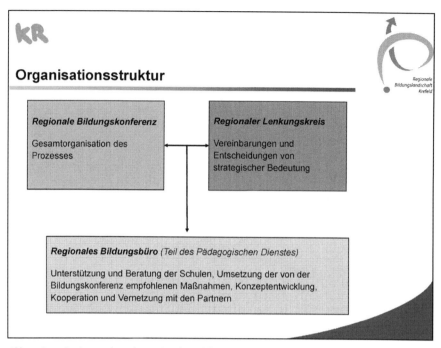

Abb. 1: Organisationsstruktur der Regionalen Bildungslandschaft Krefeld

2.2 Herausforderungen im Arbeitsfeld Unterrichtsentwicklung

Auf einer extern moderierten Klausurtagung im Mai 2008 diskutierten die Mitglieder des Lenkungskreises zunächst Fragen von grundsätzlicher Bedeutung:

- Wie sollen die beteiligten Gremien letztendlich zusammengesetzt sein?
- Wie werden Zuständigkeiten und Verantwortungsbereiche zugeordnet?
- Wie soll die Zusammenarbeit aller Akteure – insbesondere auch mit dem Kompetenzteam – organisiert werden? (In jeder der 54 Regionen in NRW hat das Schulministerium so genannte Kompetenzteams eingerichtet, die die Fortbildungsbedarfe der Schulen vor Ort bedienen sollen. Die Fortbildung für eigenverantwortliche Schulen ist damit stärker schul- und ortsnah organisiert als zu früheren Zeiten.)
- Und: welche Arbeitsschwerpunkte werden von den Akteuren als wesentlich und übergreifend definiert?

Leitziel aller Überlegungen war – ebenso wie im Projekt »Selbstständige Schule« –, wie Schulen im Zusammenspiel aller Beteiligten bestmöglich in ihrem jeweiligen Schulentwicklungsprozess unterstützt werden können, um Schülerinnen und Schülern den Erwerb umfassender Kompetenzen für ein selbstbestimmtes und sozial verantwortetes Leben zu ermöglichen.

Zwei weitere Leitgedanken mussten ebenso berücksichtigt werden:
1. Wie greift die weitere Arbeit die Ergebnisse des Modellversuchs auf?
2. Wie können die Schulleitungen und Steuergruppen, die nicht am Modellversuch teilgenommen haben, in ihrem Informations- und Kenntnisstand zu den Kolleginnen und Kollegen aufschließen, die während des Modellversuchs an zahlreichen und strukturiert aufgebauten Fortbildungen teilnehmen konnten?

Der intensive Diskussionsprozess während der Klausurtagung machte schnell deutlich, dass das Thema »Unterrichtsentwicklung« als Kernbereich von Schulentwicklung auch zukünftig im Fokus der weiteren Arbeit stehen muss. Bereits während des Modellversuchs hatten, wie geschildert, Norm Green und Heinz Klippert als Vertreter eines handlungs- und schülerorientierten Unterrichts zahlreiche Lehrerinnen und Lehrer fortgebildet. Allerdings konnte der wissenschaftliche Begleitbericht zum Abschluss des Modellversuchs wenig über die nachhaltige Umsetzung dieser mehrjährigen Fortbildungen in die unterrichtliche Fläche aussagen, nicht zuletzt, da es sich um einen Forschungsbericht zum gesamten Projekt in 19 Regionen mit ca. 300 Schulen handelte, in dem regionale Detailanalysen nicht vorgesehen waren.

Für das weitere Vorgehen im Arbeitsfeld »Unterrichtsentwicklung« mussten folgende Überlegungen leitend sein:
1. Wie kann die Dynamik aus dem Modellversuch aufgenommen und verstetigt werden?
2. Welche Maßnahmen sind geeignet, die Schulen bei einer vertiefenden Reflexion ihrer bisherigen Arbeit zu unterstützen?
3. Wie sehr muss ggf. unterschieden werden zwischen Schulen, die am Projekt teilgenommen haben und solchen, die das nicht getan haben?
4. Wie können die Schulleitungen und Kollegen aller Krefelder Schulen in einen unterrichtsbezogenen Arbeitsprozess einbezogen werden?
5. Wie kann Nachhaltigkeit gesichert werden?
6. Welche Evaluationsverfahren sind geeignet, die Wirksamkeit der geleisteten Arbeit zu überprüfen?
7. Welche weitere Unterstützung ist erforderlich, um das »Deepening« in der einzelnen Schule zu unterstützen?
8. Welchen Beitrag leistet das Kompetenzteam in diesen Zusammenhängen?

2.3 Stadtweite Unterrichtsentwicklung

Auf der Grundlage dieser Überlegungen entstand eine intensive Auseinandersetzung zwischen der Leitung des Bildungsbüros und der Leitung des Kompetenzteams. Diese Diskussion wurde im Regionalen Lenkungskreis fortgesetzt und führte im Ergebnis zu dem Projekt »Stadtweite Unterrichtsentwicklung«. Als wissenschaftlicher Begleiter dieses Projekts konnte Prof. Rolff von der Dortmunder Akademie für pädagogische Führungskräfte gewonnen werden.

In vertrauensvoller und sachorientierter Zusammenarbeit zwischen Prof. Rolff, der Leitung des Bildungsbüros und der Leitung des Kompetenzteams entstand eine auf zweieinhalb Jahre angelegte Konzeption, welche zumindest einem großen Teil der unter 1.–8. aufgelisteten Fragestellungen Rechnung trägt.

Unstrittiges Ergebnis aller wissenschaftlichen Untersuchungen zur Rolle der Schulleitung bei der Schulentwicklung ist, dass dieser eine überragende Bedeutung für die Initiierung und Planung schulischer Entwicklungsprozesse zukommt. Ebenso liegt die Verantwortung für die Durchführung und für das Gelingen dieser Prozesse aber auch bei den täglich unterrichtenden Lehrerinnen und Lehrern. Darüber hinaus sollte das Konzept denjenigen Schulen, die bereits intensiv an Unterrichtsentwicklungskonzepten gearbeitet haben, ebenso Anregungen und Hilfestellungen geben wie denen, die in diesem Feld noch relativ wenig systematische Entwicklungsarbeit geleistet haben. Das Projekt »Stadtweite Unterrichtsentwicklung« sollte also sowohl die Leitungen als auch die Unterrichtenden, sowohl erfahrene als auch wenig erfahrene Schulen ansprechen. Es sollte »stadtweit« angelegt sein, um deutlich zu machen, dass Unterrichtsentwicklung eine gemeinsame Aufgabe aller Schulen ist. Gleichzeitig dokumentiert sich hierin auch der Wunsch des Schulträgers nach einer Schullandschaft, in der alle Kinder und Jugendlichen der Stadt bestmögliche Chancen haben.

Gemeinsames und vernetztes Arbeiten, gegenseitige Unterstützung, eine offene, auf Konstruktivität ausgerichtete Diskussion soll damit allen Schulen im Rahmen gemeinsamer Fortbildungsveranstaltungen ermöglicht bzw. erleichtert werden.

Am 22. April 2009 fand dann eine Auftaktveranstaltung statt, bei der 96 Prozent aller Krefelder Schulen durch ihre Schulleiterin/ihren Schulleiter und zwei weitere Mitglieder des Kollegiums vertreten waren. In acht verschiedenen Workshops hatten die Schulen die Möglichkeit, sich mit Grundlagen von Lernen, der Bedeutung von Arbeitsstrukturen in Schule, der Bedeutung der Interaktion zwischen Lehrern und Schülern und anderen, für gelingenden Unterricht und Unterrichtsentwicklung bedeutsamen Faktoren auseinanderzusetzen.

Erfahrene und renommierte Referenten leiteten die Workshops zu Themen wie z.B. »Lernen und Lehren aus neurodidaktischer Sicht«, »Eigenverantwortliches Arbeiten in der Sekundarstufe«, »Unterrichtsentwicklung in Jahrgangsteams«, »Rolle der Fachkonferenzvorsitzenden bei der Unterrichtsentwicklung« oder »Lerncoaching und kompetenzorientiertes Lernen«. Zielsetzung dieser Veranstaltung am 22. April war einerseits, vorhandenes Wissen anzureichern und zu vertiefen, andererseits aber die Schulen anzuregen, die bislang definierten individuellen Arbeitsschwerpunkte vor dem Hintergrund dieses Arbeitstages zu reflektieren, sich ihres Arbeitsprozesses zu versichern oder ihre Schwerpunkte neu zu justieren. Diese Anregung, die gleichzeitig Aufgabe ist, richtet sich an alle Schulen, unabhängig von ihrer Teilnahme am Modellversuch. Die von etlichen Schulen bereits während des Modellversuchs gemachten Erfahrungen mit Green und Klippert können in den schulischen Arbeitsprozessen also noch einmal in einem größeren Zusammenhang betrachtet werden.

Das Projekt »Stadtweite Unterrichtsentwicklung« wird in den Schuljahren 2009/2010 und 2010/2011 mit jeweils zwei Veranstaltungen – einer für Schulleiter und einer für Kollegiumsmitglieder plus Schulleiter – fortgeführt, eine vorläufige

Abschlussveranstaltung ist für 2011/2012 vorgesehen. Mit dieser Aufteilung wird der besonderen Bedeutung der Schulleiterin/des Schulleiters Rechnung getragen, ebenso erhalten Leitung und Vertreter des Kollegiums die Gelegenheit, gemeinsam über den Arbeitsprozess zu berichten und unter externer fachlicher Anleitung diesen Prozess kritisch zu reflektieren.

2.4 Kooperation mit dem Kompetenzteam

Das Kompetenzteam Krefeld setzt sich aus Moderatorinnen und Moderatoren aller Schulformen zusammen. Die in der Entstehungsphase des Teams vorhandene thematische Schwerpunktsetzung bei Green und Klippert ist grundlegend erweitert worden. Alle Moderatorenteams sind in der Lage, dem Fortbildungs- und Unterstützungsbedarf der Schulen zu unterschiedlichen Themen zu entsprechen. Das Kompetenzteam – zumal in Verbund mit dem Kompetenzteam Viersen – unterstützt somit das Projekt »Stadtweite Unterrichtsentwicklung« in entscheidender Weise. Flankierend zu den allgemeinen und zentralen Veranstaltungen, die im Rahmen des Bildungsnetzwerkes allen Krefelder Schulen angeboten werden, kann das Kompetenzteam auf die individuellen Bedarfe der einzelnen Schulen reagieren. Insofern ergänzen sich die Maßnahmen des Bildungsnetzwerks und des Kompetenzteams.

2.5 Ergänzende Fortbildungsmaßnahmen

Parallel zu dem Projekt »Stadtweite Unterrichtsentwicklung« bekommen alle Schulleiter, die nicht am Modellversuch »Selbständige Schule« teilgenommen haben, eine eigene auf mehrere Module verteilte Fortbildung. Die Schulleiterinnen und Schulleiter erhalten in kompakter Form eine intensive Schulung auf der Grundlage der Handlungsfelder und Schlüsselkompetenzen für Leitungen eigenverantwortlicher Schulen, wie sie vom Schulministerium 2008 benannt worden sind. Sie werden damit intensiv in ihrer Rolle als gestaltende Führungskraft gestärkt. Ergänzend dazu richten alle Schulen, die nicht am Modellprojekt teilgenommen haben, ebenfalls schulische Steuergruppen ein, die eine intensive Fortbildung in den Bereichen Projektmanagement und Schulentwicklung erhalten. Beide Fortbildungsreihen werden von externen Moderatoren und Referenten durchgeführt.

3. Anmerkungen – Ausblicke: Vom Broadening zum Deepening mit Hilfe von Prozessbegleitern

Die Autoren dieses Beitrages sind der festen Überzeugung, dass den Krefelder Schulen mit allen genannten Maßnahmen ein Unterstützungsrahmen angeboten wird, der für einen zielgerichteten, individuell und eigenverantwortlich gewichteten Schulentwicklungsprozess von entscheidender Bedeutung ist.

Um dem nach Ansicht der Autoren legitimen Anspruch auf Verbindlichkeit zu entsprechen und Nachhaltigkeit zu ermöglichen, haben nahezu alle Krefelder Schulen einen »Letter of intent« unterzeichnet: »Die XY-Schule versteht sich als Teil des Bildungsnetzwerks Krefeld auf der Grundlage des Kooperationsvertrages zwischen der Stadt Krefeld und dem Land Nordrhein-Westfalen. Das regionale Bildungsbüro unterstützt in Kooperation mit dem Kompetenzteam die am Bildungsnetzwerk beteiligten Schulen durch ein umfangreiches Fortbildungsprogramm und Beratungsangebot mit dem Ziel, die Schul- und Unterrichtsentwicklung in den Krefelder Schulen weiter zu fördern. Als aktives Netzwerkmitglied erklärt sich die Schule bereit, ihre Erfahrungen zu teilen, sowie mit anderen Schulen und weiteren regionalen Partnern zu kooperieren.«

Mit ihrer Unterschrift bekunden die Schulen zudem ihre Absicht, an allen angebotenen Fortbildungen des Bildungsnetzwerks über die gesamte Laufzeit hinweg teilzunehmen: an den Fortbildungen zur Unterrichtsentwicklung und an denen für Steuergruppen und Schulleiter, sofern dazu zuvor noch keine Gelegenheit bestand. Dieses Fortbildungspaket ist in sich abgestimmt und die einzelnen Veranstaltungen bauen aufeinander auf.

Die bisher geschilderte Entwicklung macht nach Auffassung der Autoren deutlich, dass alle beteiligten Akteure in Krefeld – Schulen, Schulträger und Schulaufsicht – ihrer Verpflichtung zu einer gemeinsam verantworteten Qualitätsentwicklung durch aktives, zielorientiertes und strukturiertes Handeln nachkommen.

Dies gilt sowohl für die Maßnahmen während des Modellversuchs »Selbstständige Schule«, als auch für die Maßnahmen, die sich aktuell aus dem Kooperationsvertrag zwischen dem Land Nordrhein-Westfalen und der Stadt Krefeld ableiten. Die qualitätsorientierte Weiterentwicklung der Bildungsregion Krefeld hat damit entscheidende Impulse erhalten. Als vorläufiges Fazit lässt sich feststellen, dass Krefeld im Bereich des Broadening sehr weit vorangeschritten ist: es herrscht ein hoher Konsens bezüglich der Notwendigkeit von Schul- und Unterrichtsentwicklung, nahezu alle Schulen verstehen sich als aktive Mitglieder des Bildungsnetzwerkes und nehmen an den Fortbildungen teil. Ein ähnlich breiter Beteiligungsgrad an Fortbildungen zu Schul- und Unterrichtsentwicklungsmaßnahmen dürfte anderswo kaum zu finden sein.

Eine ehrliche und realistische Betrachtung dieser Prozesse muss aber auch die Frage nach einer nachhaltigen Wirksamkeit in der Tiefe (Deepening) beinhalten. An dieser Stelle scheint es angebracht, die Bedeutung der Eigenverantwortlichkeit von Schule anzusprechen.

Die Ergebnisse der Lernstandserhebungen und der zentralen Abschlussprüfungen sowie – soweit bereits durchgeführt – der Qualitätsanalyse geben den Schulen wesentliche Hinweise und können als Indikatoren für eine qualitative Weiterentwicklung dienen. (Die Qualitätsanalyse ist das externe Evaluationsverfahren für die nordrhein-westfälischen Schulen, das seit 2006 verbindlich eingeführt ist. Alle Schulen werden nach und nach und dann in Abständen wiederholt dieser externen Evaluation unterzogen. Das Ergebnis ist Grundlage für Zielvereinbarungen mit der Schulaufsicht.) Die Zahl der »Sitzenbleiber« sowie die Übergangsquote in das duale Ausbildungssystem können ebenfalls Messgrößen sein. Eindeutige Schwerpunktsetzungen in einem aktiv gelebten Schulentwicklungsprozess, Jahresarbeits- und Fortbildungsplanungen und die aktive Nutzung bestehender Unterstützungssysteme sind grundlegende Elemente von eigenverantwortlichem Handeln, z.B. auf der Grundlage der genannten Indikatoren.

So sehr auch aus schulaufsichtlicher Perspektive das Mandat der Schulen betont werden muss, Eigenverantwortung wahrzunehmen, so bleibt doch nach aller Erfahrung das Angebot einer engeren Begleitung und Unterstützung von Schulen erforderlich, um das Deepening voran zu treiben und die nachhaltige Entwicklung in der Einzelschule sicher zu stellen und abzustützen. Dies gilt umso mehr, als die Schulen im Erkennen von Handlungsnotwendigkeiten unterschiedlich sensibilisiert und damit auch in ihrer Schwerpunktsetzung unterschiedlich positioniert sind.

Eine intensive Beratung und Begleitung kann hier für einen Teil der Schulen sicherlich hilfreich sein. Die entsprechende Prozessbegleitung kann aber in den bisherigen Strukturen nicht in ausreichendem Maße sichergestellt werden.

Wünschenswert im Sinne einer bestmöglichen Unterstützung der Schulen sind daher Prozessbegleiter, die den Schulen zur Verfügung stehen und diese sowohl fachlich als auch prozessbezogen beraten können. Für die Prozessbegleiter ergeben sich daraus unterschiedliche Rollen: Die Rolle des *Experten* für Unterricht und Methoden des Pädagogischen Qualitätsmanagements und die Rolle des *Beraters* als Moderator, Mediator oder auch Coach. Die Prozessbegleitung soll im Kern der Sicherung und damit Entwicklung der Qualität von Lernen und Lehren an der Schule dienen.

Von entscheidender Bedeutung für den langfristigen Erfolg des Projektes wird vor allem eine aufmerksame und flexible Begleitung des Projektes durch die verantwortlichen Initiatoren sein. Eine interaktive, kommunikationsorientierte und ergebnisorientierte Prozessgestaltung in gemeinsamer Verantwortung ist nach Auffassung der Autoren in der in Krefeld beispielhaft praktizierten Form die Grundlage für das Gelingen des geschilderten Projektvorhabens.

Anmerkung: Im ersten Kapitel wurde auf den Abschlussbericht der regionalen Steuergruppe Krefeld zurückgegriffen, der maßgeblich von Dieter Hansen als dem Geschäftsführer der Regionalen Steuergruppe erarbeitet worden ist.

Literatur

HÖFER, C. & MADELUNG, P. (Hrsg.) (2006). Lehren und Lernen für die Zukunft. Unterrichtsentwicklung in selbstständigen Schulen. Troisdorf: Bildungsverlag EINS.
LOHRE, W., BECKER, M., MADELUNG, P., SCHNOOR, D. & WEISKER, K. (2008). Selbstständige Schulen in Regionalen Bildungslandschaften. Eine Bilanz. Troisdorf: Bildungsverlag EINS.
MODULARISIERTES KONZEPT ZUR FORTBILDUNG VON LEITERINNEN UND LEITERN SELBSTSTÄNDIGER SCHULEN, 2004. Verfügbar unter http://www.bertelsmann-stiftung.de/cps/rde/xbcr/SID-5A849A35-127C882E/bst/05_Modularisiertes_Konzept.pdf [20.07.2009].

Unterrichtsentwicklung und Bildungsnetzwerke in Nordrhein-Westfalen

CHRISTOPH HÖFER

1. Entstehungsgeschichte

1.1 »Schule & Co.«

Die vom damaligen Ministerpräsidenten Nordrhein-Westfalens Johannes Rau beauftragte Bildungskommission beschrieb in ihrem Kommissionsbericht 1995 (vgl. Bildungskommission NRW, 1995) neue Formen des Lehrens und Lernens in einem »Haus des Lernens«, das zum ersten Mal als Teil einer regional gestalteten Bildungslandschaft verstanden wurde. Von Ministerpräsident Rau und einem Mitglied der Kommission, Herrn Mohn, wurde beschlossen, in einem vom Land Nordrhein-Westfalen und der Bertelsmann Stiftung gemeinsam getragenen Modellversuch zentrale Elemente der Denkschrift in der Praxis zu erproben. Das in der Stadt Leverkusen und dem Kreis Herford später sogenannte Projekt »Schule & Co.« produzierte ab 1997 an den teilnehmenden Schulen einerseits erste systematische Erfahrungen beim »Bau« eines Haus des Lernens. Andererseits wurde mit der Identifikation erster wichtiger Segmente einer zukünftigen Bildungslandschaft deutlich, wie komplex, kompliziert und langwierig der aktive Gestaltungsprozess sein muss. Ausgewiesene Ziele des Projekts »Schule & Co.« waren:

- Qualitätsorientierte Selbststeuerung an Schulen und
- Entwicklung regionaler Bildungslandschaften

Die Entwicklung in Herford verlief wesentlich produktiver und erfolgreicher als in Leverkusen. Während der Projektlaufzeit von 1997 bis 2002 gelang es im Kreis Herford, die Zahl der Schulen, die das Angebot zur Beteiligung aktiv annahmen, von 42 auf 89 von insgesamt 94 Schulen zu erhöhen. Damit war es gelungen, in einer Region fast alle Schulen mit einem interessanten Angebot in einen gemeinsamen Entwicklungszusammenhang zu bringen. Kern des aus den Bedarfen der Schulen abgeleiteten Angebots war die Verbindung eines Qualifizierungsprogramms zur überfachlichen Unterrichtsentwicklung ganzer Kollegien mit Qualifizierungen für schulische Steuergruppen und Schulleitungsqualifizierungen, die jeweils inhaltlich aufeinander bezogen und miteinander synchronisiert waren. Der Begriff Bildungsregion hatte, zumindest was die Beteiligung der Schulen als Bildungsinstitutionen anging, erstmalig eine greifbare Bedeutung. Bereits damals war klar, dass sich alle Anstrengungen, die im Zusammenhang mit der Entwicklung einer Bildungslandschaft entstehen, dem zentralen Ziel verpflichtet sehen müssen, Jugendlichen und Kindern als Schülerinnen und Schülern eine bestmögliche Bildung und Ausbildung angedeihen zu lassen. Ein bildungsbiografischer Ansatz als ultimativer Bezugspunkt hieß zunächst einmal Qualitätsarbeit im Unterricht zum Dreh- und Angelpunkt möglichst jeder einzelnen Schule zu machen. Nur wenn die einzelnen Schulsysteme sich Ziele setzen, die ihre bisherige Arbeit kundtun und ehrlich verbessern helfen, kann durch vertikale als auch horizontale Kooperation über viele Entwicklungsstufen eine Schullandschaft entstehen. Unstrittig ist, dass das Lernen von Jugendlichen und Kindern nicht nur zu festen Zeiten in schulischen Zusammenhängen stattfindet, sondern auch bereits vor Eintritt ins Schulwesen, während der Schulzeit, außerhalb der Schule und nach Ende der Schulpflicht. Damit wurde klar, dass eine Bildungslandschaft zwar auf einer möglichst entwickelten Schullandschaft aufbaut, aber deutlich mehr ist als diese.

1.2 »Selbstständige Schule«

Nach den zumindest in Herford positiven Erfahrungen mit dem Projekt »Schule & Co.« wurde von Seiten des Landes Nordrhein-Westfalen und der Bertelsmann Stiftung entschieden, darauf aufbauend die noch sehr singulären Erfahrungen in einem Modellvorhaben »Selbstständige Schule« in Nordrhein-Westfalen sowohl quantitativ deutlich auszuweiten als auch systematisch inhaltlich fortzusetzen. An dem Projekt beteiligten sich von 2002 bis 2008 immerhin 19 von 54 Gebietskörperschaften in Nordrhein-Westfalen. In diesen kreisfreien Städten und Landkreisen beteiligten sich 278 Schulen an der systematischen Entwicklung ihres Einzelsystems, dem Aufbau einer Schullandschaft als Basis einer deutlich weitergehenden Bildungslandschaft als im Vorgängerprojekt. Die Ziele des Projekts »Selbstständige Schule« waren:

- Verbesserung der Qualität schulischer Arbeit und insbesondere des Unterrichts durch
  - Qualitätsorientierte Selbststeuerung an Schulen und
  - Entwicklung regionaler Bildungslandschaften.

Gegen Ende des Modellvorhabens »Selbstständige Schule« wurde immer deutlicher, dass das Land Nordrhein-Westfalen über die bereits während der Laufzeit ins Regelsystem übernommenen Erkenntnisse und Erfahrungen hinaus auch die Entwicklung regionaler Bildungslandschaften zu einem Schwerpunkt macht.

Bei der Konstruktion einer Entwicklung, die auf die Fläche des größten Bundeslandes mit 54 Kreisen und kreisfreien Städten zielt, konnte man nun über die ersten Erfahrungen aus »Schule & Co.« hinaus auf eine deutlich breitere Erfahrungsbasis aus 19 Gebietskörperschaften zurückgreifen. Allerdings immer unter der Fragestellung, wieweit die Entwicklung einer Modellregion mit z.B. elf Selbstständigen Schulen von ca. 140 Schulen in einem Kreis repräsentativ sein konnte und inwiefern diese Entwicklungsarbeit noch deutlicher dem Anspruch des Aufbaus einer Schullandschaft verhaftet sein musste als schon der Entwicklung einer Bildungslandschaft.

Erfahrungen und Erkenntnisse konnten im Modellvorhaben »Selbstständige Schule« u.a. zu folgenden Bereichen gewonnen werden, die im Fokus dieses Textes interessant sind:

- *schulinterne Qualitätsarbeit und Steuerung*, u.a. durch
  - Einführung schulischer Steuergruppen
  - Qualifizierung schulischer Steuergruppen
  - systematische Schulleitungsqualifizierung

- Qualifizierung von Evaluationsberaterinnen und -beratern
- Angebote zur Nutzung von SEIS
- *Unterrichtsentwicklung*, u.a. durch
  - Weiterentwicklung eines Konzepts überfachlicher Unterrichtsentwicklung zum Konzept »Lehren und Lernen für die Zukunft« mit Grundlagenband, Filmen und Dokumentenband zur Umsetzung
  - Qualifizierung ganzer Kollegien mit verschiedenen Unterrichtsentwicklungskonzepten (NORM GREEN u.a.)
- *systematische Verknüpfung von Unterrichts-, Personal- und Organisationsentwicklung* mit Bezug auf die Einzelschule innerhalb der Bildungsregion, zeitliche Synchronisation und inhaltliche Abstimmung der verschiedenen Qualifizierungsangebote
- *regionale Steuerung*, u.a. durch
  - Einrichtung einer regionalen Steuergruppe
  - Beteiligung von Stellvertretungen aus Schulleitungen, Schulaufsicht, Kreis- und Stadtverwaltung, Jugendhilfe usw.
  - Qualifizierung der regionalen Steuergruppenmitglieder, bei Bedarf Beratung
  - Entscheidungen im Konsens, über die Zugehörigkeit zu Institutionen und »Herkünften« hinweg
  - unterschiedliche Kommunikations- und Beteiligungsgremien und -formen, die die Trennung in innere und äußere Schulangelegenheiten im Konsens überwindbar machen
  - Kontraktmanagement auf allen Ebenen
- *regionale Dienstleistung*, u.a. durch
  - Einrichtung eines regionalen Bildungsbüros mit Personalanteilen des Landes und der Kommunen
  - Einrichtung eines regionalen Entwicklungsfonds mit gleichen Finanzmitteln des Landes und der Schulträger
  - personelle und finanzielle Unterstützung von Anstrengungen zur Verbesserung der Bildung und Ausbildung von Jugendlichen und Kindern in Schulen und außerhalb

Mit der Entscheidung, aus der Ersterprobung in »Schule & Co.« sowie mit den Erfahrungen im bundesweit größten Modellvorhaben »Selbstständige Schule« in die Entwicklung neuer regionaler Strukturen zu gehen und damit sozusagen auf Dauer angelegte Konsequenzen zu ziehen, war die Aufgabe verbunden, diese bisherigen Erfahrungen in eine neue Konstruktion zu überführen. Sie sollte wie in den bisherigen Modellen ein »verführerisches« Angebot des Landes an Kommunen und Regionen darstellen, keine Vorgabe. Das Angebot musste deshalb einen Rahmen darstellen, der genug Bewegungsfläche und Spielräume für die Interessen und Bedingungen möglichst vieler Beteiligter in einer Bildungsregion zuließ ohne der Beliebigkeit Vorschub zu leisten.

Weitere Informationen zu dem Modellvorhaben »Selbstständige Schule« liefern die Beiträge von Marlise Hübner sowie Detlev Stein und Katrin Weisker in diesem Buch.

2. Bildungsnetzwerke

2.1 Eigenverantwortliche Schulen

Im Übergang von den »Prototypen« zur Serienkonstruktion, vom modellhaften erprobenden Vorhaben zur auf Dauer angelegten erfahrungsgestützten Rahmenstruktur, wurden eine ganze Reihe von Ergebnissen, Erkenntnissen und Erfahrungen aus »Schule & Co.« und »Selbstständige Schule« übernommen und teilweise mit anderen daneben laufenden Entwicklungen verknüpft. Vor allem wurden auf den verschiedenen Ebenen befristete formale Regelungen der Modellvorhaben sowohl zu gesetzlichen Grundlagen als auch rahmenden Verordnungen und Erlassen weiterentwickelt, auf die an dieser Stelle nicht detailliert eingegangen werden soll.

Mit der Entscheidung, die Entwicklung der Einzelschule immer weitergehend in die Verantwortung der Schule selbst zu legen, wird die Bedeutung von Verantwortung und Rechenschaft verdeutlicht und beides zunehmend an den Ort der »Produktion« institutioneller bildungsbezogener Leistungen gegeben. Der dafür eingeführte Begriff »Eigenverantwortliche Schule« verdeutlicht, dass die mit dem Begriff »Selbstständige Schule« verbundene Illusion der Verabschiedung von der Einbindung der Einzelschule in ein staatliches Schulsystem vermieden und damit die möglichst verbindliche Einhaltung staatlich vorgegebener Standards verdeutlicht wird. Parallel zu dieser auch begrifflichen Klärung wurde der Begriff »Bildungsregion« vom Begriff »Bildungsnetzwerk« abgelöst. In diesem Text werden beide Begriffe synonym verwendet, ohne genauer auf die damit evtl. gemeinten Unterschiede eingehen zu können.

2.2 Steuerung der regionalen Bildungsnetzwerke

Das grundlegende Verständnis der regionalen Bildungssteuerung, die zugrunde liegende Philosophie und die beteiligten Partner und Akteure werden durch die Abbildung 1 verdeutlicht.

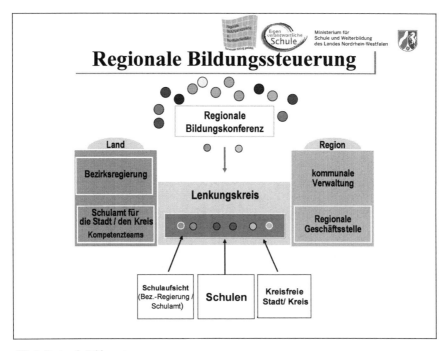

Abb. 1: *Regionale Bildungssteuerung*

Die in den Modellvorhaben erprobte »Regionale Steuergruppe« wird nun »Lenkungskreis« genannt, die Zusammensetzung nach Beteiligungsgruppen wird beibehalten, da sie sich offensichtlich bewährt hat. Damit wird die Grundfigur der Kooperation und Übernahme gemeinsamer inhaltlicher Verantwortung in definierten Handlungsfeldern in eine dauerhafte Struktur gebracht. Da die gesetzlichen Regelungen zu den äußeren und inneren Schulangelegenheiten nicht grundsätzlich in Frage zu stellen sind, wird den Beteiligten vor Ort überlassen, in einem Kooperationsvertrag zwischen kreisfreier Stadt bzw. Kreis und dem Ministerium für Schule und Weiterbildung des Landes Nordrhein-Westfalen die Inhaltsfelder zu definieren, die in der jeweiligen Bildungsregion gemeinsam zum Wohl von Jugendlichen und Kindern und deren Bildungs- und Ausbildungsqualität prioritär bearbeitet werden sollen.

2.3 Bildungsbüro

Der Dienstleister, der sich um die Umsetzung der im Lenkungskreis vorbereiteten Entscheidungen kümmert und in der neuen Struktur als Geschäftsstelle aufgeführt wird, entspricht in den 19 Modellregionen »Selbstständige Schule« dem damaligen und heutigen Bildungsbüro. In diesem Text wird der Begriff Bildungsbüro synonym zum Begriff »Geschäftsstelle« benutzt, da er in einer Reihe von Bildungsregionen eingebürgert ist und auch außerhalb Nordrhein-Westfalens entsprechend den dortigen Entwicklungen eingeordnet werden kann.

Regionale Bildungsnetzwerke in NRW

Leistungen der Vertragspartner

- Die Stadt /der Kreis stellt die personelle und sächliche Ausstattung der regionalen Geschäftsstelle sicher.
- Das Land stellt für die Arbeit in der regionalen Geschäftsstelle zusätzliches **pädagogisches Personal im Umfang von 1,0 Stelle** zur Verfügung. Ausschreibung und Besetzung der Stelle erfolgen im Benehmen mit dem Lenkungskreis.
- Beide Vertragsparteien erbringen im Rahmen ihrer Zuständigkeiten anlass- und themenbezogen Unterstützungsleistungen, soweit diese erforderlich sind.

Abb. 2: Leistungen der Vertragspartner

Aufbauend auf den Erfahrungen aus den Modellvorhaben hat sich das Land Nordrhein-Westfalen bereit erklärt, die inhaltliche Expertise des Dienstleisters »Bildungsbüro« durch die Zurverfügungstellung einer ganzen Lehrerstelle zu unterstützen (siehe Abb. 2). Weiterführend als in den Modellvorhaben, bei denen jedem Bildungsbüro eine halbe Lehrerstelle ohne feste inhaltliche Zuordnung zur Verfügung stand, entscheiden die Kooperationspartner im Lenkungskreis der Bildungsregion, mit welcher Lehrkraft welcher im Kooperationsvertrag ausverhandelte inhaltliche Schwerpunkt besonders intensiv bearbeitet werden soll.

2.4 Inhalte des Kooperationsvertrags

Bildungsnetzwerke sind »Mittel zum Zweck«. Die Zwecke werden in einem Kooperationsvertrag fixiert. Damit vor allem Regionen, die keine Vorerfahrungen im Modellvorhaben »Selbstständige Schule« sammeln konnten, das Angebot des Landes aktiv aufnehmen können ohne inhaltlich beim Punkt Null anfangen zu müssen, wird vom Ministerium für Schule und Weiterbildung des Landes Nordrhein-Westfalen das Muster eines Kooperationsvertrags als Anregung gegeben. Da diese Kooperation keine Vorschrift, sondern wirklich ein ernst gemeintes Angebot sein soll, können viele Details auch anders ausgehandelt werden als im Muster angeregt. Vor allem aber die inhaltlichen Arbeitsfelder müssen vor Ort entsprechend der Bedarfe bestimmt werden.

> **„Unterrichtsentwicklung" als festgeschriebenes Themenfeld**
>
> Bezirksregierung Detmold
>
> Kooperationsvertrag des Landes (MSW) als Diskussionsentwurf:
>
> „Unterstützung als Prozess zur Herausbildung eigenverantwortlicher Schulen"
>
> Kooperationsvertrag des Landes (MSW) mit dem Kreis Gütersloh:
>
> „Ein Schwerpunkt der Arbeit des Bildungsmanagements liegt im Bereich der schulischen Qualitätsentwicklung. Dazu gehört auch die systematische Zusammenarbeit von Jugendhilfe und Schule bzw. die Einbindung der Jugend- und Familienbildungsarbeit im Sinne einer Pädagogik der vielfältigen Lernorte. Zu den Aufgaben in diesem Bereich gehören im Wesentlichen:
> - die Weiterentwicklung der pädagogischen Unterrichtsentwicklung
> - die Qualifizierung von Schulleitungen, schulischen Steuergruppen, Lehrkräften
> - die individuelle Förderung in speziellen Bereichen wie z.B. der Sprachkompetenz, des naturwissenschaftlichen Interesses, der Medienkompetenz und das soziale Lernen
> - die Durchführung von Assessments zur Kompetenzprofilanalyse
> - die Unterstützung bei der Einführung und der Entwicklung von Ganztagsangeboten
> - die Unterstützung bei der Qualitätsentwicklung in den einzelnen Schulen
> - die Unterstützung bei der Migrantenförderung
> - die Unterstützung bei der Gestaltung der verschiedenen Übergänge"

Abb. 3: Ausschnitt aus einem Kooperationsvertrag

Anmerkung: Die aufgeführten Beispiele entstammen Entwicklungen aus dem Regierungsbezirk Detmold. Durch die langjährige Entwicklungs- und Begleitarbeit des Autors während der Modellvorhaben in der Region Ostwestfalen-Lippe und als Koordinator des Landes für die Bildungsnetzwerke gibt es für ihn sehr gute Kenntnisse über Entwicklungen vor Ort.

Abbildung 3 zeigt am Beispiel des Kreises Gütersloh ausschnitthaft, was genau ein Kooperationsvertrag wirklich fixiert und was dafür der anregende Ausgangspunkt im Mustervertrag war. Dieser Kooperationsvertrag verdeutlicht, dass es vor Ort sowohl ein weit entwickeltes Verständnis der Notwendigkeit von »pädagogischer Unterrichtsentwicklung« als auch der Verknüpfung mit einer großen Zahl damit mehr oder weniger verbundener weiterer schulinterner Arbeitsschwerpunkt geben kann. In dieser Bildungsregion erklärt sich diese umfangreiche Zielstellung einerseits durch die Vorerfahrungen zur Unterrichtsentwicklung, die aus dem Modellvorhaben »Selbstständige Schule« dringend fortgeführt, erweitert, vertieft und verbreitet werden sollen; andererseits auch durch die intensive Diskussion der Beteiligten zu schulischen Entwicklungen aus regionaler Sicht, wie z.B. dem Ganztag, der Migrantenförderung usw.

Unterrichtsentwicklung und Bildungsnetzwerke in Nordrhein-Westfalen

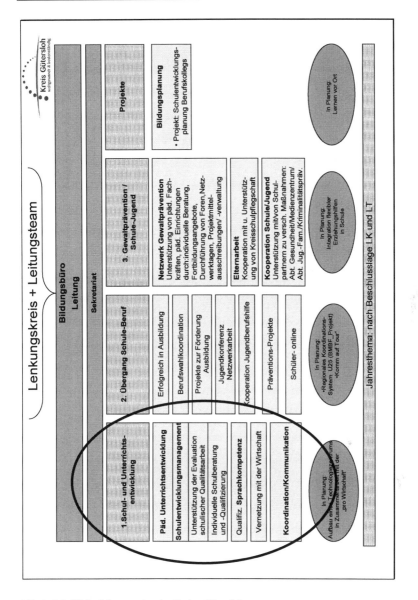

Abb. 4: Inhaltliche Schwerpunkte des Kreises Gütersloh

Abbildung 4 verdeutlicht, wie sich der o.g. inhaltliche Schwerpunkt in der Außendarstellung des Bildungsbüros im Kreis Gütersloh darstellt. Wahrgenommen werden die Aufgaben aus dem 1. Arbeitsfeld »Schul- und Unterrichtsentwicklung« von einer abgeordneten Lehrkraft, die auf der Grundlage von öffentlicher Ausschreibung, Bewerbung und Auswahlverfahren mit ganzer Stelle ins Bildungsbüro abgeordnet ist.

In dieser Bildungsregion ist dadurch gewährleistet, dass nicht nur die relativ wenigen Schulen des Modellversuchs »Selbstständige Schule« weiterhin die ihnen wichtigen Angebote erhalten, sondern vor allem inzwischen auch alle anderen Schulen im Kreis, die nicht am Modellvorhaben beteiligt waren. Die abgebildete Struktur wurde von Anfang 2008 an in der Region erarbeitet und mit Beginn der Arbeit des Bildungsbüros zum Schuljahresbeginn 2008/09 veröffentlicht. Aus der Übersicht wird auch deutlich, dass es neben der Schul- und Unterrichtsentwicklung weitere gewichtige Arbeitsschwerpunkte mit entsprechendem Fachpersonal des Kreises gibt, die ebenfalls im Kooperationsvertrag fixiert sind. In der Praxis des ersten Jahres der Arbeit in dieser Struktur zeigt sich, dass und wie schnell Querverbindungen zwischen den vier um der Darstellung willen getrennt dargestellten Säulen sich in der Praxis geradezu aufdrängen. Im Umkehrschluss: Wie sollten solche Zusammenhänge gesehen und bearbeitet werden, wenn es einen solchen zentralen Dienstleister wie das Bildungsbüro nicht gibt?

Wichtiger Kooperationspartner nach dem Kooperationsvertrag, aber vor allem aus inhaltlichen Gründen, für ein Bildungsbüro, das sich mit Schul- und Unterrichtsentwicklung befasst, ist das staatliche Kompetenzteam. Da notwendige Qualifizierungen oft auch mit Lehrkräften aus dem System durchgeführt werden, kommt der systematischen und guten Kooperation zwischen Bildungsbüro und Kompetenzteam große Bedeutung zu. Für Fortbildungs- und Beratungsangebote in einer Bildungsregion gibt es aber darüber hinaus in Verantwortung des Landes i.d.R. auch noch das Medienzentrum, die regionale Schulberatungsstelle und das Schulamt. Es ist sehr empfehlenswert, wenn sich die großen Anbieter in einer Bildungsregion schnell zusammenfinden, um ein gemeinsames, aufeinander abgestimmtes Portfolio zu erstellen. Schulen können sich dann entsprechend informieren und zugreifen, ohne sich mit der Differenzierung in die am Angebot beteiligten Institutionen aufhalten zu müssen. Dass ein solches Beispiel aus der Bildungsregion Herford vorliegt, ist sicherlich auch mit der langjährigen vorauslaufenden Entwicklungsarbeit und dem entsprechend entwickelten Selbstverständnis der Beteiligten zu erklären (siehe Abb. 5).

Der Entwicklungslogik in »Schule & Co.« und »Selbstständige Schule« folgend wurde zur inhaltlichen Weiterentwicklung des Unterrichtsentwicklungskonzepts zwischen der Bezirksregierung und dem Kreis Herford 2007 die Einrichtung eines »Zentrums für Unterrichtsentwicklung« vereinbart.

Ein weiteres Beispiel der Bedeutung von Unterrichtsentwicklung für die Arbeit in einer Bildungsregion gibt die Abbildung 6. Bemerkenswert daran ist, dass schon mit der Darstellung deutlich wird, dass alle in der linken und rechten Säule aufgeführten Handlungsfelder in einem direkten Verhältnis zu einem Schulentwicklungsverständnis gesehen werden, das Lernen auf allen Ebenen durch die Verbindung von Unterrichts-, Organisations- und Personalentwicklung in den Mittelpunkt stellt. Die mittlere Säule ist Abbild für eine Entwicklung, die im Kreis Herford während des Projekts »Schule & Co.« erarbeitet und im Modellvorhaben »Selbstständige Schule« weiterentwickelt wurde. Bis heute wird sie als verbindendes Element gesehen. Die inhaltlich-konzep-

Unterrichtsentwicklung und Bildungsnetzwerke in Nordrhein-Westfalen

Abb. 5: Qualifizierung und Beratung in der Bildungsregion Herford

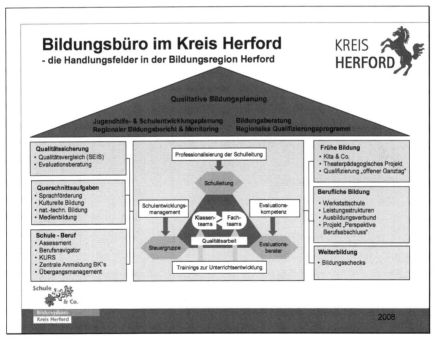

Abb. 6: Die Handlungsfelder in der Bildungsregion Herford

tionellen, aber auch alltäglich-praktischen Verbindungen sind vielfältig. Da das hinter dem Bild befindliche Unterrichtsentwicklungskonzept vor allem auf »Lehren und Lernen für die Zukunft« und damit einer überfachlichen Kompetenzentwicklung fußt, sind Zusammenhänge zu fast allen Handlungsfeldern herzustellen. Assessments und Berufsnavigator sind z.b. genau auf Kompetenzentwicklung ausgerichtet und leicht mit der Unterrichtsentwicklung zu verknüpfen. Die in der Assessorenschulung vermittelte Beobachtungskompetenz findet sich als Baustein der Lehrerfortbildung zur Entwicklung von Diagnosekompetenzen für Unterrichtsentwicklung und individuelle Förderung im regionalen Fortbildungsportfolio wieder. Bei der aktuellen Diskussion im Lenkungskreis Herford über zukünftige Schwerpunkte im Bereich »Frühe Bildung« wird deutlich, dass die metakognitive Orientierung, die die Unterrichtsentwicklung in der schulischen alltäglichen Unterrichtspraxis zu entwickeln hilft, in der Fachdiskussion zur vorschulischen Förderarbeit große Bedeutung hat. In den 5 Bildungsregionen in OWL entspricht das Regionale Leitungsteam/die Steuerungsgruppe dem Lenkungskreis eines Bildungsnetzwerkes. In OWL wurde über dem Leitungsteam ein »Lenkungskreis« positioniert, in dem u.a. der Landrat, ausgewählte Bürgermeister, der Leiter der Schulabteilung und Schulaufsichtsvertreter 2–3 mal im Jahr strategische Fragen in der Bildungsregion diskutieren und entscheiden. Dieser Lenkungskreis lädt zur Bildungskonferenz ein.

Die beiden Beispiele, vor allem das aus dem Kreis Herford, sind nicht im Sinne eines Maßstabs in diesen Text aufgenommen worden. Allerdings sind sie als Beleg dafür gemeint, dass Bildungsnetzwerke sich auf der Steuerungs- und Dienstleisterebene aktiv und produktiv mit der Frage auseinandersetzen müssen, ob und vor allem wie sie konstruktive Beiträge zur Verbesserung der Bildungs- und Ausbildungsqualität von Jugendlichen und Kindern als Schülerinnen und Schüler leisten können. Diese Frage muss nicht nur im Wege der Diskussion eines Kooperationsvertrages zur Einrichtung eines Bildungsnetzwerks grundsätzlich geführt werden, sondern danach fortlaufend mit praktischen Konsequenzen vor Ort. Unterricht ist ein definiertes Zeitfenster im Leben junger Menschen, in dem ihnen möglichst ein qualitatives Maximum an fachlichen und überfachlichen Angeboten zur Kompetenzentwicklung gemacht werden muss.

2.5 Entwicklungsaussichten

Der Entwicklungsstand, der im Herforder Beispiel deutlich wird, erklärt sich sicherlich auch aus ca. zehn Jahren aktiver Arbeit und sollte niemanden abschrecken. Das Beispiel Gütersloh zeigt, dass es bei entsprechenden systematischen Klärungsprozessen auch nach kürzerer Zeit zu gut entwickelten Strukturen kommen kann. Allerdings sei auch hier berücksichtigt, dass die Struktur aus einer mehrjährigen Projekterfahrung in »Selbstständiger Schule« entwickelt werden konnte.

Seit 2008 liegt allen kreisfreien Städten und Kreisen das Angebot des Ministeriums für Schule und Weiterbildung des Landes Nordrhein-Westfalen vor, gemeinsam in die kontraktierte Entwicklung eines Bildungsnetzwerks zu gehen. Wie weit dieses Angebot in welchem Landesteil angenommen wurde, ist der Netzseite des Ministeriums für Schule und Weiterbildung des Landes Nordrhein-Westfalen zu entnehmen. Die nicht unberechtigte Hoffnung ist, dass bis Ende 2010 alle Regionen in Nordrhein-Westfalen das Angebot angenommen haben. Jede Region sollte sich sowohl in den einzurichtenden Steuerungsgremien als auch auf der Dienstleisterebene die Frage stellen, welchen Beitrag sie zur Verbesserung der Unterrichtsqualität in allen Schulen ihrer Bildungsregion erbringen sollen und können und für wie zentral sie dieses Handlungsfeld halten. Beispielhaft werden im Folgenden Aufgaben beschrieben, die ein Bildungsbüro dabei übernehmen kann.

3. Unterrichtsentwicklung als Arbeitsfeld

Aus der Praxis existierender Bildungsbüros im Bereich Unterrichtsentwicklung lassen sich eine Reihe von Erfahrungen »herausdestillieren«, was einerseits Aufgabentypen betrifft, andererseits mögliche Inhalte. Die Aufzählung zu beidem ist beispielhaft gemeint, sie macht deutlich, dass aus der großen Zahl der Möglichkeiten ausgewählt werden muss. Die dafür notwendigen Prioritätensetzungen müssen sich einerseits am Interesse der Schulen an optimalen Lernmöglichkeiten für Schülerinnen/Schüler und Lehrkräfte orientieren, andererseits immer an den vorhandenen quantitativen und qualitativen Ressourcen (z.B. den Kompetenzen der im Bildungsbüro dafür verantwortlichen Person) sowie grundlegenden Entscheidungen der Steuerungsebene.

Schulen sind also gut beraten, sich mit ihrem Unterstützungsbedarf – sei es Beratung, Qualifizierung, Finanzierung – in einer strukturierten Kommunikation an die regionale Einrichtung zu wenden. Sind die Wege und Möglichkeiten in der Bildungsregion allen Akteuren bekannt, können auf ein Bildungsbüro, das Unterrichtsentwicklung als Arbeitsfeld hat, vielfältige Aufgabentypen zukommen:

Bedarfsklärung	z.B. durch schriftl. Erhebungen zum Qualifizierungsbedarf »Beobachtungskompetenz für Fachlehrer«
Konzeptvermittlung	z.B. durch Recherche im Bonn-Sieg-Kreis zu den abgesprochenen Übergangskompetenzen aller Schüler aus den Jahrgängen 4 und 5
Konzeptentwicklung	z.B. Bausteine für Selbstgesteuertes Lernen (SegeL) im Fach X
Konzepterprobung	z.B. Bausteine für wirtschaftsnahe Mathematik in den Jahrgängen 9 und 10
Implementation	z.B. von überfachlichen Kompetenzrastern (Material aus »Selbstständige Schule«)
Begleitung	z.B. Arbeitskreis von Lehrkräften, die schulübergreifend Lerntagebücher entwickeln
Beratung	z.B. einer Steuergruppe, die mit der Umsetzung von »Lehren und Lernen für die Zukunft« festsitzt
Vermittlung	z.B. einer Schule, die eine andere bei der Einrichtung eines Selbstlernzentrums beraten kann
Vermehrung	z.B. von Schulen, die zur gleichen Zeit ihr Kollegium mit dem Unterrichtsentwicklungskonzept qualifizieren
Leitung	z.B. eines Erfahrungsaustauschs von Evaluationsberatern

Moderation	z.B. eines Fachworkshops »Portfolio und Bewertung« mit einem externen Experten
Organisation	z.B. einer Fachtagung »Reflexion im Lernprozess«
Ressourcenbeschaffung	z.B. durch Teilnahme an einem Fachkongress des Organisationsentwicklungsnetzwerks in Köln

Die Inhaltsfelder, in denen gearbeitet werden kann, sind ebenfalls nur beispielhaft aufgelistet:

- Überfachliche Unterrichtsentwicklung (Methoden-, Team- und Kommunikationskompetenz)
- Pädagogische Beobachtung
- Selbstgesteuertes Lernen
- Fachliche Unterrichtsentwicklung, z.B. im Bereich MINT
- Individuelle Förderung
- Soziale Kompetenz
- Sprachkompetenz (Deutsch als Zweitsprache, Deutsch als Muttersprache)
- Leistungskonzepte und Bewertungsfragen
- Portfolios
- Binnendifferenzierung in der Praxis
- Qualifizierung von neuen schulischen Steuergruppen, Nachqualifizierung von Nachrückern
- Qualifizierung von Schulleitung und mittlerem Management
- Qualifizierung von (nachrückenden) Evaluationsberatern

Beide Auflistungen sind nicht abschließend, sie sollen nicht entmutigen, sondern »Geschmack« machen auf die vielen Chancen und Verlockungen, die in dem regionalen Ansatz stecken. Gleichzeitig wird angesichts der praktischen Vielfalt die o.g. Notwendigkeit zur Priorisierung und Beschränkung überdeutlich.

4. Empfehlungen für Schulleitungshandeln

Damit erwünschte Effekte für Schülerinnen und Schüler entstehen können, sollte die Schulleitung in einer Bildungsregion zunächst den aktuellen Entwicklungsstand recherchieren, wenn er nicht ohnehin bekannt ist.

Je nachdem, ob das Bildungsnetzwerk schon arbeitet, der Kooperationsvertrag gerade verhandelt wird oder die Diskussion noch nicht wirklich angefangen hat, ist es ratsam, als Schulleitung auf einige Punkte zu achten.

Zentral wird von Anfang an sein, wie ausgebaut und bekannt die Kommunikations- und Beteiligungsstruktur und wie sicher sie handhabbar ist. Vorgesehen ist formal in jedem Bildungsnetzwerk, dass drei Schulleitungsvertreter/-innen in der Steuerung (i.d.R. Lenkungskreis genannt, in Ostwestfalen-Lippe Leitungsteam/Steuerungsgruppe) beteiligt sind. Empfehlenswert ist, dem bildungsbiografischen Ansatz folgend je eine Schulleitung aus der Primarstufe, der Sekundarstufe I und der Sekundarstufe II zu beteiligen. In den Bildungsregionen in Ostwestfalen-Lippe sind sie in der Regel im Rahmen einer Vollversammlung aller Schulleiterinnen und

Schulleiter der Region bestimmt worden. Damit wird ein bisher nicht bekanntes Forum begründet, das auch inhaltlich über die klassischen schulforminternen Besprechungen mit und ohne Schulaufsicht und die eingeführten schulformübergreifenden Besprechungen beim Schulträger vor allem in den Landkreisen deutlich hinausgeht.

Da die i.d.R. ein bis zwei Vollversammlungen pro Jahr mit z.T. 150 Schulleiterinnen und Schulleitern zwar für Informationsfluss und Austausch in der Region geeignet sind, ansonsten aber begrenzt, weil zu groß, bietet sich als regelmäßiges Gremium für Kooperation und Austausch mit der Steuerungsebene und dem Dienstleister Bildungsbüro ein Arbeitskreis der (i.d.R.) sieben Schulformen an, der in den Bildungsnetzwerken in Ostwestfalen-Lippe regelmäßig tagt. Die ein oder zwei Vertreter jeder Schulform werden von der Schulform selbst benannt und sind damit auch deren Bindeglied. Häufig wurden die 3 Teilnehmer im Lenkungskreis wiederum im Arbeitskreis der Schulformen bestimmt.

Um den hohen Ansprüchen an alltägliche individuelle Förderung der Schülerinnen und Schüler in der eigenen Schule möglichst nahe zu kommen, ist eine verantwortungsbewusste Schulleiterin/ein verantwortungsbewusster Schulleiter naturgemäß daran interessiert, jedwede Unterstützung dafür in sein System zu holen. Dazu kann sie/er Maßnahmen zur Unterrichtsentwicklung in einer konstituierenden Bildungsregion auf der Steuerungsebene über die Schulleitungsvertreter im Lenkungskreis einfordern, schulformübergreifend zusätzlich in den Gremien Vollversammlung oder Arbeitskreis der Schulformen anstoßen und diskutieren.

Unabhängig davon hat aber jeder Schulleiter die Gelegenheit des direkten bilateralen Zugangs zum Dienstleister Bildungsbüro. Es eröffnen sich ihm und seinem System also neue zusätzliche Unterstützungsmöglichkeiten über das vorhandene Kompetenzteam hinaus. Darüber hinaus finden Schulleiter in Vertretern der Schulträger und vor allem auch in den beiden Vertretern der Schulaufsicht im Lenkungskreis neue Gesprächspartner, die auch über Ressourcen und Priorisierungen entscheiden.

Wichtig wird also zukünftig nicht nur sein, die neuen Kommunikations- und Beteiligungsstrukturen zu kennen und sich an ihrem Aufbau persönlich zu beteiligen. Sie müssen in ein möglichst aktives Leben gebracht werden und mit intelligenten Lösungen vor Ort neue zusätzliche Möglichkeiten für Schulen schaffen, ihre Kernaufgabe immer besser zu erfüllen: Die kontinuierliche Verbesserung von Erziehung, Bildung und Ausbildung der ihr anvertrauten Kinder und Jugendlichen.

Literatur

BASTIAN, J. (2007). Einführung in die Unterrichtsentwicklung. Weinheim und Basel: Beltz.
BASTIAN, J. & ROLFF, H-G. (2002). Abschlussevaluation des Projektes »Schule & Co.«. Kurzfassung. Gütersloh: Bertelsmann-Stiftung.
BILDUNGSKOMMISSION NRW (Hrsg.) (1995). Zukunft der Bildung – Schule der Zukunft. Neuwied, Kriftel, Berlin: Luchterhand.

BONSEN, M. (2009). Schulleitung, Unterrichtsentwicklung und Schülerleistungen – Was wissen wir über diesen Zusammenhang?. Vortrag auf dem 3. Kongress der DAPF »Schulleitung und Unterrichtsentwicklung« am 09.05.2009 in Dortmund.
DEUTSCHES PISA-KONSORTIUM (Hrsg.) (2001). PISA 2000 – Basiskompetenzen von Schülerinnen und Schülern im internationalen Vergleich. Opladen: Leske + Budrich.
»Und es geht doch... Lehren und Lernen für die Zukunft.« Ein Film von ERIKA FEHSE.
»Selbstständige Schule«. Das gemeinsame Projekt des Ministeriums für Schule und Weiterbildung des Landes Nordrhein-Westfalen und der Bertelsmann Stiftung Gütersloh.
HERRMANN, J. (2002). Unterrichtsentwicklung im Projekt »Schule & Co.«. Interne Evaluation. Zusammenfassung. Gütersloh: Bertelsmann-Stiftung.
HÖFER, C. & MADELUNG, P. (Hrsg.) (2006). Lehren und Lernen für die Zukunft. Unterrichtsentwicklung in selbstständigen Schulen. Troisdorf: Bildungsverlag EINS.
HÖFER, C. & MADELUNG, P. (2008). Lehren und Lernen für die Zukunft: Systematische Unterrichtsentwicklung in regionalen Bildungslandschaften. Konzepte und Erfahrungen aus dem Projekt »Selbstständige Schule« in Nordrhein-Westfalen. In BERKEMEYER, N. et al (Hrsg.). Unterrichtsentwicklung in Netzwerken. Münster: Waxmann.
HÖFER, C. & MADELUNG, P. (Hrsg.) (2008). Lehren und Lernen für die Zukunft. Systematische Unterrichtsentwicklung: Materialien von A-Z. Troisdorf: Bildungsverlag Eins.
HOLTAPPELS, H. G., KLEMM, K. & ROLFF, H-G. (Hrsg.) (2008). Schulentwicklung durch Gestaltungsautonomie. Ergebnisse der Begleitforschung zum Modellvorhaben Selbstständige Schule« in Nordrhein-Westfalen. Münster: Waxmann.
KONSORTIUM BILDUNGSBERICHTERSTATTUNG (Hrsg.) (2006). Bildung in Deutschland. Ein indikatorengestützter Bericht mit einer Analyse zu Bildung und Migration. Bielefeld: Wbv.
LOHRE, W., BECKER, M., MADELUNG, P., SCHNOOR, D. & WEISKER, K. (2008). Selbstständige Schulen in Regionalen Bildungslandschaften. Eine Bilanz. Troisdorf: Bildungsverlag EINS.
WEINERT, F. E. (2000). Lehren und Lernen für die Zukunft – Ansprüche an das Lernen in der Schule. Vortrag am 29.03.2000 im Pädagogischen Zentrum in Bad Kreuznach. In Pädagogische Nachrichten Rheinland-Pfalz, 2/2000, 5 ff.

Unterrichtsentwicklung durch Qualitätsanalyse

Wulf Homeier

Der Titel klingt verführerisch – endlich ist es soweit: die Qualitätsanalyse entwickelt den Unterricht!

Diejenigen, die die Überschrift auf diese Weise interpretieren, werden enttäuscht werden: Qualitätsanalyse entwickelt nicht den Unterricht, aber sie kann helfen, Entwicklungsschwerpunkte richtig zu setzen und Unterrichtsentwicklung zielgerichteter anzugehen.

Schulen haben schon immer Schulentwicklung betrieben und investieren in diese Arbeit z.T. erhebliche Zeit und Ressourcen. Schulleiterinnen bzw. Schulleiter und Lehrkräfte berichten trotzdem immer wieder über verschiedene Herausforderungen, die sich im Rahmen dieser Arbeit ergeben. Sie lassen sich in vier zentralen – pointiert formulierten – Aussagen zusammenfassen. Diese werden – auch wenn die Datenbasis noch schmal ist – durch erste Ergebnisse der Qualitätsanalyse und durch Berichte aus anderen Bundesländern bestätigt.

- Die Schulentwicklung erfolgt teilweise auf Initiative einzelner Personen oder kleiner Gruppen, bei denen sich die Belastung konzentriert.
- Die Schulentwicklung erfolgt zum Teil eher unsystematisch und auf Grund zufälliger Eindrücke und individueller Interessen.
- Die Schulentwicklung erfolgt nicht immer auf der Basis gemeinsam festgelegter Zielvorstellungen.
- Die Schulentwicklung erfolgt oftmals keinem periodisch durchlaufenen Qualitätszirkel, wodurch innovative Entwicklungen in der Schule nicht als Ganzes und nicht dauerhaft verankert werden, und auf mittlere oder lange Sicht verpuffen.

Die Qualitätsanalyse Nordrhein-Westfalen (QA) hilft Schulen, diese genannten Hemmnisse für eine erfolgreiche Qualitätsentwicklung leichter zu überwinden. Das umfangreiche Datenmaterial unterstützt die Schulen bei der Identifikation und konzentrierten Umsetzung wichtiger Handlungsschwerpunkte. Da durch das Qualitätstableau für alle dieselbe Basis für gute Schule beschrieben ist, gründet der Klärungsprozess auf gleicher Terminologie und vereinfacht die Diskussion. Gemeinsame Rezeption und Diskussion der Ergebnisse der Qualitätsanalyse ermöglichen es Schulen, sich auf die zentralen – und in ihrer Zahl begrenzten – Handlungsfelder zu konzentrieren und die Entwicklungen in diesen Bereichen gemeinsam und systemisch voranzutreiben. Sich daran anschließende interne Evaluationen helfen zu erkennen, ob die begonnenen Entwicklungsschritte auch zu den angestrebten Verbesserungen führen. Wird dieser Entwicklungsprozess der gemeinsamen Diskussion unterzogen, wird es auch gelingen, als richtig und wichtig erkannte Entwicklungen dauerhaft zu verankern, so dass sie nicht abbrechen und die geleistete Arbeit dem System nicht mehr verloren geht. Es empfiehlt sich – den Erläuterungen zum Schulgesetz folgend – Entwicklungsprozesse durch ein Qualitäts- und Projektmanagement zu steuern, um sie allgemein verbindlich zu gestalten und so die Entwicklungen auf Dauer im schulischen Alltag zu verankern und für alle Schülerinnen und Schüler nutzbar werden zu lassen.

Mit einem datenbasierten, effektiveren und effizienteren Vorgehen können die Qualität der schulischen Arbeit und damit – nicht zuletzt – die Berufszufriedenheit aller Beteiligten gesteigert und so langfristig Ressourcen und Zeit gespart werden. Effektive Nutzung von Ressourcen, Zeitersparnis und höhere Arbeitszufriedenheit sind angesichts der Arbeitsbelastung, der Lehrkräfte unterliegen, gute Gründe, mit diesem Prozess zu beginnen. In diesem Sinn ist Qualitätsanalyse also nichts, was als zusätzliche Aufgabe »oben drauf« kommt – wenn Schulen sich auf die Ergebnisse einlassen, kann sie sehr gut helfen, Zeit und Kraft zu sparen.

Die Qualitätsanalyse zeichnet ein möglichst realistisches Bild der schulischen Arbeit. In diesem Sinne stellen die Ergebnisse der Qualitätsanalyse eine Beschreibung des IST-Standes dar. Die Feststellungen der Qualitätsprüferinnen und -prüfer geben Entwicklungsimpulse und sind weder als Schuldzuweisungen noch als Vorwürfe zu verstehen. Deshalb wird eine Schule dann den größten Gewinn aus einer Analyse ziehen, wenn sie sich so darstellt wie sie ist. Das bedeutet vor allem, dass es nicht sinnvoll ist, Konzepte anlassbezogen für eine bevorstehende Qualitätsanalyse zu produzieren. Konzepte dienen ausschließlich der Qualitätsverbesserung innerhalb der Schule, nicht der Qualitätsanalyse. Sie machen Erziehungs- und Bildungsarbeit nachhaltig und verbindlich. Es ist die Aufgabe der Qualitätsteams, sich vor Ort davon zu überzeugen, ob und wie weit die vorgelegten Papiere in der täglichen Arbeit der Schule realisiert werden.

1. Wie kommt die Qualitätsanalyse zu ihren Bewertungen?

Qualitätsanalyse ist ein systematisches Verfahren, das Schulen als Ganzes systemisch untersucht. Grundlage für die Analyse der Schulen ist das Qualitätstableau, das in sechs Qualitätsbereichen mit 28 Qualitätsaspekten und insgesamt 153 Kriterien die Qualität schulischer Arbeit erfasst. Die Kriterien, über die der Unterricht beschrieben wird, sind darüber hinaus nochmals mit 42 Indikatoren hinterlegt. Mit diesem Tableau werden erstmals einheitliche Standards gesetzt. Die Rückmeldungen aus Schulen weisen immer wieder aus, dass schulinterne Diskussionen – z.B. über Entwicklungsschwerpunkte – allein schon dadurch vereinfacht wurden, dass durch diese Setzung eine einheitliche Begrifflichkeit verwendet werden kann. Einheitliche Standards sind auch deshalb notwendig, weil Schulen Referenzwerte benötigen, mit deren Hilfe die eigene Qualität über den Abgleich mit diesen Werten besser einschätzbar wird. Die Einheitlichkeit der Standards garantiert die Verlässlichkeit dieser Referenzwerte. Außerdem lässt sich auch für das Ministerium als oberste Schulaufsicht Steuerungswissen erzeugen.

Die Rückmeldungen, die Schulen im Anschluss an eine QA zunächst mündlich, später in einem schriftlichen Bericht erhalten, beschreiben, in wie weit ihre Arbeit den in den Qualitätskriterien formulierten Ausprägungen schulischer Qualität entspricht.

Für die Bewertungen werden unterschiedlichste Quellen mit Hilfe standardisierter Instrumente und Verfahren analysiert. Zu ihnen gehören:

- das Schulportfolio, in dem eine Schule ihre Daten darlegt und Schwerpunkte ihrer pädagogischen Arbeit darstellt
- die Datenanalyse in Bezug auf das Schulportfolio
- der Schulrundgang, in dem die Rahmenbedingungen in Augenschein genommen werden, unter denen eine Schule arbeitet
- die Unterrichtsbeobachtungen, bei denen mindestens 50 Prozent aller Lehrkräfte oder in kleinen Systemen mindestens 20 Unterrichte besucht werden. Dabei werden alle Jahrgänge und die Fächer nach ihrem Wochenstundenanteil besucht. Die Schule und auch die Schulleitung werden vorab nicht darüber informiert, welche Lehrkraft besucht wird und wann dieser Unterrichtsbesuch ggf. stattfindet. Eine Bewertung einzelner Lehrkräfte findet nicht statt. Deshalb erhalten sie grundsätzlich keine Rückmeldung über den erteilten Unterricht. Alle Ergebnisse werden auf Systemebene aggregiert.
- die Interviews, bei denen Vertreterinnen und Vertreter der schulischen Gruppen (Schulleitung, Lehrkräfte, Schülerinnen und Schüler, Eltern, nichtlehrendes Personal, Schulträger, ggf. duale Partner) auf der Basis des Qualitätstableaus getrennt voneinander zur Situation der Schule befragt werden

Unmittelbar am Ende des eigentlichen Schulbesuchs erhält eine Schule eine mündliche Rückmeldung, etwa vier Wochen danach einen Berichtsentwurf, zu dem sie Stellung nehmen kann, um sachliche Fehler richtig zu stellen. Der endgültige Bericht wird an die Schule, die zuständige Schulaufsicht sowie den Schulträger versandt. Dem Bericht wird die Stellungnahme der Schule beigefügt.

2. Welche Daten liefert die Qualitätsanalyse?

Die Qualitätsanalyse beschreibt den Entwicklungsstand der besuchten Schule in Bezug auf das Qualitätstableau. Auf dieser Grundlage bewertet sie die Qualitätsaspekte, die Kriterien sowie die Indikatoren aus den Unterrichtsbeobachtungen. In die Bewertungen fließen alle Daten und Erkenntnisse aus unterschiedlichen Quellen ein. Die differenzierte Bewertung ermöglicht einer Schule, den Stand ihrer Qualitätsentwicklung einzuordnen und datengestützt Entscheidungen über ihre weitere Arbeit zu treffen.

Die Qualitätsanalyse bewertet die Qualitätsaspekte und -kriterien sowie die Indikatoren jeweils auf einer vierstufigen Skala:

Auf der Ebene von Qualitätsaspekten erfolgt die Bewertung in allen Qualitätsbereichen in den vier Stufen: »Stufe 4«, »Stufe 3«, »Stufe 2« und »Stufe 1«.

Bewertungsstufe		
4	vorbildlich	Die Schule erfüllt nahezu alle Kriterien dieses Qualitätsaspekts in hohem Maße.
3	eher stark als schwach	Die Schule weist bei diesem Qualitätsaspekt mehr Stärken als Schwächen auf.
2	eher schwach als stark	Die Schule weist bei diesem Qualitätsaspekt mehr Schwächen als Stärken auf.
1	erheblich entwicklungsbedürftig	Die Schule weist bei der Mehrzahl der Kriterien des Qualitätsaspekts erhebliche Schwächen auf.

Abb. 1: Bewertung von Qualitätsaspekten

Auf der Ebene von Qualitätskriterien erfolgt die Bewertung in allen Qualitätsaspekten in den vier Stufen: » ++ «, » + «, » – « und » – – «, diese Bewertung gilt auch für die Ebene der Indikatoren bei der Beobachtung von Unterricht.

Zeichen	Beschreibung
++	**Das Kriterium/der Indikator ist beispielhaft erfüllt:** Die Qualität ist exzellent, die Ausführung ist beispielhaft und kann als Vorbild für andere genutzt werden.
+	**Das Kriterium/der Indikator ist eher erfüllt:** Die Qualität entspricht den Erwartungen.
–	**Das Kriterium/der Indikator ist eher nicht erfüllt:** Die Qualität entspricht überwiegend nicht den Erwartungen.
– –	**Das Kriterium/der Indikator ist überhaupt nicht erfüllt:** Die Qualität ist so problematisch, dass negative Effekte eintreten.
0	**Keine Beurteilung möglich**

Abb. 2: Bewertung von Qualitätskriterien

Schulen erhalten in ihren Rückmeldungen zunächst einen Überblick über die Bewertungen aller Qualitätsaspekte, das sogenannte »Kurzprofil«. Ein Beispiel für ein Kurzprofil findet sich in Abbildung 3. Die 28 Qualitätsaspekte sind untereinander aufgeführt und die jeweilige Bewertungsstufe ist in der entsprechenden Zeile markiert.

QB 1: Ergebnisse der Schule	4	3	2	1
1.1 Abschlüsse		nicht bewertet		
1.2 Fachkompetenzen		nicht bewertet		
1.3 Personale Kompetenzen		x		
1.4 Schlüsselkompetenzen		x		
1.5 Zufriedenheit der Beteiligten		x		
QB 2: Lernen und Lehren - Unterricht				
2.1 Schulinternes Curriculum			x	
2.2 Leistungskonzept - Leistungsanforderung und -bewertung			x	
2.3 Unterricht - fachliche und didaktische Gestaltung		x		
2.4 Unterricht - Unterstützung eines aktiven Lernprozesses			x	
2.5 Unterricht - Lernumgebung und Lernatmosphäre		x		
2.6 Individuelle Förderung und Unterstützung		x		
2.7 Schülerbetreuung		x		
QB 3: Schulkultur				
3.1 Lebensraum Schule		x		
3.2 Soziales Klima	x			
3.3 Ausstattung/Gestaltung des Schulgebäudes und -geländes		x		
3.4 Partizipation		x		
3.5 Außerschulische Kooperation		x		
QB 4: Führung und Schulmanagement				
4.1 Führungsverantwortung der Schulleitung	x			
4.2 Unterrichtsorganisation	x			
4.3 Qualitätsentwicklung		x		
4.4 Ressourcenmanagement		x		
4.5 Arbeitsbedingungen		nicht bewertet		
QB 5: Professionalität der Lehrkräfte				
5.1 Personaleinsatz		x		
5.2 Weiterentwicklung beruflicher Kompetenzen		x		
5.3 Kooperation der Lehrkräfte		x		
QB 6: Ziele und Strategien der Qualitätsentwicklung				
6.1 Schulprogramm		x		
6.2 Schulinterne Evaluation		x		
6.3 Umsetzungsplanung/Jahresarbeitsplan		x		

Abb. 3: Beispiel Kurzprofil

Neben den Bewertungen der Qualitätsaspekte erhalten die Schulen die Bewertungen aller Kriterien und Indikatoren. Dadurch entsteht ein sehr differenziertes Bild über die Qualität der Arbeit einer Schule. Selbst unter einer scheinbaren gleichförmigen Bewertung mit der Stufe 3 verbergen sich u.U. erhebliche Handlungsbedarfe, weil diese Stufe bereits vergeben werden kann, wenn die Mehrheit der hinterlegten Kriterien positiv bewertet wurden. Daher ist eine eingehende Analyse des Datenteils der Berichte unabdingbar.

Im Datenteil finden sich neben den Aspektbewertungen, den Bewertungen aller Kriterien und Indikatoren darüber hinaus für den Bereich des Unterrichts die über alle Stunden aggregierten Bewertungsverteilungen.

3. Ein Beispiel

Am folgenden – durchaus typischen – Beispiel lässt sich nachvollziehen, wie Schulen vorgehen können, wenn sie ihren Qualitätsbericht erhalten haben. In den Grafiken sind die Bewertungsverteilungen für ausgewählte Indikatoren aus dem Unterricht als Säulendiagramme dargestellt. In jeder Grafik ist die Legende enthalten, die die Bewertungsstufen erklärt.

Die Beispielschule legt besonderen Wert auf schüleraktiviertes und selbstständiges Lernen unter Nutzung kooperativer Lernformen. Die Qualitätsanalyse besucht 55 Unterrichte und spiegelt u.a. folgende Daten zurück:

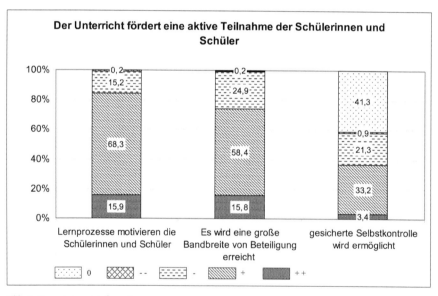

Abb. 4: Bewertungsverteilung 1

Unterrichtsentwicklung durch Qualitätsanalyse

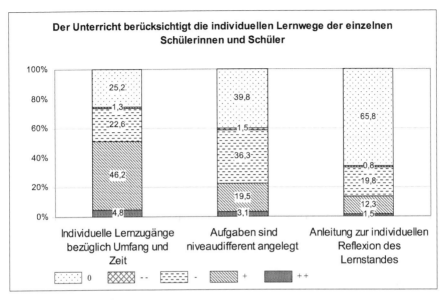

Abb. 5: Bewertungsverteilung 2

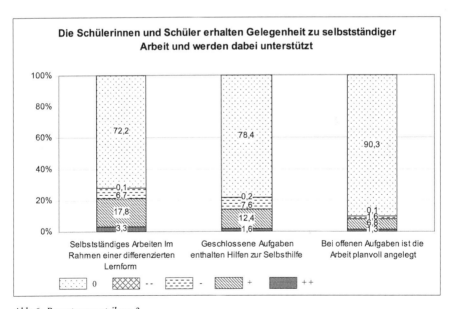

Abb. 6: Bewertungsverteilung 3

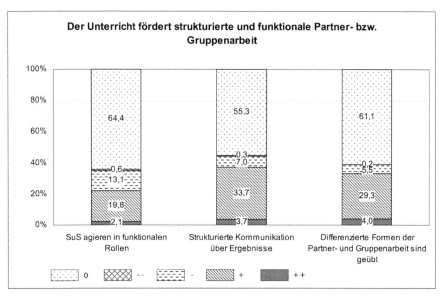

Abb. 7: *Bewertungsverteilung 4*

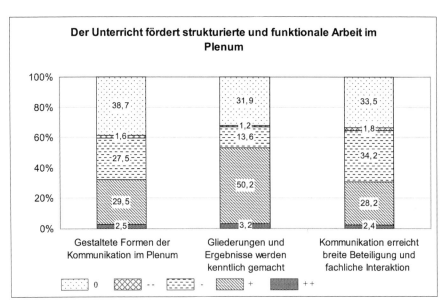

Abb. 8: *Bewertungsverteilung 5*

Unterrichtsentwicklung durch Qualitätsanalyse

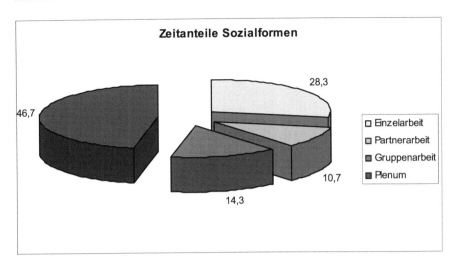

Abb. 9: Bewertungsverteilung 6

	zu niedrig	angemessen	zu hoch
Der Redeanteil der Lehrkraft ist	1,4 %	76,3 %	22,3 %

Tab. 1: Bewertungsverteilung 7

Schon auf den ersten Blick lassen sich hier einfache Schlüsse ziehen:

- Aus Abbildung 4 wird deutlich, dass ein erstes wesentliches Element selbstständigen Lernens – nämlich die gesicherte Selbstkontrolle – in über 40 Prozent aller Unterrichte gar nicht angetroffen wird. Außerdem gibt es in etwa $^1/_5$ aller Stunden gesicherte Selbstkontrollen, die nicht gelingen – das ist ein Drittel der Stunden, in denen Selbstkontrollen überhaupt genutzt werden.
- Abbildung 6 zeigt darüber hinaus, dass die Indikatoren, über die das selbstständige Arbeiten erfasst wird, in etwa $^3/_4$ aller besuchten Unterrichte gar nicht beobachtet werden.
- Kooperative Lernformen treten nur in etwa 30-40 Prozent aller Stunden auf. In diesen Fällen gelingen sie weitgehend, wenn auch nicht herausragend. Der schlechteste Wert findet sich in Abbildung 7. Dass Schülerinnen und Schüler keine funktionalen Rollen wahrnehmen, weist darauf hin, dass notwendige Mechanismen kooperativer Lernformen zumindest noch nicht hinreichend verankert sind.
- Schüleraktivierung und -kooperation lässt sich auch in gelungener Plenumsarbeit realisieren. In dieser Schule ist Plenumsarbeit zwar die dominierende Lernform, es gelingt die Gliederung der Stunden und das Verdeutlichen von Ergebnissen. Das, was schüleraktiviertes Lernen ausmacht (z.B. eine breite Beteiligung und fachliche Interaktion), gelingt in der Hälfte der beobachteten Unterrichte nicht. Wenn

gestaltete Formen der Kommunikation beobachtet werden, werden davon über die Hälfte dieser Situationen mit den Bewertungsstufen »-« oder »- -« bewertet. Außerdem zeigt auch die Verteilung der für die verschiedenen Sozialformen verwendeten Zeiten, dass Plenumsarbeit vom Zeitanteil deutlich im Vordergrund steht, aber – siehe Abbildung 8 – nicht durchgängig erfolgreich ist. Zu vermuten ist, dass das fragend-entwickelnde, dialogische Unterrichtsgespräch im Vordergrund steht. Darauf weist auch hin, dass der Redeanteil der Lehrkräfte in etwa $^{1}/_{4}$ aller besuchten Stunden als zu hoch beurteilt wird.

- Abbildung 7 weist direkt darauf hin, dass die von der Schule angestrebte Nutzung kooperativer Lernformen im Unterricht nur in etwa 30–40 Prozent aller Situationen auftritt, dann allerdings erfolgreich praktiziert wird.

4. Wie kann die Schule mit diesen Daten arbeiten?

Der nächste und in der Regel aufwändigere Schritt ist, Zusammenhänge der oben gezeigten Daten mit anderen Qualitätsbereichen und -kriterien zu finden und zu analysieren:

Wenn die Beispielschule für sich feststellt, dass die Umsetzung des bearbeiteten Entwicklungsschwerpunktes nicht die gewünschte Qualität hat, wird sie die Gründe ermitteln müssen.

Fragen, die dann gestellt werden, könnten sein:

- *Zum Inhalt:*
  - Sind die Inhalte und Methoden für alle (festgelegten) Fächer erarbeitet?
  - Stehen die Materialien allen zur Verfügung?
  - Sind die Inhalte und Methoden in den schulinternen Curricula integriert?
  - Sind sie durch Beschlüsse dokumentiert?
  - War die schulische Fortbildungsplanung auf die Entwicklungsschwerpunkte abgestimmt?
  - Haben genügend Lehrkräfte an diesen Fortbildungen teilgenommen (»kritische Masse«)?
  - Wie ist abgesichert worden, dass die Fortbildungsergebnisse nachhaltig in das System eingehen und in die schulinternen Curricula eingearbeitet werden?
- *Zum Verfahren:*
  - Ist das Entwicklungsvorhaben in der Schule als gemeinsames Ziel verankert?
  - Sind die Ziele klar definiert?
  - Ist ein Maßnahmenplan erstellt worden, der Entwicklungsfristen ausweist und Verantwortlichkeiten festlegt?
  - Wurde die Zielerreichung kontrolliert?
  - Wurde überlegt, welche Abweichungen von der ursprünglichen Planung aufgetreten sind und woran das ggf. liegt?
  - Ist gegen Fehlentwicklungen ggf. gegengesteuert worden?
  - Wer hat diese Funktion eingenommen?
  - Ist ein entsprechendes System der Rechenschaftslegung vereinbart?

Unterrichtsentwicklung durch Qualitätsanalyse

In den Fragen zum Verfahren bildet sich der in Abbildung 10 dargestellte »Qualitätszirkel« ab. Die Daten der Qualitätsanalyse weisen darauf hin, dass Unterrichtsentwicklung in Schulen dann besonders erfolgreich ist, wenn sich die Entwicklungsarbeiten an solch einem Qualitätszirkel orientieren.

Abb. 10: Qualitätszirkel

In der Regel ergeben sich aus der Beantwortung solcher Fragen weitere Fragen und es werden Schlussfolgerungen ermöglicht, die dabei helfen, den gesamten Prozess erfolgreich zu steuern. Die Arbeit mit Zielvereinbarungen zwischen der leitenden bzw. steuernden Ebene und schulischen (Arbeits-)Gruppen hat sich dabei als besonders effektiv herausgestellt.

Es empfiehlt sich also in besonderem Maß, sich vor der eigentlichen Unterrichtsentwicklung mit den Instrumenten und Verfahren der Qualitätsentwicklung zu befassen, um die Entwicklungsarbeiten strukturiert anzugehen, dauerhaft im System zu verankern und auf diese Weise auf Dauer Arbeitserleichterung zu erreichen.

III Zusammenfassung

Fazit: Change Management praktizieren – zur Rolle der Schulleitung bei der Unterrichtsentwicklung

Hans-Günter Rolff

Dieser Band sowie der zugrunde liegende Kongress repräsentieren die aktuellen Ansätze und Konzepte der Unterrichtsentwicklung (UE) nahezu vollständig. Bleibt zum Schluss noch zu fragen, wie eine Schule aus der Fülle dieses Angebots auswählen kann, wie sie die ausgewählten Konzepte umzusetzen vermag und welche Rolle dabei die Schulleitungen spielen.

1. Bestandsanalyse und Prioritätensetzung

Um die Auswahl zu erleichtern, empfehlen wir, mittels Abbildung 1 zuerst eine Bestandsanalyse durchzuführen und vor diesem Hintergrund Prioritäten zu setzen. Als Analyseschema dient dabei ein Koordinatensystem, das sich zwischen den Polen Lernorientierung und Fachorientierung einerseits und Person und Organisation andererseits erstreckt und das sich an der Kompassrose orientiert. So entsteht ein Kreuz mit vier Quadranten, in denen die aktuellen Konzepte von UE verortet sind. So haben wir z.B. Methodentraining und auch Kooperatives Lernen im Nordwest-Quadranten zwischen Lernorientierung und Organisation (zur Abstützung in der Arbeitsstruktur der Schule) platziert. Hospitation taucht im Südost-Quadranten zwischen Person und Fachorientierung auf, was voraussetzt, dass mit Fachbezug, z.B. innerhalb von Fachgruppen, hospitiert wird. Ebenso ist vorstellbar, allgemeine Lernanlässe oder -probleme zum Gegenstand von Hospitation zu machen. Dann würde sich Hospitation im Nordost-Quadranten zwischen Person und Lernorientierung wieder finden. Die Verortungen der jeweiligen Konzepte von UE sind also plausibel, können aber je nach Verständnis der jeweiligen Konzepte von UE auch anders vorgenommen werden.

Man kann die Verortung der Konzepte noch verfeinern, indem man einen Index hinzufügt: Für die Verbreitung (»broadening«) der Praxis in der Schule und auch für die Intensität/Vertiefung (»deepening«) von oberflächlicher Praxis (1) bis zur intensiven und nachhaltigen Anwendung (4). Beispielsweise ist Schülerfeedback noch wenig verbreitet und hier auch nur wenig intensiv praktiziert worden (A2), Methodentraining kann jedoch schulweit vorkommen und recht intensiv praktiziert werden (D3).

Anhand einer Bestandsanalyse, bei der das Schulleitungsteam und/oder die Steuergruppe anhand Abb. 1 einschätzt, was in der Schule schon vorhanden ist und welche Ausprägung es hat, fallen Prioritätenentscheidungen leichter: Man kann entweder entscheiden, vorhandene Stärken auszubauen (z.B. zu vertiefen) und leere Felder zu füllen, z.B. im Südwest-Quadranten zwischen Fach und Organisation die Arbeit der Fachkonferenzen zu aktivieren – oder beides zu tun.

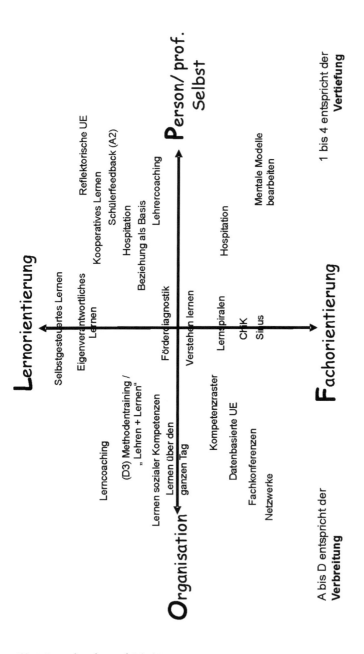

Abb. 1: Bestandsanalyse und Prioritäten

2. Gesamttendenz

Das Analyse-Kreuz ist auch nützlich, um Gesamttendenzen zu identifizieren. Während sich UE bisher eher auf der linken Seite bewegte (schulweites Methodentraining, Aktivierung der Fachgruppenarbeit), geht die aktuelle Tendenz klar nach rechts zur personenorientierten UE (Coaching, Feedback, Hospitation usw.). Auch ist eine Schwerpunktverlagerung von oben nach unten (Fachorientierung) festzustellen. Deshalb haben wir auf dem Dortmunder Kongress auch von einer »zweiten Welle der UE« gesprochen, die sich deutlich stärker an Person und Fach orientiert.

3. Change Management

Wenn die Priorität klar ist, aber auch, wenn man sich zwischen mehreren Prioritäten nicht entscheiden kann, schlägt die Stunde des Change Managements. Beim Verständnis des Change Management lehnen wir uns an das St. Galler-Management-Modell (vgl. RÜEGG-STÜRM, 2002). Dieses unterscheidet drei Grundelemente, die Strategie, Struktur und Kultur genannt werden, was gleichzeitig eine zeitliche Reihenfolge suggeriert, ohne diese zwingend zu machen.

Wir haben ein viertes Grundelement hinzugefügt, die Steuerung des Change Managements. So können wir die Rolle der Schulleiter klarer erkennen und zudem die Funktion und Arbeit von Steuergruppen berücksichtigen, die bei den meisten Innovationsprojekten der Schulentwicklung in Deutschland eingerichtet wurden; z.T. auch eingerichtet werden mussten wie beispielsweise beim Modellvorhaben »Selbstständige Schule« in NRW (vgl. HOLTAPPELS, KLEMM & ROLFF, 2008).

3.1 Z-Strategie

Abbildung 2 zeigt, wie UE mittels Change Management geplant und realisiert werden kann. Sinnvollerweise beginnt UE mit der Strategieentwicklung, für die in erster Linie die Schulleitung zuständig ist. Sie trägt nicht nur die Letztverantwortung, sie hat auch die Entscheidungskompetenz, weshalb sie zu den Machtpromotoren gehört. Machtpromotor sind auch die Schulkonferenz und die Behörden. Beide können der Schule Vorgaben zur Unterrichtsentwicklung machen, z.B. vorschreiben, wie sie mit den jährlichen Lernstandserhebungen umzugehen haben.

Wie bereits dargelegt, könnte und sollte die Strategie von einer Bestandsanalyse hergeleitet werden. Sie muss auch Vorgaben der Behörde und/oder des Gesetzgebers berücksichtigen. Nicht zuletzt ist zu bedenken, wie weit in Strategien auch Visionen eingehen bzw. eingehen sollten, wie sie z.B. im Leitbild der Schule enthalten sind oder aus den Diskussionen in den Fächern oder auch (als Erziehungsideale) mit den Eltern entspringen.

Wenn die Strategie festliegt, z.B. eine Feedbackkultur zu etablieren, die mit einem Schüler-Lehrer-Feedback beginnt und durch kollegiale Hospitationen festgesetzt wird, stellt sich die Frage der Konkretisierung und Realisierung.

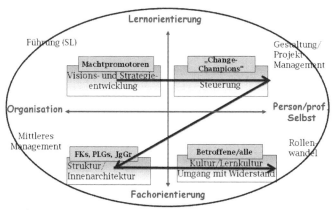

Abb. 2: Z-Strategie

Für die Ausgestaltung der Strategie und deren projektförmige Umsetzung hat sich die Einrichtung einer Steuergruppe bewährt (vgl. HOLTAPPELS, KLEMM & ROLFF, 2008, S. 146 ff.). Die Mitglieder einer Steuergruppe werden in der Sprache des Change Managements auch »Change Champions« genannt.

Hat die Steuergruppe, die in diesem Fall als Unterrichtsentwicklungsgruppe arbeitet, ein Konzept für die Gestaltung weiterentwickelten Unterrichts entworfen, muss eine Struktur gefunden bzw. geschaffen werden, die eine nachhaltige Umsetzung ermöglicht. Bei lernbezogener UE bieten sich dafür Jahrgangs- oder Stufenkonferenzen an, bei fachbezogener UE die Fachkonferenzen (in Berufsschulen auch die Bildungsgangkonferenzen). Wenn Nachhaltigkeit erzielt werden soll, müssten die Sprecher bzw. Vorsitzenden dieser Gremien zu Mittleren Managern mutieren. Neue Gremien einzurichten empfiehlt sich nicht, weil dadurch die bestehenden veröden würden und zudem Doppelstrukturen entstehen könnten. Entwicklungsperspektive für alle der genannten Gremien wären Professionelle Lerngemeinschaften (PLGs), in denen Lehrer von Lehrern lernen, z.B. wie Ziele vereinbart werden, welche bewährte Praxis in der Schule bereits besteht oder wie neue Formen des Unterrichts evaluiert werden können. Auch Coaching und ein regelmäßiger Austausch über die Feedbackpraxis gehört zur Arbeit von PLGs (vgl. ROLFF, 2007).

Schließlich spielt beim Change Management die kulturelle Komponente eine wichtige Rolle, geht es doch darum, nicht nur die ohnehin aktiven »Change Champions« aus der Steuergruppe oder den genannten Gremien zu erreichen, sondern letztlich alle im Kollegium zu beteiligen – was meistens auch bedeutet, mit Widerstand umzugehen. Gelingt das z.B. in Form der Etablierung einer schulweiten Feedback-, Hilfe- oder Fehlertoleranzkultur, so entsteht nach und nach eine neue Lernkultur.

Legt man die skizzierte Reihenfolge zugrunde, wofür einiges spricht, so entsteht graphisch eine Z-Strategie: Der Zeitstrahl erreicht zuerst den Nordost-Quadranten, bewegt sich dann zum Südwest-Quadranten, um schließlich zum Südost-Quadranten zu gelangen. Damit nicht übersehen wird, dass bei aller Aufmerksamkeit, die den einzelnen Elementen gebührt, es sich um ein systemisches Ganzes handelt, wird das Z von einer Ellipse umfangen.

3.2 Change Management über die Jahre

Ein Prozess des Change Managements erstreckt sich über mehrere Jahre. UE benötigt Zeit! Nach unseren bisherigen Erkenntnissen sind für schulweite und nachhaltige UE drei bis fünf Jahre zu veranschlagen (vgl. BASTIAN & ROLFF, 2001).

Abbildung 3 zeigt ein eher kurzfristiges Zeitschema über die Jahre t1 und t2 bis t3. Im ersten Jahr könnte z.B. mit Methodentraining gestartet werden, schulweit unter Beteiligung aller Lehrpersonen. Beispielsweise wäre ein Trainingsblock nach KLIPPERT denkbar: montagmorgens bleiben die Schüler zu Hause und das Kollegium lernt über den ganzen Tag neue Methoden kennen. Am Dienstag sind die Schüler wieder da und die neuen Methoden werden erprobt und am Nachmittag reflektiert und durch wiederum neue ergänzt. Am Mittwoch wiederholt sich das Schema von Dienstag.

Strategie könnte aber auch sein, mit dem Ansatz von REINHOLD MILLER zu starten, der vertritt, dass das Schüler-Lehrer-Gespräch in gegenseitiger Wertschätzung die grundlegendste aller Methoden ist und der ein- bis mehrtägige Trainings dazu konzipiert hat.

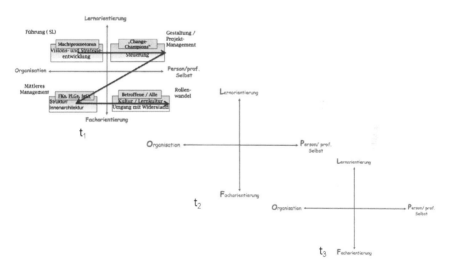

Abb. 3: Change Management über drei Jahre

Folgt die Schule der Z-Strategie, müsste die Steuergruppe das Design dieser Auftaktveranstaltungen entwerfen und auch umsetzen und sich mit der Schulleitung Gedanken für die Fortsetzung im nächsten Jahr t2 machen. Dann würde es zum einen um Festigung des in t1 Geschehenen gehen und zum anderen um Intensivierung der UE. Denkbar wäre in t2 die Erprobung eines Schüler-Lehrer-Feedbacks in jeder Klasse und in t3 die Ergänzung durch kollegiales Feedback. Eine Alternative wäre, in t2 die neuen Methoden im Fachunterricht zweiter Fächer und in t3 die Erprobung in allen Fächern vorzunehmen. Eine angemessene Struktur bieten in diesem Fall die Fachkonferenzen. Eine dritte Variante wäre, in t2 die Lehrpersonen als Lerncoaches auszubilden, das wäre auch eine Form des Lehrercoachings, und zu t3 Raum zu geben für einen Wandel der Lehrerrolle, die Lerncoaching der Schüler zum Gegenstand hat. Gelingt das, entsteht eine neue Lernkultur.

Schulleitung und Steuergruppe wären nicht nur gefordert, die entsprechenden Veranstaltungen zu entwerfen und z.T. auch zu moderieren, sie hätten vor allem damit zu tun, die Widerstände zu bearbeiten, die bei Teilen des Kollegiums zu erwarten sind.

4. Unterrichtsentwicklung als situiertes Change Management

In dem Abschnitt 3.1 wurde die Z-Strategie des Change Managements skizziert. Es sind aber auch andere Strategien denkbar und sinnvoll, je nach Situation in der Schule, wie sie durch die Bestandsanalyse und die Prioritätensetzung identifiziert wird.

Abbildung 4 zeigt eine Strategie, bei der die Schulleitung im Nordost-Quadranten aktiv wird, weil Schüler-Lehrer-Feedback, kollegiale Hospitation oder Lehrercoaching der Ausgangspunkt sind. Die Schulleitung beauftragt die Steuergruppe, die entsprechenden Prozesse zu gestalten und organisatorisch abzustützen. Als Strukturelement kämen Jahrgangsgruppen (oder auch Stufenkonferenzen) in Frage. Die neue Lernkultur würde vermutlich eine Feedbackkultur sein, die im Südost-Quadranten zu Hause ist. Da der »Kurs« von NO über NW und SW nach SO geht, entsteht eine C-Strategie.

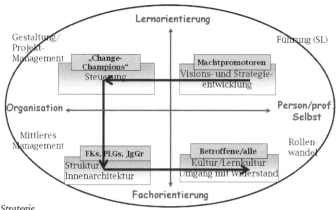

Abb. 4: C-Strategie

Abbildung 5 schließlich geht von fachorientierter UE aus, die auf eine weitergehende Professionalisierung der Fachlehrer fokussiert ist. Die Schulleitung hat also entschieden, im Südost-Quadranten zu starten. Sie entwirft mit der Steuergruppe ein Gestaltungskonzept, dass die strukturelle Basis in den Fachkonferenzen sieht und eine neue Lernkultur durch Lehrer- und Lerncoaching zu schaffen versucht, was vermutlich noch nicht im ersten sondern erst im zweiten oder dritten Jahr intensiv betrieben werden kann.

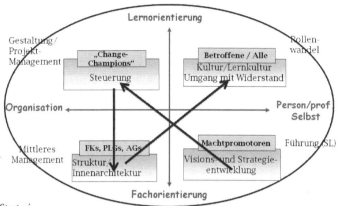

Abb. 5: X-Strategie

Unterrichtsentwicklung gehört zu den wichtigsten, aber auch kompliziertesten und harzigsten Aktivitäten einer Schule. Change Management kann dabei so hilfreich sein wie kaum ein anderer Ansatz – aber nur, wenn es, wie an Beispielen dargelegt, als situiertes Change Management betrieben wird, das in jeder Schule eine andere Gestalt annimmt. Schulleiter sind dabei sowohl Machtpromotoren als auch Unterstützer, die eine Tragfläche schaffen, auf der sich Unterricht mit genügend Auftrieb kontinuierlich weiter entwickeln kann.

Literatur

BASTIAN, J. & ROLFF, H.-G. (2001). Vorabevaluation von Schule und Co. Gütersloh: Bertelsmann-Stiftung.
BMBF (Hrsg.) (2001). TIMSS-Impulse für Schule und Unterricht. Bonn: BMBF.
BUCHBERGER, F. (2009). Schulentwicklung verstehen. Münster: Waxmann.
BURKHARD, C., EICKENBUSCH, G. & EKHOLM, M (2003). Starke Schüler – Gute Schulen. Berlin: Scriptor.
DUBS, R. (1995). Lehrerverhalten. Zürich: Verlag des Schweizerischen Kaufmännischen Verbandes.
ENDRES, W. et al. (1997). So macht Lernen Spaß. Praktische Lerntipps für Schüler und Schülerinnen (11–16 Jahre). Weinheim: Beltz.
FRIEDRICH-JAHRESHEFT XXV (2007). Guter Unterricht. Seelze: Friedrich Verlag.
GASSER, P. (1999). Neue Lernkultur. Eine integrative Didaktik. Aarau: Sauerländer.
GREEN, N. &GREEN, K. (2005). Kooperatives Lernen im Klassenraum und im Kollegium. Seelze: Klett/Kallmeyer.
GUDJONS, H. (2002). Frontalunterricht – neu entdeckt. Bad Heilbrunn: Klinkhardt/Julius.

Helmke, A. (2003). Unterrichtsqualität: Erfassen-bewerten-verbessern. Seelze: Klett/Kallmeyer.
Höfer, C. & Madelung, P. (Hrsg.) (2006). Lehren und Lernen für die Zukunft. Unterrichtsentwicklung in selbstständigen Schulen. Troisdorf: Bildungsverlag EINS.
Holtappels, H. G., Klemm, K. & Rolff, H-G. (Hrsg.) (2008). Schulentwicklung durch Gestaltungsautonomie. Ergebnisse der Begleitforschung zum Modellvorhaben Selbstständige Schule« in Nordrhein-Westfalen. Münster: Waxmann.
Horster, L. & Rolff, H.-G. (2006). Unterrichtsentwicklung: Grundlagen einer reflektorischen Praxis. Weinheim: Beltz.
Journal Schulentwicklung (2/2007): Themenschwerpunkt Fachbezogene UE. Innsbruck: Studienverlag.
Klippert, H. (2001). Eigenverantwortliches Arbeiten und Lernen. Bausteine für den Fachunterricht. Weinheim: Beltz.
Landwehr, N. (1994). Neue Wege der Wissensvermittlung. Aarau: Sauerländer.
Meyer, H. (2008). Was ist guter Unterricht? Berlin: Cornelsen/Scriptor.
Pallasch, W. & Hameyer, U. (2007). Lerncoaching. Weinheim: Beltz.
Realschule Enger (2001). Lernkompetenzen I und II. Berlin: Cornelsen/Scriptor.
Rolff, H.-G. (2007).»Professionelle Lerngemeinschaften« und »Unterrichtsentwicklung als Schulentwicklung«. In Rolff, H.-G. Studien zu einer Theorie der Schulentwicklung. Weinheim/Basel: Beltz.
Rüegg-Stürm, J. (2002). Das neue St. Galler Management-Modell. Bern: Haupt.
Wahl, D. (2006). Lernumgebungen erfolgreich gestalten. Heilbrunn: Klinkhardt.

Autorenverzeichnis

Prof. Dr. Rolf Arnold ist Inhaber des Lehrstuhls für Pädagogik (insbesondere Berufs- und Erwachsenenpädagogik) an der TU Kaiserslautern sowie Wissenschaftlicher Direktor und Aufsichtsratsvorsitzender des Distance and International Studies Center (DISC). Vorträge und Schulbegleitungen unter www.systhemia.com.

Dr. Nils Berkemeyer ist akademischer Rat a.z. am Institut für Schulentwicklungsforschung der TU Dortmund und leitet das Projekt »Schulen im Team – Unterricht gemeinsam entwickeln«.

Dr. Heinrich Biermann ist Oberstudiendirektor a.D., Schulbuchautor und Referent in der Lehrerfortbildung.

Peter Blomert ist Schulleiter der Gesamtschule Espenstraße, Mönchengladbach und zertifizierter Trainer für Kooperatives Lernen, Lehren und Leiten. 2002 initiierte er die Fortbildungsinitiative Mönchengladbacher Akademie, die den Startschuss gab für die Implementation des Kooperativen Lernens in regionalen Bildungsnetzwerken. Seit 2007 leitet er als Vorsitzender das Green-Institut Deutschland.

Prof. Dr. Martin Bonsen ist Professor für Erziehungswissenschaft mit dem Schwerpunkt Schul- und Unterrichtsentwicklung an der Westfälischen Wilhelms-Universität Münster.

Prof. Dr. Claus Buhren ist Professor für Schulsport und Schulentwicklung an der Deutschen Sporthochschule Köln und bundesweit in der Fortbildung von Lehrkräften und Schulleitungen tätig.

Jan von der Gathen ist Lehrer und Vorsitzender der Steuergruppe an der Grundschule Kleine Kielstraße, die den Deutschen Schulpreis 2006 gewonnen hat.

Dr. Katrin Hille ist Diplom-Psychologin und arbeitet als Forschungsleiterin des Transferzentrums für Neurowissenschaften und Lernen an der Universität Ulm.

Christoph Höfer ist Dezernent für die Hauptschulen im Regierungsbezirk Detmold und Koordinator für die Bildungsnetzwerke. Er hat das Modellvorhaben »Schule & Co.« mitentwickelt und arbeitet bis heute in der Bildungsregion Herford mit.

Prof. Dr. Rudolf vom Hofe ist Professor für Mathematik und ihre Didaktik an der Universität Bielefeld (Institut für Didaktik der Mathematik). Seine Forschungsschwerpunkte sind die empirische Unterrichtsforschung, Grundvorstellungen mathematischer Inhalte, mathematische Kompetenzentwicklung im Bereich der Sekundarstufe (PALMA), Entwicklung von Lehr- und Lernkonzepten und Produkten für die Praxis und Diagnostik und individuelle Förderung.

Nils van Holt ist wissenschaftlicher Mitarbeiter am Institut für Schulentwicklungsforschung der TU Dortmund und arbeitet im Projekt »Schulen im Team – Unterricht gemeinsam entwickeln«.

Autorenverzeichnis

Wulf Homeier ist Leiter der »Qualitätsanalyse an Schulen« (Schulinspektion) von NRW. Er war davor Gymnasialleiter in Wolfsburg.

Marlise Hübner ist Ausbilderin und Moderatorin/Trainerin für systematische Unterrichtsentwicklung und pädagogische Mitarbeiterin im Regionalen Bildungsbüro der Stadt Köln.

Prof. Dr. Alexander Jordan (†) war wissenschaftlicher Mitarbeiter an der Universität Bielefeld. Zuletzt war er Professor für Didaktik der Mathematik an der Universität Kassel. Er verstarb im Juli 2009.

Thomas Krall ist Abteilungsleiter für das Lehramt Grund-, Mittelstufe und Sonderpädagogik am Landesinstitut für Lehrerbildung und Schulentwicklung in Hamburg. Vorher war er Schulleitungsmitglied und Referatsleiter in der Abteilung Fortbildung.

Dr. Reinhold Miller ist Beziehungsdidaktiker in der Lehrerfortbildung, Supervisor, Coach und Autor zahlreicher Fachliteratur.

Andreas Müller ist Leiter des Instituts Beatenberg, seit Jahren ein Ort, wo neue zeitgemäße Lernarrangements entwickelt und praktiziert werden. Die Erfahrungen aus der täglichen Praxis verbindet Andreas Müller mit der relevanten wissenschaftlichen Forschung. Die entsprechenden Erkenntnisse zeigen sich nicht nur im Alltag in Beatenberg, sondern auch in einer Reihe von Publikationen (z.B. zum Thema LernCoaching). Zudem führt Andreas Müller mit der Learning Factory viele Fortbildungen und Schulentwicklungsprozesse durch.

Kathrin Müthing ist wissenschaftliche Mitarbeiterin am Institut für Schulentwicklungsforschung der TU Dortmund und arbeitet im Projekt »Schulen im Team – Unterricht gemeinsam entwickeln«.

Dr. Andreas Pallack ist Studiendirektor am Aldegrever-Gymnasium in Soest, Fach- und Hauptseminarleiter am Studienseminar Hamm, Fachberater der Bezirksregierung Arnsberg sowie des Ministeriums für Schule und Weiterbildung, SINUS.NRW Koordinator und Lehrbeauftragter für Didaktik der Mathematik an der der Universität Bielefeld.

Prof. Dr. Günter Pätzold ist Inhaber des Lehrstuhls für Berufspädagogik an der TU Dortmund. Er war zusammen mit Prof. Dr. Dieter Euler aus St. Gallen/Schweiz Leiter des BLK-Modellversuchsprogramms SKOLA – Selbstgesteuertes und kooperatives Lernen in der beruflichen Erstausbildung.

Elisabeth Rhinow ist seit 2005 wissenschaftliche Mitarbeiterin der Dortmunder Akademie für Pädagogische Führungskräfte.

Theresa Röhrich ist seit 2008 wissenschaftliche Mitarbeiterin der Dortmunder Akademie für Pädagogische Führungskräfte.

Prof. Dr. Hans-Günter Rolff ist emeritierter Professor am Institut für Schulentwicklungsforschung der TU Dortmund und wissenschaftlicher Leiter der Dortmunder Akademie für Pädagogische Führungskräfte.

Autorenverzeichnis

Prof. Dr. Heinz Schirp, Ministerialrat a.D., ist Honorarprofessor der Universität Bielefeld und nimmt zurzeit einen Lehrauftrag an der Universität Münster wahr. Seine Arbeitsschwerpunkte: Neurobiologische und neurodidaktische Konzepte des Lernens und Lehrens.

Detlev Stein ist Schulrat im Schulamt für die Stadt Krefeld, Mitglied des regionalen Lenkungskreises für das Bildungsnetzwerk Krefeld und Leiter des Kompetenzteams im Schulamt für die Stadt Krefeld.

Dr. Jörg Teichert ist geschäftsführender Leiter der Dortmunder Akademie für Pädagogische Führungskräfte und des Zentrums für Weiterbildung der TU Dortmund.

Dr. Georg Trendel ist Wissenschaftlicher Referent für die Naturwissenschaften im Stab Bildungsforschung des Ministeriums für Schule und Weiterbildung NRW.

Dr. Kerstin Tschekan ist Sachgebietsleiterin am Institut für Qualität an Schulen Schleswig Holstein für alle Angelegenheiten der Fächer und Fachrichtungen sowie der Fachberatung in der Fort-und Weiterbildung.

Katrin Weisker ist Leiterin des Pädagogischen Dienstes der Stadt Krefeld und des Regionalen Bildungsbüros im Fachbereich 40, Schule, Pädagogischer und Psychologischer Dienst der Stadt Krefeld.

Prof. Dr. Rolf Werning ist Leiter der Abteilung Pädagogik bei Lernbeeinträchtigungen am Institut für Sonderpädagogik an der Leibniz Universität Hannover.

Über die Dortmunder Akademie für Pädagogische Führungskräfte (DAPF)

Die Anbindung

Die Dortmunder Akademie für Pädagogische Führungskräfte (DAPF) ist eine gemeinsame Einrichtung des Zentrums für Weiterbildung und des Instituts für Schulentwicklungsforschung der Technischen Universität Dortmund. Träger ist der Verein zur Förderung der wissenschaftlichen Weiterbildung der Technischen Universität Dortmund e.V. Die DAPF kooperiert mit der Schulleitungsvereinigung NRW.

Die Zielgruppe

Die DAPF sieht ihre Hauptaufgabe in der Förderung und Qualifizierung von allen Führungskräften in allen schulischen Bereichen und Ebenen. Dazu gehören Schulleiter/-innen, stellvertretende Schulleiter/-innen, Abteilungs-, Stufen-, didaktische Leiter/-innen, Fachkonferenzvorsitzende, Fachgruppenleiter/-innen, Steuergruppenmitglieder, Jahrgangsstufensprecher/-innen, aber auch Mitglieder der Schulverwaltung und Schulaufsicht.

Das Verhältnis von Praxis und Wissenschaft

In ihren Programmschienen arbeitet die DAPF in einer Doppelstrategie: Einerseits werden die Praxiserfahrungen der Teilnehmer aufgegriffen, einbezogen und auf wissenschaftlicher Grundlage reflektiert. Andererseits beruhen die von den Dozenten eingebrachten Konzepte und Inhalte auf der Basis anerkannter und aktueller Theorien, die durch eigene Forschungsprojekte erweitert, ergänzt, aktualisiert und differenziert werden. Auch die Didaktik der Veranstaltungen orientiert sich an neuesten wissenschaftlichen Erkenntnissen. Hierbei steht der Lerngewinn der Teilnehmer/-innen durch Diskussion und aktive Teilnahme im Vordergrund.

Das Lehr- und Lernkonzept

In den Seminaren, Kursen und Zertifikatsstudien steht ein didaktisches und methodisches Konzept im Vordergrund, das auf der aktiven Aneignung der Inhalte und Kompetenzen durch die Teilnehmer beruht. Praxisorientierung, Wissenschaftsorientierung und Teilnehmerorientierung werden in ihm verknüpft. Insbesondere in den Zertifikatsprogrammen werden zusätzlich differenzierte Konzepte der Lernbegleitung (u.a. Lerntagebücher, Kollegiale Coachingteams, Reflexionsgruppen) angeboten.

Das Verständnis von Führung

Die DAPF hat ein eigenes Führungskonzept, das der »konfluenten Leitung«, entwickelt. Da die Aufgabe, eine Schule zu leiten, immer komplizierter wird, nehmen die Ansprüche an eine effiziente Leitung so zu, dass diese nur durch eine Aufteilung der Aufgaben verbunden mit einer kooperativen Verantwortung erfüllt werden können. Dabei spielen die Führungspersonen auf der »mittleren Ebene« (Fachgruppenleiter/-innen, Steuergruppen, Mitbestimmungsgremien, Interessenvertretungen, etc.) eine besondere Rolle. Dies bedeutet eine veränderte Aufgabenstruktur des Schulleiters/der Schulleiterin. Sie besteht weniger in der Durchführung von Einzelaufgaben, sondern vorwiegend in der Zusammenführung, d.h. der Zuordnung, Kontrolle, Abstimmung und Koordinierung der Einzelaufgaben in einem Gesamtkonzept (»konfluente« Leitung). Dabei ist unstrittig, dass dieses Führungskonzept auf vereinbarten, transparenten Zielen beruhen sollte, die mit den Überzeugungen der Führungspersönlichkeiten in Einklang stehen müssen.

Die Programmschienen der DAPF

Die DAPF bietet zu unterschiedlichen aktuellen Themen berufsbegleitende Zertifikatsstudien und Lehrgänge an. Diese werden von renommierten nationalen und internationalen Experten durchgeführt. Nach Teilnahme an den Präsenzphasen und dem Nachweis von Prüfungsleistungen erhalten die Teilnehmenden ein Zertifikat der Technischen Universität Dortmund.

Zu wichtigen, aktuellen und interessanten Themen im Bereich »Pädagogischer Führung« bietet die DAPF regelmäßig ein- bis zweitägige Seminare an. Alle Angebote sind praxisorientiert konzipiert. Es liegen ihnen die neuesten wissenschaftlichen Erkenntnisse zugrunde. Die Lehrgänge und Seminare können auch als schulinterne Lehrerfortbildungen gebucht werden.

In jedem zweiten Jahr führt die DAPF einen großen Kongress zu einem aktuellen Schulleitungsthema durch. Daneben finden kleinere Workshops, Tagungen und Zukunftswerkstätten statt.

Ministerien, Städte, Schulträger, Schulen und weitere bildungsnahe Einrichtungen können ein Programm- und Beratungsangebot erhalten, das auf spezifische Problemstellungen zugeschnitten ist. Es besteht die Möglichkeit, auf Konzepte von bereits durchgeführten Maßnahmen zurückzugreifen. Die DAPF kann auch Hilfestellung leisten für die landesweite Qualifizierung von Schulleitungen nach den Konzepten der entsprechenden Ministerien.

Auf Anfrage vermittelt die DAPF kompetente Fachkräfte für Coaching- und Supervisionsaufgaben für Schulleiter und andere Führungskräfte im Bildungsbereich.

Zudem ist die DAPF an Forschungsprojekten beteiligt. Dabei steht der Anwendungsaspekt der jeweiligen Thematik im Vordergrund.

Die Arbeit der DAPF wird von einem Akademierat geleitet und unterstützt. Dieser setzt sich aus namhaften Persönlichkeiten aus dem Schul-, Universitäts- und Bildungsbereich zusammen und trifft sich mindestens einmal jährlich.

Weiterführende Informationen finden Sie unter www.dapf.tu-dortmund.de.

Qualitätsmanagement praxisnah und einfach in der Umsetzung

Rolff
Qualität mit System
Eine Praxisanleitung zum unterrichtsbezogenen Qualitätsmanagement
1. Auflage 2011,
ca. 300 Seiten, broschiert, € 36,–
ISBN 978-3-556-06010-0

UQM – „Unterrichtsbezogenes Qualitätsmanagement" wurde von der DAPF auf Basis des im Ausland erfolgreich eingesetzten PQM (Pädagogisches Qualitätsmanagement) entwickelt.
Bislang gibt es außer im Ausland kaum Erfahrungen mit Qualitätsmanagementsystemen in allgemeinbildenden Schulen. Die Dortmunder Akademie für Pädagogische Führungskräfte hat mit UQM ein System entwickelt, das wirklich praxisnah und im Schulalltag umsetzbar ist.
Für Schulen auf dem Wege zum Qualitätsmanagement ist dieses Buch ein überaus nützlicher Handlungsleitfaden, von hervorragenden Fachleuten aus Schule und Wissenschaft verfasst und in der Praxis erprobt. UQM dient sowohl der Sicherung als auch der Entwicklung von Qualität.
Im Buch wird zudem dargelegt, inwieweit sich „UQM" als Paradigma für Unterrichtsentwicklung generell eignet: Denn wenn Unterrichtsentwicklung schulweit und nachhaltig erfolgen soll, muss sie der gleichen Logik folgen wie ein Qualitätsmanagementsystem.

einfach online kaufen...

Zu beziehen über Ihre Buchhandlung oder direkt beim Verlag.

eine Marke von Wolters Kluwer Deutschland

Wolters Kluwer Deutschland GmbH ▪ Postfach 2352 ▪ 56513 Neuwied
Telefon 0800 776-3665 ▪ Telefax 0800 801-8018
www.wolterskluwer.de ▪ E-Mail info@wolterskluwer.de